내러티브로 들려주는 바울의 그리스도교

이야기 뵈뵈

역자 진연정과 최현만은 동행교회라는 작은 교회를 함께 꾸려가고 있는 한 공동체의 성도다. 진연정은 1962년 서울 출생으로 세 딸의 어머니이며 평소 영어에 관심이 많다. 최현만은 1979년 여수 출생으로 톰 라이트의 책을 비롯하여 여러 권의 신학 및 신앙 서적을 번역하였다.

내러티브로 들려주는 바울의 그리스도교
이야기 뵈뵈

초판 발행	2021년 4월 1일
지은이	폴라 구더
옮긴이	진연정, 최현만
펴낸이	강창섭
편집	김기범, 박정호, 최현만
발행처	에클레시아북스
출판등록	2007년 4월 25일 제67호
주소	경기도 평택시 송탄로 170, 105-103
전화	010-9268-7919
이메일	ecclesiabooks@gmail.com
페이스북	www.facebook.com/ecclesiabooks
웹사이트	www.ecclesia.kr
ISBN	979-11-85863-14-6 03230

책값은 뒤표지에 있습니다.

내러티브로 들려주는 바울의 그리스도교

이야기 뵈뵈

Phoebe
A Story

폴라 구더 지음

진연정, 최현만 옮김

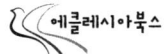

PHOEBE

First published in Great Britain in 2017 by Hodder & Stoughton
An Hachette UK company

Copyright © Paula Gooder, 2018
The right of Paula Gooder to be identified as the Author of the Work has been asserted by her in accordance with the Copyright, Designs and Patents Act 1988.
All rights reserved.

This Korean translation edition © 2021 by Ecclesia Books, Pyeongtaek, Republic of Korea.
This Korean edition is published by arrangement of Hodder & Stoughton through rMaeng2, Seoul, Republic of Korea.

이 한국어판의 저작권은 알맹2 에이전시를 통하여 Hodder & Stoughton과 독점 계약한 에클레시아북스에 있습니다. 신 저작권법에 의하여 한국 내에서 보호받는 저작물이므로 무단 전재와 무단 복제를 금합니다.

이 책을 수지 바빙턴(Susie Babington)에게 헌정합니다.
당신은 나의 햇살입니다!

목 차

1부
뵈뵈 이야기

2부
미주

서론	333
본서의 성격	335
상상력에 관하여	337
여성과 초대교회	339
배경 설정	342
미주	361
참고 문헌	441

1부
뵈뵈 이야기

1장

'지혜로우신 하나님께 예수 그리스도로 말미암아
영광이 세세 무궁하도록 있을지어다. 아멘'

　노래 선율처럼 들릴 정도로 공명을 일으키던 낭독자의 목소리가 마침내 잦아들었다. 편지의 마지막 대목이 한동안 허공을 맴돌다 로마의 여름밤 습한 공기 속으로 퍼지며 사라졌다. 안뜰 전체에 침묵이 흘렀다. 너무 적막해 바로 옆 나무에서 떨어진 이파리가 펄럭이며 땅에 닿는 소리까지 들릴 정도였다. 그제야 뵈뵈는 자신이 숨을 참고 있다는 사실을 알아챘다. 코끝이 이상하게 저리는 걸 보니 마지막 숨을 내쉰 지 꽤 된 것 같았다.
　그 낭독자는 뵈뵈가 가져온 편지를 단순히 읽은 것이 아니라 생생하게 연기했다. 시작하는 단락을 읽을 때는 쩌렁쩌렁한 목소리로, 중간 부분에서는 사려 깊고 세심한 목소리로, 끝맺는 부분에서는 온화하면서도 쾌활한 어조로 편지를 낭독했다. 로마 사람들의 반응을 기다리는 동안 뵈뵈의 불안은 점점 커졌다. 고린도에서는 바울의 편지가 (좋게 이야기해도) 모든 청중의 환호를 이끌어내진 못했다. 사람들이 바울의 편지를 받으면 으레, 가이오(Gaius)가 완곡히 '활발한 토론의 시간'이라고 부른 시간을 갖게 된다. 그런 '토론'은 종종 한두 집단이 자리를 박차고 나가서 다시 돌아오지 않는 상황으로 귀결되곤 했다. 그런 까닭에 뵈뵈는 무의식적으로 어떤 형태의 반응이 나올지 기다리며 숨을 참을 수밖에 없었다. 다른 모든 상황에는 대처할 준비가 되어있지만, 이것만은 예외였다. 깊은 침묵. 너무 적막한 탓인지, 들려오는 매미 울음소리가 심히 거슬렸다.

뵈뵈는 숨을 내쉬었다. 그 숨소리는 불쾌한 한숨 같았고, 조용한 공간에 크게 울렸다. 그 소리 탓에 그녀 앞에 있던 사람들이 놀라 움찔하며 두리번거렸다. 뵈뵈는 목이 붉어짐을 느꼈다. 늘 그랬듯이 이번에도 곧 얼굴 전체로 퍼져 창피하게 홍당무가 되겠지. 그런 상황에 많이 사용하는 대처법처럼 그녀는 몸을 웅크렸다. 어릴 때 뜰에서 나뭇가지로 찔러대곤 했던 뱀처럼 똬리를 틀었다.

머지않아 뵈뵈는 계획에 차질이 생겼음을 깨달았다. 그녀가 지금까지 완전히 몰랐던 사실이 있었다. 몸을 웅크리면 더 넓은 공간을 차지하게 된다. 수직 공간을 줄이려면 수평 공간이 늘어나야 한다. 그런데 공간이 없었다. 그녀가 서 있는 이 안뜰은 사람으로 꽉 차 있었다. 안뜰만이 아니었다. 집 전체에 사람이 가득했다. 생각할 수 있는 모든 공간이 채워져 있었다. 심지어 안뜰을 둘러싸고 있는 창문에도 걸터앉은 사람이 있었다. 그걸 보면 더 안쪽의 개인 방들에도 사람이 차 있을 것이다. 집은 그렇게 크지 않았다. 사실 겐그레아 항구에 있는, 쉼 없이 일렁이는 에게해가 내려다보이는 그녀의 아름다운 저택에 비하면 훨씬 작은 집이었다. 이 집은 정교하고 우아했지만 크지 않았고, 이 집에 포함된 공간들은 여기 모인 사람들로 인해 터질 것만 같았다.

편지가 낭독되는 동안 이 혼잡한 무리는 저마다 다른 반응을 보였다. 격앙되거나 동의하거나, 수긍하거나 분노하거나. 이런저런 웅성거림이 군중 사이를 오갔다. 편지가 막바지에 이르고, 바울은 그가 사랑하는 친구들, 어쩌다 알게 된 사람들, 심지어 아예 모르는 사람에게도 안부를 전하기 시작했고, 무리의 웅성거림만 보아도 말로 알려주는 것보다 훨씬 더 분명하게 바울이 거명한 사람의 위치를 확인할 수 있었다. 집에 사람이 너무 많아 무리가 같은 호흡으로 숨을 쉬어야 할 것 같았고, 그래서인지 바울이 적은 편지 내용에 모두 함께 반응하는 듯했다.

결국, 몸을 작게 움츠리려 했던 뵈뵈의 시도는 무리의 시선을 분산시키기는커녕 오히려 집중시켰다. 불편해 보이는 표정들로부터 몸을 피하려 할수록 공간을 더 차지할 뿐이었다. 한쪽은 팔꿈치로 다른 쪽은 어깨로 사람들을 밀치게 되었고, 주변 사람들이 불편해하며 혀를 차는 소리가 여기저기서 들리자 뵈뵈의 귀가 빨개졌다. 뵈뵈는 움직이기를 포기했고, 당황해서 달아오른 열기가 자신을 덮치도록 내버려 두었다.

지금까지는 그녀의 불안이 드러나지 않게 잘 조절하고 있었다. 솔직히 말해, 오스티아(Ostia)에 도착한 이후로는 크게 걱정거리가 없었다. 그녀는 고린도를 떠나 길고 지루한 항해를 하는 동안, 혹시 잘못되면 벌어질 모든 경우의 수를 상상해 보았다. 아리스도불로의 집을 찾지 못하면? 길을 헤매지는 않을까? 이 소중한 편지를 잃어버리면? 폭동 한가운데

휘말린다면? 가진 돈 전부를 도난당하면? 붙잡혀 제국의 먼 지역으로 노예로 팔려 가면? 일어날 가능성이 거의 없는 경우의 수까지 상상해 보지 않은 시나리오가 없었다. 공연 중이던 곰이 갑자기 쇠사슬을 끊고 탈출해 침이 줄줄 흐르는 입으로 바울의 편지를 꿀꺽 삼키고는 그녀를 짓눌러 숨통을 끊어 버리면 어떡하지? 이런 생각까지 이르면 비로소 그녀는 그럴 리 없어 하며 끝도 없는 상상에서 벗어날 수 있었다.

오스티아 항구에 도착한 후 바울이 구축해 놓은 인적 그물망이 탄탄하다는 사실을 알고 나서는 안도가 되었지만 약간 맥 빠지는 느낌도 없지 않았다. 누군가 기다릴 것이라고 예상은 했지만, 새처럼 반짝거리는 눈망울을 가진 작은 노예 소년이 항구에서 그녀를 맞았고, 로마에 도착할 때까지 애정을 다해 계획대로 잘 인도해 주었다. 제 나이보다 훨씬 자신감 있는 과장된 몸짓에 살짝 웃음도 났다.

당황해서 어쩔 줄 모르던 뵈뵈는 낮은 톤의 웃음소리에 정신이 퍼뜩 들었다. 소리가 나는 곳을 돌아보니 생기와 활력이 넘치는 반짝거리는 눈동자가 보였다. 그 눈동자는 아주 왜소한 여인의 것이었다. 어찌나 작던지 그 몸속에도 과연 생기가 있을지 의심이 들 정도였다. 그녀의 얼굴에는 세월의 흔적을 담은 주름살도 있었지만, 모험과 고난을 마주했던 상흔도 보였다. 그녀의 옷은 적당히 고급스럽고 적당히 닳아 보였다. 무엇보다 눈길을 끈 것은 그녀의 손이었다. 고된 노동으로 울퉁불퉁하고 옹이가 진, 오랜 기간 장사를 하면서 모양이 변한 손이었다.

"당신은 우리가 지금쯤이면 익숙해졌을 것이라고 생각했을 거예요."

"무엇에 익숙해졌다는 거죠?" 곤혹스러운 표정을 지으며 뵈뵈가 물었다.

"이런 상황 말이에요." 그녀는 몰려든 사람들을 가리켰다. "여기 로마는 어딜 가든 항상 이렇게 사람들로 붐벼요. 우리가 이젠 이렇게 복잡한 상황에 익숙할 법하다고 당신은 생각했겠지만, 전혀 그렇지 않아요. 이렇게 사람들로 붐비면 성질이 괴팍해지지요. 좋은 기분을 회복할 틈도 없이 또 다른 무리와 부딪히거든요. 그런 점에서 난 고린도가 아주 마음에 들었어요. 고린도가 정말 유명한 이유가 몇 가지 있지만, 그곳은 로마 다음으로 아주 널찍한 느낌을 주었거든요. 아굴라는 거기서 몹시 살고 싶어 했죠. 아마 바울과 에베소로 여행을 가지만 않았어도 우린 거기서 머물렀을 거예요. 그런데 심술궂게도 이곳 로마에서 내가 가장 싫어하는 문제들 때문에 여위어가고 있어요. 사람들로 북새통에 시끌벅적하고 항상 언짢은 표정들에!"

계속 말을 듣다 보니 서서히 그녀가 누구인지 알 것 같았다. 브리스가는 고린도에서도 상당히 유명한 인물이었고, 뵈뵈 역시 그녀에 관한 많은 이야기를 들었다. 브리스가와의 대화는 두 가지 효과가 있었다. 먼저, 이 대화 때문에 뵈뵈의 시끄러운 한숨보다 훨씬 더 자연스러운 방법으로 무리의 깊은 정적이 깨졌다. 웅얼웅얼 부드러운 대화들이 여기저기 번지기 시작했다. 다른 하나는, 뵈뵈의 관심이 외부로 향하면서 그녀가 느꼈던 당혹감이 사라졌다.

뵈뵈는 고개를 들었고, 이제는 조금 전보다 더 분명하게 이 집에 모인 사람들을 바라볼 수 있었다. 어떤 면에서, 이 무리의 얼굴은 편안함을 주는 낯익은 모습이었다. 고린도와 마찬가지로 이곳에 모인 사람들도 다양한 갈색의 피부 색조를 가지고 있었다. 그리스와 이탈리아 출신 사람들의 비교적 엷은 구릿빛 피부, 갈릴리와 유대, 이집트가 고향인 사람들의 좀 더 어두운 갈색 피부, 몇 안 되지만 누비아에서 온 사람들의 매우 진한 갈색 피부 등 다양했다. 주변을 쭉 둘러보자 처음 생각했던 것보다 모인 사람의 수가 그렇게 많지 않다는 사실을 깨달았다. 백 명 이상이 될 수 없었다. 그 이상이라고 느꼈던 이유는 이곳이 너무 좁아서였다. 푀푀의 머릿속에 여러 가지 질문이 떠올랐는데, 이미 절반쯤은 브리스가가 대답해 주고 있었다.

"항상 이런 식으로 모이지는 않아요. 이렇게 떼로 모이는 것을 얼마나 싫어하는지 좀 전에 말했지요? 고린도에서 당신들도 그랬겠지만, 우리도 아주 특별한 경우에만 이런 식으로 모여요. 바울이 보낸 편지를 누가 먼저 볼지 서로 합의를 볼 수가 없었고, 그래서 결국 편지를 모두 동시에 듣는 것이 가장 공평하다고 결정했지요. 물론 모두가 올 수는 없었고. 오늘이 한 주의 셋째 날인 데다, 우리 로마 그리스도인 가운데는 고린도에 있는 가이오의 아름다운 저택처럼 모두가 모일 수 있는 큰 집을 가진 사람이 없거든요. 결국, 우린 오늘 저녁을 위해 아리스도불로의 집을 '빌렸지요'."

푀푀가 받은 충격이 겉으로 드러났나 보다.

브리스가가 끌끌 웃었다. "그렇게 놀랄 필요 없어요. 저 사람 블래수스 말이에요." 그녀는 정원으로 향하는 문 옆에 서 있는 옷을 잘 챙겨 입은 눈에 띄는 한 남자를 가리켰다. "아리스도불로의 집사인데, 그가 총애하는 노예라오. 그가 자유의 몸이 될 날도 그리 멀지 않지요. 그런데 그를 놓아줄 때 아리스도불로도 굉장히 슬프겠지만, 블래수스도 자유를 얻을 때 많이 서운할 것 같아요. 주인이 멀리 떠나 있을 때는 블래수스가 이 집을 맘껏 사용할 수 있거든요. 게다가 아리스도불로는 자주 집을 비우는 편이라 우리가 모두 함께 모여야 할 때 우린 종종 이곳에서 모여요. 아, 물론 우리 전체가 모일 정도로 충분히 크지 않지만요. 우리는 모두 함께 바울의 편지를 듣는 것이 최선이라 결정했어요. 스다구라고, 편지를 소리 내어 읽어주었던 그이가 필사본을 만들 거예요. 당신이 미처 알아차리지 못하는 사이에 여기 모인 사람 모두가 필사본을 갖게 되는 거예요. 그러고 나면 흥미진진한 일이 시작되겠죠."

뵈뵈는 얼굴을 찡그렸다. 이마에 잡힌 주름이 당혹감을 드러냈다.

"물론, 당신에게는 흥미진진하지 않을 수도 있겠지요." 브리스가 인정했다. "하지만 당신도 바울이 최고의 토론을 촉발하는 사람이라는 사실에는 동의해야 할 거예요. 바울의 주장에 동의하든 안 하든, 그가 하는 말을 듣고 자기 의견을 내놓지 않기는 힘들어요. 일단 편지 필사본이 배부되면 우린 그걸 다시 읽고 대화도 나누고 원한다면 논쟁도 할 거예요. 그렇게 처음부터 새로 시작하는 거지요. 내 평생 수많은 바울의 편지를 들었지만 이런 편지는 없었어요. 아마 몇 개월이 지나도 사람들은 이 편지가 무슨 뜻인지 알아내려고 노력하고 있을 거예요. 놀랄 일도 아니죠. 바울 자신도 때로는 자기가 한 말의 의미를 몰랐을 수 있겠다는 의심도 분명히 들 거예요. 바울이 일단 흐름을 타면 아무도 그를 막지 못하니까요."

"아무도 못 막는 건 당신도 마찬가지잖아요." 브리스가의 맞은편에 있던 남자가 말했다. "우리가 바울과 헤어진 진짜 이유도 사실은 우리가 말 한마디라도 하고 싶어서였잖아요. 당신 두 사람 때문에 다른 사람들이 발언할 귀중한 시간도 자꾸 없어지고 있어요. 그러고 보니 당신은 아직 자기소개도 하지 않았군요."

조금 전까지 당혹감에 어쩔 줄 몰랐던 뵈뵈가 어느새 웃고 있었다. 그녀 자신도 깜짝 놀랐다. 고린도에서 그녀는 친구들에게 브리스가와 아굴라에 관한 이야기를 들었다. 브리스가는 결단력이 있고 아굴라는 유머 감각이 뛰어나다는 이야기, 브리스가는 열정적이고 아굴라는 동정심이 많다는 이야기 등. 아굴라는 모두의 사랑과 존경을 받고 있었다. 반면 브리스가는 강한 여성의 이미지가 으레 그렇듯이 뒤섞인 반응을 불러일으켰다. 사람들이 그녀를 사랑하든 안 하든, 여전히 그녀는 모든 사람에게 각인되었다.

그래서인지 브리스가가 자신보다 못한 사람과 결혼했다는 소문이 돌았다. 아굴라는 원래 소아시아 폰투스 지방 사람인데 바울처럼 천막 만드는 사람이었다. 반면 브리스가는 좀 더 고상한 집안 출신이었다. 이런 이유로 사람들이 그들 부부를 부를 땐 언제나 브리스가를 아굴라보다 앞서 언급하게 되었다. 하지만 뵈뵈는 이것 말고도 혹시 다른 이유가 있지 않을까 곰곰이 생각해보았다. 브리스가는 그녀의 넘치는 열정으로 인해 사람들에게 더 강렬한 인상을 남기기 때문에, 사람들이 이들 부부를 생각할 때 자연스럽게 브리스가를 먼저 떠올리는 것이라는 생각이 들었다. 뵈뵈는 이 정력 넘치는 두 사람, 바울과 브리스가가 고린도에 동시에 있다면 어떤 분위기일지 궁금해졌다. 사실 이 두 사람이 고린도에 있었을 때 그녀는 이 공동체의 일원이 아니었고 게다가 그리스도인조차 아니었다. 그리고 그 때는 그녀가 결코 잊을 수 없는 그해, 갈리오가 지방 총독으로 있던 해, 세심하게 계획한 그녀의 새로운 삶이 막 풀리기 시작하던 시기였다. 하지만, 안 된다. 지금 그 시절을 떠올렸다가는 솟아오르는 감정을 감당할 수 없을 것이기 때문이다. 그녀의 정신은 다시 현실로 돌아왔다. 아굴라는 진지한 만큼 부드러운 유머를 담은 채 의례적인 형식으로 그녀를 다음과 같이 소개하고 있었다. "교회의 존경받는 집사이며, 신실한 후원자이신 뵈뵈, 로마에 오신 걸 진심으로 환영합니다. 이곳에서 절대 외롭지 않기 바라며, 그리스도 안에서 형제와 자매가 된 우리는 당신이 원하는 무엇이든지 도울 준비가 돼 있습니다."

그녀를 둘러싼 사람들에게서 박수 소리가 터져 나오자 뵈뵈는 아굴라에게서 비록 조용하지만 강력한 권위가 있음을 느꼈다. 그리고 그들의 대화는 더는 둘만의 사적인 대화가 아니었다. 그녀가 고개를 들어 올려다보니 약 이백여 개의 호기심 가득한 눈들이 그녀의 얼굴로 향해 있었다. 그날 저녁 두 번째로 뵈뵈는 목덜미가 후끈 달아올랐다. 그러나 좀 전의 교훈으로 이번엔 움츠러들려 하지 않았다.

"우리가 알고 싶은 것은 …." 누군가 소리쳤다. "당신을 도울 일이 무엇이오?"

"그녀가 준비되면 말할 거예요." 브리스가가 톡 쏘듯 말했다. "자 이제 집으로 돌아갈 시간이에요." 그리고 이어지는 군중의 항의 속에서, 뵈뵈는 안내를 받으며 비좁은 군중 사이를 뚫고 재주 좋게 빠져나와 점점 어두워지고 있는 바깥으로 나와 서 있었다.

2장

 다음 날 아침, 뵈뵈는 늦게 일어났다. 팔다리가 묵직해서 그녀가 누워 있는 얇은 매트리스 속으로 꺼져 들어가는 느낌이었다. 방안을 비추는 햇빛을 보니, 벌써 동이 트고도 한참 지난 듯했다. 아주 잠깐 뵈뵈는 잠이 덜 깬 달콤한 상태에서 자기가 겐그레아에 있는 것으로 착각했다. 이제 일어나서 할 일은 집안 노예들의 활동을 감독하는 것 그리고 아마도 그녀의 요구라면 어떤 일도 할 준비가 된 채 집 밖에 줄을 서 있을 몇 명의 피후원자를 만나는 것 정도일 것이다. 뵈뵈는 그런 생각을 하다가 움찔 놀라면서 여기가 자기 집이 아니라는 사실을 기억했다. 그녀는 스스로 제대로 이해조차 못 하는 임무를 띠고 낯선 도시 한가운데 떨어진 상태였다.
 뵈뵈는 아리스도불로의 집을 떠난 후 무슨 일이 있었는지 거의 기억이 나지 않았다. 브리스가의 민첩하고 능숙한 인도를 받아 어두운 밤거리를 지나 한 공동주택 건물에 도착했던 것이 떠올랐다. (뵈뵈의 익숙지 않은 눈에는 그들이 오다가 지나친 다른 모든 주택과 거의 다를 바 없는 특색 없는 건물이었다.) 안으로 들어서자 커다란 방이 있었고 그 방에서는 뭐라 꼬집어 말하기 힘든 강렬한 냄새가 났었다고 어렴풋하게 기억났다. 그 방 뒤쪽으로 난 간단한 계단을 통해 2층으로 올라갔는데, 2층은 천 벽걸이로 구획이 나뉘어 있었다. 브리스가 그곳의 방 하나에 뵈뵈를 두고 사라졌다. 이것이 지금까지 뵈뵈가 기억하는 마지막 장면이었다.

서서히 정신이 들자, 그 냄새가 다시 나기 시작했다. 그리고 마룻장 밑에서 퍼져 올라오는 윙윙거리는 대화 소리도 들리기 시작했다. 생기 있고 빠른 높은 톤의 목소리는 브리스가였다. 점잖지만 권위 있는 낮은 톤의 목소리는 분명 아굴라다. 그런데 세 번째 목소리가 있었다. 남자 목소리고 톤이 거칠었는데, 브리스가와 아굴라의 목소리를 종종 압도하곤 했다. 그는 방안을 돌아다니는 듯했다. 목소리가 점점 희미해지다가도 뵈뵈가 누워있는 곳 바로 밑을 지나면서 다시 커졌기 때문이다.

한동안 뵈뵈는 조용히 누워 그들의 논쟁에 귀를 기울였는데, 대화의 내용보다는 흐름이 더 귀에 들어왔다. 위층으로 올라오는 말을 통해 뵈뵈는 세 번째 목소리의 주인공이 느끼는 분노의 수위를 짐작할 수 있었는데, 정작 왜 화가 났는지는 알기 어려웠다. 뵈뵈는 더는 가만히 누워있을 수 없었고, 재빨리 일어났다. 이유가 있었다. 갑자기 가슴이 철렁하는 공포를 느끼면서 모든 짐을 아리스노불로의 집에 두고 왔다는 사실이 생각났기 때문이다. 그 짐 속에는 로마에서 지낼 동안 사용하기 위해 가져온 무거운 돈 가방도 있었다.

오스티아에서 그곳에 도착했을 때, 그 집에는 사람들이 꽉 들어차 북새통이었던 터라 뵈뵈는 정신이 몹시 혼란스러웠다. 도대체 무슨 일이 벌어졌던 건지 기억해내려 애썼다. 그녀의 여행 가방을 능숙하게 뺏어 들고 동시에 그녀를 사람들 속으로 밀어 넣었던 것은 반짝이는 눈을 가진 노예 소년이었다. 비틀거리며 앞을 헤치고 나아갈 때, 앞에 있던 사람들이 길을 쫙 내주었는데, 마치 그 주의 첫째 날 함께 모였을 때 들었던 성경 이야기 중 하나에 나온 모세 앞의 바다 같았다. 뵈뵈는 바울의 편지를 열렬히 기다리는 그들에게 넘겼고, 한 필경사가 열정적으로 그때 그곳에서 그 편지를 낭독했다. 사람들은 그를 스다구라고 불렀다. 그의 부드럽고 그윽한 목소리는 양피지 위의 낱말들을 들어 올려 생기를 불어넣었다. 틀림없이 그는 전문가였다. 이 대목에서는 눈썹을 치켜뜨고 저 대목에서는 한 손을 휙 쓸어 올리는 등 간단한 몸짓만으로도 이야기를 맛깔나게 담아냈다. 그가 편지 낭독을 얼마나 생생하게 해냈던지, 머지않아 뵈뵈의 마음속에는 건장한 로마 사람 스다구의 모습은 사라지고 훨씬 덜 고상한 바울의 얼굴이 생각날 정도였다.

뵈뵈는 바울을 처음 만난 때를 절대 잊지 못할 것이다. 당시 그는 고린도의 가이오를 방문하고 있었다. 관대한 가이오는 바울을 만날 수 있도록 많은 그리스도의 제자들을 그의 집으로 초대했다. 뵈뵈는 별다른 기대를 하지 않았다. 그 당시 그녀는 바울을 만나본 적은 없었지만, 그에 관한 이야기는 들어서 알고 있었다. 사실, 그에 관해 많은 이야기를 들었다. 오만하고 신뢰하기 힘든 인물. 다른 사람에게 어떻게 살아야 하는지 가르칠 자격이 있다고 생각하는 뻔뻔한 인물. 자기 의견에 동의하지 않는 사람들에게 그의 관점을 강요하기 위해 보낸 부끄러운 편지들. 무례하고, (다시 한번) 오만한 사람. 뵈뵈는 확실히 그에 관한 많은 이야기를 들었다. 그래서 다른 목적보다는 친절한 가이오를 기쁘게 해 주고 싶은 마음에, 마지못해 고린도를 방문했다.

뵈뵈가 도착했을 때 가이오의 집은 야단법석이었다. 평상시 순조롭게 돌아가던 접대 체계가 무너져 있었다. 노예들은 이리저리 뛰어다녔고, 심부름 하나를 채 끝내기도 전에 돌아와 반대 방향으로 달리고 있었다. 물건들은 곳곳에 흩어져 있었고, 평소 차분하던 집사도 쓰러지기 일보 직전처럼 보였다. 심지어 평소 점잖고 품위 있는 가이오가 짜증이 나 지르는 소리가 집 뒤편에서 들려왔다. 바울의 방문이 대단한 일이구나 싶었다.

그래서 뵈뵈는 몸이 기억하고 있는 이전 삶의 방식을 다시 깨워냈다. 여기서는 명령을 내리고, 저기서는 농담을 던지고, 한 손으로는 제자리를 잃은 물건 더미를 들어 올리고, 다른 손으로는 가구 한 점을 원래 자리로 부드럽게 밀어 넣으면서, 집 곳곳을 돌아다니며 혼란을 정리했다. 눈앞의 위급한 상황을 해결하고 새롭게 대두될 위기를 예상하면서 보이지 않게, 그렇지만 효율적으로 집안을 운영하며 보냈던 과거의 실력이 바로 어제였던 것처럼 살아 돌아왔다. 이내 극심한 혼란이 정리되고 다시 질서가 잡혔다. 뵈뵈가 부린 마법에 가이오가 고마워하며 웃음 짓고 있었다. 그녀는 바울의 노작을 보지 못했다. 왜냐하면, 추가로 올 손님을 위해 필요할 음식을 보충하기 위해 고린도의 붐비는 시장에 잠깐 다녀왔기 때문이었다. 가이오의 집사는 귀부인인 그녀가 이런 하찮은 일을 한다는 사실에 경악했지만, 뵈뵈는 재미있어하면서 이를 무시했다.

몇 시간 후 그녀가 돌아왔을 때, 어떤 사람의 목소리가 들렸다. 회상해 보면, 뵈뵈는 그 목소리에 매료당했다. 그녀를 사로잡았던 것은 목소리의 톤이 아니었다. 전날 밤 로마에서 들었던 스다구와 달리 바울의 목소리는 거칠고 약간 귀에 거슬렸다. 그렇다고 수사적으로 우아하지도 않았다. 바울의 말이 분명 설득력은 있었지만, 고린도에도 바울보다 훨씬 더 나은 연설가들은 있었다. 그녀를 매혹했던 건 바울이 말한 내용도 아니었다. 물론, 나중에 주변의 다른 사람들처럼 그녀도 그 내용에 사로잡히긴 했지만 말이다. 뵈뵈의 마음을 붙잡은 건 바울의 열정이었다. 뵈뵈는 짐을 바닥에 떨어뜨린 채 입구에 멈춰 선 상태로 그의 말을 들으면서, 이 사람은 제대로 알고 있는 사람이라고 인정했다. 이 사람은 부활하신 주님을 만났으며, 그로 인해 뵈뵈와 마찬가지로 삶이 완전히 뒤바뀐 사람이었다. 이 사람은 신뢰할만한 사람이었다. 이렇게 느꼈던 이유를 콕 집어 말할 수는 없었지만, 그냥 알 수 있었다.

그 때문이었을까, 발걸음을 떼고 입구에서 안마당을 거쳐 집 뒤편의 정원 안쪽에 이르러 실제로 본 바울의 모습은 뵈뵈에게 충격으로 다가왔다. 깜짝 놀라 뒷걸음질 칠 뻔했다. 고린도는 외견상 멋진 도시였다. 어쨌든, 그 도시는 증명해야 할 게 많았다. 고린도는 율리우스 카이사르가 재건한 지 백 년이 채 안 된 신도시였다. 그리고 로마인, 그리스인, 유대인이 뒤섞인 거대한 인구 중 다수가 뵈뵈 같은 해방 노예였다. 이 도시는 새로운 자신을 만들어 내고 새로운 삶을 다시 시작하기 위해 찾아오는 곳이었다. 도시 자체의 특성이 그렇듯이 이곳의 주민들도 그에 걸맞은 모습이 되려고 비상한 노력을 기울였다. 의지할 가문이 없어도, 돈과 미모로 영향력을 샀다. 자기가 가진 것을 최대한 활용한다는 것은 두말할 나위가 없었다.

그런데 바울은 달랐다. 그는 작았다. 몹시 작았다. 나중에 깨달은 사실인데, 바울의 키는 간신히 그녀의 어깨에 닿을 정도였다. 머리는 대머리였고, 가이오의 집 정원에 모인 사람들에게 연설하기 위해 일어났을 때 보니 다리가 굽어있었다. 그의 코는 거대했고, 가운데서 만나는 짙은 검은색의 눈썹으로 덮여있었다. 그의 모습은 기괴했다. 다른 말로는 표현할 길이 없었다. 하지만 뵈뵈는 이런 몹쓸 판단을 하자마자 이 판단에 의문이 들기 시작했다. 그렇게 놀라서 입을 떡 벌리고 서 있는 동안, 어느 순간 바울과 눈이 마주쳤고 그때 무언가 일이 벌어졌다. 나중에 이 상황을 설명하기 위해 적당한 말을 찾아보려 했을 때 다소 즉흥적으로 내뱉었던 말이 있으니, 그 순간에 마치 하늘의 문이 열린 듯했고 천사들이 춤추는 모습을 볼 수 있었다는 것이었다. 그녀 자신도 이런 허황한 생각에 민망했지만, 다른 말이 떠오르지 않았다. 그때 벌어진 일이 무엇이든, 그 일 후로 바울을 바라보는 그녀의 관점은 영원히 바뀌었다. 그러고 나서 그녀는 눈을 감고 가볍게 머리를 흔들고는 현실로 돌아왔고, 정원에 서서 사람들의 혼을 빼놓는 그 못생긴 사내에게 귀를 기울였다.

전날 밤 스다구가 편지를 읽을 때, 뵈뵈의 머릿속에 들어왔던 것이 바로 그의 이미지였다. 보순으로 가득 찬 한 남자. 흉물스럽지만 황홀하고, 거칠지만 매혹적인 목소리를 가졌으며, 평범한 연설가지만 연신 정곡을 찔러대는 남자. 스다구는 바울의 말들을 그가 직접 했을 때보다 훨씬 더 세련되게 들리도록 다듬었지만, 그래도 여전히 바울의 말이었다. 뵈뵈는 바울을 떠올리지 않고 스다구의 낭독을 들을 수가 없었다. 열정에 휩싸여 머리 위로 팔을 휘두르면서 앞뒤로 움직이고, 침을 쏟아내면서 그의 머릿속에 있는 모든 것을 분명하게 설명해내려고 노력하는 모습 말이다.

뵈뵈는 움찔하며 공상에서 빠져나왔다. 무언가 신경 쓰이던 것이 있었는데, 그게 무엇이었지? 그 기억이 처음보다 훨씬 더 강렬하게 그녀를 내리쳤다. 맞다, 돈과 옷가지, 소개 편지들, 전부 잃어버렸었지. 그녀는 모든 걸 잃고 이 무시무시하고 커다란 도시에 홀로 남겨진 상태였다. 여기까지 생각이 미치자, 냄새나고 구겨진 여행 옷을 입고 계단을 내려가 조금 전 그녀의 잠을 깨웠던 논쟁의 한복판으로 들어갈 수밖에 없었다.

두려움에 품위 없는 모양새로 비틀거리며 계단을 내려와 고개를 들어보니 꼼짝할 수가 없었다. 위층으로 들려온 목소리로는 브리스가, 아굴라, 그리고 알려지지 않은 세 번째 인물까지 딱 세 사람만 있는 줄 알았다. 그런데 고개를 들어보니, 그녀는 큰 회의의 한복판으로 굴러들어온 것이었다. 사람이 들어차지 않은 곳이 없었다. 어젯밤에는 커다랗게 보였던 방이 지금은 작고 비좁은 공간으로 변해있었다. 방 곳곳에 사람들이 서 있거나 앉아 있었다. 의자, 탁자, 그리고 창틀까지 사람으로 꽉 찼다. 어떤 사람은 구석에 놓인 큰 가죽 더미 위에 앉아 있었다. 당황스러움에 목에서 시작해 얼굴까지 발갛게 달아오르기 시작했고, 그러는 와중에 그 이상한 냄새의 근원이 가죽이었다는 사실을 알아차렸다.

"당신이 그녀의 잠을 방해할 거라고 말했죠." 뵈뵈의 등장에 놀란 사람들의 침묵을 깬 것은 브리스가의 목소리였다. "미안해요, 당신이 실컷 잘 수 있게 해 주려고 했는데, 여기 헤로디온이 자신을 통제하지 못했네요." 브리스가는 검은 머리의 가냘픈 한 남자를 가리켰다. 가장자리에 술이 달린 긴 튜닉을 입은 걸 보니 유대인이었다. 그는 당장이라도 말을 다시 시작할 태세였다. 뵈뵈의 갑작스러운 등장으로 중단된 말이 금방이라도 다시 튀어나올 것 같았다. 브리스가도 마찬가지로 생각을 했는지, 숨 쉴 틈도 없이 말을 이어갔다. "아침도 못 먹었죠. 이 거대한 무리가 동이 트자마자 이곳으로 오더니 우리 집 보리빵을 한 조각도 남기지 않고 먹어 치웠네요. 지금 이른 점심을 먹는 것으로 합시다." 브리스가가 손뼉을 치자 방 안에 있던 여러 사람이 재빨리 움직이더니 선반 위와 발밑에 놓인 가방을 뒤지기 시작했다. 눈 깜짝할 사이에 방 가운데 놓인 식탁 위에 빵, 올리브, 치즈, 그리고 포도주가 놓였다.

하지만 뵈뵈는 이 모든 상황에는 전혀 관심이 없었다. 사람들이 움직이자, 작은 노예 소년의 모습이 눈에 들어왔다. 오스티아에 그녀를 마중 나왔던 그 소년이었다. 아리스도불로의 집에서 그녀의 짐을 가져갔던 그 소년 말이다. 그 아이는 그의 작은 체구가 뿜어낼 수 있는 가장 단호한 기세로 여행용 가방 위에 앉아 있었는데, 뵈뵈는 그 가방이 자신의 가방임을 알아차리고 깊은 안도의 한숨을 내쉬었다.

"이제 일어나도 되겠다, 펠릭스." 정신없이 음식을 준비하는 소란을 뚫고 아굴라의 부드러운 목소리가 들렸다. "뵈뵈, 보아하니 저 아이가 밤새 당신의 가방 위에 앉아 있었던 것 같네요. 정말 아무도 저 아이를 가방에서 떼어낼 수 없었답니다."

"펠릭스는 자기가 그걸 지켜야 한다고 말했습니다. 그리고 펠릭스는 항상 자기가 한 약속을 지킵니다." 펠릭스가 익살스럽고 과장된 동작으로 자기를 가리키며 말했다. 그러고는 강렬하게 뵈뵈를 노려보았다. 동의를 요구하는 눈빛이었다.

뵈뵈는 안도감에 마음이 들떴고 이 소년에게 상으로 줄 동전을 찾아 가방을 뒤졌다. 손에 잡힌 첫 동전은 데나리온이었다. 과도한 액수였지만, 그래도 정말 고마운 마음에 소년에게 그 동전을 건넸다. 하지만 동전을 내미는 순간 곧바로 자신이 얼마나 큰 실수를 했는지 알아차렸다. 펠릭스의 얼굴은 냉담해졌고 온몸으로 혐오감을 뿜어냈다.

"펠릭스는 도와주라는 요청을 받았습니다." 그는 아무 감정을 드러내지 않고 말했다. "펠릭스는 돕는 것이 좋습니다. 펠릭스는 도움의 대가로 돈을 받지 않습니다."

뵈뵈는 그에게 큰 상처를 준 것에 대해 더듬거리며 사과했다. 그러면서 자기도 모르게 그 소년의 눈을 똑바로 바라보았다. 그 순간, 두 사람 사이에 무언가 통했다. 뵈뵈는 이 작은 아이가 그녀의 인생에 중요한 사람이 될 것이라는 사실을 직감했다. 펠릭스 또한 이를 아는 듯했다. 왜냐하면, 이 아이가 뵈뵈 옆으로 걸어가더니 마치 그녀의 안내자이고 보호자인 양 그의 조그만 몸을 최대한 크게 보이려 애쓰면서 그녀 옆에 섰기 때문이다.

"당신은 평생의 친구를 만든 것 같군요." 아굴라는 자기 생각을 언급했다.

"자, 이제 먹읍시다." 브리스가 선언했다. 그러자 사람들은 잘 차려진 식탁으로 향했다.

3장

비좁은 식탁이었지만 즐거운 식사였다. 기대어 앉을 곳도 없었고, 사려 깊은 접대도 없었고, 형식도, 차분한 대화도 없었다. 뵈뵈가 고린도로 이사한 후 수년간 익숙해진 식사 문화와는 너무 달랐다. 이 사람들의 식사는 정신없었다. 치즈가 담긴 접시들, 여러 대접의 올리브, 거친 보리빵 덩어리들, 다양한 채소들이 앞뒤로, 머리 위로, 다리 아래로 어지럽게 전달되었다. 자리가 부족하다 보니 남는 공간이면 아무 데나 사람들이 앉아 있었지만, 어느 한 사람 빼놓지 않고 음식이 전달되었다. 접시가 바닥이 보일 때쯤이면 누군가 자신의 가방이나 발밑에 놓인 바구니를 뒤져서 있는지도 몰랐던 귀중한 음식을 꺼내놓았다.

저마다 한입 가득 음식을 물고 있다 보니 말을 할 수가 없었다. 행복한 침묵이었다. 잠시 후, 다급하게 허기를 채우는 일이 어느 정도 마무리되자, 예수와 그분이 벌인 즉흥적인 잔치들에 관한 이야기로 흘러갔다. 어떻게 예수님은 평범한 식사에서도 잔치 분위기를 느끼게 할 수 있었을까? 어떻게 그는 어중이떠중이 손님들을 데려와 주인을 놀라게 하고, 나아가 예의를 갖춰 그들을 대접하라고 고집하셨을까? 어떻게 그는 가장 어울리지 않는 사람들과 그런 잔치를 벌이셨을까?

"베드로가 지금 여기 있었다면, 예수님이 그 오천 명의 사람들을 어떻게 먹이셨는지 다시 한번 이야기해 달라고 부탁할 수 있었을 겁니다." 펠릭스가 아쉬운 목소리로 말했다.

"우리가 그 이야기를 얼마나 자주 들었는지 너도 잘 알잖니. 그 정도면 우리가 직접 이야기할 수도 있지 않을까?" 옆에 있던 사람이 응수했다.

"그래 펠릭스, 네가 해 봐." 주변 사람들이 목소리를 높여 그를 응원했다.

의기양양해진 펠릭스는 뵈뵈의 짐 위에 그대로 앉은 채 깊은숨을 들이쉬고 이야기를 시작했다.

"예수님은 제자들과 멀리 떨어진 조용한 장소로 가셨습니다. 그들은 피곤했고 따로 쉴 시간이 필요했습니다. 그래서 배를 타고 반대편 해변 조용한 곳으로 갔습니다. 그러나 사람들은 그들이 움직이는 것을 보고 따라왔습니다. 아니, 사람들이 먼저 앞서갔다고 해야 할 것 같습니다." 방안 여기저기서 사람들이 고개를 끄덕여 그의 말이 옳다고 확인해주었다. 뵈뵈는 주변 사람들을 둘러보았다. 어떻게 보면 펠릭스가 굳이 이 이야기를 들려줄 필요는 없었다. 모든 사람이 이 이야기의 리듬과 등장인물과 상세한 부분까지 전부 알고 있었다. 하지만 이 사실은 전혀 문제가 되지 않는 듯했다. 그곳에 모인 사람들은 모두 펠릭스가 이야기를 들려주며 즐거워하는 만큼 그의 이야기를 들으며 즐거워했다. 이야기가 이어지는 동안, 사람들은 자신이 느끼기에 빠졌다고 생각되는 세부 사항들, 즉 들판은 푸르렀고 모인 사람의 수는 오천 명이었고 빵뿐 아니라 물고기도 두 마리 있었다는 사실 등을 덧붙였다. 펠릭스는 이야기를 들려준다기보다 이야기를 지휘하고 있었다.

이야기를 들으면 들을수록 뵈뵈가 깨닫게 되는 사실이 있었다. 고린도에서는 예수님에 관한 이야기를 이런 식으로 전하지 않았다는 것이다. 물론 그녀는 전에도 이 이야기를 들은 적이 있다. 그리고 예수님의 행적과 말씀에 관한 다른 많은 이야기도 들었다. 예루살렘과 안디옥에서 온 방문객들이 관련된 이야기를 들려주곤 했다. 그들은 열성적인 고린도의 성도들에게 귀중한 이야기를 나누어 주었다. 하지만 바울은 이 이야기에는 관심이 없었다. 바울이 훨씬 더 큰 관심을 쏟았던 주제는 예수님의 삶과 죽음, 부활이 그들 삶의 모든 면에 새로운 의미를 부여하는 방식이었다. 바울은 혹시 이런 생각 때문에 예수님에 관한 이야기를 하는 데 소극적이었던 것일까? 바울이 왜 그랬을지 뵈뵈는 이제껏 한 번도 생각해 본 적이 없다. 바울이 그 이야기들을 몰라서였을까? 아니면 그 이야기들이 바울에게 흥미를 일으키지 못해서였을까? 고린도에서는 항상 바울의 본을 그냥 따랐다. 이런 사실에 의문을 품지 않고, 이야기보다는 개념을 우선시했다. 고린도에서 모일 때, 그들은 지금 어떻게 행동해야 하는지 그리고 메시아의 강림이 미래에 어떤 의미를 부여하는지 대화하고 논쟁하고 씨름했다.

펠릭스가 맛깔나게 전한 이런 이야기들을 고린도에서는 듣고 즐기는 게 전부다. 그것으로 끝이다. 하지만 여기 사람들은 그 이야기를 계속 음미하고 새긴다.

지금까지 놓치고 있었던 것이 무엇인지 그녀는 깨닫지 못했다. 그녀는 편안히 앉아 전개되는 이야기의 재미와 흐름에 자신을 맡겼다. 생애 처음으로 그녀는 이야기 속으로 빨려 들어갔다. 그녀는 들판에 모인 무리를 보았고 배고픔의 고통을 느꼈으며 빵의 맛을 음미했다. (사실대로 말하자면, 그녀가 실제 맛볼 수 있는 것은 지금 그녀 손에 들린 빵이지만 말이다.) 그녀는 이야기가 전달하는 경험에 푹 빠져들었다.

"그리고 마지막에 열두 바구니가 남았습니다, 열두 바구니였습니다." 펠릭스는 기쁨에 취한 채 이야기를 마무리했다. 그리고 물러앉아 자신의 이야기를 사람들도 함께 충분히 음미했는지 확인하려고 주위를 둘러보았다. 그런 것 같았다. 이제 방안에는 대화의 물결이 일렁이기 시작했다. 그리고 다시 방 구석구석으로 음식과 음료의 여행이 재개되었다.

뵈뵈는 헤로디온이 눈썹을 치켜세우고 마치 할 말이 있는 듯 입을 벌리려고 할 때마다 브리스가가 헤로디온의 팔에 그의 손을 얹어 진정시키는 모습을 몇 번 지켜보았다. 같은 상황이 네 번째 일어나자 뵈뵈 옆에 앉아 있던 아굴라가 상체를 구부리며 설명했다.

"우리 모두 바울의 편지에 대해 당신에게 말을 하고 싶지만 정말 꾹 참고 있다오. 가장 말을 하고 싶어 하는 사람이 바로 헤로디온이라오. 여기 모인 사람들 모두가 아침도 먹기 전에 이곳에 도착했어요, 하지만 브리스가가 기다리라고 했어요. 당신이 잠을 더 자야 하고, 당신 잠을 방해해선 안 된다고 말했지요. 우리는 할 수 있는 한 최고로 조용히 이야기를 시작했어요. 그런데 헤로디온이 몹시 화가 났지요. 자신을 주체할 수 없었던 거예요. 그 때문에 당신이 잠을 깼을 것 같은데요." 아굴라가 궁금한 눈으로 뵈뵈를 쳐다보았다. 뵈뵈는 어깨를 한번 들썩했다. 확실하진 않지만, 곧 잠을 깰 즈음이었던 것 같다. "지금 브리스가는 당신이 충분히 음식을 먹고 피로가 풀렸는지 확인할 때까지는 헤로디온이 다시 말을 시작하지 못하게 막으려는 거라오."

뵈뵈는 혼란스러웠다. "제 피로가 풀리는 걸 왜 신경 쓰죠? 편지가 무슨 뜻인지 저에게 묻진 않을 거잖아요? 그 편지는 제가 쓴 게 아니란 사실을 여러분 모두 잘 아시잖아요?"

"당신이 쓰진 않았지요, 하지만 당신이 들고 왔잖아요."

가슴이 철렁 내려앉았다. 뵈뵈는 마음속 깊이 불편하게 자리 잡고 있던 구체적인 실마리들을 끼워 맞추기 시작했다. 전에는 알아차리지 못했던 것들이 이해되기 시작했다. 그녀가 로마로 출발하기 전, 바울은 평소보다 그녀와 더 많은 시간을 보내고 싶어 했다. 그녀는 이 임무 때문에, 즉 그녀가 로마에 온 이유 때문에 혹은 그녀가 로마에서 수행할 것으로 바울이 생각했던 임무 때문에 그런 것으로 추측했다. 하지만 지금 생각해보니, 바울은 그녀가 들고 온 이 편지에 관한 이야기도 많이 했었다. 이 편지로 전하려는 바가 무엇인지, 왜 이런 식으로 편지를 썼는지에 관한 이야기도 했었다.

그 당시 뵈뵈는 바울이 아직 한 번도 가보지 못한 곳이었지만 그의 마음속 큰 부분을 차지하고 있었던 로마로 편지를 보내기 전에 편지를 제대로 썼는지 확인하려고 혼잣말하는 것으로 생각했다. 바울이 평소 편지를 쓸 때 다른 사람과 함께 작업한다는 사실을 뵈뵈는 알고 있었다. 뵈뵈가 고린도 공동체에 합류하기 전 많은 문제를 불러일으켰던 고린도에 바울이 보낸 더 이른 편지도 소스데네와 함께 쓴 것이었다. 더 최근에는 바울이 자신과 고린도 교회 성도들 간의 균열을 메우기 위한 토대를 놓았던 편지도 디모데와 함께 썼다. 뵈뵈는 편지를 함께 작성한 사람이 해당 편지에 정확히 얼마나 이바지하는지 항상 궁금했다. 지난번 디모데가 에베소로 가는 도중 그녀의 집에 머물렀을 때 용기를 짜내 그에게 물었지만, 그는 수수께끼 같은 미소를 지으며 화제를 돌렸다.

  그러나 이번에 로마에 보낸 편지는 달랐다. 바울은 편지를 완전히 혼자 썼다. 가이오의 집에 내내 머물면서 필경사 더디오만 데리고 몇 날 며칠 동안 철저히 격리되어 지냈다. 더디오만 불쌍했다. 바울은 해가 뜨자마자 일찍 그를 불렀다. 그리고 온종일 먹을 음식을 미리 챙겨오라고 고집을 피웠다. 그래서 매일 저녁 늦게 그들이 나오기 전까지는 아무도 그들을 볼 수 없었다. 마침내 그들이 나타났을 때 더디오는 망연자실한 표정이었다. 그의 손은 잉크로 뒤범벅되어 있었고 머리카락은 솟구쳐 있었다. 편지 작성을 마무리한 후에야 비로소 바울은 뵈뵈에게 편지에 관한 이야기를 시작했다. 그리고 너무 늦은 감이 있지만 이제야 뵈뵈는 그 이유를 깨달았다. 바울은 편지에 쓸 생각을 미리 뵈뵈에게 확인하려 하지 않았다. 자기 생각을 모조리 글로 적고 정확히 스스로 숙지한 후에야 뵈뵈에게 말을 건넸다. 뵈뵈는 몰랐지만, 바울은 알고 있었다. 그가 편지로 말하려는 의미를 명쾌하게 설명해 달라고 로마 사람들이 뵈뵈에게 요청할 것이라는 사실을 말이다. 그래서 바울은 먼저 그녀가 편지를 제대로 이해해주길 바랐다. 문제는 그녀가 제대로 이해하지 못했다는 것이었다. 때때로 이해하기도 했지만, 늘 이해하지는 못했다. 철새의 군무처럼 바울의 설명이 머릿속을 계속 빙빙 맴돌다 때로는 특정한 형태로, 그녀가 인식할 수 있는 형태로 모여들곤 했다. 그러면 잠시 이해가 된다는 느낌이 들었지만, 어느새 생각들은 다시 흩어졌고 도저히 알 수 없는 이야기가 되곤 했다. 이런 상황을 알고 있기에 심한 메스꺼움이 들었다. 기껏해야 그녀 자신도 간신히 일부만 이해하는 것을 다른 사람에게 어찌 설명할 수 있겠는가?

"염려 말아요, 도울 수 있는 부분은 우리가 도와줄게요." 아굴라가 말했다.

"잠깐만요!" 뵈뵈는 정말로 아직 시작할 준비가 되어있지 않았다. 궁지에 몰리자 소소한 이야기라도 계속 끌어서 시간을 벌어야겠다는 마음이 커졌다. "잘 이해가 안 되는 게 있어요. 여러분은 왜 모두 여기 다시 모인 건가요? 이곳에 오기 전 바울은 여러분이 각자 매우 다른 사람들일 것이라고 저에게 말했어요. 우리가 고린도 가이오의 집에서 종종 모였던 것과는 다른 모습으로 당신들이 모일 것이라고 했어요. 헤로디온은 회당장으로 유대인 그리스도인만 만나고, 당신과 브리스가는 유대인과 이방인 모두와 어울리고, 바드로바와 아순그리도 그리고 다른 이방인들은 자기들끼리 따로 만날 것이라고 말했어요. 제가 여기 온 지 고작 이틀째인데, 여러분은 어제도 모두 아리스도불로의 집에 모였고, 오늘 또다시 이곳에 모였네요." 초조해서인지 뵈뵈는 기억나는 사실을 부자연스럽고 어색하게 주욱 나열했다.

아굴라는 관대하게 그녀의 서투름을 못 본 체하고 살짝 웃었다. "우선, 바울이 한 이야기를 전부 믿을 필요는 없어요. 많은 것을 알고 있지만 결국 이곳에 와본 적은 없으니까요. 어떤 면에서는 우리가 당신네 고린도의 그리스도인들보다는 더 분리되어 지내는 게 맞아요. 우리에겐 모든 사람이 함께 들어갈 수 있는 넓은 집을 가진 가이오 같은 사람이 없으니까요. 그러나저러나, 당신들은 그렇게 모두 함께 모여도 대체로 언쟁을 벌이지 않던가요?"

뵈뵈는 그런 일이 빈번히 일어난다는 사실을 인정해야만 했다.

"하지만," 아굴라는 말을 이어갔다. "정기적으로 함께 모이지 않는다고 해서 우리 삶이 서로 분리되어 있다는 의미는 아니에요. 도리어 우리는 서로 아주 잘 알아요. 우리는 서로 대단히 사랑합니다. 우리는 아무도 소외되지 않도록 심혈을 기울입니다. 각자의 공동체에서 함께 예배하지 않는 사람도 마찬가지입니다. 우리 작업장은 말입니다." 이 부분에서 아굴라는 그들이 앉아 있던 방을 가리켰다. "일종의 중심축이에요. 브리스가와 나는 매일 이곳에서 천막 만드는 일을 합니다. 좀 더 일에 열중하는 날도 있죠. 사람들은 언제든 여기 들릴 수 있다는 사실을 압니다. 우리 모두에게 영향을 끼칠만한 일을 논의해야 한다거나 해결해야 할 문제가 생길 때면, 사람들은 여기로 모입니다."

"오늘은 각기 다른 소모임에서 온 사람들이 모인 모습을 볼 수 있는 기회지요. 자유가 있어 올 수 있는 사람들은 왔고, 반면에 자유가 없는 사람들은 오지 못했죠. 오늘 우리가 모인 이유는 당신과 바울의 편지 때문이에요. 바울이 로마에 오기를 오랫동안 간절히 원했다는 사실을 우리도 압니다. 우리 중에는 그가 오기를 간절히 바라는 사람도 있지만, 심드렁한 사람도 있어요. 어떤 사람은 흥분해서 바울이 우리에게 하려는 이야기를 들으려고 왔지만, 바울에 대한 자신의 편견을 확인하려고 온 사람도 있어요. 바울이 얼마나 빨리 이곳에 올 수 있는지 궁금해하는 사람도 있지만, 다음 배로 오지는 않는다는 사실을 재확인하려는 사람도 있답니다. 당신도 알다시피 이 편지는 우리에게 중요해요. 그런데 이 편지를 가져온 사람이 바로 당신이에요. 그러니 이제 당신도 우리에게 중요하답니다. 자, 당신이 무슨 꿍꿍이를 하는지 제가 모를 것 같나요? 지금 이 순간을 모면한다고 해결될 문제가 아니에요."

이 말을 하며 그는 브리스가를 향해 고개를 끄덕였다. 브리스가는 사무적으로 헤로디온의 팔을 토닥이고 뒤로 물러났다. 그 광경을 보고 뵈뵈는 원형 경기장의 사육사가 우리에 가둬둔 동물을 자유롭게 풀어준 뒤 했던 동작이 방금 브리스가가 한 동작과 비슷하다는 생각이 순간 들었다. 헤로디온은 지체 없이 벌떡 일어났고, 앞뒤로 왔다 갔다 하기 시작했다. 방안이 사람들로 꽉 차지만 않았더라도 실제로 왔다 갔다 했을 것이다. 하지만 사람이 많다 보니, 누운 사람들 사이를 조심스럽게 지나갈 수밖에 없었고, 그의 억눌린 에너지를 생각하면 터무니없이 얌전한 느낌을 풍겼다.

그는 과장된 몸짓으로 두 팔을 벌리며 말했다. "그 밉살스러운 양반이 이번엔 도를 넘었어요."

4장

헤로디온의 분노가 방을 덮쳤다. 마치 폭풍 한가운데 해변에 몰려오는 거대한 파도 같았다. 헤로디온은 걱정에 사로잡힌 나머지 발을 내디딜 때 조심해야 한다는 사실을 한순간 까맣게 잊었고, 체중이 완전히 실린 발로 이방인 바드로바의 다리를 밟고 말았다. 바드로바는 고통에 비명을 질렀다.

"조심 좀 해요, 헤로디온." 아굴라가 부드럽게 말했다. "당신의 치유 능력이 예수님 정도로 좋은 게 아니라면 말이요."

이 말에 헤로디온의 얼굴이 붉어졌다. 그는 더듬거리며 사과하더니 하려던 말을 이어갔다.

"바울은 터무니없는 사람입니다. 그냥 멈추는 법이 없어요. 우리가 좋게 받아주려고 노력해봤지만, 겉으로 보기에는 안 될 것 같네요. 우선, 그는 이방인들이 우리 **유대인**의 메시아를 따르기 위해 굳이 유대인처럼 될 필요는 없다고 주장했습니다." 그는 분개하며 목소리를 높였다. "그러고는 우리에게 그들과 함께 식사하라고 했습니다." 그는 '그들'이라는 단어를 내뱉을 때 유독 감정을 실었다.

"우리를 말하는 거요?" 의도하진 않았지만 헤로디온의 발에 다리를 밟혔던 바드로바가 말했다.

헤로디온이 양심은 있었는지 약간 부끄러워하는 기색을 보였다. 분노에 사로잡힌 나머지 자신이 겨냥한 대상이 바로 자기 주변에 둘러앉아 있는 바로 그들이라는 사실을 까맣게 잊었던 것이다. 그러나 그 사실도 그의 말을 오래 막지는 못했고, 다시 장황한 비판이 이어졌다.

"바울은 우리가 이방인과 함께 식사한다고 해서 부정해지는 것은 아니라는 듯 이야기합니다. 이방인과 한자리에서 먹으면 적법한 정결 절차를 따르고 나서야 가족들과 다시 식사할 수 있다는 것이 율법의 규정인데, 그는 이제는 그렇지 않다고 주장합니다. 그는 이 문제를 전혀 이해하지 않으려 합니다. 우리는 그의 주장이 불합리하다고 수없이 이야기했지만, 그가 들은 척이나 했나요? 당연히 아닙니다. 그가 우리 이야기에 귀 기울일 이유가 있겠어요? 그는 자기가 옳다고 믿는 것에 너무 몰입한 나머지 그의 주장이 초래할 피해는 신경 쓰지도 않습니다. 그는 그저 결정을 내릴 뿐이지만, 나머지 우리는 그 결정이 가져오는 결과를 감당하고 살아야 합니다. 그는 편하게 앉아 있으면 그만이에요."

이 말을 듣자 뵈뵈가 입을 열었다. 자기가 바울을 대신해야 한다는 생각에 엄습했던 이전의 공포는 완전히 사라졌다. 헤로디온 이 사람이 정말로 진지하게 이야기하는 걸까? 바울이 그가 가진 관점 때문에 어떤 사람보다 더 많은 고통을 받았다는 사실을 헤로디온도 틀림없이 알고 있을 텐데? 동족 유대인들과 식사할 때 복잡한 정결 의식을 가질 여유가 없다는 것은 바울의 염려 중 가장 하찮은 것이었다. 두들겨 맞고 돌팔매질을 당하고 감옥에 갇히고 배가 난파되고 매복 공격을 당하는 것이 바울이 날마다 걱정해야 하는 상황이었다. 하지만 이런 말이 그녀의 입에서 막 튀어나오려 할 때, 아굴라가 그녀를 향해 눈썹을 추켜세우며 고개를 살짝 젓는 모습이 눈에 들어왔다. 뵈뵈는 힘겹게 화를 억누르며 입을 꾹 다물었다.

"뵈뵈에게 당신 남동생 이야기를 해 주지 그래요. 그러면 뵈뵈가 당신을 이해하는 데 도움이 될 거예요." 아굴라가 말했다.

헤로디온이 뵈뵈 쪽으로 돌아섰고, 그제야 뵈뵈는 헤로디온의 눈에 눈물이 가득 고여 있다는 사실을 알아챘다. "브리스가와 아굴라처럼, 예전엔 나도 이곳에서 살았지요."

뵈뵈는 '예전엔'을 거의 십 년 전쯤 로마에서 유대인들을 축출하기 이전 클라우디우스 황제의 통치 기간으로 받아들였다. 유대인 축출 당시 로마 공동체는 그리스와 소아시아 전역으로 흩어졌고, 일부는 심지어 갈릴리와 유대 땅으로 돌아갔다. 클라우디우스 황제가 죽자 그의 양아들 네로가 황제로 즉위했다. 그 후 많은 유대인이 네로 황제 치하에서는 생활이 나아질 것이라는 희망에 가득 차 로마로 돌아오기 시작했다. 네로는 잔혹함으로 악명이 높았고 섹스 파트너를 찾아 거리를 배회한다는 소문도 있었지만, 이런 낙관론은 여전히 강하게 유지되었다. 뵈뵈는 헤로디온이 차후의 귀환뿐 아니라 로마에서의 축출까지 두 가지 사건을 모두 경험했을 것으로 추측했다.

"우리가 강제로 떠날 수밖에 없었을 때, 내 동생 발레리우스와 나는 부모님을 예루살렘으로 다시 모셔다 드려야겠다고 생각했어요. 오래전 부모님은 헤롯 가문 사람들과 함께 이곳에 오셨거든요. 헤롯 대왕이 가족 중 일부를 데리고 로마로 왔을 때, 부모님도 함께 오셨지요. 헤롯이 유대인의 왕으로 예루살렘으로 다시 돌아가야 했을 때, 그는 재산 관리를 위해 몇 사람을 남겨두고 떠났어요. 제 부모님은 다소 꺼리셨지만 남으셨답니다. 시간이 꽤 걸렸지만 마침내 이곳에 정착하셨고 하나님께 버림받은 이 땅에 적응하셨죠. 하지만 그분들은 결코 고향을 잊지 않으셨어요. 유대 땅을 몹시 그리워하셨죠, 그중에서도 예루살렘 성전을 가장 그리워하셨어요. 제 어린 시절 어머니는 그 슬픈 마음을 이렇게 노래하셨습니다. '어떻게 우리가 이방 땅에서 하나님의 노래를 부를 수 있을까.' 어머니는 그 이방 땅에 적응하시긴 했지만, 율법이 명하는 대로 성전에서 하나님을 예배하지 못한다는 상실감에는 결코 적응하지 못하셨습니다.

그러니 떠나야 할 시간이 되었을 때, 갈 곳은 하나뿐이었습니다. 우리는 가진 모든 것을 챙겨 고향으로 향했어요. 그런데 부모님은 너무 연로하셨고 여정은 너무 길었습니다. 어머니는 배를 타야 하는 여정에서는 늘 어려움을 겪으셨어요. 도중에 몹시 앓으셨고, 어느 날 결국 심장이 멈춰 버렸지요. 돌아가실 때도 반짝이는 눈으로 '예루살렘으로'라고 중얼거리셨습니다. 몸은 예루살렘에 이르지 못했지만 마음은 도착했던 거죠. 물론 그런 사실이 아버지에겐 아무 위안이 되질 않았어요. 아버지는 억장이 무너지셨죠. 비통한 마음이란 것을 들어본 적이야 있었지만, 제 눈으로 직접 본 것은 처음이었어요. 아버지는 몸져누우셨고 모든 걸 포기하셨죠. 결국 아버지를 예루살렘으로 모시긴 했지만, 아버지는 신경도 쓰지 않으셨어요. 어머니 없이는 예루살렘도 아무 의미가 없었으니까요. 한 달 후 아버지도 돌아가셨습니다. 발레리우스와 나는 비탄에 빠졌어요. 어머니 몸은 바다 어딘가에 장사 되었고 그분의 뼈는 영원히 바다 밑을 떠돌 겁니다. 하지만 아버지의 경우는 우리 형제가 할 수 있는 모든 예우를 갖춰 장사를 지냈어요. 우리 형제는 그렇게 부모님을 애도하면서 더할 나위 없이 가까워졌어요."

헤로디온은 잠시 말을 멈추고, 감정을 추스르려 애쓰면서 목청을 가다듬었다. "그러던 어느 날, 성전 뜰을 지나가다 거대한 무리를 만났습니다. 한 남자가 서 있었는데, 얼굴이 환희로 빛나고 있었어요. 사람들에게 무언가를 말하는 중이었습니다. 그는 예수라 불리는 한 남자에 관한 이야기를 하고 있었어요. 예수란 사람이 왜 선택받은 자, 메시아인지, 예수는 어떻게 죽었고 다시 살아났는지, 어떻게 그 사람 안에서 하나님의 예언이 성취되었는지, 그리고 어떻게 그 사람을 통해서 하나님의 백성이 마침내 고향으로 돌아오게 되었고 복속의 때가 끝났는지, 그리고 늘 우리 이스라엘의 소명이었던 열방을 향한 등불 역할을 제대로 할 수 있는 길을 그가 어떻게 보여주었는지. 그 사람의 이야기를 들으면서 무엇인가 깨달음이 오기 시작했습니다. 저는 결코 그 바리새인들처럼 독실한 신자는 아닙니다만, 그래도 가능한 선에서는 하나님을 사랑하려고 노력했어요. 율법을 제대로 지키기 위해 늘 신경 써야 하겠지만, 어쨌든 저는 여건이 될 때마다 할 수 있는 것을 했습니다.

  그런데 이번에 뭔가 달랐어요. 그의 말에 고개가 끄덕여졌습니다. 무언가 잃어버렸던 것을 되찾은 느낌, 빠졌던 것이 채워진 느낌, 구멍 난 부분이 메워진 느낌이었습니다. 온전해진다는 느낌이 들었고 평안함이 밀려왔습니다. 생전 처음 제 인생이 제대로 된 의미를 찾은 것이었습니다. 발레리우스는 내가 미쳤다고 생각했고 실제로 자주 그렇게 말했습니다. 하지만 제 하고 싶은 대로 하도록 내버려 뒀어요. 전 믿는 자들의 공동체에 가입했어요. 함께 만나서 함께 먹고 예수에 관한 이야기를 나누었어요. 한동안은 모든 게 순조로웠죠. 그러던 어느 날, 수 없이 여행을 다니던 베드로가 예루살렘을 거쳐 가게 됐어요.

  사실 몇 년 전부터 식사와 관련된 의견 대립이 있었습니다. 저 말썽꾸러기 바울은 유대인 그리스도인들이 이방인과도 식사를 함께해야 한다고 주장했지요. 베드로는 바울의 주장에 현혹되어 동의하게 되었어요. 고넬료라는 로마 사람을 만나러 가기 전에 환상을 본 이후라 더 그런 것 같았어요. 베드로가 말하길, 그 환상 속에서 하나님은 모든 것이 정결하다고 선언하셨답니다. 야고보는 뭔가 조처를 내려야 했습니다. 이런 식으로 일이 진행되면 안 되거든요. 그래서 베드로에게 메시지를 보냈고, 우리 유대인 공동체의 유익을 위해, 일치와 화합을 위해 이방인과 식사하는 행동을 멈춰야 한다고 설명했습니다. 베드로는 이를 타당하다고 받아들였고, 야고보는 기뻐했습니다. 그 문제는 해결된 셈이었죠. 그런데 그때 바울이 함께 있었습니다. 언제나 그렇듯이 그는 모든 걸 망쳐 놓았습니다. 베드로가 그릇된 행동을 취했다고 주장하며 다시 그를 흔들었고, 결국 베드로는 입장을 번복했습니다. 우리는 베드로가 다시 마음을 바꾸기를 기대했지만, 그렇지 않았어요. 그래서 베드로가 예루살렘에 왔을 때, 그는 우리가 이방인과 함께 식사해야 한다는 의견을 확고하게 밝혔던 겁니다.

짜증 나는 상황이었지만, 당시에는 그다지 큰 문제는 아니었습니다. 어쨌든 우리는 이방인을 만날 기회가 많지 않았거든요. 그리고 이방인과 식탁 교제를 나누고 싶었던 유대인들이 함께 먹었던 대상은 보통 그리스어를 사용하는 연설가들이었습니다. 저는 로마에서 자라면서 집에서는 아람어를 썼고 다른 곳에서는 라틴어를 사용했어요. 그리스어 실력은 별로였고, 그래서 야고보 같은 사람들을 즐겨 만났습니다.

문제는 발레리우스와 제가 로마로 돌아왔을 때 시작됐어요. 베드로가 했던 이야기가 여기서는 영향이 있었어요. 이제 저는 그들과 …." 그는 다행히 제때 말을 끊었다. "아니, 여러분과 늘 함께 식사해야 합니다. 제가 매주 이방인과 함께 식사한다는 사실을 발레리우스가 알게 되었을 때, 제 동생은 자신이 부정하게 되는 위험을 감수하고 싶지 않다고는 집을 나가버렸어요. 그리고 제가 완전히 정신이 나가서 자신이 참을 수 있는 한계를 넘었다는 말도 했습니다. 이제 마지막 남은 제 가족이 사라져 버린 거죠. 저는 지금 완전히 혼자에요. 그런데 이런 상황에서, 이 모든 일을 겪고 난 후인데도, 뻔뻔하게도 바울은 우리 유대인에게 아무 우선권이 없다고 말하는군요. 듣자 하니 이제는, 우리가 받은 할례로도 충분하지 않다는 겁니다. 그는 우리가 율법을 지키지 않는다면 우리도 저 할례 받지 않은 인간쓰레기들과 다를 바 없다고 이야기하더군요."

이 대목에서 바드로바가 크고 분명하게 헛기침을 했다. 헤로디온의 외교력이 그다지 오래 효과를 내지는 못했던 것이다.

"저는 도저히 이해가 안 됩니다. 왜 그는 우리가 가진 모든 것을 포기하기를 기대하는 거죠? 저는 유대인이에요. 아브라함과 이삭과 야곱의 자손이고, 모세와 다윗의 후손입니다. 언약의 자녀이며, 하나님 백성의 일원입니다." 헤로디온의 목소리가 갑자기 떨렸다. "우리의 자랑스럽고 영광스러운 역사가 아무런 의미가 없다고요? 어떻게 그런 말을 할 수가 있죠?" 그 말과 함께 슬픔을 담은 커다란 눈물방울이 흘러내리기 시작했고, 눈물은 온 뺨을 적시며 수염 속으로 흘러들었다.

뵈뵈는 아굴라의 지혜에 조용히 경의를 표했다. 헤로디온의 분노는 진실로 폭풍 같았다. 다른 모든 폭풍과 마찬가지로 그의 분노도 분출되어 소진될 필요가 있었던 것이다. 지금이 바로 그녀가 무언가를 말할 시점이었다. 그런데 무슨 말을 해야 하지? 뵈뵈는 바울을 다시 떠올렸다. 그러자 곧 해야 할 말이 생각났다.

"당신이 바울의 말을 제대로 이해한 건지 확신이 서지 않네요." 이런 상황에서는 딱 적절한 단어를 사용하지 않으면 효과가 없다는 사실을 충분히 인식하면서 적당한 말을 찾으려 애썼다. "바울이 유대인으로서 그의 유산을 얼마나 자랑스러워하는지 당신이 꼭 알았으면 좋겠어요. 바울은 그 점을 반복해서 이야기했답니다."

헤로디온이 답했다. "저는 바울을 만난 적이 없어요, 단지 그가 남겨 놓은 황폐한 현실을 살아가야 했을 뿐입니다."

"그런 상황이라면 더욱더 이 점을 꼭 알았으면 좋겠어요. 바울만큼 당당하게 자신이 유대인임을 내세우는 사람을 저는 만난 적이 없어요. 그는 제가 만난 사람 중에 최고의 유대 혈통을 가진 사람이었어요."

헤로디온의 회의적인 낌새를 보니, 그는 고린도의 이방인인 뵈뵈가 알고 있는 유대인은 적을 수밖에 없고 바울과 비교할 만한 대상이 충분하지 않았을 것이라고 생각하는 듯했다.

"바울은 혈통 경쟁을 거부한 적이 없어요." 그녀는 말을 이어갔다. "정당한 승부면 대체로 그가 이깁니다. 가문도 훌륭한 데다 강한 경쟁심까지 갖춘 사람이라 바울은 자신이 최고의 유대인임을 증명하길 즐겼습니다."

"가장 겸손한 사람임을 증명하려고도 했죠." 아굴라가 갑자기 끼어들었다.

뵈뵈는 얼굴을 찡그리며 바울이 가장 최근에 고린도에 보낸 편지를 생각했다. 그 편지에서 바울은 그에게 반대하는 자들을 몹시 꾸짖었다. 그들은 분명 바울의 심기를 건드렸고 바울은 되받아칠 수밖에 없었다. 바울은 이 반대자들을 굉장히 비꼬는 표현으로 '뛰어난 사도들'이라고 불렀다. 뵈뵈는 바울이 이들을 특별히 '뛰어난' 사람으로 생각하지 않았을뿐더러 그들의 사도적 지위도 인정하지 않았다고 거의 확신했다. 그런데 그들은 유대인다움을 포함해서 모든 면에서 자신들이 바울보다 우월하다고 주장하며 도전장을 던졌다. 공평하게 그를 평가하자면, 바울은 그 도전을 뿌리치려고 무진 애를 썼다. 하지만 실패했다. 휘말리면 안 된다는 사실을 당연히 바울도 알았지만, 과시 경쟁은 결국 그의 가장 나쁜 면을 끄집어내고 말았다. 그가 히브리인인가? 그가 이스라엘 사람인가? 아브라함의 후손인가? 당연히 그렇다. 다른 사람들만큼이나? 그들보다 낫다. (사실 바울이 대놓고 그런 이야기를 하는 것은 아니지만, 배경에서 메아리치는 그런 의미를 감지할 수 있다.) 그러고는 특유의 변덕스러운 주제 전환을 하면서 논쟁의 중심으로 파고들었다. 그 '뛰어난 사도들'이 애초에 바울을 멸시하며 근거로 사용했던 그 사건들, 즉 난파를 겪고 두들겨 맞으며 돌팔매질을 당했던 일들을 오히려 자랑한 것이다.

"바울도 결점이 있어요." 그녀는 계속했다.

"그건 우리도 아는 바예요." 헤로디온이 말했다.

"하지만 바울과 당신 모두가 공유하고 있는 유대의 유산을 바울이 훼손한다고 생각하는 건가요? 그렇다면 당신은 바울을 제대로 평가하는 게 아니에요. 그가 유대교를 훼손하길 원할까요? 전혀 그렇지 않아요!"

아굴라가 시끄러운 소리로 웃었다. "우리가 당신에게 바라는 것은 바울의 심중을 설명해 주는 거예요. 말까지 바울처럼 할 필요는 없답니다."

무의식적인 습관대로, 뵈뵈의 얼굴이 당혹감에 다시 붉게 물들었다. 그런데 흥미롭게도, 이번에는 당혹스러운 감정이 따라오지 않았다. 화끈거림은 곧 사라졌다. 그녀는 반드시 해야 할 말이 무엇일지 무던히 신경 쓰고 있었다. "당신도 알다시피 그게 전염성이 있어요." 그녀는 웃음을 지으며 아굴라에게 응수했다. "바울과 겨우 하루를 함께 보냈는데도 저 역시 바울처럼 긴 문장으로 말하기 시작하더군요." 아굴라는 그녀를 향해 눈을 깜빡거렸다. 뵈뵈는 분위기를 풀어준 아굴라에게 넘치는 고마움을 느꼈다.

뵈뵈는 헤로디온을 향해 돌아섰다.

"그런 식으로 말해서 죄송해요. 하지만 저는 당신이 오해하고 있다고 생각해요. 물론 당신은 상처를 받았고, 저도 그 점은 이해합니다. 그리고 바울은 정말 총명한 사람이지만 감정을 잘 다루진 못 해요. 그 사실은 누구보다도 우리 고린도 사람들이 잘 압니다. 바울은 잔뜩 화가 나 우리 마음을 짓밟아놓고는, 우리가 불쾌한 기색을 보이면 영문을 몰라 어리둥절해 하죠. 하지만 그가 감정을 이해하지 못하는 바로 그 지점에서 그는 개념들을 찾아내고 끝까지 추적해 논리적 결말에 도달하죠. 경우에 따라 막다른 골목에 부딪혀 생각을 정반대로 바꿔야 할 때도 있지만요.

어떤 사람을 우리 그리스도인 공동체의 구성원으로 만드는 핵심은 예수님을 믿는 것이라고 당신도 말합니다. 그러면서 동시에, 유대인인 당신들이 더 우월한 존재이고 당신들을 우리 이방인과 분리한 상태로 유지할 수 있다고 말하는 것은 어불성설이에요. 만약 우리 이방인이 온전히 '그리스도 안에' 있는 것이 아니라면, 우리는 다 포기하고 과거의 방식으로 돌아가는 것이 차라리 나을 겁니다. 우리가 함께 그리스도 안에 있든지 아예 함께 있지 않든지 둘 중 하나지 중간은 없어요. 만약 우리가 함께 있는 것이라면, 당연히 함께 먹어야 하는 것 아닌가요? 만약 우리가 함께 먹을 수 없다면, 우리가 기념하는 것은 도대체 어떤 최후의 만찬이죠? 제 생각에 바울의 요점은 우리가 모두 하나님의 영광에 이르기에는 부족하다는 거예요. 우리는 모두 그분의 사랑과 은혜가 필요합니다. 그건 저도 마찬가지입니다."

이 말이 끝나자 방 여기저기서 너나없이 사람들이 웅성거리기 시작했다. 뵈뵈가 주변을 흘끗 돌아보자 사람들이 그녀를 향해 고개를 끄덕이고 미소를 지어 보였다. 그녀는 자신의 말이 사람들의 귀에도 일리가 있어 보인다는 사실에 안도했고 긴장이 풀렸다. 주변을 둘러보던 그녀의 눈길은 결국 다시 헤로디온을 향했다. 헤로디온은 그녀를 바라보고 있었지만, 분노는 가라앉은 상태였다. 하지만 무언가 깊은, 속이 뒤틀리는 슬픔이 느껴졌다. 그는 어깨를 들썩이며 마지못해 그녀의 말을 받아들였다.

"일리 있는 말이에요." 그가 말했다. "하지만 일리 있는 말이라고 해서 언제나 쉽게 받아들일 수 있는 건 아니에요. 시간이 걸리기 마련입니다. 바울이 굉장히 논리적인 주장을 했다고 해서 제가 느낀 감정이 바뀌지는 않아요. 어쨌든 여전히 저는 형제를 잃은 상태고 홀로 남겨져 있으니까요."

그의 곁에는 어느새 브리스가 서 있었다. 방을 돌아 조용하게 다가온 것이다. "절대 혼자가 아니에요, 헤로디온 형제, 당신에게는 이제 새로운 가족이 있어요. 당신이 우리를 선택한 것은 아닐지라도, 우린 당신을 정말 사랑해요, 우리 모두가요." 브리스가는 사람들의 동의를 얻기 위해 주위를 둘러보았다. 헤로디온에게 다리를 밟혔던, 그리고 종종 헤로디온의 말에 이의를 제기했던 바드로바와 눈을 맞추고 그를 바라보았다. 바드로바도 어깨를 들어 올리며 동의한다는 표시로 고개를 끄덕였다. 브리스가는 입을 벌려 말을 이어가려 했다. 그런데 바로 그 순간, 문이 요란하게 열리고 한 여인이 방안으로 뛰어들었다.

"그녀가 아직 여기 있나요? 벌써 자리를 뜬 건 아니죠?"

5장

그 여인은 숨이 턱 밑까지 차오른 상태였다. 한참을 뛰어온 듯했다. 호흡을 가다듬을 때까지 한동안 문을 붙잡고 서 있어야 했다. 부드럽게 표현해도, 그녀의 머리는 헝클어져 있었다. 옷은 더러웠고 얼굴은 먼지투성이였다. 관자놀이에는 멍이 든 것 같았다. 이 방 안에 있는 모든 사람이 그녀를 잘 아는 것이 확실했다. 그들의 기쁜 표정으로 미루어보아, 그녀는 무척 사랑받는 사람 같았다.

"유니아!" 헤로디온이 소리쳤다. 의기소침했던 그의 얼굴이 다시 눈물로 덮였다. 하지만 이번엔 고뇌가 아닌 기쁨의 눈물이었다. "어디 있었어요? 당신 때문에 슬슬 걱정하던 참이었어요. 그 감당하기 힘든 남자의 편지를 낭독하는 것을 놓쳤군요."

"화내는 걸 잊을 정도로 걱정한 건 아니었잖아요." 아굴라가 말했다.

그 짓궂은 농담을 헤로디온은 흔쾌히 받아 남겼다. "충분히 그럴만한 분노 때문에 잠시 정신이 나갔던 거죠."

헤로디온의 감정이 몇 분 안에 분노에서 슬픔으로, 이어서 온화한 자기 비하로 변하는 모습을 뵈뵈는 보고도 믿기 힘들었다. 그런데 방 안의 나머지 사람들은 그의 이런 감정 변화에 꽤 익숙한 듯했다. 왜냐하면, 그로 인해 눈에 띄게 당황해하는 사람이 없었기 때문이다. 그들은 헤로디온이 분노할 때도, 눈물을 흘릴 때도, 이어서 웃음을 지을 때도 그를 계속 사랑하고 있었다. 갑작스러운 통찰이 뵈뵈의 마음을 쳤다. 이런 일은 고린도에서도 일어났다. 고린도에도 격렬한 감정을 분출하는 사람이 아주 많았다. 문제는 그런 상태를 안정시키고 받쳐줄 만한 역할을 할 사람이 없었다는 것이다. 고린도에서 벌어졌던 좀 더 극단적인 감정의 갈등이 생각나자 뵈뵈의 몸이 살짝 떨렸다. 그런 갈등 중 상당수가 실은 바울 자신이나 그의 편지에 대한 반응으로 일어난 것이었다.

뵈뵈는 바울의 마음 깊은 곳에는 논쟁을 추구하는 어떤 성향이 있는 것 같다고 늘 생각해왔다. 아마 바리새파와 함께했던 시절로 인해 논쟁을 좋아하게 되었을 수도 있다. 역으로 논쟁을 좋아하는 그의 타고난 성품 때문에 바리새파에 끌렸을 수도 있다. 하지만 논쟁의 열기가 그의 내면에 존재하던 불씨를 점화시켰다는 것은 틀림없는 사실이었고, 논쟁만큼 그의 삶에 생기를 불어넣는 것도 없었다. 바울이 고린도 교인들과 함께 있을 때, 그는 누구보다도 열정적이고 집요하고 고집 센 사람이었다. 시끄럽고 열띤 말싸움이 벌어지는 곳에는 언제나 그 중심에 바울이 있었다. 그의 목소리는 논쟁하느라 격앙되어 있었고 눈은 반짝이고 있었다. 뵈뵈는 꺼진 장작 같은 고린도 교인들의 마음속 불씨를 되살리려고 바울이 일부러 자극한다는 의심을 한 적이 있다. 문제는 바울이 논쟁을 너무 좋아해서 논쟁을 좋아하지 않는 사람들 혹은 논쟁의 과정에서 어느 정도든 불쾌감을 느끼거나 상처받는 사람들을 이해하지 못한다는 것이었다. 바로 이 부분에서 바울과 고린도 교인의 관계가 나빠지기 시작했다. 논쟁의 불길이 너무 강렬하게 타올라서 바울 자신을 포함한 많은 사람이 불에 데고 말았던 것이다.

누군가 유니아에게 무슨 일이 있었는지 묻는 소리를 듣고 뵈뵈는 정신을 차렸다. 뵈뵈는 자기 모습이 현재 자기 앞에 놓인 일보다 과거의 일만을 날마다 회상하는 겐그레아 항구의 노 항해사와 다를 바 없다는 사실을 깨달았다. 그녀가 사랑했던 모든 사람과 모든 것에서 멀리 떨어져 있다는 느낌이 들었고, 그 사실은 그들이 여전히 그녀에게는 가장 중요한 존재라는 증거였다.

출입구에서 새로운 목소리가 들렸다. "유니아는 체포되어 다시 감옥에 갇혔었어요."

"유니아!" 헤로디온이 말했다. "당신은 더 조심해야 해요. 언젠가는 선을 넘을지 몰라요."

방안 여기저기서 사람들이 고개를 끄덕거렸다. 헤로디온의 이런 생각은 혼자만의 것이 아니었나 보다.

"안드로니고," 헤로디온은 방금 들어와 입구에 서 있던 한 사람을 향해 돌아서며 말했다. "당신이 그녀를 멈추게 해야 합니다."

그 말을 듣고 안드로니고는 웃음을 지었다. 반드시 이야기해야 할 사실이 있는데, 그의 몰골은 조금 덜하긴 해도 유니아만큼이나 너저분했고 확실히 멍이 든 곳이 더 많았다. "제 안에 부는 이 강력한 바람을 붙잡아 억누를 수만 있다면, 제 사랑하는 아내에게도 신경을 쓰겠다고 약속할게요. 그래봤자 저 자신도 하고 있는 그 일을 제 아내가 못하게 막는 건 쉽진 않겠지만요."

"하지만 그녀는 여성이에요." 헤로디온이 간청했다. "사적인 공간인 각자의 집에서 복음에 관한 이야기를 할 때 열성을 다해 참여하는 것은 아무런 문제가 되지 않아요." 헤로디온의 말에 안드로니고는 코웃음을 쳤다. 표정이 재빨리 바뀌는 것을 보니 그의 생각에 동의하는 것 같지 않았다. "하지만 바깥 길거리나 시장에서 그런 이야기를 했다간 문제를 일으키기 일쑤예요. 그녀를 집에 있게 해요. 당신도 그래야 한다는 걸 알고 있잖아요."

"무슨 소린지 도무지 모르겠네요." 안드로니고가 말했다. "사실 무슨 소린지 이해한다 해도 마찬가지예요. 제가 그렇게 하고 싶다고 반드시 성공하는 것도 아니에요."

"당신 두 사람, 이제 나에 관한 이야기는 끝난 건가요?" 유니아는 톡 쏘며 말했다. "나는 감옥에서 풀려나자마자 이곳으로 곧장 달려왔어요. 내가 해도 되는 행동이 뭔지를 두고 당신들이 왈가왈부하는 이야기를 들으려고 온 게 아니라고요. 내가 달려온 건 뵈뵈를 만나기 위해서예요." 그녀는 방을 쑥 훑으며 한 사람, 한 사람을 뚫어지게 쳐다보았고, 마침내 뵈뵈와 눈을 마주쳤다. "아, 여기 있군요. 이쪽으로 와서 내 곁에 앉아요. 우린 할 얘기가 참 많아요."

그러자 여기저기서 격렬한 반응이 쏟아졌다. 하고 싶은 질문이 너무 많았지만 헤로디온이 격분하는 바람에 모든 관심이 그쪽에 쏠려 가만히 묻어두었던 사람도 있었고, 여전히 안드로니고와 유니아에게 대체 무슨 일이 벌어졌는지 궁금해하는 사람도 있었고, 무슨 생각을 하는지 알 수는 없지만 왁자지껄한 소리에 묻혀 들리지 않는 목소리들도 있었다.

안드로니고는 목소리를 높여 조용해 달라고 요청했다. 그는 시끄러운 군중들 사이에서 연설하는 데 전문가인 것이 확실했다. 그의 목소리는 시끌벅적한 공간을 가로지르며 퍼졌고 폭풍 같던 사람들의 항의를 거의 즉시로 잠재웠다.

"뵈뵈, 당분간 이곳에 머무를 예정이죠, 그렇죠?" 그는 자신 있게 뵈뵈에게 물었다. 터무니없지만 원래 계획이 이틀간의 방문이었다 해도, 안드로니고의 위압적인 분위기 때문에라도 며칠 더 머무른다고 대답해야 할 상황이었다. 사실 뵈뵈는 얼마나 머무를지 정하지 않았다. 바울을 대신한 임무뿐만 아니라 아무에게도 말하지 않은 다른 사정이 있었다. 그녀의 방문 기간은 아직 확정되지 않은 상태였다. 그래서 그녀는 안드로니고의 말에 고개를 끄덕였다.

"그렇다면 이렇게 합시다. 먼저, 우리가 겪었던 가장 최근의 모험을 이야기해 드릴게요. 그걸 듣고 여러분은 집으로 가는 겁니다. 뵈뵈는 이곳에 남아 있을 테니, 여러분은 다른 날에 뵈뵈와 이야기하러 오는 거예요, 알겠죠?"

방에 모여 있던 사람들은 투덜거리면서도 안드로니고의 제안을 받아들였다. 그들은 몇 시간 정도 이곳에 더 머물 것을 생각하고 있었다. 뵈뵈는 그들의 승낙에 깜짝 놀랐지만 동시에 안도감을 느꼈다. 좋게 마무리되긴 했지만 헤로디온과의 만남으로 그녀는 완전히 지친 상태였기 때문이었다.

"자, 약속했듯이 최근에 우리가 겪은 모험 이야기를 할게요. 준비됐죠?" 안드로니고는 위풍당당하게 주위를 다시 한번 둘러보았다. "사흘 전, 유니아와 나는 전에도 여러 번 그랬듯이 신전 밖에서 예수님에 관한 좋은 소식을 선포하기 시작했어요."

"사실을 왜곡하지 말아요, 안드로니고." 유니아가 말했다. "사람들을 도발하려고 일부러 신전을 선택한 거잖아요."

안드로니고가 활짝 웃었다. "내가 결혼할 때, 사람들은 내 인생의 많은 부분이 바뀔 거라고 경고했어요. 그런데 이야기 방식까지 영원히 망가질 것이라는 말은 해 주지 않았어요. '깜짝 놀랄만한 등장' 기법은 모르나 봐요?"

유니아는 코웃음을 쳤다. 이것은 그들 사이에는 흔해 빠진 논쟁이었다. 물론 깊은 사랑과 애정이 뒷받침되는 대화였다. 뵈뵈는 이 부부의 대화가 이야기 자체의 일부일 것이라는 느낌을 받았고, 언쟁의 와중에도 드라마를 써나가는 그의 이야기에 귀를 기울였다.

"그곳은 카이사르의 신전이었어요." 안드로니고는 시인했다. "우리는 예수가 주님이시라는 사실을 말하고 싶었고, 그곳이 그 선포를 하기에 가장 적합한 곳으로 보였습니다."

충격을 받은 듯한 사람들의 표정으로 미루어 볼 때, 아무리 부드럽게 표현해도 이것은 매우 대담한 행보였다.

"제가 정리해 볼게요." 바드로바가 말했다. "당신 두 사람은 황제들의 주권을 상징하는 바로 그 장소에서 황제들이 주님이 아니라 예수가 주님이시라고 선포했다는 말이죠? 미쳤어요? 혹시 죽고 싶었던 거예요?"

"전혀 그렇지 않아요, 바드로바." 안드로니고가 말했다. "예수님이 과거에는 어떤 분이셨고 지금은 어떤 분이신지 사람들이 일단 들어는 봐야 제대로 이해도 할 것 아닙니까? 이 도시에는 진리를 자처하는 목소리가 매우 많습니다. 사람들이 참된 진리를 듣게 되기를 우리가 정말로 원한다면, 당연히 크고 분명하게 전해야 합니다. 그런데 예수님의 주권을 가장 힘차게 외칠 수 있는 곳이 어디겠어요? 카이사르의 신전 앞보다 나은 곳이 있나요? 게다가 우리의 전도는 순조로웠어요. 사람들은 정말로 귀 기울여 듣고 있었어요. 그런데 하필 근위병 몇 명이 지나가다 우리가 하는 말을 듣고는 트집을 잡더군요. 그들은 우리를 감옥의 윗방 중 하나에 처넣었습니다. 밤새 아래쪽 하수구에 있는 방에서 사형 집행을 기다리는 사람들의 울부짖음이 들리더군요. 한 번은 소리를 질러 그들을 불러 보았는데, 절망에 사로잡힌 사람들이라 우리가 부르는 소리를 들었을 것 같진 않아요.

상황이 어떻게 흘러갈지 그때는 알 수 없었죠. 그런데 다행스럽게도 어제 큰 폭동이 일어났습니다. 그래서 감옥이 미어터질 지경이었어요. 결국 그들은 우리를 재판에 넘기지 않고 풀어주기로 했어요. 그래서 이렇게 멀쩡한 모습으로 여기 서 있잖아요. 그런 눈으로 보지 말아요, 바드로바. 우리가 한 일은 중요한 거였어요."

바드로바는 동의하지 않는 것이 분명했다.

"클라우디우스 치하에서 고통을 겪을 때 당신들은 여기 없었어요. 당신들은 그 고통을 감내할 필요가 전혀 없었죠. 하지만 우리는 견뎌야 했습니다." 그는 방안의 몇 사람을 가리키며 말했다. "우리는 두려움에 떨며 살아야 했습니다. 유대인이 모두 떠났는지 확인하려는 병사들이 급습하기도 했어요. 로마 군인들은 유대인 그리스도인과 이방인 그리스도인을 잘 구분하지 못했습니다. 그래서 우리 친구 중 몇 명은 자신은 유대인이 아니라고 주장하다가 군인들에게 맞아 죽기까지 했습니다. 그리고 당신들이 가고 없을 때, 당신들 없이도 우리끼리 잘 지냈어요. 우리는 조용하게 함께 모여 예배하고 기도했습니다. 우린 평지풍파를 일으키지 않았어요. 소란을 피우지도 않았습니다. 그래서 지금 이렇게 살아남아 이 이야기를 할 수 있는 겁니다. 하지만 클라우디우스가 죽자, 당신들 유대인이 의기양양하게 돌아왔습니다. 우리가 당신들을 그리워했다고 착각하는데, 그렇지 않아요. 당신들과 함께라면 우리가 더 행복할 것이라고 생각하는데, 그렇지 않아요. 이제 당신들은 밖으로 나가 분란을 일으키고 있습니다. 로마의 심장에서 위험을 자초하고 있어요. 우리가 해야 할 일은 머리를 숙이는 겁니다. 규칙을 따르세요. 그들의 시야에 우리가 들어가지 않으면 좋겠습니다. 제 말에는 여성인 여러분도 포함됩니다." 그는 손가락으로 유니아와 브리스가 있는 쪽을 가리켰다. "당신들도 잘 알다시피, 로마 사회에서 여자들은 통상 조용히 집에서 지냅니다. 그들은 사람들의 관심을 끌며 공공장소를 돌아다니지 않아요."

"맞아요, 그들은 그렇지 않죠." 헤로디온이 말했다. 이 말을 듣고 방 안에 있던 사람들은 즐거운 듯 눈빛을 교환했다. 드디어 바드로바와 헤로디온의 생각이 서로 같은 주제를 찾은 것이다.

아굴라, 브리스가, 안드로니고 그리고 유니아가 모두 동시에 말을 시작했다. 그러고는 멈췄다. 다시 서로 말을 시작하더니 또 멈췄다. 브리스가가 '제가 먼저'라고 말하고 나서야 정리가 됐다. 다른 사람들의 목소리가 잠잠해지자, 브리스가도 말을 시작할 수 있었고 사람들도 그녀의 말을 들을 수 있었다. "바드로바, 당신은 어떻게 그리스도인이 되었지요?"

"베드로가 날마다 성전 근처에서 예수라는 사람의 이야기를 전하는 걸 들었기 때문이에요. 도저히 자리를 뜰 수가 없었어요. 예수의 가르침은 일리가 있었어요, 하지만 그 점은 당신도 알고 있잖아요."

"우리도 알아요." 브리스가가 말했다. "그런데 당신이 잊은 건 아닌지 의아한 부분이 있어요. 그날 베드로가 성전 밖에서 자기 자신을 굉장한 구경거리로 만들지 않았다면, 당신은 예수님에 관한 이야기를 듣지 못했을 겁니다. 그리고 당신이 그 이야기를 듣지 못했다면, 지금 이곳에 있지도 않을 테죠. 당신이 그리스도를 따르게 된 바로 그 이유가 지난번 유니아와 안드로니고가 했던 그 일을 그날 베드로가 했기 때문이에요. 우리가 떠나 있을 동안 당신이 우릴 그리워하지 않았을지도 모르겠어요. 하지만…." 브리스가가 의미심장한 표정으로 그를 쳐다보았다.

"당신을 의미한 건 아니에요, 브리스가." 바드로바가 끼어들었다.

"그럼 누굴 의미한 거죠?"

"특별히 누구를 염두에 둔 건 아니에요. 제 말은 당신들이 일으키는 소동을 그리워하지 않았다는 뜻이었어요." 바드로바가 말했다.

"아하, 그것은 완전히 또 다른 얘기지요. 하던 이야기로 돌아갈게요. 당신은 우리를 그리워하지 않았을 수도 있지만, 우리는 우리 무리에 합류한 당신과 다른 사람들 모두를 그리워했습니다. 당신들이 우리 무리에 합류한 것도 결국은 베드로나 안드로니고, 유니아 그리고 바울 같은 사람들이 침묵하지 않았기 때문 아닌가요? 맞아요, 그건 분명 위험한 일이에요. 하지만 그만한 가치가 있는 일이라는 걸 당신도 알아야 해요. 비록," 그녀는 유니아와 안드로니고를 돌아보았다. "당신들이 그 신전을 택한 것이 현명한 것인지는 잘 모르겠지만 말이에요. 우리와 먼저 상의해 볼 수 있지 않았을까요?"

"아마도요," 안드로니고가 시인했다. "그건 충동적인 결정이었어요. 깊게 숙고했던 건 아니에요. 하지만 큰 영향을 미쳤고, 어쨌든 아무도 다치지 않았잖아요. 게다가 바울도 그렇게 했을 거에요."

"바울이 했던 많은 일들 가운데 저라면 다른 사람에게 추천하지 않을 일도 한 보따리예요." 브리스가는 거칠게 말했다.

"그만 해요!" 유니아가 끼어들었다. "내가 여기까지 달음질쳐 온 것은 뵈뵈와 이야기하기 위해서예요. 이미 벌어진 일이 옳은지 그른지 토론하러 온 게 아니라고요. 당신들 모두 해야 할 일이 있지 않나요?"

"우리는 있어요." 아굴라가 말했다. "우리 작업장이 이 모양이니, 정돈이 좀 돼야 일을 시작할 수 있겠죠."

"우리가 한 모험을 이야기해 주면 모두 집으로 돌아가기로 약속하지 않았나요?" 안드로니고가 날카롭게 말했다.

그러자 사람들이 한 명 한 명 흩어지기 시작했다. 흔쾌히 일어나는 사람도 있고, 마지못해 일어서는 사람도 있었다.

"자 그럼," 유니아는 뵈뵈를 자기 옆으로 잡아당기면서 방구석 쪽에 자리를 잡았다. "당신에게 아주 흥미진진한 이야기가 있다고 들었어요. 어디서부터 시작해 볼까요?"

6장

유니아는 사도로서의 명성이 고린도에까지 잘 알려져 있던 사람이었다. 뵈뵈는 유니아와 대화할 기회가 생겨 기뻤다. 그런데 바로 옆에 앉아 있는 유니아에게 신경을 쓰지 못하도록 자신을 잡아끄는 강렬한 시선을 인식했다. 뵈뵈는 고개를 돌려 펠릭스를 보았다. 그녀를 오스티아에서부터 안내했고 짐을 보관하고 세심하게 돌봐주었던 그 소년이 꾸짖듯 그녀를 쳐다보고 있었다. 그녀는 양심의 가책을 느꼈다. 비난당해도 마땅한 상황이었다. 잠시 전 짧고 대체로 암묵적이었지만 짐을 두고 나눴던 대화를 통해 어떤 교감이 이루어졌다는 사실을 뵈뵈도 인정했다. 펠릭스는 끊임없이 세심하게 시중을 들어주었고, 그런 호의를 받으면서 뵈뵈는 최선을 다해 어떤 식으로든 그를 돌보고 보호해야겠다고 맹세했었다. 그 순간 그들은 각자 서로의 진심을 보고 느꼈으며, 그러는 가운데 무언가를 주고받았다.

지금은 유니아와 안드로니고를 만난 흥분 때문에 뵈뵈의 마음에서 펠릭스가 완전히 사라지고 없었다. 순간의 자기 질책이 이어졌고, 자신이 결코 엄마가 된 적이 없었다는 사실이 다행으로 여겨졌다. 이렇게나 빨리 그 말 없는 약속을 저버렸다니! 부끄러운 마음이 들면 늘 그랬듯이 뵈뵈는 목에서 시작해 뺨까지 벌게졌다. 뵈뵈의 얼굴이 달아오르자, 펠릭스는 그것을 무언의 사과로 받아들이고 고개를 끄덕거렸다. 그리고 질책의 눈빛을 거두고 기쁨의 미소를 띠었다. 그 기쁨의 물결은 뵈뵈에게도 전달되었고 마음이 풀어지고 존재의 심연이 따뜻해지는 느낌을 받았다. 이전의 교감으로 유대감이 만들어졌다면, 이번에는 도장을 찍는 느낌이었다. 뵈뵈는 그녀와 펠릭스가 어떤 식으로든 평생 함께할 것임을 직감했다. 이 사실을 인정하자 곧 뵈뵈는 반드시 물어봐야 했지만 아직 묻지 않은 질문들이 있음을 깨달았다. 이름에서 시작해 영양 결핍에 걸린 왜소한 체구에 이르기까지 펠릭스의 모든 것은 그가 노예임을 암시했다. 펠릭스는 사랑받는 노예로 보이지는 않았다.

"펠릭스, 너의 주인은 누구니? 난 그들에게서 너를 데려올 능력이 없어."

작업장에 남아 있던 사람들, 그러니까 유니아, 안드로니고, 브리스가, 이굴라는 이 말에 놀란 기색이었다. (그들 외에도 두 사람이 더 있었는데, 이들은 틀림없이 브리스가, 아굴라와 함께 일하는 사람이었다. 왜냐하면, 방 안에 있던 마지막 사람이 문밖으로 나갈 즈음 이미 그들은 구석에 있던 키다란 너비에서 가죽을 끄집어내 방 한가운데로 옮겨놓기 시작했기 때문이다.) 그들의 표정을 보니, 뵈뵈가 펠릭스와의 관계에서 느끼고 있는 깊은 유대감은 그저 두 사람 사이에만 형성된 무언의 유대감일 뿐이었다.

펠릭스는 비록 작은 키지만 가슴을 펴고 꼿꼿이 몸을 세웠다. 그러고는 우스꽝스럽지만 엄숙하게 선언했다. "펠릭스에게는 주인님이 없습니다. 펠릭스는 자유인입니다. 펠릭스는 자기가 원하는 무슨 일이든 할 수 있습니다."

"펠릭스는 노예였어요." 브리스가 점잖게 끼어들었다. "그런데 나이 든 주인이 죽었고, 그 사람의 상속인, 그러니까 다른 마을에서 입양한 아들이 더는 펠릭스를 원치 않았어요. 그는 펠릭스의 덩치가 너무 작아서 대단한 가치가 없다고 생각했고, 심지어 펠릭스를 내다 파는 것도 귀찮아했어요. 그래서 그냥 펠릭스를 거리로 내쫓았어요. 그를 헤로디온이 발견하고 이곳으로 데려왔지요. 방금 헤로디온이 감정을 폭발시키는 모습을 봤으니 썩 좋은 인상을 받지 못했겠지만, 그건 잘못된 판단이에요. 헤로디온은 지나칠 정도로 친절하고 관대한 사람입니다. 그는 펠릭스가 필요하다면 무엇이든 도와주었고, 펠릭스는 이제 우리에게 없어서는 안 될 존재가 되었지요."

"그리고 이제," 펠릭스가 말했다. "펠릭스는 뵈뵈 양을 돌봅니다. 위대한 사도이신 바울이 그녀에게 필요하다면 무엇이든 도와달라고 우리에게 요청했습니다. 펠릭스는 들었고, 펠릭스는 도울 겁니다."

"펠릭스 너 혼자 다 하라는 의미로 바울이 한 말은 아닐 거야." 브리스가가 웃으면서 말했다.

"하지만 펠릭스는 필요하다면 할 겁니다." 펠릭스는 턱을 내밀며 고집스럽게 말했다.

"몇 살이니, 펠릭스?" 뵈뵈가 물었다.

"당신에게 딱 필요할 정도의 나이입니다." 대답이 돌아왔다.

펠릭스의 특이한 말투가 매력적이긴 했지만, 왜 자신을 삼인칭으로만 가리키는지 뵈뵈는 궁금했다. 펠릭스는 과거에 엄청난 고통을 겪었던 것이 아닐까? 그래서 자신을 보호하기 위해 모든 것과, 심지어는 자기 자신과도 거리를 두려는 것이 아닐까?

"헤로디온이 펠릭스를 데려온 건 이년 전이예요. 여덟 살쯤으로 생각하는데, 정확히 몇 살인지 저희도 몰라요. 사실 펠릭스 자신도 모른답니다. 펠릭스의 나이를 굳이 기억할 정도로 이 아이를 소중하게 여긴 사람이 없었던 거예요." 브리스가가 말했다.

"펠릭스," 뵈뵈가 그에게 돌아서며 말했다. "내 짐을 방으로 옮기는 걸 책임져 주겠니?" 펠릭스는 다시 한번 우쭐해졌다. 그렇게 조그마한 관심만으로 큰 기쁨을 가져다줄 수 있다는 사실에 뵈뵈는 마음이 찡했다. "짐을 너 혼자 다 옮기라는 의미는 아니야." 펠릭스가 자기 덩치만 한 나무 궤짝을 계단으로 조심조심 끌고 올라가기 시작하자 뵈뵈는 두려움에 소리를 질렀다. 하지만 펠릭스는 고개를 삐죽 내밀고는 계속 짐을 옮겼다. 브리스가와 아굴라의 일꾼들이 저벅저벅 걸어가 도와주자 비로소 동작을 멈췄다. 뵈뵈는 펠릭스에게 무슨 일을 요청할 때는 세심하게 주의해야 한다는 점을 깨달았다. 펠릭스에게는 자신이 어떤 일을 할 수 있는지 없는지 판단하는 능력이 없는 듯했다.

"불쌍한 녀석." 유니아가 중얼거렸다. 그런데 펠릭스에게도 그 소리가

1부 뵈뵈 이야기

들렸고, 그는 맹렬한 눈빛으로 유니아를 쏘아보았다. 그 모습을 보고 뵈뵈는 펠릭스를 어떻게 대해야 할지 또 다른 교훈을 얻었다. 펠릭스는 그동안 두꺼운 껍질로 자신을 보호했기에 살아남을 수 있었던 것이 분명하다. 그 껍질이 부드러워지려면 시간이 꽤 오래 걸릴 것이다. 펠릭스의 강렬한 충성심 또한 그를 보호해주는 두꺼운 갑옷의 일부였다. 펠릭스는 동정심을 바라지도, 요구하지도 않았다. 그가 원한 건 동정심이 아니라 관심이라는 사실을 뵈뵈는 알 수 있었다. 펠릭스가 만들어온 관계들은 순전히 그 자신만의 방식으로 이루어졌다. 지나치게 친근하게 다가가면 펠릭스는 완전히 떠나버릴지도 모른다.

펠릭스가 두 사람의 일꾼과 함께 뵈뵈의 무거운 여행용 나무 궤짝을 들고 계단 위로 사라지자, 작업장이 분주해지기 시작했다. 브리스가와 아굴라가 가죽을 바닥의 중앙으로 끌고 오더니 공들여 꿰매기 시작했다. 별로 힘 안 들이고 쉽게 처리하는 것처럼 보였다. 뵈뵈는 천막 만드는 과정을 본 적도 없거니와 천막에서 자 본 적도 없었던 터라, 넋이 빠져 그 광경을 바라보았다. 그들은 함께 춤을 추는 듯, 이쪽에서 가죽을 맞추어 잡으면 저쪽에서 바느질을 했다. 움직임 하나하나를 안내하는 보이지 않는 패턴이 존재하는 듯했다.

"당신은 우리 모두에게 당신 자신에 관한 이야기를 막 하려던 참이었죠." 유니아의 목소리가 뵈뵈의 공상을 깼다.

"내 생각은 달라요." 브리스가가 말했다. "뵈뵈가 그런 이야기를 할 거라고 당신이 그냥 선언한 거였죠. 동시에 낌새를 알아차리지 못한 다른 손님들은 다 쫓아냈고." 브리스가의 미소 때문에 누그러지긴 했지만, 뵈뵈는 두 사람의 대조되지만 공히 주도적인 성격에서 비롯된 묵은 갈등을 감지했다.

"염려하지 마세요." 뵈뵈가 재빨리 말했다. "저도 여러분이 알고 싶어 하는 모든 것을 정말 말해주고 싶답니다." 하지만 말이 입 밖으로 나가는 그 순간 뵈뵈는 이게 본심이 아님을 인정하지 않을 수 없었다. 사실 바울에게도 감추었지만 그들에게도 그녀의 가장 부끄러운 비밀을 완전히 감추고 싶었다. 하지만 속이 뒤틀리는 느낌이 들면서, 바울보다 지금 여기 있는 사람들에게 비밀을 숨기는 것이 훨씬 더 힘들 것이라는 사실을 깨달았다. 바울 같은 경우, 상대가 감추고 있을 비밀보다는 자신의 복잡한 생각을 정리하느라 여념이 없는 사람이었기 때문이다.

"저는 스페인 방문을 위한 준비를 시작하기 위해 왔어요." 그녀는 말했다. "바울이 편지에 언급했었는데요." 바울이 한 말을 그들이 제대로 들었는지 확인하려고 뵈뵈는 그들을 쳐다보았다. 네 사람이 그렇다고 고개를 끄덕였다. "저에게는 필요한 자금이 있고, 바울이 원하는 것이 무엇인지도 알고 있어요. 통역사를 찾고 필요한 물품만 사면, 준비 완료예요."

"이해가 잘 안 되는 부분이 있어요." 안드로니고가 말했다. "왜 지금 그 준비를 해야 하죠? 바울이 올 때까지 기다리면 안 되나요?"

"바울은 제 뒤를 따라 바로 오고 있습니다. 몇 주, 길어도 두어 달 후에는 도착할 거예요." 뵈뵈는 자신 있게 대답했지만, 여전히 그런 확신이 있는지 갑자기 의심이 생겼다. "그는 예루살렘 교회를 위해 성금을 모으고 있었어요." 이번에도 네 사람이 머리를 끄덕였다. 그 내용 역시 편지에 기록되어 있었다. 지난 몇 년간 바울은 베드로에게 가난한 사람들을 기억하겠다고 약속한 후로, 그가 방문한 그리스의 모든 교회에서 성금을 모으고 있었다. 이제 바울은 동쪽 지역에서 해야 할 일을 완수했다고 느꼈다. 핵심적인 도시 모두에서 복음을 선포했다. 그의 선교 여정에서 다음 단계는 서쪽 지방으로, 스페인으로 가는 것이었고, 이 말은 거기서 이 모든 과정을 다시 시작한다는 의미였다. 그러기 전에 바울은 예루살렘으로 돌아가 직접 헌금을 전달하기로 마음먹었다. 그런 뒤에 로마를 거쳐 스페인으로 향할 계획이었다. 그는 자기보다 먼저 로마로 가서 준비해 달라고 뵈뵈를 설득했다. 그러면 바울이 로마에 도착했을 때 지체 없이 스페인으로 출발할 수 있을 것이다.

뵈뵈는 돈 가방들을 들고 왔다. 일부는 뵈뵈의 돈이었고, 나머지는 그리스와 소아시아 지역의 교회에서 모은 돈이었다. 바울의 몇 가지 지시사항도 들고 왔다. 바울은 통역사가 필요했다. 바울은 히브리어와 그리스어에는 능통했지만 라틴어는 그렇지 못했다. 바울은 동쪽에서 너무 많은 시간을 보냈다. 그곳에서는 그리스어로 거의 모든 것을 할 수 있었다. 바울의 라틴어 실력은 빵을 요청하거나 다급한 상황에서 그의 시민권을 주장할 수 있는 수준이었다. 하지만 라틴어로 긴 문장을 말할 때는, 평소 유창한 그의 혀도 굳어지고 말을 더듬거렸다. 가보지도 않은 낯선 땅의 사람들이 사용하는 야만인의 언어는 아예 몰랐다. 그래서 통역도 할 수 있고 서쪽 지방도 잘 알아서 바울을 안내할 수 있는 사람을 찾고 여행에 필요한 물자와 선박 표도 미리 준비하기 위해 먼저 뵈뵈가 온 것이다. 이 모든 게 준비되면 뵈뵈는 바울을 다음 모험지로 떠나보낸 후 한시름 놓고 그녀의 아름다운 빌라로 돌아가 겐그레아의 평온한 일상을 보내면 될 일이다.

"바울은 예루살렘을 방문해 그곳의 교회에 헌금을 전달하고 저를 뒤따라 이곳으로 올 거예요," 뵈뵈는 말했다.

"그렇겠죠," 안드로니고가 말했다. "오는 도중에 문제가 생기지 않는다면 말이죠."

"그 상황에서 그걸 걱정할 필요는 없어요." 땀을 따던 도중 바늘을 허공에 든 채 동작을 멈추고 브리스가가 말했다. 눈썹을 치켜뜬 걸 보니 미심쩍어하는 눈치였다. "바울은 절대 곤경에 빠지지 않을 거예요."

"맞아요, 이번엔 그렇지 않을 거예요." 뵈뵈가 말했다. "스페인으로 가는 이번 여정이 그에게 굉장히 중요하거든요. 바울은 몇 달 동안 이 여행을 준비했어요. 바울에게 이 여행은 너무나 중요하기에 사소한 것 하나라도 잘못되는 것을 그는 허용하지 않을 거예요. 그렇죠?" 그녀는 자신이 같은 이야기를 반복하고 있다는 사실을 인지했다. 그녀보다 바울을 훨씬 더 잘 아는 그 네 사람의 얼굴에서 재차 확인과 지지를 얻으려 하고 있었다. 하지만 그들의 얼굴에 비친 것은 불확실함과 불안이었고, 그제야 뵈뵈는 그런 감정이 다름 아닌 자신의 것임을 깨닫기 시작했다. 이번 스페인 선교에는 그녀가 콕 집어 말할 수 없는 무언가가 있었다. 저변에 흐르는 불안이 있었다. 뵈뵈는 사정을 어느 정도 알고 있었고, 바울 자신이 과연 스페인에 도착할 때까지 살아 있을지 걱정하고 있다는 이야기를 차마 할 수는 없었다. 바울은 내부자 중 누구에게라도 이 계획을 확실하게 알려서, 혹여 자신이 더는 이 임무를 수행할 수 없게 되더라도 다른 사람이 이어갈 수 있게 하려는 심산처럼 느껴졌다. 하지만 그건 터무니

없는 생각이다. 비록 바울이 수없이 감옥에 갇혔고 두들겨 맞아 온몸이 멍투성이였지만, 그가 그곳에 갈 수 없고 그의 꿈을 실현하지 못할 이유가 될 수는 없어 보였다. 그런데 바울이 그렇지 못할 것이라는 가슴 철렁한 느낌이 든 이유는 무엇일까?

뵈뵈는 부들부들 떨었다. 정신을 바짝 차려야 한다. 추억에 젖어 몽상에 빠지거나 미래에 대한 불길한 예감을 갖다니, 그녀답지 않았다. 그녀는 현실에 충실하고 오늘을 즐기며 무슨 일이 일어나든 그것을 즐기는 사람이었다. 뵈뵈는 바쁘고 활기차게 인생을 살아왔다. 하지만 로마에 도착한 이후 갖게 된 듯한 성찰의 시간이 과거에는 거의 없었다. 이 사실은 그녀의 비밀과 관련이 있는 걸까? 그녀는 그 비밀을 오랜 세월 굳게 잠가 두었고, 단호한 부정과 끊임없는 활동으로 층층이 막아 깊이 묻어 버렸다. 그리고 그런 조치가 대체로 효과가 있었다. 그런데 지금 그녀는 다시 로마에 와 있다. 그동안 세심하게 쌓아온 그녀만의 감정 조절 체계에 금이 가고 무너지는 건 아닌지 두려움이 엄습했다. 심지어 로마에 돌아온 이유도 잊을 정도였다. 마치 그녀의 가슴이 시켜서 로마로 돌아오게 만든 것처럼 느껴졌다. 이 모든 일이 벌어졌던 그곳으로 돌아가는 것은 무모한 짓이라는 사실을 그녀는 알았다. 그런데 그 로마에 지금 와 있다. 아무 계획이 없었는데 어쨌든 여기 와 있다.

뵈뵈는 주변의 대화가 끊겼다는 사실을 알아챘다. 네 사람의 조용하지만 동정 어린 시선이 그녀를 향해 있었다. 뵈뵈는 유니아나 브리스가 자신의 비밀을 캐내려 하면 어떡하나 두려웠다. 하지만 다행히도, 그녀의 마음 둘레에 주의 깊게 쌓아 올린 벽에 치명적인 구멍을 낸 질문을 던진 사람은 온화하고 정중한 아굴라였다. 그 구멍이 너무 컸기 때문에 뵈뵈는 비밀을 쏟아낼 수밖에 다른 도리가 없었다.

"당신이 로마에 온 진짜 이유가 무엇인가요, 뵈뵈?"

7장

뵈뵈는 나중에 이 일을 되돌아보며 깨달은 것이 있다. 사실 그녀는 그들이 질문을 던져 주기를 간절히 원했고, 과거 로마에서의 사연을 밝히지 않겠다는 그녀의 내적 결단이 그저 진실에서 숨으려는 마지막 자기기만의 시도에 불과했다는 것이다. 이렇게 이해해야만 아무것도 말하지 않겠다는 굳은 결심이 갑자기 모든 걸 말하고 싶은 열망으로 바뀐 이유가 설명됐다. 나중에, 아주 나중에야 비로소 그녀는 아굴라의 질문이 비록 온몸을 찌릿하게 할 정도로 그녀를 당황하게 했지만 동시에 그녀에게 안도감을 주어 긴장이 풀렸다는 사실을 받아들였다. 하지만 당시에 그녀가 느낀 감정은 아주 달랐다. 로마에 온 진짜 이유가 무엇인지 아굴라가 묻자, 그녀는 얼어붙고 말았다. 입은 타들어 가고, 눈은 풀리고, 심장 뛰는 소리가 귀에 들릴 정도였다. 뵈뵈는 이 사람들을 잘 몰랐다. 하지만 이틀 동안 겪은 사건들을 통해 이 사람들을 좋게 평가하고 있었다.

그래도 도저히 입을 뗄 수가 없다. 모든 걸 망쳐버릴지도 모른다. 바울의 스페인 선교 계획도 엉망이 될 수 있다. (비록 채 하루도 안 되는 시간이라 해도 그녀가 따뜻한 환대를 받은 것은 분명했지만) 이 따뜻하고 사랑이 넘치는 공동체에서 쫓겨날 수도 있다. 그녀는 말할 수 없었다. 그냥 그럴 수가 없었던 것이다. 그들을 바라보며 조용히 앉아 있었다. 어디서부터 시작해야 할지 몰라 가만히 있었다.

"제가 온 건요, 제가 여기 온 건요…." 뵈뵈의 목소리가 잦아들었다.

사실 그녀 자신도 여기 온 이유를 제대로 알지 못했다. 바울은 편지를 로마로 전해달라고 열정적으로 부탁했고 그의 열정에 사로잡힌 건 그녀 자신이었다. 사실 그녀가 이 편지를 전달할 적임자이기도 했기에 그의 계획을 받아들였다. 그녀는 이것이 정말로 그녀가 로마에 온 이유라고 자신을 설득했다. 하지만 얼마 지나지 않아 이곳에 도착했고, 로마의 풍경과 소리는 마음속에 숨어있던 유령 같은 수많은 기억을 깨웠다. 이제는 그 기억들이 너무 강렬하게 밀려와, 그 기억들에 잠식당하고 있다고 느낄 정도다. 전에는 바울이 원해서 로마에 온 것으로 생각했지만, 지금은 확신이 서지 않는다. 이제 그녀는 너무나 깊고 강렬해서 그저 복종할 수밖에 없는 어떤 감정을 느낀다고 인정해야 했다. 그녀는 자신도 아직 인정할 수 없는 이유로 이곳에 있다. 그런데 어떻게 그 이유를 이 낯선 사람들에게 설명할 수 있겠는가?

"로마를 방문한 것이 이번이 처음인가요, 뵈뵈?" 아굴라가 조심스럽게 물었다. 이 질문이 뵈뵈에게는 구명줄과 같았고, 자신의 이야기를 풀어가는 단서가 되어 주었다.

"아니요, 전 여기서 자랐어요. 티투스 클로엘리우스 코르두스의 집에서요."

그 이야기를 듣고 있던 유니아, 안드로니고, 브리스가와 아굴라, 이 네 사람은 의미심장한 표정을 주고받았고, 뵈뵈는 적어도 이들이 그 유명한 가문을 알고 있다고 생각했다. 그들은 티투스 그 사람에 관한 이야기를 들었을 수도 있다. 어쨌든 그는 로마의 가장 오래된 가문 중 하나에 속한 사람이었다. 조상을 거슬러 올라가면 로마라는 나라의 기원이 나올지도 모를 그런 집안이었다.

"하지만 지난 밤, 내가 당신을 이곳에 데려올 때 당신은 마치 로마에 한 번도 와본 적이 없는 사람 같았어요." 브리스가가 어리둥절해 하며 말했다.

뵈뵈가 입을 벌려 대답하려 했지만, 말하기 전에 아굴라가 끼어들었다. "감히 말하자면, 그런 귀족 집안의 사람이 트랜스티베리움까지 나올 일은 없었을 거예요."

뵈뵈는 그에게 감사의 미소를 보냈다. "예, 저는 이렇게 먼 곳까지 나온 적이 없어요. 이 지역은 전체적으로 완전히 다른 도시 같아요. 게다가 저는 거의 이십 년 전에 로마를 떠났어요. 너무 오래돼서 기억의 많은 부분이 꿈처럼 느껴져요."

"이해가 잘 안 가요." 브리스가가 곤혹스럽게 이마를 찡그리며 말했다. "당신과 티투스 사이에 무슨 인연이 있었을까요? 당신이 귀부인이라는 사실은 알겠어요." 여행으로 남루해졌지만 고급스러운 뵈뵈의 옷을 가리키며 말했다. "하지만 확실히 티투스는 당신의 수준이 미칠 수 없는 신분이에요. 그의 가문에 당신이 접근할 수 있었다뇨."

유니아가 웃었다. "당신이 귀족의 위엄 앞에서 기가 죽을 사람이라고는 한 번도 생각해 본 적이 없어요, 브리스가."

브리스가는 발끈했다. 잠깐 긴장감이 흘렀지만 이내 사라졌다. 유니아와 브리스가는 때때로 의도치 않게 서로에게 불쾌감을 주곤 했던 것 같다. "나는 귀족 아니라 다른 누구 앞에서도 기 죽지 않아요. 단지 궁금했을 뿐이에요." 단어를 하나하나 강조하며 문장을 만드는 것으로 보아 브리스가는 화가 나 있는 것이 분명했다. 하지만 뵈뵈가 보기에 그렇다고 해서 그녀의 말에 진정성이 있다고 느껴지진 않았다.

뵈뵈는 웅얼거리며 대답했다. 다시 한번 극렬한 화끈거림이 머리끝까지 퍼졌다. 사람들의 놀란 얼굴을 보니, 더는 선택의 여지가 없는 듯했다. 빨리 이야기를 끝내고 이 상황을 벗어나는 수밖에 없었다.

"저는 노예였어요. 티투스는 저의 주인이었습니다."

그녀가 옷을 모두 벗고 벌거벗은 채 방안을 춤추며 돌아다닌다 해도, 그들이 지금보다 더 놀랄 것 같지는 않았다. 브리스가와 아굴라는 바느질을 하다 말고 두꺼운 바늘을 잡은 채 미동도 없이 하던 일을 멈추었다. 안드로니고와 유니아는 몸을 앞으로 살짝 구부린 채 놀라서 입을 떡 벌렸다. 얼마간의 침묵이 흐른 후 그녀의 청중들이 다시 혀를 굴릴 수 있게 되자, 왁자지껄 소리를 높이며 질문을 마구 쏟아냈다.

결국 다시 한번 아굴라가 조용하지만 권위 있게 다른 사람들을 조용히 시켰고, 껄껄 웃으며 말을 이었다. "당신은 청중을 사로잡는 법을 아는 게 확실해요. 우리는 당신 앞에서 토기장이 손안의 진흙 같군요. 어서 말해 봐요, 뵈뵈. 계속해요. 내 생각에 당신은 그 집안의 식솔로 태어난 것 같은데요."

"전혀 그렇지 않아요. 티투스는 군단장 시절에 저를 이곳으로 데려왔어요. 저는 그 사람의 아내 아엘리아를 위한 선물이었지요. 그 전의 기간은 기억이 별로 없어요. 악몽을 꿀 때만 제 주변에 소용돌이치는 혼란스러운 이미지만 몇 가지 있을 뿐이에요."

뵈뵈는 말을 멈추었다. 오랫동안 무시해왔던 감정들이 갑작스럽게 터져 나와 그녀를 압도했다. 그녀가 혼란에 빠졌음을 브리스가가 감지했다. "천막을 만들 때 이 단계가 무척 까다롭지요." 브리스가는 부자연스럽게 말했다. "유니아, 안드로니고, 우리 일꾼들이 지금 2층에서 뵈뵈의 짐 때문에 펠릭스를 돕고 있어서 그러는데, 우리 좀 도와줄 수 있나요?"

뵈뵈의 감정을 분산시키려는 어설픈 시도였다. 세련되진 않았지만 뵈뵈는 고마웠다. 기억들을 떠올리고 엉킨 매듭을 풀어 차근차근 제시할 수 있게 정리할 시간을 벌어주었기 때문이다.

"뭐 기억나는 게 있나요?" 커다란 천막으로 조금씩 완성되어가고 있던 가죽 더미의 건너편에서 브리스가가 부드럽게 물었다.

알아차릴 새도 없이 어떤 기억이 시간의 안개를 헤치고 솟아올랐다. 이제 그 기억은 악몽이 되어 뇌리에서 떠나질 않는다.

"저는 누군가의 무릎에 앉아 있었어요. 그녀는 따뜻했고 팔로 저를 꽉 안고 있었어요. 그녀의 머리카락이 저의 코를 간질였고, 모닥불에서 피어나는 연기가 눈에 들어갔어요. 우리는 불 가에 앉아 몇 시간이나 이야기를 나누고 고대 영웅들의 노래를 부르며 앉아 있었어요. 저는 사랑을 받는 사람이었고, 저의 자리가 있었어요."

그 환상은 소용돌이치며 사라졌고, 훨씬 더 끔찍한 다른 기억이 그 자리를 대신했다. 공기 중에는 싸한 피 맛이 감돌고 있었고 입에서도 그 맛이 느껴졌다. 누군가의 두 팔이 여전히 그녀를 두르고 있었지만, 이젠 따뜻하지 않고 축 늘어져 있었다. 누군가의 몸이 그녀를 무겁게 눌러 질식할 것 같았다.

"우리가 두려워하던 대로 로마인이 닥쳤어요. 우리 마을을 깡그리 불태웠죠. 여기저기 비명을 지르고 도망가고 싸우는 소리로 난리였어요. 엄마는 저를 안고 달리셨어요. 하지만 비틀거리다가 넘어지셨죠. 팔로 저를 두르고 계셨어요. 저는 엄마가 다시 일어나길 기다리며 엄마 밑에 누워 있었어요. 하지만 아무 일도 일어나지 않았어요. 엄마는 눈을 크게 뜬 채 저를 지나쳐 어딘가를 빤히 쳐다보고 계셨어요. 멍한 눈이었어요. 엄마를 소리쳐 계속 불렀지만 대답이 없었어요. 제 몸은 피로 범벅이 돼 끈적였고, 숨을 쉴 수가 없었어요. 그래서 발버둥 치며 엄마 밑에서 빠져나와 달리기 시작했어요." 무서운 기억에 숨이 가쁜지 뵈뵈는 짧게 끊기는 한숨을 쉬었다. "전 도망쳐야 했어요. 달리고 또 달렸어요. 그런데 갑자기 땅이 저만치 멀어지는 거예요. 마치 하늘을 나는 느낌이었어요. 공중에 매달려 있었어요. 강한 두 팔이 저를 잡고 있었어요. 눈을 살짝 떠보니 갈색의 커다란 두 눈이 저를 응시하고 있었어요. 피와 진흙, 그을음 자국이 가득한 군인이었어요. 그는 무언가 결정을 한 듯했어요. 저는 다시 붕 떠올랐고, 이미 물품들이 가득 쌓인 딱딱한 수레 위로 처박혔어요. 많이 아팠어요. 우리는 몇 주간 또 몇 주 동안 이동했어요. 어디로 가는지, 왜 가는지 알 수 없었죠. 제가 기억하는 건 힘이 센 낯선 팔이 제 몸을 말 위에 잡고 있거나 뾰족한 모서리에 찔리며 수레 속 짐들 사이에 묻혀 있었다는 거예요. 때로는 잠이 든 채 때로는 깬 상태로 늘 움직이고 있었어요. 그 집에 도착할 때까지의 기억은 별로 없어요."

"그 집은 어땠나요?"

"아주 멋졌어요. 넓고 우아했죠. 안마당만 해도 이 작업장의 두 배는 됐어요." 뵈뵈는 기억의 저편으로 다시 빠져드는 자신을 느꼈다. 뵈뵈는 지금 그 기억들을 묘사하기 위해 '의도적으로 화려한' 표현들을 사용하고 있었다. 그때는 그저 집이 아름답다고만 생각했었다. 어디에도 우연히 놓인 물건은 없었다. 아름답되, 세심하고 사려 깊게 아름다웠다. 집 안 구석구석이 공예품으로 우아하게 장식되어 있었다. 사실 처음에는 무서웠다. 그 공예품 중에는 그녀가 마지막으로 고향에서 봤던 것들, 로마로 오는 힘든 여정 동안 수레에서 보았던 것들도 있었기 때문이다. 하지만 어린아이 특유의 적응력 때문인지 충격은 점차 약해졌다. 그리고 얼마 가지 않아 그녀는 연기 자욱하고 사랑받았던 고향 집보다는 새롭고 아름다운 환경의 것들만 기억하게 되었다.

"처음에는 눈에 보이는 것마다 다 놀라워서 높은 천정으로 된 방들을 돌아다녔던 것이 기억나요. 하지만 그 웅장함도 얼마 지나지 않아 평범해졌고, 더는 눈에 들어오지 않았어요. 그때쯤엔 알아들을 수 있는 게 훨씬 더 많아졌거든요. 처음 그 집에 도착했을 때는 이해할 수 있는 것이 거의 없었어요. 그 사람들이 쓰는 언어는 이상했고, 몇 주가 지나서야 비로소 무슨 말을 하는지 알 수 있었죠. 서서히 그들의 말이 이해되기 시작했어요. 다른 노예들이 저에게 하는 말이나 자기들끼리 하는 말을 듣고 저에게 무슨 일이 일어났는지 점차 알게 되었어요. 그들은 제가 노예라고 말했어요. 들어보니, 로마인들이 우리 마을을 점령하고 거의 모든 사람을 죽였다고 하더군요. 로마 병사 중에 커다란 갈색 눈을 가진 사람이 있었는데, 제가 마음에 들어서 부인에게 줄 선물로 저를 데려오기로 했다는 거예요. 다른 노예들 말로는, 그게 제 머리카락 때문이었대요. 그들은 그 얘기를 하면서 제 머리카락을 쓰다듬었는데, 풍부한 적갈색의 머리카락에 깜짝 놀라면서 (그들의 말로는) 머리카락이 등으로 찰랑거리며 내려올 때 다른 색으로 빛난다고 했어요. 그들의 말로는, 그런 연유로 티투스가 제 이름을 빛나는 사람이란 뜻의 뵈뵈라고 지었대요.

그 시절에 그들은 제가 운이 좋았다는 이야기를 귀가 닳도록 했어요. 살아남았다는 것 자체가 운이 좋았다는 거예요. 보통 어린아이는 살려두지 않거든요. 데리고 다니기도 힘들고, 데려오는 도중에 성가신 일도 많이 생기니까요. 칼로 목을 빠르게 그어버리는 게 어린아이를 처리하는 가장 손쉬운 방식이었죠. 하지만 티투스는 저를 살려서 집으로 데려왔어요. 정말 운이 좋았던 거죠. 광활하고 통제하기 힘든 로마 제국에서 사용하려고 군인들이 끌고 나온 노예들은 보통 노예 시장으로 보내지고 거기서 팔려나갔어요. 티투스는 제가 팔리는 것을 막았어요. 저를 아내를 위한 선물로 원했고, 집까지 줄곧 직접 데려온 거였죠. 전 정말 운이 좋았어요. 집에 도착하자 저는 소중한 노리개로 대우받았어요. 티투스가 맞았어요. 그의 아내는 적갈색 머리카락이 풍성한 선물을 받고 몹시 기뻐했죠. 전 정말 운이 좋았어요.

하지만 문제가 있었어요. 운이 좋았다는 말을 정말 많이 들었지만, 막상 저는 운이 좋았다는 느낌이 들지 않았다는 거예요. 낮에는 멍했고, 밤에는 공포로 잠에서 깨곤 했어요. 밤이면 밤마다 꿈을 꿨는데, 처음에는 제 몸을 사랑스럽게 감싸주던 따뜻한 팔이 점점 무거워지면서 저를 짓눌렀고 숨이 막혀 질식할 것 같은 꿈이었어요.

시간이 흐르면서 저는 이중적인 삶을 사는 법을 배웠어요. 겉으로는 자기가 운이 좋다는 사실을 아는 사람처럼 행동했어요. 하지만 움츠러든 내면에는 어둠이 도사리고 있었고, 제가 용기를 내 제 마음을 살짝 바라볼 때마다 저를 공포에 떨게 했어요. 얼마 지나지 않아 제 마음을 들여다보는 일은 그만뒀어요. 운 좋은 아이, 소중하게 보살핌 받는 아이로 사는 게 훨씬 더 쉽고 재미있었으니까요. 한때는 정말 소중한 아이로 보살핌 받았어요. 티투스와 그의 아내 아엘리아는 저를 그들의 햇살이라 불렀어요. 그것이 제 역할이었어요. 제 이름에 걸맞게 빛을 내는 것, 제 존재로 방안을 환하게 비추는 것 말이에요. 그들은 저에게 가장 예쁜 옷을 입히고 다른 노예들을 시켜 저를 위한 화환을 만들어 걸어주었죠. 그러면 저는 그들을 위해 그리고 그 집을 찾는 많은 손님을 위해 노래하고 춤을 추곤 했죠.

신의 가호를 받은 삶이었어요. 그런 삶이 끝날 거라고는 결코 생각하지 못했어요. 하지만 끝이 오고야 말았죠. 제가 도착한 지 몇 해가 지나자 뭔가 변화가 생겼어요. 그것도 거의 하룻밤 만에요. 그 변화를 처음 알아차린 건 다른 노예들의 모습을 통해서였어요. 늘 저는 그들과는 구별된, 우월한 존재였고, 그들 위에 유치하게 군림할 수 있었어요. 그들도 저를 애지중지했고, 하고 싶은 대로 하게 내버려 두었지요. 그런데 어느 날 갑자기 이 모든 게 중단됐어요. 아무런 설명도 없이 저에게도 할 일이 주어졌어요. 마루를 쓸고, 짐을 옮기며, 심부름해야 했어요. 미묘한 변화가 집안 전체에 닥쳤어요. 한순간에 저는 더는 특별한 존재가 아니었어요. 아엘리아를 보는 일도 줄어들었어요. 아침에는 집에서 거의 볼 수 없었고, 설령 눈에 띌 때도 얼굴에 이상한 녹색 그림자를 드리운 채 도망치듯 달리는 모습이었어요. 아무도 어떤 말도 제게 해 주지 않았지만, 무언가 달라졌다는 걸 알았지요. 몇 달이 지나자, 아엘리아의 배가 점점 불러 온다는 사실을 알아차렸어요.

어느 날 저보다 나이 많은 노예인 안나에게 이 사실을 넌지시 이야기했어요. 그런데 이 말을 듣자 다짜고짜 제 뺨을 때리는 거예요. 그런 대우 역시 저에게 일어난 많은 변화 중 하나였죠. 그즈음에는 그렇게 맞는 일이 자주 있었거든요. 아무튼, 안나는 저를 때리고 나서는 제가 여주인님에게 무례하게 굴었다고 꾸짖었어요. 하지만 결국에는 마음을 누그러뜨리고 상황 설명을 해 주었죠. 티투스와 아엘리아는 결혼한 지 십 년이 되었지만 아이가 생기지 않았대요. 티투스가 마지막 전투에서 돌아올 때 저를 데려온 것도 그 사실과 관련이 있다고 하더군요. 제가 있으면, 아이에 대한 간절한 열망과 공허함에 매몰되지 않고 주의를 분산시킬 수 있을 것으로 생각한 거죠. 이 조치는 효과가 있는 것처럼 보였어요. 아니 그들도 저와 마찬가지로 아닌 척하는 법을 배운 걸 수도 있어요. 그런데 이제 아엘리아가 처음으로 임신을 했고 배가 불러온 거예요. 그런데 좋은 소식인데도 이 말을 하는 순간 안나의 얼굴에 패인 주름이 근심으로 더 깊어졌어요. 그녀는 무엇인가 잘못되었다고 생각하는 것 같았어요. 하지만 그 이상의 질문에는 입을 꽉 다물었어요.

그 당시 저는 너무 어려서 저를 향한 티투스와 아엘리아의 태도 변화로 인해 제 안에 생긴 감정이 무엇인지도 몰랐어요. 당연히 그 감정의 성격이나 무게를 표현할 단어는 더더욱 알지 못했죠. 하지만 되돌아보니, 제가 더는 그들의 관심을 받지 못한다는 느낌 자체가 제 어린 마음에 큰 충격을 주었던 것 같아요. 그때는 두말없이 그 상황을 받아들였지만, 지금에 와서야 깨닫는 건, 그 사건 때문에 누군가가 나를 바라봐 주고, 신경 써 주고, 나아가서는 존경해주었으면 하는 욕구가 제 안에 심겼다는 사실이에요. 그 당시에는 조그마한 욕구였고 영향도 미미했죠. 하지만 세월이 흐르면서 그 욕구는 점차 커졌고, 마침내 너무 강렬해져서 저를 파국으로 몰고 갔어요.

제가 너무 앞서갔네요. 그때는 이런 부분에 대해서는 아무것도 몰랐어요. 사람들의 관심에서 벗어나서 좋은 점도 있었어요. 어떤 의도 때문이든, 어떤 목적 때문이든, 제가 투명인간이 되었다는 거예요. 아무도 저의 존재를 신경 쓰지 않았어요. 더 중요한 건, 제가 하는 일에도 관심이 없었어요. 그다음 몇 주 동안 저는 귀를 쫑긋 세우고 집안을 살금살금 돌아다니면서 안나의 얼굴에 근심이 가득했던 이유를 찾으려 했어요. 그걸 알아내는 데는 그리 오랜 시간이 걸리지 않았어요. 비밀에 대한 해답을 찾으러 다닐 때는 하찮은 사람으로 취급받는 게 가장 효과적이죠. 사람들이 당신의 존재를 깜빡 잊고 무심코 입을 열게 되거든요. 제가 알아낸 문제의 실마리는 아엘리아의 몸이 허약하다는 것이었어요. 사실 그녀는 늘 허약했어요. 안나는 아엘리아의 자그마한 육체가 임신과 해산의 거친 과정을 견디지 못할까 봐 두려웠던 거예요. 그리고 안나가 두려워했던 그 순간이 닥쳤고, 그녀는 그저 지켜보며 걱정하는 수밖에 없었어요. 이 근심의 그림자가 말없이 온 집을 덮쳤어요. 아엘리아도 이 잠재된 위험을 의식하고 있는 듯했어요. 아엘리아의 배가 불러올수록 얼굴은 수척해졌고, 불안감에 이리저리 흔들리는 눈으로 멍하니 빌라 주변을 바라보곤 했어요.

오직 티투스만이 다가오는 어둠을 알아차리지 못한 듯했어요. 원로원 회의를 하러 갈 때 성큼성큼 걸어 나가는 모습을 보니 진심으로 유쾌해 보였어요. 행운의 여신을 찬양하며 나가더군요. 그렇게 몇 주가 지나갔고, 저는 다시 그림자 생활로 돌아왔어요. 전에는 나다녔던 곳에서 이제는 가능한 눈에 띄지 않으려고 노력했고, 전에는 주목받았던 곳에서 이제는 가능한 관심 밖에 있으려고 애썼지요. 집안 전체에 드리운 그림자는 갈수록 짙어졌고, 아엘리아가 곧 해산한다고 노예들이 주변에서 외쳐댔을 때 오히려 안도감이 들 정도였어요. 문제는 때가 너무 일렀다는 거예요.

이전 몇 달간의 어둠도 물론 견디기 힘들었지만, 다음 사흘 동안과 비교하면 약과였어요. 노예들은 더러워진 이불을 들고 우왕좌왕했고, 그중에는 피로 물든 이불도 있었어요. 아엘리아의 고통스러운 비명이 높은 천장에 울려 퍼졌어요. 심지어 티투스도 특유의 유쾌한 자신감을 잃고 우리와 다를 바 없는 모습이 되어 집 주변을 최대한 조용히 배회했어요.

결국은 우리가 모두 두려워했던, 하지만 그렇게 되지 않길 기도했던 방식으로 끝이 났어요. 아기가 너무 일찍 나왔고, 그 새로운 생명을 세상으로 내보내느라 아엘리아의 허약한 몸은 부서지고 말았지요. 지혜롭고 숙련된 산파들이 애를 써 봤지만, 성공할 가능성이 희박했던 싸움이었어요. 아엘리아도, 그녀가 결국 이 세상으로 짜낸 작은 아기도, 둘 다 죽음을 맞았지요. 산파들은 지친 패잔병처럼 그녀의 침실에서 나왔고 방문 주변에 모여 섰던 집안의 사람들에게 그 소식을 전했어요.

제가 이제껏 본 가장 끔찍한 장면 중 하나가 그 당시 티투스의 모습이에요. 그의 패기만만한 낙관주의가 냉혹한 현실에 직면하고 패배를 당하는 순간이었죠. 그 일이 벌어진 바로 그 순간 그는 우리 눈앞에서 무너져 내렸어요. 마치 무심한 주인이 지은 싸구려 공동 주택이 하룻밤 사이에 무너져 내리는 것 같았어요. 티투스는 세상과 단절하고 자신 안으로 사라져버렸어요. 먼 곳으로, 아무도 그 무엇도 그를 건드릴 수 없는 먼 곳으로 가버린 거죠."

방 안에는 침묵이 흘렀다. 반쯤 만들어진 천막이 미동도 없는 손에 조용히 붙들려 있었다. 뵈뵈가 들려주는 이야기를 통해 이십 년이 지난 비극이 그곳으로 소환된 것이다.

8장

"좀 쉬었다 할까요?" 브리스가 물었다.

"아니요, 시작한 김에 계속하는 게 낫겠어요." 뵈뵈는 지금 그녀의 마음을 붙잡고 있는 기억을 중단시킬 수 없음을 알았다. "그 후 몇 년간은 길고 음울하고 적막했어요. 집은 계속 유지되었지만, 심장이 사라져버린 상황이었죠. 겉으로는 모든 것이 예전 그대로였어요. 우리는 씻고 닦고 시장을 보고 요리를 했어요. 하지만 모두 목적도 의미도 없는 껍데기에 불과했어요. 티투스가 뭘 먹는 일이 있어도 자기 방안이었어요. 웃고 놀며 노래하고 춤추던 시절은 과거의 일이 되었죠. 숨 막히는 안개가 우리 모두를 덮었고 걷힐 기미는 전혀 없었어요.

참 이상한 게, 제가 그 집에서 가장 만족스러웠던 시절이 그때였어요. 제기 얼마나 운이 좋은 아이인지 알아야 했고 똑똑하고 즐거운 모습으로 빛을 내야 했던 가식적인 겉모습이 더는 필요하지 않았어요. 제 사그라진 내면은 그 슬프고 적막한 분위기와 잘 어울렸어요. 저는 더는 가식을 떨 필요가 없었어요. 저에게 맡겨진 일만 그냥 하면 됐어요.

그러던 어느 날, 티투스의 사촌인 퀸투스가 우리 집을 찾았고, 우리 삶에 새로운 장이 열렸어요. 티투스처럼 퀸투스도 군단장이었고, 새로 획득한 전리품을 들고 집에 막 돌아온 참이었어요. 우리 집에서 몇 걸음 떨어진 곳에 그의 집이 있었는데, 우리 집보다 훨씬 더 아름다운 집이었어요. 이전에도 종종 그랬던 것처럼 퀸투스는 이 전리품들을 자랑하는 잔치를 벌이려고 결심한 것 같았어요. 퀸투스와 티투스는 서로 닮았어요. 둘 다 클로엘리우스 가문의 귀족다운 외모를 가졌죠. 티투스가 친절하고 따뜻한 매력이 있는 외모라면, 퀸투스는 치명적인 미모를 가진 사람이었어요. 깎아놓은 듯 잘생긴 용모 때문에 그가 지나가면 여자 노예들이 흥분해 몸을 떨 정도였죠. 그를 처음 보았을 때 저는 그 두 사람의 기질이 다르다는 점을 간파했어요. 티투스는 온화했지만 퀸투스는 무자비했어요. 티투스는 주변 사람을 챙겼지만 퀸투스는 자기밖에 몰랐어요. 사람들이 퀸투스에게 끌리는 이유는 자신의 매력에 절대적인 자신감과 어디를 가든 향락을 쫓는 과단성 때문이었어요. 확신에 차 쾌락을 좇는 이 가차 없는 모습은 참 유혹적이었죠. 물론 위험하기도 했죠. 나중에도 어린 시절의 이 통찰을 잊지 말았어야 했는데, 그땐 이미 때가 너무 늦은 뒤였죠.

이런 퀸투스가 와서 한 일은 티투스를 산 자들의 땅으로 되돌린 것이었어요. 적어도 퀸투스 방식의 산 자들의 땅으로 되돌린 거죠. 퀸투스의 삶이 어떤 모습이었느냐면요, 끝없이 반복되는 진기한 순서들과 폭우가 쏟아진 후 불어난 티베르 강의 물처럼 넘쳐 흐르는 포도주, 춤추는 소녀들, 음악, 가장 아름다운 매춘부들이 있는 거창한 연회를 떠올리면 돼요. 어린 제 눈에는 그 매춘부들의 모습이 제가 그저 꿈만 꿀 수 있는 삶 같아서 부러웠어요. 그들이 입은 옷은 우아했고 얼굴은 아름다웠지요. 호화스러운 선물을 받고 선망과 관심의 대상이었죠. 그들이 사는 삶은 제가 상상할 수 있는 가장 달콤한 삶이었어요. 그들의 화려한 삶에도 냉혹하고 무너지기 쉬운 면이 있었겠지만 그 화려함 밑의 공허함은 가려져 있었고, 그때의 저는 그런 부분을 보지 못했어요. 제 눈에 들어온 것은 그들이 온통 열망과 선망의 대상이라는 사실뿐이었어요.

티투스와 퀸투스는 함께 어울리며 묵은 포도주에 취해 날마다 비틀거리며 돌아다녔어요. 그런 것도 물론 하나의 삶의 방식이라면 방식이겠죠. 가끔 친절하고 낙관적인 원래 티투스의 모습이 다시 나타나, 우리 식솔들이 잘 지내는지, 뭐 필요한 것은 없는지 부드럽게 물어보기도 했죠. 어느 날은 심지어 제 볼을 살짝 꼬집기도 했어요. 예전에 제가 아엘리아와 함께 노래하고 춤추며 놀았을 때 그랬던 것처럼 말이에요. 하지만 그러자마자 곧 얼굴에 그늘이 지고 몸을 돌려 퀸투스에게로 향하더군요. 퀸투스는 그를 또 다른 광란의 밤으로 데리고 갔죠.

사실 집안 사정은 괜찮지 못했어요. 과거에는 티투스와 아엘리아 사이에 탄탄히 중심이 잡혀 원활하게 운영이 되었지요. 지배인은 그 두 사람의 유능한 대리인 역할을 해 주었죠. 그런데 아엘리아의 죽음과 티투스의 칩거로 공백이 생기자, 그는 노예들의 내분과 하인들의 요구 사이에서 질서를 잡느라 애를 먹었어요. 우리는 모두 결국에는 자기 방식을 고집했고, 우리가 하고 싶은 대로 했어요. 한때 우아했던 우리의 집은 곧 우리의 게으름을 드러내기 시작했어요. 후미진 모퉁이에 있던 공예품들이 자취를 감추었어요. 남아있던 장식품들에도 먼지가 쌓이기 시작했고 심지어 모자이크 바닥을 뚫고 솟아난 잡초가 보일 정도였으니까요.

그 후 몇 년 더, 우리는 이렇게 휘청거렸어요. 그러던 어느 날, 아무 생각 없이 머리를 숙인 채 과일 바구니를 들고 안마당을 통해 지나가다 퀸투스와 정통으로 부딪히고 말았어요. 과일들이 바닥에 쏟아졌고 저는 얼굴이 달아오른 채 과일들을 줍느라 우왕좌왕했어요."

이야기에 몰입되어 있던 뵈뵈는 문득 고개를 들었다. 사람들 표정을 보니, 얼굴이 자주 그리고 선명하게 붉어지곤 하는 자신의 특징을 사람들이 다 아는 듯했다. 그 사실을 알아채고 나니, 또다시 얼굴이 붉어졌다. 자기혐오가 뒤따랐지만, 주눅 들지 않고 이야기를 이어갔다.

"퀸투스는 손을 뻗더니 제 얼굴을 잡았어요. 그리고 평가하는 눈빛으로 한참 저를 뜯어보더군요. 강렬하고 탐욕적인 그의 눈빛은 사람들의 눈에 띄고 싶었던 제 열망도 동시에 만족시켜 주었고 더 많은 관심을 갈망하게 했어요. 그렇게 저를 바라봐 준 사람은 그가 처음이었어요. 왜 그런지 모르겠지만 저는 흥분과 모멸감을 동시에 느꼈어요. 그가 소리치더군요. '티투스, 이 아름다운 아이를 지금껏 어디다 숨겨놓았던 거요?'

티투스가 저를 건너다보며 웃었어요. '그 아이는 당신의 아름다운 여인 중 하나가 아니오, 퀸투스. 그 아이는 나의 귀여운 뵈뵈요.' 그는 저를 재차 바라보았어요. '물론 내가 마지막으로 그 아이를 본 후로 많이 자랐다는 사실은 인정하겠소. 그 아이는 아엘리아와 함께 노래 부르며 춤추곤 했어요.' 그의 목소리가 잦아들었어요.

'잘 됐군요,' 퀸투스가 말했어요. '그러면 오늘 밤 우리를 위해 노래하고 춤추면 되겠네요.'

'아니, 뵈뵈는 안돼요,' 티투스의 얼굴이 창백해지며 '내가 다른 미녀를 찾아 주겠소'라고 말했어요.

하지만 퀸투스는 고집이 센 사람이었어요. 저 역시 찬란했던 응석받이 어린 시절로 돌아갈 기회라는 걸 감지하고 퀸투스를 부추기려고 온갖 짓을 다 했어요.

그렇게 제 생활에 새로운 리듬이 시작됐어요. 아름다운 옷을 다시 입고, 다시 공주님 대접을 받으며 제멋대로 굴었어요. 그런데 이번에는 달콤하면서도 위태롭게 느껴지는 어떤 전율이 있었어요. 마음 한편에서는 제가 무시무시한 짐승을 자극하고 있다는 사실을 알고 있었어요. 하지만 치기 어린 자신감에 제가 충분히 잘 해낼 것이라고 확신했지요. 티투스와 퀸투스 그리고 다른 손님 앞에서 노래하고 춤출 때, 그들의 시선은 저의 몸을 탐했고 저는 아슬아슬한 흥분을 느꼈어요. 저는 그 느낌에 도취했고, 제가 할 수 있는 것을 과시하려고 더 애를 썼어요. 저를 과시할 때마다 그들은 옷이나 보석, 귀한 음식 등 많은 선물로 보답했어요. 날마다 퀸투스나 그의 친구들이 저를 위한 새로운 선물을 집으로 보냈어요.

제가 열광하며 빠져들수록, 티투스는 더 신중해졌어요. 사실 흥청망청 노는 퀸투스 식의 삶에 티투스가 점점 흥미를 잃어가고 있다는 사실을 온 집안사람이 알아챘고 다행으로 생각했어요. 티투스는 제가 있을 때만 연회에 모습을 보였어요. 제가 머무는 동안 그의 시선은 저를 한순간도 떠나지 않았어요.

　티투스는 종종 저를 구석으로 데려가서 제발 그만두라고 애원했어요. 이제 와서 생각해보면, 그는 저의 주인이었고 그냥 그만두라고 명령할 수도 있었어요. 하지만 그건 정중한 그의 방식이 아니었죠. 그리고 거침없는 퀸투스의 성격과 새롭고 신나는 삶에 대한 저의 열망이 합쳐지니 아무도 저희를 막을 수 없었어요. 어느 정도 예상된 결과지만, 저는 걷잡을 수 없이 퀸투스에게 깊이 빠져들었죠. 그의 거만한 시선이 저를 향할 때마다 제 몸은 전율했어요. 지금 생각해보면 퀸투스도 그 사실을 알았을 거예요. 그가 의도한 결과였겠죠. 그는 조금씩 그의 손아귀로 저를 끌어당겼고, 결국 저는 그를 위해 그리고 그와 함께 있을 때 모든 것을 허락할 수밖에 없었죠.”

　"그때 몇 살이었나요?” 아굴라의 간결한 질문은 그 자리에 있던 모든 사람 앞으로 이야기가 어떻게 전개될지 알고 있음을 드러냈다.

　"저도 잘 몰라요,” 뵈뵈가 말했다. "하지만 아마도 열세 살쯤 되었을 거예요. 이제 와서 돌아보면, 티투스는 저를 보호하기 위해 할 수 있는 모든 것을 했어요. 하지만 그는 너무 온화했고, 퀸투스는 너무 단호했죠. 게다가 저 역시 퀸투스와 사랑에 빠진 상황이었으니, 티투스에게는 승산이 없었죠. 머지않아 저는 매일 밤 퀸투스의 침실을 들락날락했어요. 거기서 얼마 지나지 않아 퀸투스는 저를 자기에게 노예로 팔라고 티투스를 설득했어요. 제 신분이 아직 노예라는 걸 알고 있었지만, 저는 퀸투스가 저를 자유민으로 풀어주고 저와 결혼을 하고 저를 귀부인으로 만들어줄 것이라고 믿기 시작했어요. 그때 저는 아이로서는 독특한 상황이었고, 어쩌면 어린 날의 꿈에 불과했을지도 몰라요. 저는 제 찬란한 미래를 상상하며 시간을 보냈어요. 가장 우아한 옷을 드리운 제 모습을 보고 퀸투스의 부자 친구들 모두가 감탄하는 모습 말이에요. 물론 그런 일은 일어나지 않았어요. 한 번도 일어나지 않았어요. 그가 아끼는 정부는 될지언정 절대 아내는 될 수 없었어요. 하지만 저는 어렸고 큰 꿈을 꿨던 거죠. 제 꿈들은 하나둘 곤두박질쳤고, 결과적으로 제게 남은 건 제 오만함에 대한 깨달음뿐이었죠.

그 시절의 가장 좋은 기억은 옆집 노예였던 크레스투스와의 우정이에요. 그 이름은 '쓸모 있는'이란 뜻이었고, 확실히 그는 도움이 되는 사람이었어요. 그의 나이 든 주인은 모든 것을 그에게 의지했어요. 그는 고작 저보다 몇 살 위였는데도, 집안 전체를 매끄럽게 운영하고 있었어요. 우리는 친구가 되었고, 만날 때마다 멈춰 서서 이야기를 나누곤 했지요. 저는 퀸투스와 그가 벌이는 잔치에 관한 이야기를 크레스투스에게 멋대로 늘어놓곤 했는데, 분명히 그때마다 지루했을 거예요. 하지만 전 사랑에 빠진 상태였고, 들어줄 만한 사람만 만나면 아무에게라도 주절주절 떠벌리곤 했었죠. 크레스투스는 제 이야기를 정말 잘 들어주었어요. 종종 저에게 무슨 말을 해 주려는 듯한 모습을 보일 때도 있었지만, 매번 마음을 바꾸고 입을 닫더라고요. 그러고는 제 얘기를 더 들어주었지요.

세상일이 대체로 그렇듯이, 제 꿈의 몰락도 좋은 소식이라는 가면을 쓴 채 슬며시 다가왔어요. 저는 임신을 했어요. 처음 그 사실을 알았을 때는 혼자서 흐뭇해하며 비밀로 했죠. 지금이 바로 그때라고 생각하면서요. 퀸투스는 대를 이을 자식이 태어날 것이라는 기대감에 매우 기뻐

할 것이 틀림없고, 제가 간절히 기다린 미래가 마침내 손에 잡힐 듯 가까워지리라 생각했어요. 하지만 사랑에 푹 빠져 상상의 나래를 펴던 제 마음에도 의심의 씨앗이 뿌려지는 것을 막을 순 없었어요. 어느 날 아침 일어났는데 여느 때보다 심한 울렁거림을 느꼈고, 손쓸 틈도 없이 토하고 말았어요. 퀸투스와 함께 전날 밤을 보낸 침대에 말이에요. 그는 저를 쳐다보더니 눈을 가늘게 뜨고는 치우라고 퉁명스럽게 말했어요. 저는 그런 일이 다시는 없을 것이라고 다짐했지요. 그런 일이 또 일어났다가는 그 방에서 쫓겨날 게 뻔했죠. 그런데 그 사건 이후로 퀸투스는 점점 멀어졌어요. 그 멋진 소식을 전하지도 못했어요. 퀸투스에게 말을 건넬 기회조차도 전혀 없었거든요.

결국 제 입으로 하지 못한 말을 제 몸이 하게 되었어요. 제 불러온 배를 보면 무슨 일이 벌어지고 있는지 분명하게 알 수밖에 없었어요. 퀸투스가 저를 멀리하고 냉담하게 굴었음에도, 저는 그가 저와 결혼할 것이고 제 장래는 밝고 달콤할 것이라는 공상에 매달렸어요. 이 꿈, 많은 꿈 가운데서 첫 번째였던 이 꿈이 처참하게 박살 난 것은 어느 날 밤이었어요. 퀸투스의 손님 중 하나가 저를 보더니 말하더군요. '퀸투스, 당신 씨를 또 뿌리고 다닌 거요?' 퀸투스는 능글맞은 웃음으로 인정했고, 그 손님은 말을 이어나갔어요. '당신이 정복한 여인들의 행렬로 우리를 괴롭게 할 생각은 아니죠? 우리는 아름다운 여인들을 보며 눈요기하러 온 거지, 암소를 보러 온 것이 아니요.' 퀸투스는 제 모습을 살살 뜯어보았어요. 그러고 보니, 그가 온전히 저에게만 시선을 두고 저를 바라본 게 정말 오랜만이었어요.

'너.' 그는 저를 향해 손가락을 까딱거렸어요. 언젠가는 가지고 있었을 저에 대한 애정과 더불어 제 이름도 그의 기억에서 사라진 것 같았어요. '꺼져.' 저는 창피해서 얼굴이 벌게진 채 방을 나왔어요. 그것이 그가 마지막으로 저에게 남긴 두 마디 말이었어요. 그 후 저는 나머지 임신 기간을 그의 부엌에서 일하며 보냈어요. 심부름하러 다녔고, 눈에 띄지 않으려고 노력했어요. 막상 해 보니 이건 어려운 일이 아니었어요. 왜냐하면, 과거 저의 화려한 지위에 분개했던 나머지 노예들이 저에게 전혀 신경을 쓰지 않았거든요. 가끔 소리 지르며 명령하는 걸 빼면 저에게 관심이 없었어요. 그렇게 길고 힘들었던 몇 달 동안 저에게 관심을 준 유일한 사람이 크레스투스였어요. 그는 자기 주인의 부엌에서 몰래 특별 음식을 가져다주기도 하고, 정원의 꽃을 꺾어다 주기도 했어요. 그의 유일한 목표는 제 얼굴에 웃음을 되찾아주는 것이었어요. 자기 입으로 그렇게 이야기했어요.

아엘리아의 출산 과정을 지켜본 기억 때문인지 저는 출산의 순간을 떠올리면 깊은 공포를 느꼈어요. 물론 그 시기는 너무 깊은 절망감에 빠져 있을 때라, 죽음의 멸절에 관한 생각도 제 상처받은 마음에는 부차적인 문제일 뿐이었어요. 퀸투스가 손가락을 거만하게 까딱거린 그 사건과 더불어 그의 마음속에 더는 저의 자리가 없을 터였지만, 어쨌든 저도 제 맘에서 그를 몰아내느라 정말 애를 썼어요. 그의 거만한 손길에 저의 어리숙하고 열렬한 마음이 활짝 열렸었다면, 그 손길이 거두어지자 제 마음은 상처로 곪아갔고 도저히 낫지 않았어요. 이미 쪼그라들어 있던 제 내면은 더 심하게 쪼그라들었지요. 제 유일한 삶의 이유는 저의 자궁에서 꾸준히 발길질하던 생명이었어요. 전 모든 것을 잃었고 이 새로운 생명만 남은 상태였어요. 그래서 저는 불굴의 의지로 이 생명이 주는 희망에 매달렸어요. 때때로 티투스가 생각났지만, 그럴 때마다 곧장 제 마음에서 그를 몰아냈어요. 그는 가지 말라고 간청했지만, 저는 어린 나이의 자신감으로 그를 무시했어요. 저는 이미 갈 길을 정했고, 이젠 그 선택을 따라 살아갈 힘을 찾아야만 했어요.

진통이 시작되었을 때, 제 옆에는 크레스투스가 있었어요. 그날 저는 몇 분 정도 짬을 내 서로의 집 사이 통로에서 그를 만났어요. 그는 제게 관심을 준 유일한 사람이었고, 그의 친절함은 제 마음의 상처를 치료해주는 연고 같았어요. 그는 전날 밤 주인집에서 잔치를 하고 남은 수퇘지 고기와 닭고기 요리를 가져왔어요. 연회가 생활의 일부였던 시절 제가 그 음식들을 굉장히 좋아했다고 이야기한 것을 기억하고는, 조금이나마 더 행복했던 그 시절을 떠올리라고 그 음식을 조금 가져다준 거였어요. 그런데 그걸 먹기도 전에 양수가 터져 다리 사이로 흘러내렸어요. 곧이어 도저히 무시하기 힘든 통증이 뒤따랐어요. 아이가 진짜로 나오기 시작한다는 신호였죠."

9장

이제 그녀의 과거 중 가장 힘든 부분을 드러내야 할 참이었다. 뵈뵈는 숨을 돌리려고 잠시 이야기를 멈추었다. 주변을 돌아보니 천막 만드는 작업에 거의 진척이 없었다.

"죄송해요," 그녀가 말했다. "천막 만드는 일을 마무리 지어야 하니, 여기서 제 이야기를 멈출까요?"

"안 돼요", "감히, 그러면 안 되죠", "제발 그러지 말아요", "누가 천막에 신경 쓴다고 그래요?" 등 떠들썩한 대답이 쏟아졌다. 유니이기 한 마시막 밑에 브리스가는 불편한 심기를 보였다.

"여기서 멈출 수는 없죠. 진심이에요." 아굴라가 말했다. "우리는 모두 당신 이야기에 푹 빠졌어요."

뵈뵈는 웃으면서 감사를 표했다. 그리고 이야기를 다시 시작했다.

"상황이 더 악화할 것이라는 이야기를 먼저 드려야겠네요. 사랑도 못

받는 노예가 아이를 갖는 것은 부유하고 사랑받는 아내가 아이를 갖는 것과는 매우 다르다는 사실을 깨달았을 때, 제 또 다른 꿈도 산산이 무너져 내렸어요. 저에게는 산파도 없었고 출산 소식을 간절히 기다리는 가족도 없었어요. 사실상 저를 도와줄 사람이 전혀 없었어요. 저는 공동 숙소로 추방당했고, 소리를 질러 다른 사람의 잠을 방해하면 안 된다는 가혹한 규칙을 들었어요. 그때쯤엔 저도 침묵의 장점을 너무 잘 알고 있었기에, 터져 나오는 비명을 간신히 안으로 삭이곤 했어요. 제가 어리고 건강해서인지, 출산 과정은 아주 빠르게 진행되었어요. 머지않아 아직 피와 하얀 막으로 뒤범벅이 된 딸을 안게 되었지요. 깊고 푸른 눈동자, 삐죽삐죽 솟은 붉은 머리카락, 완벽한 모양을 갖추었지만 너무나도 작은 손을 보고 경이로움에 말을 잃었어요. 용솟음치는 사랑이 저를 압도했고, 앞으로의 삶이 이전과는 절대 같지 않을 것이라는 사실을 알 수 있었어요. 아기가 눈을 떴는데, 마치 아기가 제 영혼 깊은 곳을 바라보는 것 같은 느낌이 들었어요. 그와 동시에 아기가 입을 열고 울기 시작했어요. 가늘지만 계속해서 울음소리를 냈고, 그 소리가 공기 중으로 퍼져나갔어요.

그런데 제 예상보다는 제가 사람들의 관심에서 멀어졌던 것은 아니었어요. 아기가 두 번째 울음소리를 내려고 숨을 들이마시는 순간, 나이든 노예 한 명이 방 안으로 급히 들어왔어요. 그녀의 손에는 탯줄을 자를 칼과 우는 아기를 단단히 싸맬 포대기가 들려 있었어요. 그녀의 차분하고 숙련된 솜씨를 보니 제 마음이 안정되었어요. 그녀가 '주인님이 보시겠답니다'라고 말하며 아기를 데리고 밖으로 휙 나갔고, 그 모습을 보며 저는 다시 한번 상상의 나래를 한껏 펼쳤어요. 기진맥진해 잠에 빠져들면서, 퀸투스가 이 아름다운 아이의 탄생에 기뻐하며 저에게 달려오는 상상을 했어요. 얼마 후 누군가가 저에게 발길질하는 바람에 잠에서 깨어났어요. 그런데 기다리던 기쁨에 찬 퀸투스의 모습은 없고, 제 아기를 데려갔던 무표정한 나이든 노예의 얼굴이 보였어요. '누가 너를 찾아왔어.' 그녀는 이 말만 남긴 채 안마당으로 성큼성큼 걸어갔어요. 저는 아직 잠에 취해 멍한 상태로 비틀거리며 밖으로 나갔어요. 온몸의 이곳저곳에서 액체가 흘러내리는 느낌이 들었어요. 저를 기다리는 사람이 퀸투스이기를 바랐지만, 안마당에서 저를 기다린 사람은 인정머리 없는 집사였어요.

'넌 옆집으로 가게 될 거야. 그들이 너를 돌려보낼 때까지 임대되는 거야.' 이렇게 말하는 그의 얼굴엔 제 단정치 못한 용모를 경멸하는 기색이 가득했어요. 모자이크 바닥 곳곳에 제 피가 뚝뚝 떨어지는 걸 보더니 경멸의 눈빛은 더 강해지더군요. '저 여자를 이곳에서 끌어내.' 그는 역겨움에 몸을 부르르 떨며 말했어요. '주피터님, 맙소사, 바닥에 피 좀 그만 흘리라고.'

'제 아기는요?' 저는 더듬거리며 말했어요.

'처리했지.' 그가 능을 돌리고 떠나면서 남긴 말이에요.

나이든 여자 노예가 저를 다시 제 방으로 데려갔어요. 옷을 갈아입게 하고, 여전히 제 몸에서 흘러내리고 있던 피를 흡수하라고 천 뭉치를 건넸어요. 제 간절한 애원도 조용히 들어주었어요. 하지만 그녀는 무표정했어요. 저를 동정하지도 않았지만 매정한 것 같지도 않았어요. 그저 고통스러운 세월을 오래 견디다 보니 지치고 피곤해서 누군가에게 건넬 만한 것이 아무것도 남아 있지 않았다고 보는 게 맞을 거예요.

마침내 그녀가 입을 열었어요. '아무도 너에게 말해주지 않았니? 너도 분명히 알 텐데?'

'알다니요, 무엇을요?'

'아버지의 권한 말이야.'

직감적으로 어떤 상황인지 알 수 있었어요. 하지만 제 마음은 진실을 받아들이려 하지 않았어요. 돌아올 답변이 두려웠지만, 그녀에게 물어보는 수밖에 없었어요.

'말해주세요.' 마음을 엄습하는 두려움 때문인지 제 입에서 나온 질문은 간결했어요.

'아기의 아버지인 퀸투스에게는 자기 아이의 운명을 결정지을 권한이 있어. 그게 법이야. 네가 노예인지 아닌지는 중요하지 않아. 일을 어떻게 처리할지 선택할 권한을 가진 사람은 집안의 가장이야. 그는 너의 아이를 원치 않았고, 그래서 누군가를 시켜 처리하게 했어. 그들은 맡은 일을 곧장 시행했어.' 이 모든 이야기가 아주 단조롭고 사무적인 어조로 전달되었고, 저는 소리를 지르고 싶었어요. '그 아기를, 그들이 그 아기를 처리했다는 건가요, 적어도 저는 그 아이를 원했단 말이에요.' 하지만 이런 표현들이 마음속에서 떠오를 때도, 이런 말을 중얼거려봤자 아무 소용이 없다는 걸 알고 있었어요. 그래서 그 말들이 사그라지고 흩어져 입 밖으로 나오지 않도록 내버려 두었어요.

'어떤 식으로 그 아이를 "처리했다"는 건가요?' 저는 간신히 말을 쥐어

짜냈어요.

'나도 몰라.' 그 노예는 아무 관심 없다는 듯 어깨를 들썩였어요. '물에 빠뜨려 익사시켰든가, 아니면 어디에 내다 버렸든가?'

제 마음은 마비되었고, 눈물도 말라버렸어요. 제 꿈에 가해진 이 마지막 일격, 그때까지는 최악이었던 이 공격은 이미 너덜너덜해진 제 마음에 치명상을 입혔어요. 저는 텅 빈 존재가 되고 말았어요. 완전히 말라버린, 모든 감정이 사라진 상태였죠. 젖이 돌기 시작한 것이 바로 그 시점이었어요. 눈물이 말라 울 수 없으니 마치 제 몸이 대신 울겠다고 마음먹은 것처럼 느껴졌어요.

'가자.' 그 나이든 노예의 이름조차 모른다는 사실을 그제야 깨달았지만, 이제는 신경도 쓰이지 않았어요. 그녀는 제 손을 잡고 옆집으로 데려갔어요.

그곳에는 크레스투스가 저를 기다리고 있었어요. 그의 눈에 무언가 반짝이고 있었는데, 제 생각에는 분명 눈물인 것 같았어요. 저는 절망에 빠져 있던 터라, 간신히 그를 알아보았어요. '우리는 유모가 한 명 필요합니다.' 그가 말했어요. '그래서 퀸투스에게 당신을 당분간 빌렸어요.' 그는 저를 이끌고 집 뒤편의 방으로 안내했어요. 그곳에는 한 여인이 아기를 안고 침대에 앉아 있었어요. '이분은 주인님의 먼 친척인 줄리아예요. 그녀는 다른 가족도 없고 돈도 없어요. 그래서 우리와 지내고 있답니다.' 크레스투스가 분명하게 말했어요. '그녀를 잘 돌봐주세요. 주인님께 소중한 분이에요.' 그녀가 소중히 보살핌을 받는 존재라는 선언을 들으니, 질투심에 제 마음은 약해졌어요. 제 경우는 저의 존재를 고작 알아주는 사람조차도 이 세상에 없었으니까요. 아니, 당시에는 그렇게 느꼈어요. 그런데 저를 향하고 있는 크레스투스의 시선이 느껴졌고, 놀랍게도 그의 표정에서 강한 연민이 읽혔어요. 내가 틀린 건가? 누군가 나를 신경 쓰는 사람이 존재하는 걸까? 하지만 저는 너무나 끔찍한 절망에 빠져 있었고, 그런 질문이 제대로 모양을 갖추기도 전에 저는 다시 고통 속으로 빨려들었어요.

슬픔을 억누른 채 두 해가 흘러갔어요. 줄리아의 아이에게 젖을 물리면서, 쓰디쓰면서도 달콤한 감정에 시달려야 했고, 살아남기 위해서는 그런 감정들을 외면해야 했고 대신 이상하리만큼 편안하고 둔한 무감각 상태에 도달했어요. 저는 사람들이 요청하는 일을 모두 들어주었어요. 아니, 그 이상을 했어요. 그 점잖은 집에서 저는 크레스투스로부터 아무도 눈치채지 못할 정도로 조용하고 효율적으로 집안을 운영하는 기술을 배웠어요. 저는 크레스투스가 물건을 닦고 광택을 내는 모습을 한번도 본 적이 없었어요. 하지만 집안은 관리가 잘 되어 늘 우아한 광택을 내고 있었어요. 그는 무엇이 필요한지 모두 예상하고 해결해주는 사람이었어요. 그의 모습에서 저는 유능함이 주는 편안함을 배웠어요.

그러던 어느 날, 주인님이 먹고 싶어 하실 것 같아 거리 노점상에서 멜론을 사서 집으로 돌아오는 길에 퀸투스와 마주쳤어요. 멍한 눈빛을 하고 있더니, 어느새 제 기억에는 너무나 익숙한 그 탐욕스러운 눈빛으로 변하더군요.

'넌 내 거야.' 그가 말했어요. 무감각하게 무뎌져 있던 제 마음이 그의 조용한 위협에 허물어졌어요. 그런 말을 듣고 행복해하며 가슴이 두근거렸던 시절의 기억이 떠오르긴 했지만, 그때 제 마음에는 차갑고 두려운 떨림만이 느껴졌어요. 말이 나오질 않았어요. 저는 시선을 떨구고 급히 집으로 향했어요. 경박하고 탐욕스러운 그의 뇌가 제가 아닌 다른 사람이나 다른 대상에 사로잡혀, 저를 가만히 내버려 두기를 바라면서요. 하지만 그런 일은 일어나지 않았어요. 다음 날 아침 일찍, 피후원자들이 주인님께 요청할 사안을 가지고 줄을 서 있는데, 퀸투스가 들이닥쳤어요. 술에 취해 어눌해진 발음으로 자신의 재산을 돌려 달라고 소리를 질렀어요. 크레스투스의 주인님 표정을 보니, 그분은 저를 산 것이 아니라 빌렸다는 사실을 잊은 듯했어요. 아니, 아예 처음부터 몰랐다는 눈치였어요. 하지만 그는 도의를 중시하는 사람이었고, 5분도 채 지나지 않아 퀸투스는 제 손목을 멍이 들 정도로 꽉 잡고 저를 제 일시적인 안식처였던 곳에서 질질 끌고 나와 저에게서 수많은 것을 앗아갔던 예전의 삶으로 다시 데려갔어요.

너무 상세한 이야기로 여러분을 힘들게 하진 않겠어요. 그 후 몇 달은 그러잖아도 힘든 제 삶에서 최악의 시간이었어요. 퀸투스의 마음은 꼬여 있었어요. 아마 항상 꼬여 있었을 거예요. 그리고 전에는 알아채진 못했지만 이제는 의심의 여지 없이 분명한 사실은, 그의 무자비함이 극에 달해 잔인함이 되었다는 것이었어요. 누군가에게 고통을 줄 때 그는 흥분을 느꼈어요. 사람들에게 굴욕감을 안길 때처럼요. 그의 손아귀로 다시 돌아온 이상 살아남기 어렵겠다는 엄연한 현실을 깨달았죠. 그런데 이상하게도 이런 깨달음에 뒤이어 안도감과 해방감이 따라왔어요. 출구는 없었어요. 제가 할 수 있는 것이라곤 피할 수 없는 상황에 굴복하는 것뿐이었어요. 특히 더 끔찍했던 어느 날 밤, 퀸투스와 천박한 친구들이 저를 피투성이가 되도록 두들겨 팼어요. 저는 이제 정말 죽는구나 생각했어요. 그런데 그 순간 크레스투스의 친절함과 다른 사람은 아닐지라도 그에게는 제가 소중하다는 느낌이 떠올랐어요. 갑작스럽게, 제 마지막 숨을 잔인함과 탐욕으로 배배 꼬인 사람이 아닌 친절한 사람 옆에서 거두고 싶다는 욕망이 솟아올랐어요. 전 몸을 질질 끌고 옆집으로 기어갔어요. 그리고 도착하자마자 문 앞에서 의식을 잃었어요.

얼마 후 눈을 떴죠. 상처는 붕대로 감겨 있었고, 제 몸은 처음 보는 침대에 누워 있었어요. 제 비참한 삶이 결국 아직 끝난 것이 아니라니 깊은 절망을 느꼈어요. 제가 몸을 움찔하자, 제 곁에서 밤을 새우며 간호한 줄리아가 제 손을 꼭 잡으며 말했어요. '당신은 이제 안전해요.'

저는 떨리는 목소리로 말했죠. '아니에요. 저는 결코 안전할 수 없어요. 조금 지나면 그 사람이 도를 넘은 행동을 다시 할 거예요. 전에도 그랬죠. 제 생각엔 이번에도 그럴 거예요. 제가 여기 있는 것도 그 때문이잖아요.' 그 집에서 갑자기 사라졌던 다양한 여인들이 떠올랐어요. 과거 제가 오만했던 시절에는, 그들이 사라진 것이 그들 자신의 잘못이라고 생각했어요. 그들이 저처럼 아름답고 매력적이었다면 살아남아 꽃을 피웠을 거로 생각했죠. 이제는 저도 그들과 같은 처지가 되었어요. 저도 그 '사랑스럽지도 않고 매력도 없는 여인' 중 한 사람이 된 거죠. 퀸투스와 함께 있는 한 그들의 운명은 종잡을 수 없었고, 퀸투스의 몸짓 하나로 처분이 결정되는 처지였죠. 더는 아름답지도 않았고 쓸모도 없어진 사람들이었어요.

'아니에요,' 줄리아가 부드러운 목소리로 고집했어요. '당신은 안전해요, 이제 자유예요.'

저는 멍해진 머리로 줄리아가 하는 말이 무슨 뜻인지 헤아리려 애쓰면서, 줄리아는 늘 배려심이 넘치는 사람이었다는 사실을 떠올렸어요. 제가 그녀 아기의 유모로 있는 동안 그녀는 몇 번이고 온화하고 친절한 마음으로 저에게 손을 내밀었지만, 제 시든 마음에는 그녀에게 건넬 게 아무것도 남아 있지 않았었죠. 하지만 이번에는 작고 희미한 희망의 불빛이 아주 짧은 순간 제 마음속에서 타올랐고, 전 그것이 무엇이든 상관 않고 줄리아의 호의를 받아들일 수 있었어요.

나중에서야 진실을 알게 됐어요. 크레스투스가 자신의 자유를 얻기 위해 모아온 돈을 전부 가지고 그의 주인님을 찾아가서 퀸투스에게서 저의 자유를 사달라고 빌었대요. 그런데 주인님이 그 부탁을 들어주었대요. 돈이 얼마가 들었는지 말해주는 사람은 없었어요. 퀸투스는 흥정하기 쉬운 상대가 아니에요. 온갖 창의적인 표현으로 저에 대한 역겨운 감정을 드러낼 정도로 이제는 저를 싫어했지만, 그런 저를 팔 때도 값을 올리려고 노력했을 사람이에요. 아마 크레스투스를 몹시 사랑하는 그의 주인님은 그가 모은 돈 전부보다 훨씬 더 많은 돈을 지불했을 게 틀림없어요. 어쨌든 결국 계약은 체결되었고, 전 자유의 몸이 되었어요. 전 자유예요!

자유를 얻은 처음 몇 달은 흐릿한 고통 속에서 흘러갔어요. 부러진 뼈와 고름이 찼던 상처가 서서히 아물었고, 시간이 오래 걸리긴 했지만 두들겨 맞았던 몸도 결국에는 낫기 시작했어요. 그리고 저에게도 미래가 있을 수 있다는 사실을 받아들여야 했어요. 처음에는 자유도 아무 의미가 없었어요. 퀸투스는 제 몸의 뼈만 부러뜨린 것이 아니었어요. 제 몸은 자유를 얻었을지 몰라도, 제 마음은 그러지 못했어요. 새장 문이 열렸는지는 몰라도, 제가 할 수 있는 건 그저 구석에서 몸을 떠는 것밖에 없었어요. 겁이 나서 새장 밖으로 나갈 수가 없었던 거죠.

아주 서서히 결국 제 마음은 제가 자유라는 사실을 받아들이기 시작했어요. 그리고 그 자유와 함께 여러 다른 선물도 따라왔어요. 두려워할 필요가 전혀 없었어요. 저는 더는 다른 누군가의 소유도 아니었고, 변덕스러운 결정에 좌우되는 사람도 아니었어요. 하지만 오래 지나지 않아, 자유라는 것은 단지 타인의 소유물이 아니라는 것 이상의 의미가 있다는 사실을 깨닫게 되었죠. 만일 제 새로운 삶이 빈껍데기에 불과하다면, 제가 이전의 삶에서 얻은 자유는 아무 소용이 없는 거죠. 제가 무엇으로부터 자유를 얻은 건지 계속해서 뒤돌아보는 것은 그 나름의 방식으로 저를 쇠사슬에 옭아매는 짓이었어요. 저에게 필요했던 것은 제가 무엇을 위해 자유를 얻었는지 발견하는 것이었죠. 제가 그 질문에 대한 진정한 해답을 발견한 것은 몇 년이 지난 뒤 고린도에서였어요.

그전에 로마에서 배운 것은, 자유로 향하는 최선의 길은 한 번에 한 걸음씩이라는 것이에요. 일어나는 것 한 걸음, 다음으로 식사를 하는 것 한 걸음, 다음으로는 말을 꺼내는 것 한 걸음. 이런 식으로 한 걸음 한 걸음 저는 다시 살아가기 시작했어요. 그렇다고 제가 과거를 잊었다는 뜻은 아니에요. 여러분이라면 잊겠어요? 저도 잊기를 원치 않아요. 망각이란 다른 모든 기억과 더불어 그 아름다운 기억, 제 완벽한 딸에 관한 기억도 보내버린다는 의미니까요. 잊는다는 것은 제 선택지에 없었어요. 그래서 대신 저는 한 번에 아주 작은 한 걸음씩 떼며 사는 법을 배웠어요. 또한, 인생이 졸졸 흐르는 시냇물 같다는 사실도 배웠어요. 당신이 원하든 원치 않든 인생은 그냥 흘러간답니다. 칠흑 같은 어둠과 절망 속에서도 때때로 우리가 할 수 있는 최선의 대처는 그저 인생의 흐름에 굴복하고 그 흐름에 몸을 맡기는 거예요. 그리고 저는 그렇게 했어요.

   가끔 티투스가 생각났어요. 그의 근황이 궁금하곤 했어요. 이미 너무 늦었다는 사실을 저도 잘 알고 있었어요. 그는 절대 제가 돌아오는 것을 원할 리가 없었죠. 더구나 퀸투스와 저에게 일어난 일을 생각하면요. 저는 더러워진 상품이었어요. 망가진 노예를 원하는 주인은 없죠. 한참이 지난 후에 궁금증에 못 이겨 티투스의 집을 찾아갔어요. 그의 집은 버려진 상태였어요. 문은 잠겨있고 황량했어요. 오랫동안 사람이 살지 않은 것이 분명했어요. 그가 어디로 가버렸는지 알 도리가 없었어요. 제 인생의 한 부분이었던 그 시절은 그렇게 완전히 끝이 났어요. 영영 돌아올 수 없게 된 거죠."

10장

"당신은 크레스투스랑 결혼한 거죠." 유니아가 말했다.

뵈뵈는 깜짝 놀라 유니아를 바라보았다. 유니아의 뺨은 흐르는 눈물을 닦지 않아 반짝거리고 있었다.

"이야기를 망치는 법 하나는 제대로 알고 있군." 안드로니고가 아내를 공격했다. "말할 때가 되면 어련히 알아서 이야기하겠죠." 하지만 그도 얼마 지나지 않아 입을 열었다. "그나저나, 결혼한 거 맞죠?" 그는 마치 이야기를 어떻게 마무리할지 뵈뵈가 통제하고 있다는 듯이 애원하는 눈빛으로 뵈뵈를 쳐다보았다. 그녀는 고개를 갸웃거렸다. 크레스투스 덕분에 20년이 지난 지금 자신의 이야기를 통제하며 할 수 있다는 사실이 여전히 놀라웠다. 물론 그녀가 과거, 즉 크레스투스와의 결혼 여부를 바꿀 수는 없지만, 이제 미래는 바꿀 수 있다.

크레스투스는 아낌없이 베푸는 희생적인 자세로 뵈뵈에게 그녀 자신의 삶을 통제할 권리를 선물했고, 동시에 크레스투스 자신의 오랜 꿈인 자유를 포기했다. 뵈뵈에게 사랑의 진정한 모습을 깨닫게 한 것이 바로 크레스투스의 그 행동이었다. 퀸투스에게서 보았던 상대를 움켜쥐고 향락을 추구하는 이기적인 형태의 사랑이 아닌 진정한 사랑. 크레스투스가 보여준 사랑은 주면서도 아무 보답을 바라지 않는 사랑이었다.

"맞아요, 결혼했어요." 그녀는 웃었다. "그러지 않았으면 미쳤을 거예요." 그녀는 잠시 말을 중단했다가 다시 시작했다. "사실 처음에는 그럴 상황이 아니었어요. 그는 아직 노예였고, 저도 그 사람에게 뭘 해 줄 수 있는 상황이 아니었지요. 크레스투스는 제가 그 집의 하인으로 일하도록 주선했어요. 그 집에서 유모로 이년의 시간을 보내면서 많은 기술을 배웠지요. 놀라울 정도로 빨리 그 모든 걸 익혔어요. 그 집에 살기 시작하고 거의 하룻밤 만에 익숙한 일상으로 돌아갈 수 있었어요. 그 편안한 일상의 리듬 덕분에 제 마음도 천천히 아물어 갔고 크레스투스의 참을성 있고 온화한 사랑의 방식도 천천히 알아갈 수 있었어요.

제가 마땅히 돌려주었어야 할 사랑으로 그를 대할 수 있을 때까지는 시간이 꽤 필요했어요. 제가 퀸투스에게 배운 사랑은 맹렬한 불길이었어요. 그 불길은 결국 저도 태워버렸죠. 크레스투스의 사랑은 뜨거운 여름날 천천히 마시는 냉수 같았어요. 저에게 이런 방식의 사랑은 처음이라 배워야 했어요. 하지만 크레스투스는 참을성 있게 기다려주었죠. 오래지 않아, 그가 저를 늘 사랑해온 것과 같은 방식으로 저도 그를 사랑하게 되었어요. 몇 년이 지난 후 그의 주인님은 우리가 함께 살도록 허락해 주었고, 나중에 크레스투스가 마침내 자유를 얻었을 때 우린 결혼했어요. 그 시절이 제 인생에서 가장 행복했던 시간이었어요. 그때는 시간이 만족스럽고 편안하게 흘러갔어요."

"잠깐만, 잠깐만요!" 지금까지 별 반응이 없던 안드로니고가 손을 들면서 말했다. 그러다 그가 들고 있던 천막 한 부분을 떨어뜨렸고, 브리스가 불만스럽게 혀를 찼다. 안드로니고는 브리스가가 짜증 난 것을 의식하면서 아굴라에게 말했다. "전 정말 모르겠어요. 천막 만드는 일을 설마 온종일 하는 건 아니죠? 팔에 감각이 없어요."

"모두 잠깐 쉬도록 합시다." 아굴라가 말했다. "천막 만드는 일에 이골이 난 저도 팔이 아프군요."

그러자 모두 뵈뵈 주위로 모여들었다. 아무도 그녀의 몸에 손을 댄 사람은 없었지만, 뵈뵈는 사람들이 자신을 따뜻하게 안아준다는 느낌을 받았다.

"훨씬 낫네요." 안드로니고가 팔과 목, 어깨를 풀면서 말했다. "당신이 지금 당신 이야기의 황금기로 서둘러 향하려 한다는 사실을 저도 알아요. 우리는 지금 당신 이야기에 완전히 빠졌어요. 그런데 다음 이야기로 넘어가기 전에 알고 싶은 게 있어요. 크레스투스는 어떻게 자유를 얻은 거죠?"

뵈뵈는 빙그레 웃었다. 안드로니고의 의문이 이해가 됐기 때문이다. 그녀는 너무 오랫동안 끔찍한 삶을 겪었기 때문에 그 시절의 기억이 자극하는 감정이 견디기 힘들어 서둘러 더 행복했던 순간으로 옮겨가고 싶었다. 그러다 보니 굉장히 중요한 정보들을 빠뜨리고 만 것이다. 그녀는 안드로니고를 향해 가볍게 목례를 했다. "당신이 맞아요. 그 부분을 모르면 나머지도 이해가 되지 않을 거예요. 크레스투스의 주인은 나이가 많았어요. 시간이 지남에 따라 더욱더 약해져 갔고, 그러면서 크레스투스에게 더 의존했지요. 결국 그는 죽었어요. 우리는 슬퍼하며 그의 죽음을 애도했어요."

"그의 유언에 크레스투스를 해방하라는 내용이 있었군요!" 어렵고 난해한 퍼즐을 드디어 풀었다는 듯이 유니아가 외쳤다.

"뵈뵈의 이야기를 당신이 직접 하고 싶은 거요?" 안드로니고가 신랄한 어조로 말했다. 이런 식으로 유니아가 이야기 도중에 끼어드는 것이 처음은 아니었고 이런 습관은 계속해서 짜증을 유발했음을 알 수 있었다.

"유니아의 추측이 맞아요. 정확히 그랬어요." 뵈뵈는 유니아의 끼어드는 행동에 자신은 개의치 않는다는 사실을 알아주길 바라며 그녀를 향해 웃음을 지었다. "하지만 그게 전부가 아니에요. 자유의 신분을 선사한 것으로 끝이 아니었어요. 크레스투스의 주인은 그를 양자로 입양하고 상속자로 삼았어요. 단번에 영원히, 크레스투스의 인생을 바꿔버린 거였지요. 물론 그와 더불어 제 인생도 바뀌었죠. 우리는 자유를 얻었을 뿐만 아니라 우리가 꿈꾸었던 것 이상으로 부자가 되었답니다.

우리는 머지않아 로마를 떠나기로 했답니다. 저에게 로마는 끔찍한 기억이 많은 곳이고, 크레스투스에게도 노예라는 깊은 낙인과 함께 살아야 했던 도시니까요. 우리는 고린도라는 도시에 관한 이야기를 들었어요. 과거에는 노예였지만 지금은 자유인이 된 사람들이 많다고 하더군요. 고린도는 새로운 나를 만들 수 있는 곳이었어요. 옛 자기를 벗고 새 자기를 입는 거죠. 우리가 간절히 바라던 바로 그것이었죠. 우리는 집을 팔고 노예를 모두 해방했어요. (너그럽지만 어리석은 행동이었어요. 저희로서는 잘 모르는 사람에게 노예들을 팔 수도 없었고 그렇다고 우리가 데려갈 수도 없었어요. 그래봤자 우리도 그들처럼 방금까지 노예였다는 사실만 깨닫게 될 테니까요.) 그리고 고린도로 새로운 삶을 향해 떠났어요. 우리와 함께한 사람은 줄리아와 그녀의 딸뿐이었어요.

겐그레아에 정착하기까지는 시간이 좀 걸렸어요. 하지만 오랜 세월을 그 도시에서만 지낸 후라 우리는 둘 다 바다가 그리웠어요. 어느 날 우리는 디올코스에서 바다로 굴러가는 배를 구경하려고 고린도 밖으로 나갔어요. 그곳의 풍경과 소리에 완전히 마음이 사로잡혔고 드디어 우리 집에 왔다는 느낌이 들었어요. 우리는 로마에 있던 주인님의 집보다 세 배는 더 큰 빌라를 찾았고, 우리에게 찾아온 행운을 한껏 즐겼어요. 드디어 안식처를 찾은 거예요. 더는 필요한 것도, 원하는 것도 없었어요. 해피엔딩이었죠."

뵈뵈는 극적으로 이야기를 멈추었다. 유니아는 짜증 섞인 한숨을 내쉬었다. "그것보다는 좀 더 만족스러운 결말을 바랐는데 말이죠."

안드로니고는 고소하다는 듯이 낄낄 웃었다. "다른 사람이 이야기할 때는 각자의 속도에 맞춰 풀어나가도록 기다려야 한다는 교훈을 당신이 얻었으면 좋겠어. 내가 틀렸다면 용서해줘요." 그는 뵈뵈에게 눈을 찡긋하며 말했다. "하지만 내 생각엔 이게 끝이 아니라 잠시 쉬어가는 것 같은데요? 최고의 이야기꾼들처럼 뵈뵈도 당신을 감질나게 하는 거예요. 다음 이야기를 애타게 기다리게 하려고 끊은 거죠. 미리 앞서 나가 결말을 알고 싶어 하는 당신의 그 성격 때문에 뵈뵈의 함정에 넘어간 꼴이지요."

유니아는 남편을 향해 굉장히 볼품없는 표정을 지어 보였지만, 그녀의 반짝이는 눈을 보니 남편의 질책을 어느 정도 인정하는 듯했다.

뵈뵈도 안드로니고의 웃음에 동참했다. "안드로니고의 말이 맞아요. 이야기가 여기서 끝날 수는 없죠. 제가 로마에 돌아온 이유를 아직 말하지 않았잖아요. 조금만 더 참아주세요, 거의 다 왔어요."

네 명의 청중은 이 말에 만족스러운 듯 고개를 끄덕였고 조금 더 휴식을 취했다. 뵈뵈는 그런 그들을 바라보면서 자기 이야기를 하는 것을 자신이 즐기고 있다는 사실을 문득 깨달았다. 오랜 시간 동안 그녀는 과거의 일을 단지 들여다본다는 생각만으로도 너무나 두려워 좋든 나쁘든 과거에 관한 모든 것을 마음에서 분리해 가두어두었다. 하지만 과거의 힘은 관심을 주지 않는다고 해서 사그라지지 않았고 도리어 점점 더 자라나 괴물처럼 커져 조용한 시간이 있을 때마다 그 모습을 드러내기 시작했다. 그래서 뵈뵈는 그런 시간이 두려워지기 시작했다. 비는 시간을 피했고, 대신 끊임없이 자신을 피곤하게 만드는 활동과 대화로 시간을 메꿨다. 지금 그녀는 고개를 돌려 자신의 비밀을 정면으로 마주했고, 이 행동은 그 비밀에 환한 빛을 비추는 것과 같았다. 무서운 그림자가 드리운 방의 문을 열어젖혔더니 거기 실제로 존재하는 건 평범한 물품뿐이었다는 사실이 드러난 것처럼, 오랫동안 그녀를 괴롭혔던 어두운 괴물의 그림자 역시, 낡고 때 묻은 천 조각 이상이 아니었다는 사실이 드러났다. 사실 그녀는 자기 이야기를 할수록 이야기 자체를 즐기고 있었다. 그리고 꼬치꼬치 캐묻고 앞서가기 좋아하는 유니아를 따돌리려고 일부러 이야기를 극적으로 하고 있다는 사실에 죄책감을 느끼고 있었다.

"아무도 이야기해 주지 않는 진실이 하나 있어요." 그녀는 이야기를 이어갔다. "꿈을 이루면 잃게 되는 것도 있다는 사실 말이에요. 사람들은 자기가 얻은 것에만 집중하고 그 외의 내용은 언급조차 하지 않아요. 자기가 원한 모든 것을 얻어 만족해하는 상황에서 누군가 그런 이야기를 한다면 무례하게 느껴질 수도 있겠지만, 누군가가 저에게 그런 경고를 해 주었다면 정말 좋았을 거예요. 고상한 부인이 된다는 것이 노예들, 하인들과의 우정이나 연대를 잃게 된다는 의미인 줄은 전혀 몰랐어요. 물론 그들과 함께 하는 것이 항상 즐겁지만은 않았어요. 때로는 정말 불쾌한 때도 있었죠. 그래도 친절하든 안 하든, 좋든 안 좋든, 거기엔 제 자리가 있었어요. 소속감 같은 거죠. 발 뻗을 자리가 있었고 여기가 내 집이라는 느낌이 있었어요. 그런데 하룻밤 사이에 이 모든 게 사라졌어요. 고린도의 새 빌라에서 할 일이 별로 없으면 저도 모르게 하인들과 노예들이 모인 곳으로 가곤 했어요. 제가 다가가면 늘 갑자기 조용해졌고, 제가 포기하고 떠날 때까지는 제 주변을 불편하게 돌아다니더라고요. 제가 시장에 가려고 한다거나, 가구 위치를 바로잡아놓으려 한다거나, 늘어진 거미줄을 치우려 할 때면 언제나 누군가 다가와서 이런 일은 귀부인이 해서는 안 된다고 조용히 꾸짖고는 그 일을 빼앗아 갔어요. 저는 새집이 정말 좋았지만, 거기서 사는 것이 쉽지는 않았어요. 시시각각 기분에 따라 변하는 주인에게서 해방되어 내 권리를 가지고 호화스럽고 멋대로 사는 삶을 몇 년 동안 꿈꿔왔는데도, 도저히 적응되지 않았어요. 어떻게 이 새로운 삶을 제 삶으로 받아들여야 할지 알 수가 없었어요. 게다가 노예로서, 나중엔 하인으로서 살았던 과거의 익숙한 삶도 부드럽지만 단호하게 제가 들어오지 못하도록 문을 닫아 버렸어요. 저는 더는 그런 삶에 어울리지도 않고 다시 돌아갈 수도 없다고 말하면서요.

저는 제가 원했던 삶과 제가 떠난 삶 사이에서 갈팡질팡하면서 점점 초조해졌어요. '멋진' 사회에 쉽게 적응하지 못한 거예요. 그런데 크레스투스는 별 어려움 없이 적응하는 것처럼 보였어요. 저와 크레스투스의 이런 차이는 치명적인 문제의 단초가 되고 말았어요. 그는 외견상 감사할 줄 모르는 저의 모습에 실망했고, 저는 자신을 변화시키며 새로운 삶에 적응하는 그의 능력을 부러워했어요.

세월이 흐르면서 저도 나름의 대응방식을 찾았어요. 말씀드렸듯이 어렸을 때 겉으로 꾸미는 기술을 제대로 익혔었는데, 오랜 시간이 지났음에도 그 기술이 저에게 남아있었던 거예요. 이제는 어른으로서, 본심을 숨기고 사람을 사로잡는 제 능력을 갖추고 서서히 성공적이고 인기 있는 여주인으로서의 삶을 개척해 나갔죠. 하지만 누군가 저의 가식을 알아차릴지도 모른다는 두려움이 늘 제 마음을 괴롭혔어요."

"이제 십 년 정도는 건너뛸게요." 뵈뵈가 분명하게 선언했다. "그렇지 않으면 제 얘기가 끝나기 전에 여러분 모두 늙어 죽을지도 몰라요. 굳이 변명하자면, 애초에 이야기를 하라고 한 건 당신이었죠." 브리스가를 겨냥하며 밀했나.

"그건 아주 훌륭한 조언이기도 했지요," 브리스가가 응수했다. "나는 무슨 일이 있어도 당신의 이야기를 처음부터 하나도 놓치지 않았을 기예요."

"그다음 십 년은 좋은 시절이었어요. 좋다는 것이 평범하다는 의미라면 말이죠. 어려운 시절을 보내고 나면, 삶이 평범하거만 해도 감지덕지죠. 크레스투스와 저는 행복하게 살았어요. 얼마 지나지 않아 저도 그런 리듬에 적응했어요. 우리는 원하는 게 없었어요. 적어도 돈으로 살 수 있는 것 중에 원하는 건 없었어요. 더는 아이를 갖지 못했고, 얼마 지나지 않아 아이를 갖는다는 꿈도 포기했어요. 그러는 동안 크레스투스와 저는 점점 멀어졌어요. 때때로 우리 사이에는 눈에 보이지 않는 장벽이 있는 것 같았죠. 그게 도대체 무엇인지 파악할 수가 없었어요. 크레스투스는 그 벽의 정체가 드러날 만한 이야기가 나오면 피해버렸어요. 그는 여전히 착하고 친절하고 다정했어요. 하지만 뭐라 콕 집어 말할 수는 없어도 그와의 거리감을 느끼게 하는 무언가가 있었어요. 마침내 저는 그것이 무엇인지 알아냈어요. 우리 사이에는 비밀이 하나 있었어요. 크레스투스는 그 비밀을 지키겠다고 맹세했고, 충성스럽고 관대한 영혼인 그는 그 긴 세월 동안 그 비밀을 유지했어요. 그가 비로소 그 비밀을 저에게 털어놓은 것은 그의 임종 때였어요. 그 비밀은 제 새로운 삶을 송두리째 흔들어놓고 말았죠."

11장

　유니아가 할 말이 있다는 듯 입을 벌렸다. 하지만 안드로니고뿐만 아니라 브리스가와 아굴라까지도 벌컥 화를 냈고 유니아는 깜짝 놀란 듯했다. 그들은 뵈뵈의 비밀을 추측하려고 시도하지 못하도록 유니아에게 조용히 하라고 했다.
　"전 그저 뵈뵈 양이 목을 좀 축이게 포도주가 필요한지 물어보려 했던 거에요." 유니아는 최대한 품위 있어 보이게끔 변명을 했다.
　"고마워요, 그래 주시면 정말 감사하겠어요." 뵈뵈는 유니아에게 살짝 미안함을 느끼며 말했다. 오래 말을 한 터라 입도 말라 있었다. 그녀는 한 모금 목을 축이고 조심스레 잔을 내려놓으며 이야기를 계속했다.
　"크레스투스의 죽음은 갑작스러웠어요. 그의 죽음은 제 삶을 여러 가지 면에서 흔들어놓았어요. 그가 죽은 건 갈리오가 지방 총독으로 있던 때였어요. 저는 그 사실을 절대 잊을 수 없어요. 왜냐하면 그가 죽기 바로 전날, 크레스투스와 제가 갈리오의 집으로 저녁 초대를 받았거든요. 저는 그 초대를 마침내 우리가 사회적으로 수용되었다는 신호로 여겼어요. 총독과의 저녁 식사에 초대받는 것은 굉장한 영광이었죠. 식사의 규모는 조촐했어요. 그의 식당을 채울 정도의 손님만 초대했죠. 식탁에서는 다양한 주제로 대화가 오갔어요. 갈리오의 형제인 세네카의 업적, 그해 고린도를 거쳐 간 많은 무역상(그리고 그들에게 세금을 충분하게 부과했는지 여부, 갈리오는 세금이 적었다고 생각했어요), 고린도의 살기 힘든 기후(주로 갈리오의 입에서 나온 불평으로, 그는 우리 새 고향을 싫어하는 것처럼 보였어요), 그리고 성가신 유대인 한 사람. 이름이 보울이었던가? 아니, 바울이었던 것 같아요. 그는 유대인 동포들 사이에서 문제를 많이 일으켰고, 그래서 유대인들은 갈리오 총독이 그 사람에게 유죄 판결을 내려주기를 원했지요. 갈리오는 유독 이 이야기를 크게 떠벌리면서, 유대인들이 보이지도 않는 그들의 우스꽝스러운 신을 숭배하는 방식에 왜 자기가 신경 써야 하는지 묻더군요.

고린도에서 겐그레아의 집으로 돌아오는 도중에 크레스투스는 몸이 아프기 시작했어요. 고열로 몸이 뜨거워진 지 얼마 되지 않아 그는 눈이 흐릿하고 초점이 없어졌어요. 아침쯤에는 그가 오래 살지 못할 것이라는 사실이 분명해졌어요. 그는 끔찍할 정도로 신속히 진행되는 치명적인 병에 걸린 것이었어요. 야간에 부른 의사는 더는 할 수 있는 것이 없다고 자기 의견을 분명히 이야기했어요. 우리는 그저 지켜보며 기다리는 수밖에 없었어요. 다음 날이 끝나갈 즈음, 크레스투스가 몸부림을 치면서 일어났어요. 그의 눈은 제정신이 아니었어요. 그는 제 손을 꼭 붙들고 제 눈을 바라보았어요. '죽기 전에 당신에게 꼭 말해 줘야 할 게 있어요. 당신이 반드시 알아야 할 일이오.' 그는 모호하게 손을 흔들었는데, 의사와 하인들, 노예들은 그 손짓을 밖으로 나가라는 신호로 옳게 이해했어요. 그들이 모두 나가기를 기다렸죠. 기진맥진한 크레스투스는 절망에 빠진 얼굴로 저를 한 번 쳐다보더니 침대 위에 털썩 주저앉았어요.

'제가 알아야 한다는 게 뭐죠?' 제가 물었죠.

'당신의 아이, 그 아이는 죽지 않았어요.'

저는 너무 놀라 입이 다물어지지 않았어요. '죽지 않았다는 것이 무슨 의미죠? 퀸투스가 분명히 그 아이를 처리했잖아요.'

'그는 사람을 시켜 아기를 내버리라고 했지요. 하지만 잘 알려진 사실이지만, 그 방법으로는 아기를 확실하게 죽이기는 힘들어요. 나는 그 명령을 받은 노예의 뒤를 밟았어요. 다행스럽게도 그 노예는 게으른 사람이었어요. 그는 멀리 가지 않고 티베르 강둑에 아기를 내려놓고는 서둘러 집으로 돌아가더군요. 나는 그저 아기를 안고 안전한 장소로 옮기기만 하면 됐어요.'

'어떻게 지금까지 한마디도 없이 그 사실을 저에게 숨긴 거죠?' 제가 어느새 울부짖고 있다는 사실을 깨달았지만, 달리 방법이 없었어요.

'왜냐하면, 티투스가 말하지 말라고 사정했기 때문이요.'

'티투스 클로엘리우스 코르두스 말인가요? 나의 티투스요?' 크레스투스의 이야기가 좀처럼 머리로 들어오지 않았어요.

'그래요, 당신의 티투스요. 그는 당신에게 일어난 일에 대단히 큰 죄책감을 느꼈고, 나에게 돈을 주며 당신을 보살펴달라고 부탁했어요. 그는 몇 번이고 퀸투스에게 당신을 풀어주라고 부탁하며 애를 썼어요. 하지만 그런 시도가 더 독이 되었어요. 아무도 당신에게 관심이 없다고 퀸투스가 생각했다면 오히려 싫증을 느껴 당신을 더 빨리 보내줄 수도 있었을 거예요. 하지만 퀸투스는 남이 사정하면 할수록 더 움켜쥐는 사람이었죠. 그래서 나는 지켜보며 기다리는 수밖에 없었고, 내가 본 것들을 티투스에게 전해주었어요.'

저는 울부짖었어요. '전 당신이 저에게 관심이 많다고 생각했어요. 제가 당신에게 중요한 사람이라고 생각했단 말이에요.' 이 말을 하면서 구역질이 났던 기억이 나네요.

'당신은 나에게 중요한 사람이었고 지금도 마찬가지예요. 물론 처음엔 아니었어요. 처음에는 티투스가 나에게 돈을 지불했기 때문에 당신을 지켜봤어요. 하지만 얼마 지나지 않아 티투스가 왜 그렇게 당신에게 마음을 쓰는지 정확히 알게 되었지요. 머지않아 나는 마음을 다해 당신을 사랑하게 되었어요. 티투스가 돈을 주든 안 주든 난 당신을 지켜보았을 거요.

그에게 당신의 임신 사실을 알렸을 때, 그는 많은 돈을 주며 그 아기를 꼭 구해달라고 부탁했어요. 그는 퀸투스를 잘 알았고, 그가 아기를 처리하기 원할 것이란 사실도 알고 있었어요. 내 임무는 그런 일이 일어나지 않게 하는 것이었어요. 나는 아기를 구한 후에 티투스에게 데려갔어요. 그는 나에게 아무에게도 내가 한 일을 발설하지 않도록, 특히 당신에게는 더 말하지 않도록 맹세를 시켰어요. 그리고 난 말하지 않았어요, 오늘까지 결코 말한 적이 없어요. 당신의 아기를 그에게 데려다준 후, 곧 그의 집을 폐쇄할 것이라는 쪽지를 받았어요. 그는 퀸투스가 아기를 보게 되면 마음을 바꿔 아기의 소유권을 주장할 것이라고 두려워했어요. 그래서 그는 아주 먼 곳으로 떠난 거예요. 나에게는 아무에게도 말하지 말라는 약속을 다시 한번 상기시켰죠. 그 후로는 그의 소식을 전혀 듣지 못했어요.'

크레스투스는 기진맥진해 다시 침대 위로 쓰러졌어요. 입술이 걱정스러울 정도로 파래졌고 호흡은 거칠어졌어요. 그러면서도 제가 다 이해한다고 말해주기를 바라는 듯이 저를 계속해서 쳐다보았어요. 문제는 제가 그러질 못했다는 거예요.

저는 비틀거리며 일어나서 문밖으로 나왔어요. 그곳에서 도망쳐야 했어요. 그가 말한 모든 것을 곱씹으며 생각할 시간이 필요했어요.

그 후로 그를 다시 보지 못했어요.

노예들이 전해준 말로는, 잠시 후 그들이 방 안으로 들어갔을 때 그는 죽어 있었대요.

다음 한 해는 고통 속에서 희미하게 지나갔어요. 그전까지는 로마에서 제 인생의 최저점을 찍었다고 생각했는데, 그 생각은 틀렸어요. 곤두박질할 더 낮은 곳이 있었던 거죠. 그 구덩이는 상상도 못할 정도로 깊었어요. 알고 보니 제 새로운 삶을 받쳐주었던 토대가 실은 움직이는 모래였던 거죠. 크레스투스가 죽었다는 현실 그리고 그가 죽어가며 실토한 비밀이 저를 덮쳤고, 그토록 신중하게 쌓아 올린 기반이 모조리 무너져 버렸어요. 크레스투스는 저를 사랑한 것이 아니라 돈을 받았기 때문에 저를 돌봐준 것이었고, 제 아이는 죽은 게 아니라 어딘가에 살아남아

다른 누군가에게 기쁨을 선물하고 있었던 것이었고, 티투스는 마치 아버지처럼 저를 돌보아 준 것이었지만 다시 그를 만날 수가 없는 상황이었죠. 그러자 먼저 저를 사로잡은 건 분노였어요. 그 분노가 얼마나 컸던지 때때로 숨이 제대로 쉬어지질 않았어요. 어떻게 크레스투스는 나에게 이런 짓을 할 수 있지? 어떻게 나는 그 사람을 신뢰할 수 있었던 걸까? 그가 나를 돌봐준 것이 진심이 아니라는 사실을 왜 알아차리지 못했을까? 내 딸을 구해놓고는 도리어 그 사실을 숨겨 나를 배신하다니?

친절하고 참을성 있는 줄리아는 제가 분노에 차 있을 때도 제 말을 경청해 주었어요. 몇 시간이고 저는 서성거리다 소리 지르고 소리 지르다 서성거리곤 했어요. 그러는 동안에도 줄리아는 자리를 지키고 앉아 제 얘길 들어주었어요. 가끔 그녀가 무슨 말을 하려고 했지만, 저는 제 마음과 가슴을 가득 채우며 솟구치는 분노 때문에 아무것도 귀에 들어오지 않았어요. 그러다가 마침내 그녀의 부드러운 질문 중 하나가 제 분노의 갑옷을 뚫고 들려왔어요. '크레스투스가 당신을 얼마나 사랑했는지 정말 기억이 안 나요?'

그것은 제 비통한 마음의 방 안에 메아리친 마지막 질문이었어요. 그 질문을 듣고 나서 저는 서서히 정신을 차렸어요. 크레스투스가 죽기 전에는 그의 모든 행동에서 사랑만이 보였지만, 그때는 그의 행동에서 배신만이 보였어요. 아마도 둘 다 완전한 진실은 아니었을 거예요. 제가 배신으로 느낀 행동도 사실은 사랑에서 비롯된 것이었을 수 있죠. 제가 잘못 판단해서 그런 식으로 보았을 거예요. 그는 정말로 도움을 주려고 노력했던 거예요. 그는 정말로 옳은 일을 하려고 최선을 다했던 거예요. 그 사건은 우리가 할 수 있는 옳은 일은 전혀 없고 단지 온갖 그릇된 행위만 가능할 뿐인 우리네 인생에서 벌어지는 여러 상황 중 하나였던 거죠. 아마 제가 그의 입장이었더라도 똑같이 행동했을 거예요. 결국 그는 저를 사랑했던 거예요. 비록 처음 그의 친절한 행동의 시작은 돈을 받았기 때문이었다 해도 말이죠. 그리고 결국 그는 제 아기를 살려준 거잖아요. 물론 그 사실을 저에게 미리 알려주었다면 제 상처받은 가슴이 큰 위안을 받았겠지만요. 그가 다르게 행동했다면 좋았겠지만, 그는 자신이 최선으로 생각한 것을 했던 거죠.

제가 이런 사실을 받아들이게 된 건, 새로운 분노의 불길이 제 마음속을 온통 휘감았던 어떤 순간이었어요. 그때의 분노는 제 내면을 향한 것이었어요. 이 모든 것이 크레스투스의 잘못이 아닌 저의 잘못이라는 분노였어요. 화려한 생활을 열망하고 퀸투스와 사랑에 빠진 사람은 다름 아닌 저였어요. 티투스에게 등을 돌리고 다시 돌아가려는 시도를 단 한 번도 하지 않은 것도 저였어요. 손에 잡을 수 없는 망상을 제 미래로 상정하고 꿈을 꾼 것도 저였어요. 제 아이가 죽었다고 믿고 아이를 찾으려는 시도조차 하지 않은 것도 바로 저였어요. 그중에서도 제가 저지른 최악의 실수는 크레스투스의 임종을 지켜보지 않고 나와 버린 거예요. 제 인생은 누더기가 되었고, 그건 모두 제 잘못이었어요."

이 지점에서 브리스가가 끼어들었다. 그녀는 손을 뻗어 뵈뵈의 팔을 잡았다. "그게 전부 당신 잘못은 아니라는 사실, 당신도 알고 있죠? 아마 일부는 당신 잘못이겠지만, 전부 다 당신 잘못은 아니에요. 일어난 모든 일에 대한 비난을 당신이 받아야 한다고 생각하는 건 아니죠?"

뵈뵈는 고개를 가로저으며 팔을 뺐다. 그녀는 그런 죄책감을 안고 너무 오랜 세월을 살아왔기에 다른 관점에서 생각할 여력이 없었다. "괜찮아요." 그녀는 자신이 들어도 딱딱한 말투로 대답했다. "저는 바울과 충분히 오랜 시간을 함께 보내면서 그리스도 안에 있는 믿음이 모든 것을 새롭게 한다는 사실을 알게 되었어요. 저는 그리스도와 함께 죽었고 다시 살아났어요. 예전 것은 지나갔고 새것이 왔어요. 전 그 모든 사실을 알아요. 그 후로 무슨 일이 있었는지 이제 말씀드릴게요."

브리스가는 다시 앉아서 그녀에게 계속하라는 몸짓을 보냈다. 그녀의 표정을 보니 뵈뵈의 말이 브리스가에게 아무런 확신도 심어주지 못한 것이 분명했다. 뵈뵈는 지금 상황에 적당한 대답을 알고는 있었지만, 정작 그녀에게 그 말들은 별 의미가 없어 보였다.

"저는 더 초조해졌고, 그럴수록 더 많이 걸어야만 했어요. 날마다 걷고 또 걸었어요. 종종 고린도까지 걸어갔다 돌아오곤 했지요. 그러던 어느 날 시장을 통과해 지나가고 있을 때, 크레스투스라는 이름을 들었어요. 아니, 그런 소리가 들린 것 같았어요. 이상한 이야기였어요. 그 남자는 자신의 팔을 활짝 펴고, 거의 모든 문장마다 이에수스 그리고 크레스투스라고 들리는 단어를 사용했고, 가끔 퀴리오스라는 말도 첨가했어요. 저는 도대체 그가 무슨 말을 하는지 이해할 수 없었지요. 그래서 분명하게 들으려고 더 가까이 다가갔어요. 그러자 다시 그 말이 들렸어요. 이에수스 크레스투스 퀴리오스. 머지않아 저는 제가 잘못 들었다는 사실을 깨달았어요. 그는 크레스투스에 관한 이야기를 하고 있던 것이 아니라 예수라는 사람에 관한 이야기를 하고 있었어요. 그는 예수가 크리스토스, 즉 기름 부음을 받은 사람이고 주님(퀴리오스)이라고 말하더군요. 이 나중 내용 때문에, 무리 중 다양한 사람이 분노하면서 그가 그 말을 할 때마다 야유를 보내고 거칠게 밀쳤어요. 결국 군중은 난폭해졌어요. 폭동을 일으킨 자들은 주님이라는 표현에 이의를 제기했던 사람들이 아니었어요. (그 사람들은 대부분 로마 복장을 하고 있었고, 문제가 발생하자 슬그머니 자리를 빠져나갔어요.) 사실 화가 나서 마치 금방이라도 그 남자를 공격할 것 같았던 사람들은 유대인들이었어요. 그런데 제 눈길을 사로잡았던 것은 그 사람이 그들의 분노에도 전혀 개의치 않고 그들보다 더 큰 소리로 자기 이야기를 이어나갔다는 사실이었어요."

이 부분에서 유니아와 안드로니고가 서로 눈을 맞추고 웃었다. 방금 뵈뵈가 말한 이야기가 그들에게 친숙한 광경이었던 것이리라.

"당신 기억나요? 썩은 음식물 찌꺼기에 내 얼굴을 정통으로 맞았던 때 말이에요. 며칠 동안 내 몸에서 아주 끔찍한 냄새가 났었지요." 유니아가 말했다. "맹세컨대, 그들은 일부러 당신을 위해 그 음식물 쓰레기를 특별히 준비해 두었던 거예요."

"그걸 어떻게 잊어요?" 안드로니고가 대답했다. "그 노예가 2층 창문틀에서 꽉 찬 요강을 내 머리 위로 비웠던 그 순간은 지금도 생생하죠. 아니, 그 조그만 요강에 그렇게 많은 오물이 들어 있을 줄 누가 알았겠어요?"

뵈뵈는 유니아와 안드로니고가 복음을 위해 누가 더 큰 치욕을 겪었는지를 두고 가벼운 경쟁을 벌이자 당혹감과 즐거움이 섞인 묘한 느낌으로 그들을 지켜보았다. 옛 기억이 고통스럽게 떠오르면서 그녀는 다시 바울을 생각했다. 바울이 여기 함께 있었다면 얼마나 좋아했을까! 자신이 겪은 재난을 경쟁하듯 이야기하는 이 대화에도 참여했을 테고, 분명히 이 게임의 승자는 그였을 텐데. 갑자기 뵈뵈는 바울이 로마에 도착하기까지 얼마나 걸릴지 궁금해졌다. 바울은 한 달이라는 기간 안에 예루살렘에 도착했다가 다시 로마로 온다고 했지만, 뵈뵈는 그게 가능할 것이라는 생각이 들지 않았다. 하지만 바울은 매우 단호해 보였었다. 그리고 그녀에겐 그를 믿고 싶은 다양한 이유가 있었다.

12장

"사람들이 불편해하면, 의기소침해지지 않던가요?" 뵈뵈가 물었다.

"왜 꼭 그래야 하죠? 예수님의 메시지는 본래 불편한 거예요." 유니아가 어깨를 들썩였다. "성공을 사랑하는 자들에게 예수님은 패배를 대변하고, 편안함을 추구하는 자들에게 예수님은 동요를 일으키죠. 그는 자신이 옳다고 여기는 사람들을 넘어뜨리고, 자기 모습에 만족하고 기뻐하는 사람들을 혼란에 빠뜨리는 분입니다. 사람들이 불편해하지 않는다면, 도리어 더 의기소침할 것 같은데요. 예수님의 복음이 더는 사람들을 불편하게 하지 않는다니, 그건 어떤 모습일지 저는 궁금하네요."

"당신도 훌륭한 토론을 매우 좋아한다는 사실을 인정하지 그래요." 안드로니고가 말했다. "당신과 바울은 아주 똑같아요." 그는 아내의 강력한 눈빛을 감지하고는 말을 중단하고 항복을 표시하듯 두 손을 들었다. "저야 멋진 말다툼을 좋아하지만, 흥미진진한 논쟁을 덜 좋아하는 사람은 다르게 느낄 수도 있겠죠."

"나는 바나바가 바울을 떠난 진짜 이유가 바로 그 문제가 아니었을까 상상하곤 해요." 브리스가가 말했다. "바나바는 정말 온순한 사람이거든요. 두 사람이 헤어졌다는 소식을 들었을 때, 바울이 바나바의 심기를 여러 번 건드린 게 아닐까 생각했었죠."

"그럴 수도 있고 아닐 수도 있지요. 그런데 지금 제 관심사는 하나예요. 논쟁을 좋아했던 그 다른 인물이 누구였는지 정말 알고 싶네요." 이 말로 아굴라는 능숙하게 대화의 방향을 다시 뵈뵈의 이야기로 틀었다.

뵈뵈는 여러 가지 생각이 동시에 들었다. 이 오래된 네 친구들은 자기네들의 예전 지인들과 그들의 동기에 관해 토론하기 위해 얼마나 쉽게 옆길로 빠지는지, 또 지금 그녀 자신이 얼마나 피곤한지, 그리고 그녀는 자신의 이야기를 얼마나 간절하게 끝맺고 싶은지. 뵈뵈는 이런 생각들을 하면서, 아굴라가 방금 그녀에게 던져 준 이야기의 끝자락을 흔쾌히 집어 들었다.

"그는 구아도였어요," 그녀가 말했다. 그리고 그들의 오랜 친구 이름을 듣고 이구동성으로 맞장구치는 사람들의 소리를 들으며 이야기를 이어갔다. "저는 나중에서야 그가 이런 폭동에 아주 익숙하다는 사실을 알게 됐어요. 그날 저는 점잖은 로마인들이 슬며시 빠져나갈 때 함께 그곳을 나왔어요. 그런데 저를 계속해서 끌어당기는 무언가가 있었어요. 어쩌면 그것은 크레스투스라는 이름을 들어서였을 수도 있어요. 물론 잘못 들은 거였지만요. 어쩌면 그것은 외로운 마음이 들지 않는다는 기쁨 때문이었을 수도 있어요. 비록 제멋대로 군중 속에서 이리저리 밀쳐지는 상황이긴 했지만요. 어쩌면 제가 구아도의 모습에서 본 순전한 열정과 깊은 차분함의 기묘한 조합 때문이었을 지도 몰라요. 제가 그곳을 왜 계속 찾아갔는지는 확실히 모르겠지만, 날마다 저의 발걸음은 그곳을 향했고, 날마다 소동이 일어나 그곳을 떠나야 할 때까지 저는 거기 머물렀어요.

그러던 어느 날, 제가 사람들 사이에서 어깨를 밀치며 빠져나가는데 뒤에서 한 목소리가 들렸어요, '당신은 이곳에 매일 오시지 않나요? 전에도 여기서 본 적이 있는데요.'

뒤를 돌았더니 한 여성이 눈에 들어왔어요. 그녀는 제가 부엌 노예로 있을 때 입곤 했던 것과 같은 옷을 입은 사람이었어요. 그녀의 옷은 소박했고 곳곳에 구멍이 나 있었어요. 저는 한 걸음 뒤로 물러났어요. 저의 집 노예들이 저를 훈련시킨 탓인지 무심코 그렇게 되더군요. 내가 너무 친절하게 군다고 그녀가 저를 꾸짖지 않을까 살짝 걱정됐어요. 하지만 그런 일은 없었어요. 사실 그녀는 제 고급스러운 옷에는 별로 신경 쓰지 않았어요. 그녀는 저와의 대화에만 온통 집중했어요. 그녀의 이름은 미리암이었고 글로에의 집 노예였어요. 그 집의 많은 노예가 예수 그리스도가 주님이시라고 믿고 있었어요. 그녀는 제가 구아도의 말을 귀담아 듣는 모습을 눈여겨보았대요. 그러면서 다음 날에도 제가 올 수 있는지, 그리고 그들과 함께 식사할 수 있는지 물었어요. 다음 날은 그 주의 첫날이었어요. 제 자아의 한 부분은 내심 충격을 받았어요. 미천한 노예가 식사를 함께하자고 귀부인인 저를 초대하다니요! 제가 누구인지 몰랐던 걸까요? 이런 생각이 드는 순간, 전 저 자신이 얼마나 우스꽝스러운지 깨달았어요. 당연히 그녀는 저를 모르지요, 어떻게 저를 알겠어요? 그런데 제 자아의 또 다른 일부, 특별한 이유도 없이 구아도의 말을 듣기 위해 날마다 이곳으로 이끌려온 그 일부에는 도저히 저항할 수 없었어요. 결국 제 자아의 그 부분이 이겼어요. 제 그 부분은 오랫동안 쉼 없이 무엇인가를 기다리고 있었던 거예요. 소속감과 신뢰를, 평화를 갈망했던 거죠. 저는 저의 그 부분이 어떤 것과 관련되어 있는지 아예 몰랐고 그래서 무시해왔는데, 이제는 그 부분이 저를 장악했고, 저는 기꺼이 그 초대를 받아들였어요.

저는 다음날 일찍 도착했어요. 미리암은 일찍 와서 문제 될 건 없다며 저를 안심시켰어요. 글로에는 집에 없었어요. 몇 달 동안이나 집을 비웠기 때문에 그들은 요리하거나 정찬을 시중들 필요가 없었던 거예요. 글로에가 없다는 것은 그 집의 뒷마당 정원에서 그들이 모일 수 있다는 의미였어요. 이전에 십 년 정도 사치스러운 삶을 살아봐서 그런지, 초면인 사람들 사이에서 바닥에 웅크리고 앉아 있기보다는 집 뒤편으로 가면서 흘끗 보았던 편안해 보이는 식당에 기대어 눕고 싶은 마음이 샘솟았어요. 하지만 음식이 놓이고 대화가 시작되자, 머지않아 그런 감사할 줄 모르는 마음은 금세 사라졌어요. 약 스무 명의 사람이 있었는데, 그 식당에 모두 들어가기엔 많은 인원이었어요. 확실히 노예나 하인으로 보이는 사람이 일부 있었고, 일과를 마친 후라 지저분한 옷을 입은 장인도 몇 명 보였는데, 저처럼 화려하게 입은 사람은 거의 없었어요. 하지만 옷차림에 신경 쓰는 사람은 아무도 없었어요. 그들은 저를 미리암이나 그 집의 다른 노예와 다를 바 없이 똑같이 대했어요. 처음에 저는 그들이 저를 특별 대우해 주지 않는다는 사실에 잠시 분노의 감정과 씨름해야 했어요. 하지만 곧 저를 똑같이 대해 주는 모습 자체가 이전 몇 년 동안 제가 목말라했던 편한 연대감을 선사한다는 사실을 깨달았어요.

잠시 후 대화가 진지해졌어요. 그들은 '성경'이라 부르는 것을 읽었어요. 그것은 신에 관한 내용이었어요. 어떤 신이라고 특정하진 않았는데, 자기 백성을 위로하길 원하는 신이었어요. 그것이 제게는 매우 신답지 않은 행동으로 다가왔어요. 신들은 이유도 없이 변덕을 부리며 우리 운명을 바꾸고 우리 인간을 그저 그들의 놀잇감 정도로 대한다는 사실을 우리 모두 알고 있잖아요. 증거가 필요하면, 제가 말씀드린 저의 과거 삶을 생각해보시면 충분할 거예요. 그러고 나서 그들은 그들이 읽은 본문에 관한 대화를 나누었어요. 지금 '그리스도 안에' 있는 그들에게 그 본문이 어떤 의미인지도 이야기하더군요. 저는 그들이 무슨 이야기를 하는지 전혀 이해하지 못했지만, 그 사실이 전혀 신경 쓰이지 않았어요. 아주 오랜만에 처음으로 저는 평화롭고 안전하다는 느낌을 받았어요. 심지어 방 안에 있던 사람들이 처음 듣는 알 수 없는 언어로 말하거나 그들이 세상을 향한 하나님의 비전이라고 말하는 내용을 크게 선언할 때조차도 그 편안하고 안전한 느낌이 약해지지 않았어요. 나중에 그들은 빵과 컵을 들고 예수님에 관한 이야기를 했어요. 어떻게 그가 우리를 위해 돌아가셨는지, 어떻게 그의 마지막 명령을 따라 그를 기념하기 위해 이런 의식을 행하게 되었는지, 그리고 어떻게 지금 우리는 그가 다시 오실 때까지 그의 죽음을 선포하기 위하여 이 의식을 행하는지 이야기했어요. 바로 그 순간이었어요. 그때 저와 관련된 모든 것이 변화되었어요.

저는 그 말들의 의미를 전혀 알지 못했지만, 처음으로 저에 관한 무언가가 있음을 감지했어요. 제가 빵을 먹고 포도주를 마실 때, 제 안에 어떤 감동이 있었고, 저 자신이 사랑받고 있다는 사실을 알았어요. 그 사랑은 너무 커서 제가 이해할 수 있는 범위를 벗어난 것이었어요. 그러자 이 예수 그리스도를 더 많이 알아야 한다는 생각이 들었어요. 저는 관대하고 따뜻한 이 무리의 사람들과 시간을 보내기 위해 또 와야겠다고 생각했어요. 난생처음으로 저는 어딘가에 소속된 것이었고, 더 소속되기를 원하게 되었어요.

몇 달, 몇 해가 지나가면서 저는 서서히 그들이 하는 이야기를 이해하기 시작했어요. 그들의 성경인 유대인의 성경은 유일신이 세상을 사랑해서 세상을 창조했다고 이야기했어요. 그리고 인간이 하나님을 배반했지만 하나님은 그들을 자신의 사랑으로 되돌리려고 갖은 애를 썼던 이야기를 들려주죠. 성경은 인간이 그들 자신이 놓은 덫, 탐욕과 교만과 권력 때문에 더욱 강화된 그 덫에 걸린 나머지, 하나님께 결코 신실한 존재로 남을 수 없었다고 말했어요. 그들이 성경을 다 읽고 내려놓자, 이번에는 예수 그리스도에 관한 이야기를 시작했어요. 그들은 그가 하나님의 아들이라고 말했어요. 그 무엇도, 그 누구도 수리할 수 없던 세상을 고치기 위해 결국 하나님이 자기 아들을 세상에 보내셨던 거죠. 그는 신실했어요. 그 외의 다른 사람은 아무도 신실하지 못했죠. 그리고 그가 돌아가셨을 때, 그는 죄의 권세를 무너뜨렸어요. 죄의 권세는 오랫동안 사람들을 붙잡고 하나님과 멀리 떨어뜨려 놓았죠. 그리고 그가 다시 살아나셨을 때, 그는 세상과 하나님의 관계를 새롭게 창조하셨어요. 그들은 이 사실을 표현하기 위해 '언약'이라는 특별한 단어를 사용했어요. 유대인들이 특별히 이 말을 좋아했어요. 그들은 세례라고 부르는 것에 관한 이야기로 옮아갔어요. 그들은 세례를 통해 우리가 그리스도와 연합하여 그와 함께 죽고 그와 함께 부활해서 새로운 생명을 살아갈 수 있다고 하더군요. 우리가 생각하고 말하고 행동하는 모든 것이 점점 더 그와 닮아가는 것이죠." 뵈뵈는 말을 멈추고, "제가 이 얘기를 왜 당신들에게 하는 건지 모르겠네요. 당신들이 이미 다 알고 있는 내용이잖아요."

"물론 그렇죠." 아굴라가 말했다. "하지만 그 이야기가 다른 사람에게는 어떻게 들렸는지 몰라도, 나는 아무리 들어도 싫증이 나지 않는답니다. 그 이야기가 당신에게 강한 인상을 남긴 게 분명하군요."

뵈뵈의 얼굴이 달아올랐다. "그랬어요. 인정하기 부끄럽지만, 저는 아주 오랫동안 그 이야기가 전혀 이해가 안 됐어요. 완전히 헛소리처럼 들렸어요. 그런데 한 대목이 귀에 들어오더라고요. 그 부분은 제 마음에 박혔고 결코 사라진 적이 없어요."

"그게 뭐죠?" 사람들이 이구동성으로 물었다.

뵈뵈는 그들을 쳐다보았다. "하나님이 저를 사랑하신다는 내용이요. 그 말이 제 귀에 쏙 들어왔어요. 그것만은 이해가 되었어요. 나머지는 저에게 혼란만 가중했죠. 하지만 그 내용은 전에는 제가 절대 제기하지 않았던 수많은 질문에 답변이 되는 것 같았어요. 나중에서야 전 나머지 내용도 거대한 한 벌의 옷과 같다는 사실을 알게 되었어요. 그것들이 말하는 내용을 제가 왜 알아야 하는지 적어도 이해라도 하고 싶다면, 일단 제가 그 옷을 입을 만큼은 자라야 했어요. 조금씩 그리고 마침내 많은 부분이 정말로 이해되기 시작했어요. 그리고 그 모든 내용이 왜 중요한지도 조금씩 이해하게 되었어요. 그리고 그 옷이 제가 처음 예상했던 것보다 훨씬 더 크다는 사실도 조금씩 깨달았어요. 제가 바울을 만났을 때 그 옷은 훨씬 더 커졌고, 제가 과연 그 옷이 딱 맞을 정도까지 자랄 수 있을지 회의가 들었어요. 처음에는 그 이야기들이 그저 말들에 불과했지만, 지금은 그 말들이 제가 누구인지 알려주죠. 하지만 제가 그 내용들을 계속해서 살펴보는 것은 하나님이 저를 사랑하고 계신다는 사실을 알기 때문이에요. 제 생애 처음으로 저 자신이 사랑받고 있다는 사실을, 그것도 진정으로 사랑받고 있다는 사실을 알았어요. 그 사랑은 절대 실패하지 않을 사랑이고, 그 무엇도 저를 그 사랑에서 떼어놓을 수 없을 것이고, 거두어지지도 않을 사랑이고, 잔인하고 가학적인 모습으로 변하지도 않을 사랑이고, 저에게 거짓말도 하지 않을 사랑이었어요. 이 사랑이 제 모든 것 아래서 고동치고 있어요. 그것으로 충분해요. 저는 마침내 저의 자유가 무엇을 위한 것인지 알아냈어요. 사랑받는 것 그리고 그 보답으로 사랑하는 것, 그것이 바로 진정한 자유였어요. 아주 간단한 거였어요."

안드로니고, 유니아, 아굴라 그리고 브리스가는 그녀를 향해 환하게 미소 지었다. 뵈뵈 자신이 예수님을 따르는 자로서 느끼는 증거 중 하나는 갑작스러운 사랑과 편안함의 경험이었다. 그것은 과거에는 사랑이 존재하지 않았다는 의미가 아니었다. 또한, 사랑을 더 쉽게 할 수 있는 그리스도인이 따로 있다는 의미도 아니었다(전혀 그렇지 않다). 그것은 공동체 안에 더불어 있을 때 사랑이 존재함을 경험한다는 것이다. 예를 들어, 여기 네 명의 낯선 이들과 함께 있는 지금 그녀는 사랑의 포옹을 하고 있는 것처럼 느꼈다. 그녀는 그들을 알지 못했고, 그들도 그녀를 알지 못했다. 하지만 어찌 된 일인지 지금 여기 사랑이 있다. 그녀는 전에 고린도를 통과해 지나가던 사람이 했던 말을 기억한다. 지나가는 사람이 하도 많아 누가 무슨 말을 했는지 정확하게 기억하기 어려운 경우가 많지만, 어떤 사람이 그녀에게 예수님이 하곤 했던 말을 들려준 적이 있다. "두세 사람이 내 이름으로 모인 곳에 내가 그들 중에 함께 있다." 지금 상황이 바로 그런 것이 아닐까? 사랑이신 예수님이 여기 계신 걸까? 그녀는 가볍게 머리를 가로저었다. 나이가 드니 정말 점점 더 감상적으로 변하고 공상만 늘어나고 있었다.

"하지만 여전히 불편한 게 있나요?" 브리스가가 부드럽게 치고 들어왔다.

뵈뵈는 자신이 앞서 말하고 넘어간 부분을 브리스가가 다시 끄집어내려 한다는 사실을 알고 있었다. 이것은 그녀에게 깊은 수치심을 유발하는 또 다른 부분이었다. 어쩌면 그리스도 안에서 그녀의 새로운 삶이 전부 엉터리일지도 모른다. 바울은 여러 번 분명하게 말했다. 그리스도 안에서 옛것은 지나갔고, 그렇기에 당신은 그리스도 안에서 새로운 삶을 살 수 있습니다! 그래서 그녀는 과거에 일어난 모든 일에 등을 돌리려고 몹시 애를 썼고 마음속 깊은 곳에 묻어 두었다. 하지만 로마로 돌아간다는 생각을 하자 과거의 일들이 봇물 터지듯 다시 그녀의 머릿속으로 쏟아져 나온 것이다. 그녀는 브리스가를 향해 고개를 끄덕였다. 그녀의 얼굴은 다시 새빨개져 있었다.

브리스가는 그녀의 손을 잡았다. "우리는 당신을 비판하려는 게 아니에요. 당신을 돕고 싶을 뿐이에요."

"제가 어리석다는 것을 알고 있어요. 정말 바울에게는 말할 수 없었어요. 제 말을 들었다면 그가 충격 받았을 게 틀림없어요. 전 정말 끔찍한 그리스도인이에요. 하지만 돌아가야 한다는 생각을 떨쳐낼 수 없었어요. 과거를 잊고 완전히 결별해야 한다는 사실을 잘 알아요. 과거는 옛 삶과 함께 죽었어야 해요. 하지만 그러지 않았죠. 무언가가 저를 이곳으로 이끌었어요. 저는 그 이유가 무언지 전혀 모르겠어요." 그녀는 점점 말을 더듬거렸고, 무슨 말인지 알아듣기 힘들 정도였다. 그녀는 앞에 앉아 있는 네 명의 친절한 얼굴을 맥없이 바라보았다. 문제는 그녀가 이 감정을 너무나 오랫동안 무시해왔기 때문에 자신이 로마에 온 진짜 이유를 스스로 물어볼 생각도 하지 못했다는 것이다. 바울은 로마로 돌아가고 싶어 하는 그녀의 열망을 알아차렸고, 아무것도 묻지 않고 그 임무를 그녀에게 권했다. 그녀는 로마인들에게 편지를 전하고, 돈을 가지고 가서 바울의 스페인 선교를 준비해야 했다. 그녀는 영리했고, 표현이 분명했으며, 부유했다. 그 일에 완벽한 적임자였다. 문제는 그녀가 로마에 돌아가려는 두 번째 이유를 어떻게 처리해야 할지 둘 다 몰랐다는 것이다. 바울은 그녀가 말해주지 않았기 때문에 몰랐고, 뵈뵈는 그 생각 자체를 스스로 허용하지 않았기 때문에 알 수가 없었다.

브리스가가 그녀의 손을 꽉 쥐었다. 뵈뵈는 그녀가 여전히 자신의 손을 잡고 있다는 사실을 잊고 있었다. "우리는 해결할 수 있을 거예요. 함께라면 해결할 수 있어요. 우리 함께 기도하고 대화합시다. 그리고 해결해 봅시다. 하지만 먼저, 뭐 좀 먹을까요!"

13장

　브리스가가 일어나 작업장 주변을 부산하게 움직이기 시작했다. 뵈뵈는 기진맥진한 채 벽에 기대어 앉았다. 활기차게 움직이는 소리를 들으니 마음이 진정되는 느낌이었다. 주변을 둘러보니, 펠릭스를 도와 그녀의 짐을 2층으로 옮겼던 일꾼들이 눈에 띄었다. 그녀는 깜짝 놀랐다. 이 사람들은 언제부터 이 방에 있었던 걸까? 내 이야기를 어디까지 들었을까? 아굴라는 그녀의 불안한 낌새를 알아채고 그녀의 마음을 읽었. "파우스투스, 호르텐시우스, 이리 와서 뵈뵈에게 인사해요. 아직 소개하지 않은 것 같군요."

　건장한 젊은 남자 둘이 방을 가로질러 다가와 수줍게 인사했다. 떡 벌어진 어깨에 검은색 곱슬머리를 한 파우스투스가 자신의 이름을 밝히며 조용히 말했다, "필요한 게 있으면 무엇이든지 도와 드리겠습니다. 저희는 남을 돕는 것을 무척이나 좋아한답니다, 그렇지?" 이 말에 호르텐시우스도 동의의 표시로 연신 고개를 끄덕였다. "무엇이든지 도움이 필요하면 말씀하세요." '무엇이든지'라는 표현을 강조하는 걸 보니, 틀림없이 그들은 그녀에 관한 이야기를 들은 듯했다. 하지만 다른 네 사람과 마찬가지로, 그녀의 과거 때문에 그녀를 좋지 않게 생각하는 것 같진 않았다. 결국 뵈뵈는 아무에게도 한 적이 없고 자신의 깊은 내면에서조차 꺼낸 적이 없었던 자기 이야기를 완전히 낯선 여섯 사람에게 털어놓은 셈이었다.

그러던 중 다리에 살짝 눌리는 느낌이 들어 아래를 내려다보았다. 펠릭스가 그녀의 무릎에 머리를 대고 웅크리고 있었다. 얼마나 오랫동안 그러고 있었는지 알 수 없었다. 잠깐 눈에 들어온 그의 표정을 보니, 그녀의 이야기를 듣고 있었던 사람은 여섯이 아닌 일곱이었던 것이 분명했다. 그런데 그녀의 이야기가 그 아이의 심금을 울렸나 보다. "펠릭스." 뵈뵈가 대화를 시도했지만, 펠릭스는 머리를 가로저으며 그녀의 무릎에 얼굴을 파묻었다. 지금은 말이 필요한 순간이 아니었다. 다정한 느낌이 밀려와 그녀의 마음을 채웠다. 그녀는 그의 머리에 부드럽게 손을 올렸다. 그리고는 그녀 옆에 앉아 있던 안드로니고에게 말을 건넸다.

"유니아는 어디 있나요?"

"배를 채울 뜨끈한 음식을 좀 구해온다고 길모퉁이 노점상에 잠깐 나갔어요." 그가 대답했다.

"차라리 우리 중 한 명을 보내지 그랬어요?" 아굴라가 말했다. "혹시 유니아가 복음 전할 사람을 만나기라도 하면, 몇 시간이 걸릴지도 몰라요."

"유니아가 십 분 후에도 돌아오지 않으면 내가 직접 나가 볼게요." 안드로니고가 말했다.

"안 돼요." 반대하는 목소리가 여기저기서 튀어 나왔다. "당신도 그녀에게 합류해 함께 복음을 전하게 될 게 뻔해요."

"십 분 후에도 오지 않으면 호르텐시우스가 나갈 겁니다." 브리스가가 말했다. "그는 수줍음이 많아 아무에게도 말을 걸지 않을 거니까요."

십 분이 지나도 유니아가 올 기미가 보이지 않자 약속대로 호르텐시우스가 뜨거운 음식을 사러 나갔다. 그는 돌아오는 길에 노점상과 작업장 중간쯤에서 유니아가 어떤 여성 상인과 깊은 대화에 빠진 것을 보았다고 했다.

"제가 그곳을 지나칠 때 유니아가 그 여자에게 하는 이야기를 들었어요. 하나님이 그녀를 사랑하신다고 말하더군요." 호르텐시우스는 뵈뵈를 똑바로 바라보고 수줍게 웃으며 말했다. "제 생각엔 유니아도 우리처럼 당신이 하나님의 사랑에 관해서 이야기했던 부분이 무척 마음에 들었나 봐요. 그 부분을 들으면서 저는 바울의 편지에 있던 어떤 내용이 생각났어요. 바울이 뭐라고 말했죠? '그 무엇도 하나님의 사랑에서 우리를 끊을 수 없다' 맞나요? 바울이 한 말 중 많은 부분이 잘 이해가 안 됐지만, 그 부분만큼은 이해가 됐어요."

"호르텐시우스, 말이 정말 많아졌네요!" 브리스가가 소리쳤다. "이렇게 많은 말을 한꺼번에 하는 모습은 거의 처음인데요."

"그 친구 말 좀 하게 내버려둬요." 아굴라가 말했다. "당신이 함께 있으면 나머지 사람들은 입을 뗄 기회조차 없잖아요. 그건 그렇고, 그 여자가 뭐라던가요?"

"그 여자는 '어떤 신 말인가요?'라고 말했어요." 호르텐시우스는 끌끌거리며 웃었다. "그녀는 도대체 어떤 신이 그녀를 사랑하는지 묻고 있었던 거예요. 그런 이야기에 꽤 흥미를 느꼈나 봐요."

"아이고, 유니아는 오래 걸릴 것 같네요." 안드로니고가 말했다. "먼저 먹읍시다."

저녁 시간은 흡족했다. 더 이상의 진지한 대화 없이 부드럽게 이어졌고, 웃음소리가 끊이지 않았다. 유니아는 세 시간 후에야 비로소 작업장으로 돌아왔다. 유니아와 대화했던 그 여자는 유니아를 선지자라고 생각했고 자신을 사랑하는 그 신이 주피터였으면 좋겠다고 이야기했단다. 그녀는 입심이 좋은 사람인 게 틀림없었다. (이 대목에서, 입씨름으로 유니아를 압도할 사람이 나타났다는 생각에 모두 웃음이 터졌다.) 그리고는 자기가 한때 잉태하고 출산했던 한 영웅에 관한 이야기를 몇 시간 동안 떠벌렸단다. 조심스레 표현하자면 그 대화는 유니아가 원했던 방향으로 흘러가지 않았고, 유니아는 마음이 산란하고 약간 화가 난 채 돌아왔다. 하지만 시간이 좀 지나자 자신의 이야기 때문에 사람들이 배꼽 잡고 웃는 모습에 슬슬 젖어 들더니, 어느 순간 그 여자를 흉내 내기 시작했고, 심지어 그 여자의 입에서 나온 외설적인 말까지 따라 하고 있었다.

그날 밤은 뵈뵈가 침대에 쓰러져 새벽까지 평화롭게 푹 잠드는 것으로 마무리되었다.

이후 며칠은 특별한 일 없이 지나갔다. 뵈뵈가 첫날 밤 보았던 사람이나 두 번째 날에 만났던 다양한 사람이 찾아와 그녀를 데리고 나가 로마 주변을 구경시켜 주었다. 헤로디온과는 여러 회당과 유대인 그리스도인들이 모여 함께 빵을 떼는 장소들을 구경했고, 바드로바와는 수많은 로마와 그리스 신전, 사원을 구경했다. 그리고 아리스도불로의 집사인 블래수스는 로마의 정치적 견해들이 펼쳐지는 웅장한 로마의 포럼으로 뵈뵈를 안내했다. 펠릭스는 지치지 않고 뵈뵈를 그림자처럼 보좌했고, 다른 계획이 없을 때는 그녀를 안내해 아름다운 건물이나 티베르강 항구 아래 사람들의 모습을 보여주곤 하였다. 여러 사람의 방문 동안 그 누구도 바울의 편지를 언급하지 않았다. 아무도 그 편지의 의미를 묻거나 그 편지 때문에 마음이 언짢았는지 이야기하지 않았다. 모두 그녀를 쉬게 해 주라는 엄격한 지시를 받은 것 같았다. (뵈뵈는 브리스가가 그렇게 지시하는 모습을 머릿속에 그릴 수 있었다.) 내심 기쁘기도 했지만, 결국은 질문 공세를 받게 되리라는 사실을 알기에 무슨 내용이든 직접 맞닥뜨리고도 싶었다. 그렇지만 그녀와 동행했던 사람들은 조용하고 정중하게 심각한 주제를 피했고, 대신 그녀를 즐겁게 해주고 그녀가 환영 받고 있다는 느낌이 들게 해 주려고 전심을 다 했다.

티투스나 퀸투스가 살았던 곳 부근으로 그녀를 안내한 사람이 없었으니 참 다행이었다. 그랬다면 감당하기 힘든 감정들이 몰아쳤을 것이다. 오랜 시간 말하지 않고 눌러두었던 이야기를 털어놓긴 했지만, 여전히 그 감성늘은 상당히 쓰리고 생생했다. 사실 당시 뵈뵈가 알고 있던 로마는 거기가 전부였다. 어쨌든 그녀는 노예일 뿐이었다. 주인에게 사랑받던 노예라 할지라도 그렇게 자주 로마의 다른 지역을 구경하러 나가지는 못했다. 그래서 요 며칠 그녀는 새로운 세상을 보고 있었다. 로마는 두 얼굴의 도시였다. 웅장한 건축물과 쓰러져가는 공동 주택, 막대한 부와 절대적 빈곤, 꿈과 절망, 생과 사가 공존하는 곳이었다. 로마의 어마어마한 규모로 인해 그러한 빛과 그림자는 더 선명하게 드러났고, 뵈뵈는 로마의 온갖 다양한 모습에 자신의 감각이 공격받는다는 느낌을 받았다.

마침내 그 주가 지나갔고 다음 주의 첫날이 다가왔다. 브리스가는 뵈뵈에게 이번 주에는 작업장에서 만났던 신자들과 함께 빵을 떼며 주님의 죽으심을 기념하겠지만 다음 몇 주간은 다른 장소에서 모임을 갖는 다른 많은 작은 집단을 방문할 것이라고 귀띔했다. 그중 다수는 트랜스티베리움에 있는데 브리스가와 아굴라 역시 그곳에 살고 있었고 그다지 멀지 않은 곳이었다. 뵈뵈는 기꺼이 가겠다고 했다. 고린도에서는 각기 다른 공동체들이 모두 그 주의 첫날에 예배를 드렸는데 서로 방식이 약간 달랐다. 그녀는 로마도 그와 같은지 확인하고 싶었다. 로마도 그럴 거로 생각했다. 뼛속 깊이 유대인인 헤로디온이 바드로바와 같은 방식으로 예배하는 모습은 도무지 상상이 되지 않았다.

브리스가와 아굴라의 작업장에서의 모임은 여러 면에서 뵈뵈에게 매우 친숙했다. 그들은 함께 성경을 읽고 주의 돌아가심을 기억하고 기도하고, 당연히 바울의 편지에 관해서도 광범위한 대화를 나누었다. 비록 그리스도와 함께 죽고 부활한다는 것과 같은 여러 가지 개념이 뵈뵈에게는 아주 익숙했지만, 거기 있는 몇몇 사람에게는 완전히 새로운 개념이었고 그래서 매우 세심한 설명이 필요했다. 어느새 뵈뵈는 브리스가와 아굴라 옆에서 인류에 관한 바울의 견해를 설명하는 대화를 듣고 있었다. 바울은 유대 성경에 기초해서 인류 전체를 아담의 후손으로 보았다. 따라서 인류는 아담의 존재 방식(죄와 하나님에 대한 반역이 특징이다)에 갇혔고 다른 방식의 삶을 살 힘이 없었다. 아담과 같은 존재 방식에서 탈출하는 유일한 길은 죽음이었다. 죽음은 결국 그들 모두에게 닥칠 일인데, 어느 정도는 최종적인 성격을 지닐 수밖에 없다. 그런데 예수 그리스도가 새로운 존재 방식을 제공했다. 그는 인류 모두를 대신해 죽었다가 살아나셨고, 그를 믿는 사람은 모두 자신의 예전 삶의 방식에 대해 죽고 새로운 삶으로 살아난다는 면에서 그와 연합한다. 그들은 죄에서 해방된 것이며, 그리스도 안의 새로운 삶을 위해 해방된 것이다. 이 새로운 삶의 모습은 바로 그리스도를 따라 형성되며, 그들은 그를 닮은 모습으로 탈바꿈되도록 부름을 받았다.

거기 모인 사람을 쭉 둘러보니 사람들의 얼굴에서 다양한 표정을 읽을 수 있었다. 어떤 사람은 그들이 이야기하는 주제에 흥분했는지 생기가 넘쳤고, 어떤 사람은 인류를 바라보는 바울의 관점이 너무 독특하고 낯설어서인지 이해하려고 애쓰면서도 당황한 기색을 보였고, 어떤 사람은 아예 무관심한 듯했고, 어떤 사람은 지루하고 오래된 구약 이야기를 왜 해야 하냐고 계속 큰 소리로 따지면서 대신 예수님에 관한 이야기를 하자고 요구했다. 결국 브리스가 마지못해 굴복하고 그들을 위해 예수님이 하신 비유를 하나 이야기해 주었다. 그 비유는 뵈뵈가 들어본 적이 없는 것이었다. 부자 한 사람과 나사로라는 걸인에 관한 이야기였다. 브리스가의 말로는, 바울의 동역자인 누가가 들려준 비유라고 한다.

뵈뵈가 지금 이곳의 분위기를 과거 고린도와 비교했을 때 가장 큰 차이는 정숙함이었다. 고린도의 예배는 소란스러웠다. 방언하는 사람, (때로는 서로를 향해) 예언하는 사람으로 시끄러웠고, 어떤 순간에든, 심지어 주님의 마지막 만찬을 기념하는 시간에도 노래가 터져 나오곤 했다. 예배는 활기차고 생기가 넘쳤으며 항상 예상치 못한 일이 벌어졌고 종종 통제 불능의 상태가 될 정도였다. 바울은 모두를 향해 조금이라도 질서를 부여하려 애를 썼지만, 늘 성공한 것은 아니었다. 이곳은 완전히 달랐다. 사람들은 다른 사람의 말이 끝나고 자기 순서가 될 때까지 기다렸다. 누군가 말을 시작하기 전 생각을 가다듬고 기도하는 시간을 가질 때는, 긴 침묵이 흐르기도 했다. 뵈뵈에게는 아주 새로운 경험이었다. 이런 모습을 좋게 봐야 할지는 아직 결정하기 어려웠다. 모임 자체도 상대적으로 일찍 끝났다. 고린도의 모임은 성령이 인도하시면 늦은 밤까지 이어지곤 했다. 하지만 이곳에서는 두 시간쯤 지나자 브리스가가 모임을 중단시키면서, 많은 사람이 새벽에 일을 시작해야 하니 그 전에 집에 가서 쉬어야 한다고 설명했다.

뵈뵈는 살짝 당혹감을 느끼면서, 고린도의 예배에서는 성령이 임했었는데 이곳의 모임에서는 어떤지 브리스가에게 물어보았다. 브리스가는 그녀에게 미소를 지었다.

"고린도의 성도들은 이곳에서 우리와 함께 예배하는 것이 어려울 수 있겠네요. 예배드리는 모습이 서로 다르죠? 당연히 성령은 충만히 임재하고 계시는데, 방식이 다르답니다. 혹시 바울이 성령의 열매를 두고 한 말을 들어본 적 있나요?"

"그럼요." 뵈뵈가 말했다. "사랑, 희락, 화평, 오래 참음과 자비와 양선과 충성, 온유함. 그리고 음, 다른 게 하나 더 있었는데 기억이 안 나네요."

브리스가가 웃었다. "절제를 빠뜨렸어요. 고린도에서 절제는 별로 인기가 없었겠죠? 고린도의 모임들은 명백히 절제가 부족한 경우가 많죠."

뵈뵈는 이 말에 발끈했다. 고린도의 성도들도 결국 하나님 안에서 그녀의 가족이었기 때문이다. 고린도의 성도들을 가벼운 놀림감으로 삼은 브리스가의 말을 듣자 뵈뵈는 즉각 그들을 변호하고 싶은 마음이 들었다. 하지만 입을 벌리려는 순간, 이 사안은 변호할 말이 별로 많지 않다는 사실을 깨달았다. 당장 그녀의 고린도 가족들도 모든 면에서 과한 것을 좋아했다. 일부는 심지어 그들이 이미 죽은 자들 가운데서 다시 살아났다고 주장했다. '도를 넘는' 것이 가능한 상황이라면, 이미 도를 넘은 사람이 늘 있었다. 뵈뵈는 숨을 가다듬고 브리스가에게 도전하지 않기로 했다. 그리고 이미 브리스가는 자기 말을 이어나가는 중이었다. "오늘 저녁을 떠올려 봐요. 성령의 그 열매가 있지 않았어요?"

뵈뵈는 모임 동안 절제의 수많은 증거를 목격했다는 사실을 인정해야 했다.

브리스가가 말했다. "우리가 에베소에 살 때, 나는 사도 요한과 함께 자주 시간을 보냈어요. 당신도 언젠가 그를 만나게 될 거예요. 그는 영감이 충만한 사람이에요. 그는 예수님께 배운 것을 하나하나 곱씹으면서 시간을 보냈어요. 나는 그에게 모든 내용을 기록해야 한다고 말했어요. 아마 언젠가는 기록할 거예요. 요한이 나에게 해 준 말인데, 예수님은 성령이 자기 뜻대로 분다고 말씀하시곤 했대요. 성령은 그저 성령이에요. 당신이 통제할 수 있는 것이 아니랍니다. 고린도에서 당신에게 임했던 성령에는 나름의 특징들이 있었어요. 그런데 그 특징들이 이곳에는 없다고 해서 이곳에 성령이 계시지 않다는 의미는 아닙니다. 단지 성령이 우리 안에서는 다른 방식으로 일하시는 거죠. 한 번 성령의 역사하심을 찾아보세요."

뵈뵈는 이마를 찡그리며 말했다. "하지만 제가 아는 것과는 다른 모습인데, 어떻게 그 모습을 제가 알 수 있겠어요?"

브리스가 다시 한번 웃었다. 브리스가의 눈 주위 주름들을 보면 분명히 알 수 있듯이 그녀는 평생 웃음이 많았던 사람인 것이 틀림없다. "성령은 생명을 가져오지요. 하나님의 성령은 피조물에 생명을 일으킵니다. 하나님은 모든 사람 안으로 그분의 성령을 불어넣으셨지요. 성령이 고린도에서 생명을 불러일으켰다는 것은 확실한 사실입니다. 하지만 지금 당신 주변에서 부글부글 끓어오르는 생명도 찾아보세요, 성령의 일하심이 분명히 보일 거예요. 찾고 있는 대상이 이미 아는 것이라면, 당연히 잘 보이겠죠. 눈을 크게 뜨고 보면 보일 거예요. 며칠 전 당신이 당신 이야기를 할 때, 무엇인가가 당신을 이곳으로 다시 이끌었다고 말했던 것을 기억하죠?"

뵈뵈는 고개를 끄덕였다.

"그것이 바로 성령의 이끄심이 아니었을까요?"

"저는 그렇게 생각하지 않아요." 뵈뵈가 천천히 말했다. "제가 했던 이야기에는 생명이랄 것이 없어요."

"그 점이 바로 중요한 부분이에요." 브리스가는 고집했다. "당신에게는 온통 죽음만 가득했던 바로 그곳에서 충만한 생명을 발견하도록 성령께서 당신을 인도하신 게 아닐까요? 이젠 정말로 잠자리에 들러 갑시다. 당신은 내일 할 일이 무척 많아요."

"할 일요?" 뵈뵈가 물었다.

"바울이 당신에게 하라고 시킨 일이 있잖아요. 내일부터는 시작해야 하지 않을까요? 새벽에 펠릭스를 보내 당신을 깨울게요." 이 말을 마지막으로 브리스가는 떠났다. 하지만 이 말 때문에 뵈뵈의 머릿속은 복잡해졌다. 펠릭스가 부드럽게 그녀의 손을 톡톡 치며 깨울 때는 잠이 든지 단지 몇 분밖에 지난 것 같지 않았다.

"뵈뵈, 뵈뵈. 펠릭스와 뵈뵈는 할 일이 있습니다. 어서 일어나세요!'

14장

뵈뵈가 잠에서 깨는 데는 시간이 좀 걸렸다. 일어나 옷을 입고 작업장 아래로 내려갔더니, 열두어 명의 사람이 조용히 모여 있었다. 그들을 둘러보고는 살짝 놀랐다.

"우리는 아침에 함께 모여 기도하는 걸 좋아한답니다." 아굴라가 말했다.

"미리 말씀 좀 해 주시지 그랬어요?" 뵈뵈는 지난주 내내 새벽이 지나고 아침 식사 시간이 될 때까지 잠을 푹 잤던 것을 생각하니 죄책감이 들었다.

"우리는 당신에게 충분한 잠이 필요하다고 생각했어요." 브리스가가 말했다. "하지만 오늘은 당신이 할 일이 대단히 많아요. 그래서 우리는 당신이 예수님의 임재 안에서 함께 시간을 좀 보내는 것이 좋겠다고 생각했어요. 이리 오세요." 그녀는 자리 한 곳을 가리켰다.

뵈뵈는 약간 주저하며 그곳에 앉았다. 고린도 공동체에서는 아침에 이런 식의 모임을 하지 않았다. 혹시 이런 모임이 있었을지도 모르지만, 뵈뵈는 몰랐다. 어떤 식으로 모임이 진행될지 전혀 예측하기 힘들었다. 하지만 걱정할 필요가 없었다.

모임은 매우 간단했다. 대화를 나누고 시편을 읽고 그들이 아는 모든 사람을 위해 기도했다. 뵈뵈는 점차 편안해졌고, 머지않아 자신이 강력한 평온함에 감싸여 있고 주변 사람들과 하나가 되어있다는 느낌을 받았다. 그래서인지 시간이 별로 지나지 않은 것 같은데 모임이 끝났을 때는 실망감까지 느꼈다. 하지만 그런 생각에 오래 머무르지도 못했다. 왜냐하면, 사람들이 떠나자마자 펠릭스가 그녀 앞에 나타났기 때문이다. 그는 신이 났는지 눈을 반짝거렸다.

펠릭스가 힘주어 말했다. "오늘, 펠릭스와 뵈뵈는 바울을 맞을 준비를 합니다."

특별히 분주했던 그 날 하루 동안, 펠릭스가 뵈뵈를 데리고 이곳에서 저곳으로, 항구에서 시장으로, 한 작업장에서 다른 작업장으로 서둘러 다닐 때, 뵈뵈는 이른 아침 그 안식의 시간을 계속해서 기억하고 감사하고 있는 자신을 발견했다. 이렇게 돌아다니는 이유가 무엇인지 알 수 없어 펠릭스에게 물었을 때, 그는 "알아내야죠!"라고 유쾌하게 대답했다.

저녁이 되자 뵈뵈는 하루 동안의 경험과 광경, 소리 때문에 현기증을 느꼈고, 브리스가와 아굴라의 작업장에 있는 의자에 감사하는 마음으로 푹 주저앉았다.

아굴라는 뵈뵈의 지친 얼굴을 보고 싱긋 웃었다. "펠릭스처럼 돌아다녔을 게 눈에 선하군요."

뵈뵈는 이해가 안 된다는 표정으로 그를 쳐다보았다.

"모두 다 겪는 일이에요." 아굴라가 미소를 지으며 말했다. "펠릭스는 과감한 데다 에너지 덩어리죠. 그런데 그 아이는 우리 모두는 자기처럼 젊고 활기차지 못하다는 사실을 깜빡 잊어요. 지금쯤은 당신에게 무엇이 필요한지 알지 않았나요?"

"아니요." 뵈뵈가 말했다. "오늘을 보내고 나니, 상황이 더 안 좋아졌어요. 제가 도대체 무엇을 하고 있는지 이전보다 더 모르겠어요. 바울에게 정말로 필요한 것이 무엇인지 전혀 모르겠어요. 전 한 번도 이 문제를 철저하게 생각해 본 적이 없어요. 당신도 알겠지만, 제 머릿속은 다른 생각으로 꽉 차 있었거든요." 뵈뵈는 자기 말의 의미를 이해하고 있다는 확인을 구하며 조심스레 아굴라를 바라보았다. 그는 고개를 끄덕이며 그녀의 손을 토닥였다. "내 생각에는 말이에요, 어떻게 진행되든 바울이 와서 인계를 받을 테고 아무 문제도 되지 않을 거예요."

"맞아요, 바울은 분명 그럴 거예요." 브리스가가 대화에 끼려고 작업장을 가로질러 오면서 톡 쏘듯 말했다. "바울은 주변 사람의 감정을 가볍게 짓밟는 사람이 절대 아니에요. 더욱이 그를 위해 최선의 준비를 하려고 애쓰는 상황이니, 두말할 나위가 없죠."

"이제는 잊을 때도 되지 않았소?" 아굴라가 말했다.

"아마 언젠가는 잊을 수도 있겠죠," 장난스럽게 브리스가는 말했다. "하지만 오늘도 여전히 짜증이 좀 나 있고, 나 좋을 대로 말할 거예요."

"바울이 무슨 일을 했는데요?" 뵈뵈가 흥미가 생겨 물었다.

"꼭 알아야겠어요?" 아굴라는 짐짓 절망스러운 표정으로 눈을 굴리며 말하고는 일어나 작업장 반대쪽으로 서둘러 가버렸다.

브리스가는 한숨을 깊게 내 쉬고 뵈뵈 옆에 앉았다. 그리고 그들이 막 고린도를 떠났을 때의 상황을 자세하게 들려주었다. 그들은 고린도에서 에베소로 이동했고, 바울의 지시대로 그들 세 명에게 딱 맞는 작업장을 구하기 위해 상당한 시간을 들였다. 그곳은 크고 공간도 넓었으며 도시로 들어가는 주요 도로 옆에 있었다. 찾기는 쉽지 않았지만, 천막을 만들기에도, 모여서 기도하고 예배드리는 장소로서도 완벽한 곳이었다. 그들 모두가 찾던 바로 그런 곳이었다. 바울은 온종일 회당에서 유대인과 이야기를 나누고, 저녁에 그들과 함께 새 작업장으로 와서 그곳을 휙 한번 둘러보았다. 그러고는 자기가 안디옥과 가이사랴로 계속 가라는 부름을 받았다고 선언했다. 그런 식이었다. 감사의 인사도, 설명도 없었다. 자기가 계속 움직일 것이라는 간단한 말뿐이었다. 그러고는 다음 날 정말로 떠났다. 그 후로 그들은 바울을 본 적이 없다. 브리스가의 이야기는 분노와 상처를 표현하느라 간간이 중단되었다. 때때로 아굴라가 이야기에 끼어들려고 했는데, 뵈뵈의 생각에는 바울의 처지를 대변하려고 그러는 것 같았다. 하지만 그럴 때마다 브리스가는 손사래를 치든 고개를 젓든 그가 끼어드는 것을 막았다.

"저는 당신이 바울을 사랑한다고 생각했어요." 뵈뵈가 말했다. "제가 이곳에 처음 왔을 때, 당신은 헤로디온에 맞서 그를 변호했잖아요."

"물론 그렇죠," 브리스가가 말했다. "그 사람을 사랑하는 것과 그 사람 때문에 짜증이 나는 것은 완전히 별개의 문제예요. 제 말의 요지는 바울이란 사람은 자기가 생각한 대로 행한다는 거예요. 만일 다른 일을 위한 부르심을 느낀다면 그는 당신의 계획 하나하나까지 다 바꿔버릴 수도 있어요. 그렇다고 당신이 계획을 짜는 것까지 중단할 필요는 없지만, 바울이 무엇을 할지 결정할 때 당신의 감정 따위는 신경 쓰지 않을 거라는 사실은 미리 아는 게 좋을 거예요."

"바울이 왜 그랬겠어?" 아굴라가 짜증을 내며 폭발했다. "바울은 복음을 선포하고 있었던 거지, 당신 기분 좋아지라고 어슬렁거리고 있었던 게 아니요."

"그건 나도 알아요. 내 이야기는 단지 그의 소명 때문에 주변 사람들의 감정에 그렇게까지 무감각해져야 하는지 그 이유를 도무지 모르겠다는 의미예요."

이 문제는 이 부부 사이에 아주 오래된 논란거리였고 이전에도 여러 차례 서로에게 반복했던 내용인 것이 분명했다. 아굴라가 다른 이야기를 또 시작하려는 듯해서 뵈뵈가 끼어들었다. 이 두 사람이 말을 더 해 봤자 각자 느끼는 바가 변할 것 같지는 않았다.

"제가 무언가를 시작해야 한다는 사실은 알고 있어요. 솔직히 바울이 제 계획 전부를 바꾼다 해도 저는 상관없어요. 계획을 세울 거라고 그에게 약속했으니 계획을 세울 거예요. 단지 어디에서부터 시작해야 할지 전혀 모르겠어요." 그것은 사실이었다. 그녀는 몰랐다. 펠릭스와 함께 이곳저곳 바쁘게 움직인 그 날 그녀가 느낀 점은 이번 임무가 그녀의 능력 밖이라는 것이었다. 그들은 많은 장소에 갔고 많은 사람을 만났지만, 지금 드는 느낌은 무엇을 해야 하는지 이전보다 더 모르겠다는 것이었다.

"당신에게 필요한 건," 별로 힘들이지 않고도 평소의 좋은 기분으로 돌아온 브리스가 말했다. "스다구에요. 그가 한가한지 모르겠네요."

"스다구가 바쁜지는 그가 아직도 바울의 편지를 필사하고 있는지에 달려 있겠지요." 아굴라가 말했다. "한 번 알아봅시다. 그런데 펠릭스는 어디 있지요?"

"펠릭스는 여기 있습니다!" 작은 그림자가 한쪽 구석에서 빠져나왔다. 뵈뵈는 다른 사람이 눈치채지 않게 구석에 숨어있는 펠릭스의 놀라운 능력을 마음에 새겼다. 그것은 많은 노예가 습득하고 있는 기술이었고, 뵈뵈는 펠릭스가 늘 듣고 있을 수 있다는 사실을, 보이지는 않지만 신경을 곤두세우고 있는 그림자 같은 존재라는 사실을 기억하며 조심해야 할 것이다.

"스다구의 가게에 가서 잠깐 이곳으로 와 우리를 도와줄 수 있는지 알아봐 주겠니?"

펠릭스가 고개를 푹 숙였다. "펠릭스가 도우면 충분합니다. 펠릭스는 스다구의 도움이 필요하지 않습니다."

뵈뵈는 펠릭스에게 신경이 쓰였다. 펠릭스는 그가 아는 유일한 방법으로 자신의 사랑을 전달하고 있었는데, 바로 돕는 것이었다. 자기가 아닌 다른 사람의 도움이 필요하다는 이야기가 펠릭스에게는 자신의 소중한 선물을 거절하는 것으로 느껴졌을 것이 분명했다. 뵈뵈가 팔을 뻗어 그를 감싸려 했지만, 그는 발끈해서 빠져나갔다. 펠릭스가 자신에 대한 의심과 더불어 그렇게도 단단한 껍질에 갇혀있게 한 것이 무엇인지 다시 한번 궁금해졌다. 뵈뵈는 그 답을 알 것 같아서 두려웠다. 그녀 자신의 이야기에 노예의 삶이 얼마나 위태로울 수 있는지 담겨 있지 않았던가! 그녀는 무엇 때문에 펠릭스가 이처럼 가시 돋친 불안정한 아이가 되었을지 생각하며 진저리를 쳤다. 그녀는 다시 한번 관심을 보였지만, 이번에는 말로만 했다.

"펠릭스, 난 너 없이 그 일을 할 수 없어. 너의 도움 없이는 모든 것이 불가능할 거야. 하지만 일을 제대로 하려면 다른 사람의 도움도 필요해." 이 말에 펠릭스의 뻣뻣했던 몸이 조금 풀렸고, 그는 뵈뵈와 아굴라, 브리스가를 쳐다보았다. 뵈뵈가 보기에는 금방이라도 울 것 같은 표정이었다. "나는 너 없이는 그 일을 할 수 없어." 뵈뵈는 같은 말을 반복했다. 이 말을 하는 것 외에는 더 나은 방법을 생각해 내지 못하는 데 좌절감을 느꼈다. "하지만 난 스다구의 도움도 필요하다고 생각해."

펠릭스는 주저했다. 하지만 곧 자세를 바로 세웠다. "펠릭스가 그를 끌고 오겠습니다!"

"아니, 아니, 우리 말은 그런 뜻이 아니야." 살짝 겁에 질려 브리스가 말했다. "스다구는 마음대로 데려올 수 있는 사람이 아니야. 그는 트란스티베리움에서 가장 유명한 필경사란다. 사람들이 그에게 작업을 의뢰하려면 몇 달씩 기다려야 하는 상황이야. 우리가 오라고 명령한다고 그가 올 거라고 기대할 수는 없단다. 우리는 조심스럽게, 공손하게 요청하고 시간이 맞을 때까지 인내심을 가지고 기다려야 해." 하지만 그녀의 말은 청각장애인도 아닌 아예 귀가 없는 사람한테 한 꼴이 되었다. 펠릭스는 최고 속도로 달려나가 이미 길 위를 멀찌감치 뛰고 있었다.

눈 깜짝할 사이에 펠릭스가 숨을 헐떡이며 돌아왔다. 아마 오가는 내

내 전속력으로 뛴 것 같았다. 스다구나 다른 누군가를 데려온 기미는 없었다. 뵈뵈는 펠릭스의 요구에 스다구가 화가 나서 오기를 거절했을 거란 생각이 들어 불안하게 브리스가와 아굴라를 쳐다보았다.

펠릭스가 그 표정을 알아보았는지 자랑스럽게 발표했다. "스다구는 옵니다. 그는 쓸데없는 물건들을 몇 가지 챙겨서 이곳에 곧 도착합니다." 그의 목소리에는 어른들의 느린 일 처리를 향한 경멸이 묻어 있었다. 어른들은 이곳에서 저곳으로 이동할 때 뛰지도 않을뿐더러 추가적인 장비까지 챙기느라 시간을 낭비한다.

얼마 지나지 않아 스다구가 도착했다. 어깨에는 필경사의 필수장비가 들어있는 가방을 메고 있었고, 그의 표정에서는 기대감이 느껴졌다. 브리스가와 아굴라는 무례한 부탁에 연이어 사과했지만, 스다구는 사과의 말을 가로막았다.

"펠릭스가 옳아요," 그가 말했다. 그리고 이제는 뵈뵈를 향해 "바울은 당신을 도와주라고 우리에게 요청했어요, 그러니 나는 내가 할 수 있는 모든 도움을 제공할 준비가 되어있어요."

"바울의 편지 사본을 만드는 일은 어떻게 되었나요?" 브리스가가 물었다.

"며칠 전에 끝냈어요," 스다구가 말했다. "그리고 로마에 있는 모든 모임에 이미 보냈어요. 조금 설득이 필요하긴 했지만 헤로디온도 한 부 받았답니다." 이 말을 할 때, 그는 표정을 찡그리면서 분노와 멸시로 일그러졌던 헤로디온의 얼굴을 흉내냈다.

"다른 고객들은 어떻게 하고요?" 아굴라가 말했다.

"기다려줄 겁니다." 자신에게 일을 맡기려면 어느 정도는 기다려야 하는 고객들의 불만쯤이야 자신의 능력이 제압한다는 사실을 아는 숙련된 장인의 자신감을 담은 답변이었다.

뵈뵈는 이 사실이 경이로웠다. 도대체 무슨 근거로 필경사가 이런 자신감을 가질 수 있는지 이해하기 힘들었다. 그녀가 아는 필경사 중에 아주 간단하게 편지의 개요만 제시해도 세련되고 수사적으로 훌륭한 작품으로 변모시킬 수 있는 가장 숙련된 사람도 이런 수준의 자신감을 내비치지는 않을 것이다.

곧 그녀는 그 이유를 알게 되었다.

스다구는 자유의 몸이 되기 전, 수많은 전쟁에서 승리를 거둔 뛰어난 로마 장군의 노예였다. 스다구는 그 전쟁들을 조직하고 식량을 조달했으며, 경로를 찾아내고 때때로 군사 작전에 자신의 의견을 주장하기도 했다. 이뿐 아니라, 티로니안 속기 사천 자에 숙달했으며 열변을 토하는 브리스가의 말 전부를 같은 속도로 받아쓸 수 있었다. 그는 천재와 다름없었다. 이 모든 일을 해내면서도 그는 주변 사람의 표정이나 버릇을 아주 세밀하게 관찰하고 정확하게 흉내까지 냈기에, 뵈뵈는 다소 죄의식을 느끼면서도 어쩔 수 없이 웃을 수밖에 없었다. 스다구의 숙련된, 하지만 유머 있는 도움을 받아, 막막하고 불가능해 보였던 스페인을 향한 바울의 선교 준비가 비록 쉽진 않겠지만 분명히 가능하게 되었다.

15장

 분주하게 지내다 보니 3주가 훌쩍 지나갔다. 어느 날 스다구는 뵈뵈와 아침 회의를 한 후, 바울이 스페인으로 여행할 때 필요한 것들을 계산하기 시작했다. 그날 하루가 마무리될 때쯤에, 그는 꼭 필요할 물건의 긴 목록을 만들어냈다. 그는 이것을 다시 우선순위와 중요도에 따라 하위 목록으로 만들었다. 그리고 얼마 후 펠릭스가 여러 가지 심부름을 처리하기 위해 밖으로 나갔다. 열정에 넘치는 펠릭스도 아침부터 밤까지 종일 계속해야 할 정도의 많은 일이었다. 펠릭스도 가끔은 나서서 돕겠다는 파우스투스와 호르텐시우스의 도움을 마지못해 허락했지만, 그것도 보통 물건 크기가 자기 두 배나 되거나 혼자서 옮기기 불가능할 때뿐이었다.
 뵈뵈노 끊임없이 일해야 했지만, 작업장 안에서의 일이었다. 날마다 스다구는 바울이 어디를 가고 싶은지, 언제 출발하기를 원하는지, 목적이 무엇인지, 얼마나 빨리 진행되기를 바라는지 등 바울의 의중을 뵈뵈에게 추궁했다. 이러한 질문을 받다 보니 뵈뵈는 바울의 의중을 제대로 파악하지도 못한 채 그러한 막중한 모험을 감행하려 한 자신의 지나친 순진함을 인정할 수밖에 없었다. 솔직히 그녀는 그런 문제를 거의 생각해 보지 않았다. 그녀를 로마로 이끈 것은 무언가 마무리되지 않은 일이 있다는 느낌이었다. 바울의 편지를 전달하고 그의 스페인 여행을 준비한다는 것은 사실 변명일 뿐이었다. 스다구의 군대식 정확한 셈법 때문에, 뵈뵈는 자신이 준비하러 온 그 여행에 관해 자신이 얼마나 무지했는지 뼈저리게 느끼게 되었다.

하지만 스다구는 굉장히 효율적인 사람인 데다 거리에서 만나거나 지나치는 모든 사람의 표정과 버릇을 그대로 흉내 내는 짓궂은 능력까지 가진 덕에, 뵈뵈는 연신 웃으며 자신감을 유지할 수 있었다. 스다구의 이런 성격 덕분에 그녀는 불안하거나 자기 생각에 빠지는 일이 없었다. 물론 그녀가 자신의 부끄러운 이야기를 털어놓고 아침마다 브리스가와 아굴라 그리고 다른 사람들과 함께 기도한 덕분이라고도 생각했다. 종종 이 문제를 생각할 때면, 매일 보는 브리스가와 아굴라도, 자주 보지만 좀 더 드문드문 보는 유니아와 안드로니고도 그녀의 과거 이야기를 더는 언급하지 않는다는 사실을 깨닫고는 조금이지만 마음이 아팠다. 이 사람들이 내 이야기를 이제는 지루해하는 건가? 과거를 털어놓고 싶었던 내 욕구에 단지 비위를 맞춰준 건 아닐까? 아니면 내 이야기가 너무 끔찍해서 그들이 다시 언급하지 못하는 건 아닐까? 뵈뵈의 지나친 상상력은 이 주제를 둘러싼 그들의 침묵을 점점 더 나쁜 쪽으로 설명해 나갔다.

그래서 그녀는 바쁜 게 좋았다. 바쁘다 보면 상상할 수 있는 수준이나 경우의 수가 제한되기 때문이었다.

뵈뵈는 스다구와 일을 하면 할수록, 여행의 세부사항을 성취 가능한 작은 임무로 나누고 이해하며 조직하는 그의 능력에 감탄했다. 그는 무엇이 필요하고 언제 필요한지 정확히 열거하는 목록을 만들고 또 만들었다. 심지어 그런 목록들의 목록까지 있었다. 뵈뵈는 자신에게는 그런 인내심도 없으며 스다구만큼의 성취를 위해 필요한 세부사항을 보는 안목도 없다는 사실을 알고 있었다.

그 3주 동안 뵈뵈는 스다구의 개인사도 조금 더 알게 되었다. 그는 다른 노예보다 훨씬 더 오랫동안 노예로 살았다. 왜냐하면, 자기 역할을 너무 잘 해냈기 때문이었다. 그는 고마워하는 공급자들과 군인들의 사례금으로 상당한 부를 축적했지만, 단점도 있었다. 보통 노예가 자유를 사는 데 필요했던 금액의 네 배나 되는 돈을 스다구가 모았지만, 그가 자기 역할을 너무 잘해 그의 주인은 자유를 허락하기를 꺼렸던 것이다. 그러다 마침내 주인이 동의했다. 스다구의 생각에는 그가 일반적인 것보다 훨씬 더 오랜 기간 노예로 지냈다는 사실을 알아차린 주인의 동료들이 압박을 가해서 그런 것 같았다. 그의 주인은 스다구에게 자유를 주면서도 계속 남아 자신을 위해 일해 달라고 사정했다. 하지만 스다구는 이미 할 만큼 했다고 생각했고, 등을 돌려 광대한 제국의 먼 곳까지 여행을 다녔다. 그러다 로마에 정착했고, 필경사로 사업을 시작했다.

뵈뵈는 스다구가 일하는 모습을 지켜보면서, 그가 받은 은사의 깊이와 넓이에 감사하는 마음을 갖게 되었고, 고린도의 교회를 향해 바울이 했던 어떤 말을 비웃었던 것을 기억하고는 부끄러운 마음이 들었다. 바울은 하나님께서 교회에 은사를 주셨다고 주장하면서 그 은사들의 목록을 제시했다. 그는 돕는 은사를 치유의 은사와 나란히 두었다. 뵈뵈는 그 소리를 듣고 비웃었었다. 다른 사람들은 가르치고 예언하고 치유하는 은사를 받았는데, 어떤 사람이 자신에게는 돕는 은사가 있노라고 인정하겠는가? '돕는다는 것'은 화려해 보이지는 않아도 그것이 값진 은사라는 사실은 틀림없었고, 스다구에게 충만하게 부여된 것이 바로 그 돕는 은사였다.

짧았던 3주 동안 스다구와 펠릭스는 그들이 필요한 것을 대부분 구했다. 스페인으로 가는 길도 알아냈고, 여행 중 바울에게 필요할 물품도 구했다. 스다구는 심지어 스페인 지도까지 구했다. 어떤 길을 따라가야 할지 약간의 지시사항을 포함한 지도였는데, 귀퉁이가 구겨지긴 했지만 굉장히 구하기 힘든 지도였다. 해결하지 못한 건 오직 두 가지였다. 스페인의 지리와 언어를 모두 잘 아는 사람을 구하는 것 그리고 바울 자신이었다. 첫 번째 문제는 스페인에 갔다 온 적이 있는 그리스도인이 현재 로마에 없다는 것이었다. (뵈뵈가 로마의 그리스도인을 모두 찾아가 말을 해보고 이른 결론이다.) 뵈뵈의 생각은 스페인에 결코 다녀온 적은 없지만 라틴어를 구사할 줄 아는 안내자로 바울이 만족해야 할 것이라는 쪽으로 기울기 시작했다. 하지만 바울은 어떤 일에도 쉽게 양보하는 성격이 아니기에, 결국은 바울이 와서 직접 그 문제를 결정해야 할 것이다.

그렇게 3주간 집중적으로, 약간은 정신없던 작업을 마친 후, 스다구와 펠릭스, 뵈뵈는 브리스가와 아굴라의 작업장 상당 부분을 차지하고 쌓여 있는 거대한 물품 더미 앞에서 서로를 쳐다보았다. (이 상황을 두고 아굴라는 평소처럼 살짝 냉소적인 유머를 보였고, 브리스가는 그보다는 너그럽지 못한 마음을 견디고 있었다.) 그리고 준비가 끝났다고 선언했다. 아니, 바울이 없는 상태에서 그들이 할 수 있는 준비는 마친 셈이었다. 이제 해야 할 일은 바울이 오기를 기다리는 것이었다. 그가 오면 이 모든 계획안을 그에게 건네고, 과거 그들 자신의 삶으로 돌아가면 된다.

뵈뵈는 굉장히 바빴다. 자기가 바쁘다는 사실이 흡족했다. 그러다 보니 바울의 선교를 준비하는 일 외에 자신이 로마에 온 다른 목적이 있다는 사실을 까맣게 잊었다. 브리스가와 아굴라, 유니아와 안드로니고가 자신의 이야기를 더는 언급하지 않는다는 사실에 처음에는 상처를 받았지만 그 상처는 점차 희미해졌고, 뵈뵈는 이 상황에서 최선은 일을 잘 마무리하고 겐그레아의 집으로 돌아갈 계획을 짜는 것이라고 결정했다. 하지만 정직하게 내면의 소리에 귀 기울일 때마다, 애초에 그녀를 로마로 떠밀었던 그 욕구는 아직 해소되지 않았음을 인식했다. 하지만 이런 생각이 들 때마다 재빨리 그 생각을 지워버렸다. 자신의 이야기를 조금이라도 할 수 있는 용기가 생겼다는 것이 대단한 성과였기에, 이제는 쉴 수 있고 이전의 삶으로 되돌아갈 수 있게 된 것일까? 이제 그들은 바울이 오기만 기다리면 됐다.

시간이 조금 흐르자, 뵈뵈는 바울에게 혹시 무슨 일이 생겼나 걱정이 됐다. 바울은 왕성하게 편지를 쓰는 사람이라서, 그녀가 도착한 후에 그녀가 해야 할 일을 상기시키는 또 다른 편지를 보낼 것이라고 반쯤은 예상하고 있었다. 바울의 사적인 편지들은 종종 바람 부는 날 급히 걷는 종종결음 같았다. 공적인 편지에서는 자신의 주장을 논증하기 위한 구조와 고상한 언어를 사용하는 등 그가 터득한 수사학에 자주 의존했기에, 그의 짜증을 드러내기도 했지만 신중하고 멋진 구성을 가지고 있었다. 반면 그의 사적인 편지들에서는 세세한 이야기는 배제하고 빠르게 핵심을 찌르며, 최대한 단호하게 핵심을 반복해서 강조했다. 뵈뵈는 그런 편지가 올 것을 대비하고 있었는데, 도착한 편지는 없었다. 이런 침묵이 이상하다는 점을 깨닫자 두려운 한기가 등줄기를 타고 흘러내렸다. 마치 구석에 몰린 고양이 등의 털이 곤두서듯이 목의 털이 쭈뼛 서는 것을 느꼈다. 그녀는 재빨리 자신을 안심시켰다. 정말 어처구니없는 방식으로 최악의 상황을 예상하고 있었다. 바울은 꼭 올 것이다. 단지 지체되고 있을 뿐이다. 그가 편지를 쓰지 않았다는 사실은 아무 의미가 없었다. 그들이 할 일은 기다리는 것이다.

그녀는 뒤이은 주 내내 이 말을 되뇌었다. 그다음 3주 동안은 펠릭스와 스다구, 브리스가와 아굴라, 유니아와 안드로니고에게 같은 이야기를 반복했다. 그리고 나서 그다음 석 달 동안은 헤로디온과 바드로바를 포함해 로마의 나머지 친구들에게도 이 말을 반복했다. 뵈뵈는 이제 그들이 시시때때로 해왔던 유대인과 이방인에 관한 논쟁을 반복해 이어가는 모습까지도 사랑하게 되었다. 하지만 결국 그녀도 무언가 잘못되었다는 사실을 인정할 수밖에 없었다. 바울의 도착이 약간 지체되는 수준의 문제가 아닌 것이 분명했다. 바울이 지금 어디 있는지 그녀는 도무지 알 수 없었다.

이 사실을 인정한 것과 비슷한 시기에, 가이사랴에 있는 바울의 여동생에게서 편지가 왔다. 그녀의 편지가 도착했다는 소식은 뵈뵈의 새로운 로마 친구들 사이로 빠르게 퍼져나갔고, 머지않아 그 소식을 듣기 위해 아주 다양한 배경의 친숙한 그리스도인 무리가 브리스가와 아굴라의 작업장으로 모여들었다. 스다구도 거기 있었고, 늘 그렇듯이 편지를 읽는 것은 그의 몫이었다.

그 편지에서 바울의 여동생은 무슨 일이 생겼는지 설명했다. 고린도에서 뵈뵈와 헤어진 바울은 그동안 모은 헌금을 예루살렘의 형제들에게 전해주려는 간절한 마음을 품고 예루살렘으로의 여행을 계속했다. 가는 도중 바울은 예루살렘에 도착하면 감옥에 갇혀 고난을 겪을 것이라는 예언을 잇달아 받았다. 앞으로 벌어질 일에 대한 동료들의 근심은 커져만 갔다. 바울을 만나기 위해 유대에서 가이사랴로 온 선지자 아가보는 유대인들이 바울을 결박해 투옥할 것이라고 예언했고, 바울의 동료들은 너무 염려돼서 바울에게 예루살렘으로 가지 말라고 간청했다. 하지만 바울은 그들의 설득을 거절했고, (이 대목에서 뵈뵈는 브리스가가 눈을 굴리는 모습을 보았다) 예루살렘으로 향하는 여정을 멈추지 않고 계속했다.

바울은 예루살렘에서 야고보를 비롯해 다른 그리스도인들과 모임을 한 후, 그들의 요청대로 정결례를 하러 성전으로 갔다. 야고보는 바울의 명성과 또 유대 밖에서 굉장히 오랜 기간을 보낸 점을 고려했을 때 예루살렘 사람들이 바울을 과연 받아들일지 많은 근심을 했다. 그래서 그는 바울을 두려워할 필요가 전혀 없다고 유대인들을 안심시키기 위해 네 명의 나사렛 사람과 함께 바울이 성전에서 공개적인 정결례를 받는 계획을 고안해냈다. 하지만 야고보의 계획은 아주 극적인 역효과를 낳았다. 유대인을 안심시켜주기는커녕, 바울이 그동안 그렇게 멀리해왔던 유대인들에게 바울을 전면에 내세우는 꼴이 되고 말았다.

아시아, 그러니까 에베소나 바울의 고향 다소만큼 멀리 떨어진 곳에서 온 유대인들은 바울의 예전 동료였던 바리새인의 부추김을 받아 자발적으로 군중을 모았고, 바울이 어떤 이방인을 '여인의 뜰' 안으로 들였다는 조작된 죄목을 씌웠다. 바울의 여동생은 바울이 에베소에서 온 드로비모를 성전으로 들인 일도 없고, 그럴 생각도 절대 없었다고 주장했다.

브리스가가 여기에서 끼어들었다. "난 바울을 믿어요. 드로비모를 기억하나요, 아굴라?"

"기억이 확실하진 않지만, 그는 조용한 사람이고 세공업자였죠. 도심에 살았어요. 우리가 거기 있을 때 그 사람 여동생이 세례를 받았고, 그녀가 결혼을 했던 걸로 …."

"우리가 그 사람의 족보 전체를 알 필요는 없잖아요?" 헤로디온이 짜증내며 물었다.

브리스가는 한발 물러섰지만, 헤로디온의 반응이 거슬린 게 분명했다. "내 말은, 그를 제대로 기억도 못 하는 내 남편이 능숙하게 묘사했듯이, 드로비모는 자기를 내세우지 않는 내성적인 사람이라 결코 고의로 문제를 일으키지는 않을 사람이라는 거예요."

"계속할까요?" 스다구가 물었다.

브리스가는 고개를 끄덕였다.

"군중의 분노는 더 커졌고, 점점 더 폭력적으로 변했어요. 그리고 바울을 찢어 죽이려고 작정한 듯 폭행하기 시작했어요."

이 소식에 여기저기서 헉하고 한숨이 터져 나왔고, 뵈뵈는 다리가 풀리는 느낌이 들었다. 떨리는 그녀의 입에서 모든 사람이 생각하고 있던 그 질문이 새어 나왔다.

"그가 죽은 건가요?"

스다구는 고개를 가로저었다. "저는 그렇지 않을 거로 생각하지만, 읽던 걸 마저 읽을게요. 읽다 보면 무슨 일이 벌어졌는지 알게 되겠죠."

스다구가 편지를 계속 읽어나갔고, 곧 바울이 죽지 않았다는 것이 확실해졌다. 로마 군대가 나타나 바울을 군중에게서 구출했다. 바울은 자신이 로마 시민이라고 주장했고, 그 격분한 폭도로부터 로마인의 보호를 받게 되었다.

"글쎄요," 구석에서 안드로니고의 목소리가 들렸다. "바울이 감옥에 갇혔는데 그것이 로마인의 도움을 받아 구출된 것이라니, 이런 식의 좋은 소식을 듣게 될 것이라는 기대는 전혀 못 했네요." 그는 곤혹스럽다는 듯 고개를 가로저었다. "더 들을 게 있나요?"

"아직 남았어요." 스다구가 말했다. "상황은 더 악화되었어요." 그는 이야기를 이어갔다.

듣자 하니 마흔 명의 유대인이 바울을 죽이기 전에는 먹지도 마시지도 않겠다고 맹세를 했다고 한다. 그들의 계획은 바울을 산헤드린 공의회로 오게 한 후 도중에 그를 습격해서 죽이는 것이었다. 하지만 바울의 누이 아들인 조가 야곱이 그 음모를 엿듣고 바울에게 전했고, 바울은 야곱을 로마 천부장에게 보냈다. 천부장은 이 음모를 듣고, 어둠을 틈타 바울을 총독 벨릭스에게 보냈다. 당시 벨릭스는 안디바드리에 머물고 있었다.

모인 사람들이 이 소식을 받아들이려고 애쓰는 동안, 불편한 침묵이 흘렀다.

마침내 이 침묵을 깬 것은 브리스가였다. "난 오랫동안 바울을 알고 지냈지만, 그에게 누이가 있다는 이야기는 처음 듣네요."

16장

"당신은 바울에게 누이가 있다는 것을 몰랐소?" 아굴라는 아내에게 벌컥 화를 냈다. "방금 이야기를 다 들었는데, 우리에게 가장 도움이 될 만하다고 당신이 생각해서 한 이야기가 고작 바울에게 여동생이 있다는 것을 당신이 몰랐다는 사실이요?"

뵈뵈는 브리스가가 아굴라에게 살짝 윙크하는 모습을 맹세코 보았다. 잠시 후 브리스가는 자신이 맞았다는 확신이 생겼다. 아굴라가 갑자기 마음이 놓이는지 껄껄 웃으며 말했다. "당신이 말했듯이 나도 바울에게 여동생이 있다는 사실을 모르고 있었어요. 누구 알고 있었던 사람 있나요?"

지난 몇 달 동안 뵈뵈가 배운 것이 하나 있는데, 브리스가의 직감을 믿어야 한다는 것이다. 브리스가는 지금 바울의 누이가 보낸 편지가 전한 누가 들어도 끔찍한 소식에서 사람들의 시선을 분산시키려는 것이다.

분위기를 전환시킨다는 것은 흥분을 가라앉히고 덜 조급한 마음으로 이 문제를 논의할 수 있다는 의미다.

도움을 준 것은 뜻밖에도 헤로디온이었다.

"저는 알고 있었어요. 예루살렘에서 그녀를 한 번 만난 적이 있어요. 그녀는 눈에 띄는 사람이었어요. 영리하고 두뇌 회전이 빠르죠. 그리고 무엇보다 너무 재미있는 사람이었어요. 이름은 미리암이에요."

"그 정보는 내가 말해 줄 수도 있었는데요." 소식을 전달하는 자신의 역할을 침해받았다는 사실에 조금 언짢아 보이는 스다구가 머리 위로 편지를 흔들며 말했다.

"미리암과 바울에게 혹시 형제로서 닮은 점이 있나요?" 장난기 가득한 눈을 반짝이며 아굴라가 물었다.

"그녀의 편지는 더 짧고 덜 복잡하네요." 스다구가 자신의 의견을 말했다.

"저는 모르겠네요." 헤로디온이 말했다. "당신도 알다시피 전 바울을 만난 적이 없으니까요." 그는 이런 식의 대화를 이어가기를 의도했다는 듯이, 만족해하며 콧방귀를 뀌었다.

브리스가가 맞받았다. "내 생각에 짓궂은 내 남편은 미리암의 생김새가 바울과 닮았는지 물은 것 같은데요."

"내 표현이 그보다는 우아하지 않았나?" 아굴라가 말했다.

"어쨌든 당신이 의도한 건 그 의미였잖아요."

"도대체 왜들 그래요?" 방 한구석에서 스다구와 뵈뵈, 펠릭스가 모아 놓은 식량 더미 위에 위태롭게 균형을 잡고 앉아 있던 유니아가 참지 못하고 소리쳤다. "우리는 바울이 로마인들의 감옥에 갇혔다는 소식을 방금 들었어요. 이전에 예수님도 그랬죠. 게다가 군중들은 바울의 피를 달라고 울부짖고 있다고 하네요. 이런 와중에 당신들은 고작 바울과 누이의 눈썹이나 코가 닮았는지 따지고 있군요."

안드로니고가 그녀의 팔을 잡으며 말했다. "괜찮아요, 여보. 브리스가와 아굴라도 당신만큼 걱정하고 있어요. 그들은 단지 잠시라도 주의를 돌려보려는 거예요."

"참 천박한 취향이네요. 너무 무감각하다고 생각해요. 당신이 그들을 두둔하다니 믿기지 않아요." 유니아는 투덜거리며 물러섰다. 분명히 아직 할 말이 많아 보였고 계속 말하려는 모습이었지만, 목소리는 점점 더 작아져 그냥 혼잣말하는 것 같았다.

"제가 지금 알고 싶은 것은 이겁니다. 우리는 이제 어떻게 해야 하죠?" 스다구가 말했다. "이제껏 짜온 이 모든 계획이 전부 수포가 된다는 이야기인가요?"

"글쎄요, 바울 없이 그 계획을 계속하는 것은 의미가 없죠." 아리스도불로의 집사 블래수스가 방의 먼 쪽 벽에 기대어 선 채 말했다.

"준비한 물건을 환불할 수 있을까요?" 이 말을 한 사람은 브리스가와 아굴라의 하인 파우스투스였다. 그는 호르텐시우스와 함께 부피가 큰 물건을 이 작업장 안으로 들고 왔었다.

"내 생각엔 시도해볼 만해요." 주저하며 스다구가 말했다. "혹시 실패 한나 해도 다른 사람에게 팔면 되지요."

"정말 안타깝네요." 안드로니고가 말했다. "복음을 스페인에 전하는 일은 정말 중요한데 말이죠. 그래서 바울도 그 일에 그렇게 열정적이었고."

그때부터 왁자지껄한 대화가 시작되었고, 여기저기로부터 이런저런 말들이 떠돌다 뵈뵈의 귀로 흘러들어왔다. "전부터 그를 한 번은 만나보고 싶었는데." "그리스와 소아시아에 있는 교회들은 정말 상실감이 클 거예요." "완전히 그의 잘못이죠. 자신을 탓해야 할 거예요." "그의 견해에 모두 동의하는 건 아니지만, 그는 확실히 대단한 사람이었어요. 그렇지 않아요?" 사람들의 목소리가 계속 이어졌다.

그들이 만든 계획이 모두 심각한 위기에 처했다는 것을 알고 이미 메스꺼움을 느끼고 있던 뵈뵈가 더는 참지 못하고 소리쳤다. "그만! 제발 그만 하세요!"

모두 입을 닫았고 조용히 몸을 돌려 그녀를 바라보았다. 그녀는 몇 달 전만 해도 이런 상황이 되면 얼굴이 달아오르고 어색함을 느꼈지만, 이제는 자신이 꼿꼿이 서 있다는 사실을 알아차렸다.

"그는 죽지 않았어요." 그녀가 말했다.

"아직은요." 헤로디온이 말했다.

"형제의 말이 옳아요." 바드로바가 말했다. (뵈뵈는 얼굴을 찌푸리며 생각했다. '이 정도 나쁜 소식이 들려야 이 두 사람이 뭉칠 수 있구나.') "죽는 게 나을 수도 있어요. 유대인이 누군가 죽기를 바랄 때 예루살렘에서 무슨 일이 벌어지는지 우리 모두 잘 알잖아요. 로마인들은 유대인들이 원하는 것을 줄 거예요. 로마인들이 가장 두려워하는 건 폭동이니, 결국 유대인들에게 굴복하고 말 겁니다."

"정확히 합시다. 유대인들이 아니라 폭도들이에요." 헤로디온이 벌떡 일어나더니 그의 옆에 섰다. "만일 당신들 이방인이 예수님 죽음의 책임을 두고 유대인들 모두를 싸잡아 비난한다 해도, 그건 좋을 게 없어요. 진짜 범인은 폭도들이에요. 군중들이 선동당할 때 사건이 터지는 겁니다. 보통 때는 분별력 있는 사람도 그런 상황이 되면 자신이 누구인지 다 잊고 피를 요구하게 되지요. 예수님께 일어났던 일이 바울에게도 일어나고 있어요. 폭도들은 곧 고삐 풀린 망아지가 될 것이고, 그렇게 되면 결과는 빤합니다."

바드로바는 방금 헤로디온이 한 말에 동의의 표시로 고개를 약간 숙였다. 그들이 겉으로는 말싸움 상대로 보일지 몰라도, 실은 서로를 대단히 존중하고 있었다. 어쩌면 서로 애정을 갖고 있는지도 모른다. 마치 자신이 진짜 누구인지에 대한 감각을 일깨우기 위해 서로를 반드시 필요로 하는 것처럼 보였다.

바드로바가 부드럽게 말했다. "유대인들과 폭도들을 구분하지 못한 점만 빼면, 제 말의 나머지 부분은 여전히 유효합니다. 로마인들은 군중의 폭동을 매우 두려워하거든요. 그러니 바울은 죽은 거나 마찬가지예요. 이제 그 사실을 받아들이는 것이 좋지 않을까요?"

뵈뵈는 발끈했다. "저는 아무것도 받아들일 필요가 없다는 견해예요. 어떤 일이 한번 일어났다고 해서 매번 같은 방식으로 일어나는 것은 아니에요. 제가 그동안 배운 게 있다면 바로 희망의 중요성이에요. 우리가 살아가는 이 세상은 항상 우리에게 굴복하라고, 악이 늘 이기며 지금 곳곳에 존재하는 절망과 어둠은 영원히 그대로일 것이라는 사실을 받아들이라고 말하죠. 하지만 그것은 틀린 말이에요. 이 모든 것보다 하나님이 더 크시다는 사실을 우리는 알지 않나요? 그분의 사랑은 끝이 없잖아요? 그 어떤 것도 우리를 그분의 사랑에서 끊을 수 없잖아요?" 그녀는 바드로바를 향했다. "당신이 원한다면 바울은 죽은 것과 다름없다고 받아들이세요. 하지만 전 희망을 품을래요. 저는 어둠 속에 제 등불을 들고 굴복하지 않겠어요. 혹시 그가 죽는다고 해도, 저는 사랑과 생명의 하나님께 소망을 품고 그분을 신뢰할 겁니다. 앞으로 무슨 일이 벌어질지 모르지만, 굴복하는 것이 해결책은 아니라는 사실을 저는 압니다."

아굴라는 손가락을 튕기며 손뼉을 치기 시작했고 서서히 방안 전체로 박수가 퍼졌다.

"이렇게 열정적인 당신의 모습은 처음이네요, 뵈뵈." 그가 말했다.

뵈뵈는 조금은 가라앉은 화끈거림을 약간 의식하면서 웃었다. "저 역시 그래요, 어디서 이런 열정이 나왔는지 모르겠네요."

"우리는 알아요." 브리스가가 말했다. "마음에서 왔죠. 그리고 또 다른 어딘가로부터."

"어디를 말하는 거예요?" 사람들이 모두 이구동성으로 물었다.

"성령이요." 브리스가가 고객에게 천막의 재료는 염소 가죽이라고 설명하는 것 같은 무미건조한 목소리로 대답했다. "우리는 포기하기 직전이고, 우리가 누구이며 우리가 무엇을 믿는지 되새길 필요가 있었어요. 성령께서 바로 꼭 필요한 순간에 개입하신 겁니다."

"우리가 지금 해야 할 일은," 그녀는 방안을 둘러보았다. "기도하는 거예요. 우리는 굴복하지도, 낙담하지도 않아요. 우리는 기도할 겁니다."

"그래서 우리가 기도만 하면 하나님께서 바울을 풀어주고 내일 그가 로마로 오게 된다는 건가요?" 누군가 냉소적인 목소리로 날카롭게 문제를 제기했다. 뵈뵈가 아직 들어본 적이 없는 목소리였다.

"당연히 그런 의미는 아니에요." 브리스가가 말했다. "하지만 방금 당신은 포기했었습니다. 나는 우리가 마냥 방안에 앉아 바울이 제명도 다 하지 못하고 죽었다고 선언하는 것보다는 기도하는 것이 훨씬 더 낫다고 생각합니다. 내 말은 성령과 함께라면 가장 놀랍고 기쁜 일이 일어날 수도 있다는 거예요. 기도는 음식 주문 같은 게 아니에요. 먼저 요구하면 그에 맞춰 내놓는 식이 아니에요. 기도는 우리를 하나님의 임재 가운데 있게 해 줍니다. 기도는 우리 마음을 열어 하나님께서 이미 하고 계신 일을 볼 수 있게 해 줍니다. 기도는 우리의 염려 한가운데로 하나님을 초대하는 행위입니다. 때때로 저는 생각합니다." 수심에 잠긴 모습으로 그녀는 말을 이어갔다. "하나님이 적당히 일을 처리하실 수도 있지만, 하나님은 정말로 우리가 기도하기를 원하십니다."

"만약 우리가 무엇을 구할지 알지 못하면 어쩌죠?" 조용한 목소리로 호르텐시우스가 물었다.

"저는 바울의 편지에서 그 부분이 좋았어요, 성령에 관한 내용 말이에요." 뵈뵈가 말했다.

"'우리가 구할 바를 알지 못할 때.'" 스다구가 합류했다. "'성령께서 깊은 탄식으로 간구하십니다.' 맞아요, 나도 그 부분이 좋아요, 성령께서 우리를 대신해 간청하실 수 있게 합시다." 그 말과 함께 방안 전체가 기도하기 시작했다. 일부는 큰 소리로, 일부는 조용하게, 어떤 이들은 뵈뵈가 알아들을 수 있는 언어로, 다른 이들은 뵈뵈가 한 번도 들어본 적이 없는 언어로 기도했다. 물론 아무 일도 일어나지 않았다. 그 방 안에서 무언가를 볼 수 있었던 사람도 없었다. 변화가 일어난 것은 그들 자신의 영이었다. 오직 절망뿐이었던 상황에 눈에 띄게 희망의 기운이 생겼다. 날마다, 주마다, 달마다 그들은 계속 바울을 위하여 기도했다.

그러던 중 아주 작은 소식 하나가 로마에 당도했다. 바울은 죽지 않았다. 그는 폭도들에게 린치를 당하지 않았다. 그를 죽이기로 했던 음모는 실패로 돌아갔고 다시 시도되지 않았다. 뵈뵈는 이것이 기도의 응답인지 사실 이해할 수 없었다. 확실한 건 그녀의 기도에 대한 응답은 아니었다. 그녀의 기도는 명쾌하고 간단했다. 바울이 풀려나 안전하게 로마에 도착해서 그들이 약속하고 준비해온 대로 스페인 선교에 착수하게 해 달라는 것이었다. 그렇지만 그녀의 연설로 브리스가와 아굴라의 작업장에 지펴진 그 희망의 불꽃은 계속해서 깜빡거리며 타올랐다. 앞으로 무슨 일이 벌어질지 아무도 몰랐지만, 처음 미리암의 편지가 도착했을 때 그들 모두에게 엄습했던 절망과는 완전히 멀어졌다.

몇 달이 쑥 흘러갔고, 뵈뵈는 처음부터 계속 로마에서 살아왔던 것 같은 느낌이 들 정도였다. 그녀는 브리스가와 아굴라의 작업장 2층에서 머물라는 초대를 수락했고, 이제는 종종 스스로 나서서 도움을 주곤 했다. 이제 그녀는 다양한 사람과 이야기 나누는 것을 좋아하게 되었고, 새 고객들에게 필요한 것이 무엇인지 상담하는 일에 재능이 있다는 사실을 발견했다. 덕분에 브리스가와 아굴라는 천막 만드는 작업에 집중할 수 있었다. 뵈뵈는 스다구의 일도 도왔다. 스다구를 찾는 고객이 너무 많았고, 뵈뵈는 스다구가 고객의 신원을 확인하고 새로운 필경사를 훈련시켜 간단한 업무를 맡기는 일을 도왔다. 뵈뵈가 너무 기뻤던 것은 이 새 필경사 중 한 명이 펠릭스였다는 사실이었다. 펠릭스는 놀라운 속도로 읽고 쓰는 기술을 습득했고, 필경사 업무 중 어떤 부분에서는 굉장히 능숙하다는 사실을 증명했다. (정기적으로 심부름하러 가는 이상, 펠릭스의 다리가 긴 시간 멈춰 있는 일은 없을 것이다.) 때때로 그녀는 아리스도불로의 우아한 저택에도 들렀다. 특히 블래수스가 대규모 연회를 계획해야 할 때면, 그녀가 크레스투스와 함께 노예로 있을 때 익혔던 기술을 동원해 준비가 순조롭게 되도록 도왔다.

또한, 고린도에서 했던 것처럼 과부와 고아에게 음식 나누어주는 일을 감독했다. 할당받아야 할 양보다 적게 받는 일이 없는지 주의 깊게 살폈다. 한 주의 첫날마다 그리스도인의 모임을 차례로 방문해, 바울의 편지에 관하여 대화를 나누면서 이 부분 저 부분을 설명하기도 하고 변호하기도 했다. 스페인 여행을 위해 그녀와 스다구, 펠릭스가 힘겹게 모은 식량 더미가 시간이 흐르면서 서서히 줄어들고 있었다. 뵈뵈는 상황이 어떤지 확인해 보았고, 아굴라는 스페인 선교를 포기해서가 아니라 정말로 공간이 필요해서 그런 거라고 부드럽게 설명해 주었다. 다른 동료 그리스도인의 집들에 식량 더미를 분산해 두었고, 바울이 도착하면 언제라도 다시 모을 준비가 되어 있었다.

얼마 지나지 않아 뵈뵈는 자신이 로마에 온 지 일 년이 다 되었다는 사실을 깨달았다. 또한, 새로운 삶이 편안해지긴 했지만 이런 삶에 별다른 의미가 없다는 사실도 깨달았다. 새로운 친구들을 돕는 것이 즐겁긴 했지만 이런 삶이 영원히 지속할 수도 없었다. 그리고 겐그레아에서 그녀의 빌라를 관리하고 고린도 교회 식구들을 돌보고 있을 줄리아가 그리웠다. 로마에 와야 했던 이유에 대해서도 처음 로마에 도착했을 때에 비해 지금 더 선명해진 것도 아니다. 그래서 집에 돌아가는 방법을 조용히 조사하기 시작했다. 놀랍게도, 이 조사는 예상보다 훨씬 더 빨리 진행되었다. 몇 주 후에 떠나는 배편을 찾아냈다. 소지품을 정리하고 작별 인사도 준비했다.

그녀는 고심 끝에 다양하고 특별한 친구들 모두에게 한 번에 자신의 결정을 전달하기로 하고, 어느 날 저녁 아리스도불로의 집에 그들을 불러 모았다. 아리스도불로는 이번에도 출타 중이었고, 블래수스는 뵈뵈가 이제는 그들 가족에게 너무 소중한 존재이기에 식당에서 근사한 식사를 할 자격이 있다고 주장했다. 아홉 사람을 위한 방이 딱 하나 있었지만, 블래수스는 자기는 한 번도 식사하기 위해 누워본 적이 없으니 따로 서 있겠다고 했다. 뵈뵈는 방안을 둘러보며 사랑하는 친구들을 바라보았다. 브리스가와 아굴라는 방금 아굴라가 한 어떤 말 때문에 조용히 함께 웃고 있었고, 안드로니고와 유니아는 그날 일어난 일을 두고 부드럽게 다투고 있었다. 스다구와 펠릭스는 스다구가 가방에 가지고 온 필사본을 들여다보고 있었고, 헤로디온과 바드로바는 평소처럼 교리 논쟁을 벌이고 있었다. 블래수스가 약간 늦는 모양이었다. 뵈뵈는 주방에 할 일이 많아 그럴 거로 생각했다. 그래서 발표를 미루고 그가 오기를 기다렸다.

마침내 그가 들어왔고, 뵈뵈는 조용히 해달라는 신호를 보냈다.

"친구 여러분, 그리스도 안에서 사랑하는 형제와 자매님, 여러분에게 할 말이 있습니다." 그녀는 입을 열고 말을 이어가려 했다. 그런데 그전에 블래수스가 그녀의 말을 중단시켰다.

"티투스예요." 전해야 하는 내용의 긴박성 때문에 블래수스는 평상시의 정중한 예의 없이 외쳤다. "티투스 클로엘리우스 코르두스가 로마로 돌아왔어요."

17장

　이 소식을 들은 방 안 사람들의 반응은 당연히 엇갈렸다. 브리스가, 아굴라, 유니아, 그리고 안드로니고는 전혀 놀란 기색도 없이 애정과 응원의 마음을 담은 얼굴로 뵈뵈를 바라보며 웃고 있었다. 이 소식을 전한 블래수스는 그것이 중요하다는 사실은 분명히 알고 있었지만, 그 이유는 몰랐다. 나머지는 멍한 표정으로 방안을 둘러보고 있었다. 타고난 특유의 재간으로 긴장감을 깬 것은 펠릭스였다. 그는 공중에 팔을 내저으며 기뻐서 소리쳤다. "이제 당신은 떠날 수 없습니다!"

　뵈뵈는 당황해서 그를 쳐다보았다. "내가 떠난다는 말을 한번도 한 적이 없는데, 그걸 어떻게 알았지?"

　"펠릭스는 모르는 게 없습니다!" 펠릭스가 대답했다. 번득이는 눈빛을 보니 그는 뵈뵈가 썩 마음에 들지 않는 눈치였다. "하지만 펠릭스는 뵈뵈가 말할 때까지 기다렸습니다."

"그건 우리 모두 마찬가지예요." 아굴라가 말했다.

"모두 알고 계셨다고요?" 뵈뵈는 놀라워하며 방안을 둘러보았다.

"추측하고 있었다는 게 더 정확하겠죠." 스다구가 말했다. "그리고 우리는 모두 당신이 언제 그 말을 할까 궁금해하고 있었어요. 어쨌든 우리는 모두 당신의 친구니까요."

"정말로 그래요." 바드로바가 말했다. "티투스 클로엘리우스 코르두스가 로마에 있는지가 당신에게 왜 중요한지 궁금한 것도 우리가 당신의 친구이기 때문이죠. 당신이 우리에게 털어놓지 않은 다른 이야기가 있나 보군요!"

이 말로 인해 한바탕 왁자지껄해졌다. 많은 질문과 탄성이 쏟아졌고 그야말로 아수라장이었다. 결국에는, 질서를 요청하는 아굴라의 조용한 목소리가 소란스러운 방안을 가로질렀다. 아굴라는 뵈뵈가 편하게 느낀다면 아직 그녀의 이야기를 모르는 사람들을 위해 입을 열 것이고 뵈뵈의 이야기가 끝나면 자신이 그 후에 일어난 일을 설명해 주겠다고 제안했다.

그리고 뵈뵈는 이야기를 시작했다. 이번에는 이야기가 좀 더 쉽게 나왔다. 부끄럽고 비참한 감정은 여전했지만 이전만큼 강하지는 않았고, 방안에서 느껴지는 사람들의 애정 덕분에 이야기의 더 힘든 부분도 꿋꿋하게 이어나갈 수 있었다.

그녀는 이야기를 전과 같이 마무리하면서도, 바울의 편지를 전달하고 스페인 선교를 준비하는 것이 그녀가 로마에 온 유일한 목적이 아니라는 사실을 인정했다. 끝맺지 못한 일이 있다는 느낌에 이끌려 로마에 온 것이 사실이지만, 막상 로마에 오자 얼마나 계획도 없이 이곳에 왔는지 알게 되었고 이곳에서 이루고자 하는 것이 무엇인지도 전혀 모르겠다고 실토했다. 이제 바울의 스페인 선교는 좋게 말해도 보류된 상태이고, 비록 그녀가 모두를 진정으로 사랑하고는 있지만 자신이 꾸어다 놓은 보릿자루 같다는 느낌이 들어 집으로 돌아가는 배편을 예약했다는 사실도 시인했다.

펠릭스는 분노와 자부심이 묘하게 섞인 감정을 느끼며 발끈했다. "펠릭스는 여러분에게 그녀가 떠나려 한다고 말했었습니다." 그는 방 안 사람들을 보고 확인한 다음, 상처받은 표정으로 뵈뵈를 향해 말했다. "왜 떠나고 싶다고 우리에게 말하지 않았습니까? 펠릭스도 당신과 함께 갔을 것입니다."

뵈뵈는 밀려오는 죄책감과 더불어 어떤 생각이 마음을 스쳤다. 오랜 세월 자신의 감정을 숨기려고 노력해 왔고 때로는 자신도 인식하지 못할 정도로 감추다 보니, 그녀가 사랑하겠다고 마음먹은 사람들과도 자기 감정을 공유한다는 생각을 전혀 못 했던 것이다.

"걱정하지 말아요, 우리는 당신에게 화가 난 게 아니에요." 유니아가 말했다.

"펠릭스는 화가 납니다." 펠릭스가 말했다.

"네, 펠릭스는 그럴 수 있어요. 하지만 우리는 그렇지 않답니다. 그리고 처음 당신이 그 이야기를 꺼낸 후 우리는 모종의 계획을 꾸몄어요. 당신에게 말하지 못해 미안해요. 우리는 당신 이야기를 듣고 당신이 얼마나 상처를 받았을지 또 당혹스러웠을지 알 수 있었어요. 우리는 당신 문제를 두고 의논을 했고, 당신이 티투스를 만난다면 마음의 상처가 아무는 데 도움이 될 것으로 생각했어요. 우리는 그 계획을 비밀로 했어요. 왜냐하면, 당신에게 불필요한 희망을 주고 싶지는 않았거든요. 하지만 우리는 로마 안팎의 지인을 총동원해서 티투스가 에베소로 이사했다는 사실을 알아냈어요. 그리고 그로부터 얼마 되지 않아, 그가 로마로 돌아올 계획이 있다는 소식이 들려왔어요. 그때쯤에는 당신에게 알렸어야 했는데, 미안해요." 안드로니고가 여기서 손을 들었다. 자기가 했던 말이 정확히 그 말이라는 표시였다. "하지만," 유니아가 그를 향해 얼굴을 찡그리며 말을 이었다. "우리는 무언가 확실한 이야기를 당신에게 하고 싶었어요. 가능성만 나열하는 건 도움이 되지 않잖아요."

"그가 돌아오기도 전에 뵈뵈가 고린도로 돌아가 버리는 것도 도움이 되지 않는 건 마찬가지요." 안드로니고가 말했다.

아굴라가 재빨리 끼어들었다. "이제 모든 게 좋은 상황이에요. 티투스도 돌아왔고, 뵈뵈도 여기 있잖아요. 이제 우리가 할 일은 다음에 무엇을 해야 할지 생각하는 거예요."

뵈뵈는 속이 울렁거렸다. 뵈뵈는 구체적인 계획도 전혀 없이, 심사숙고도 없이 로마를 찾은 것이었다. 정말로 무슨 노력을 해 보려고 로마에 온 것이 아니었다. 그저 내면의 강한 끌림을 느꼈고, 바울도 그녀가 편지를 전달해주기를 몹시 원했을 뿐이다. 이렇게 긴 세월이 흐른 후 티투스를 다시 만나면 무슨 일이 벌어질지 한 번도 생각해 본 적이 없었다. 그녀는 무슨 말을 해야 할지, 심지어 무슨 생각을 해야 할지 전혀 떠올리지 못한 채 필사적인 심정으로 방안을 둘러보았다.

도움의 손길을 내민 건 스다구였다. "좋은 계획이 급하게 만들어지는 법은 절대 없어요. 내 생각에 뵈뵈에게는 생각하고 기도할 시간이 필요해 보여요. 본인이 원한다면 이야기를 나눌 수도 있고요. 그러고 나서 충분히 준비되면, 자신이 원하는 것을 우리에게 말할 수 있을 거예요. 지금처럼 겁먹은 그녀의 표정을 보고 싶어 하는 사람은 아무도 없어요." 그는 뵈뵈를 보고 윙크를 했다. 그리고 평소처럼 재주를 부려 얼굴을 풀더니 완전히 공포와 두려움에 질린 과장된 표정을 지었다.

뵈뵈는 웃지 않을 수 없었다. 감사와 안도가 곁들여진 웃음이었다. 그 순간 블래수스가 음식을 들여오기 시작했다. 그날 저녁은 지금까지 뵈뵈의 기억에서 가장 행복하고 편안한 시간이었다. 그녀는 방안을 둘러보며 어떻게 자신이 이렇게 사랑스럽고 친절한 친구들을 쉽게 떠날 수 있다고 생각했는지 의아했다. 때때로 펠릭스를 흘끗 보면서, 그에게 먼저 이야기도 하지 않고 떠나려 했던 잘못을 깊이 자책했다. 그리고 다시 한번, 건강하고 애정 어린 우정에 관해 아직도 배울 것이 많으며 이 사람들과 함께 할 때 우정을 가장 잘 배울 수 있다는 사실을 깨달았다.

그다음 며칠 동안 뵈뵈는 혼란과 걱정의 소용돌이에 휩싸였다. 티투스를 만나러 가 봐야 하나? 괜히 긁어 부스럼 만드는 게 아닐까? 그녀의 친구들은 꼬박꼬박 찾아와서 그녀가 자기 생각을 표현할 수 있도록 도와주려고 애썼다. 하지만 매번 뵈뵈는 자신의 감정을 전달할 만한 적당한 말을 쉽게 찾아낼 수 없었다. 그리고 자신의 감정을 말로 설명하려는 시도가 실패할 때마다 갈수록 죄책감이 커졌다. 그들을 실망시키고 있다는 느낌을 지울 수 없었다.

결국 그녀를 움직인 것은 스다구였다. 스다구는 그녀를 앉혀놓고는, 평소처럼 감정이 배제된 기계 같은 정확성을 발휘해 그녀에게 동원할 수 있는 여러 시나리오를 제시했다. 스다구의 제안을 들으면서 뵈뵈는 자신이 로마에 돌아온 이유를 사실은 늘 알고 있었다는 것을 깨닫기 시작했다. 그저 그 이유를 스스로 받아들일 용기가 없었던 것이다. 그녀가 로마에 돌아온 진짜 이유는 티투스를 만나기 위해서였다. 그리고 좀처럼 인정하기 힘든 희망이지만, 그녀의 가장 깊은 상상 속에서는 딸의 얼굴을 한 번이라도 보고 싶었다. 로마로 올 때는 이 사실을 의식하지 못했을 수도 있지만, 이것이 바로 그녀의 마음속에 있던 열망이었다. 그 열망이 로마로 다시 그녀를 끌어당긴 것이었다. 이 사실을 인정하자마자 자연스럽게 그녀에게 남은 선택지는 오직 하나였다. 티투스를 만나러 가야 한다. 그녀가 해야 할 일은 티투스 앞에 무릎을 꿇고 이기적이었던 자신의 과거를 뉘우치고 혹시라도 그가 그녀를 용서해 주길 기다리는 것이었다. 그런 후에야만 비로소 딸에 관해 물어볼 수 있을 것이었다. 이렇게 해야 한다는 생각이 들자 속이 메스꺼웠다. 하지만 생각을 하면 할수록, 애초에 로마에 돌아온 진정한 이유가 이것이라는 사실이 더 분명해졌다. 그녀의 본능은 그녀의 의식적인 생각보다 훨씬 더 분명하게 갈 길을 알려주고 있었다. 뵈뵈는 이런 이야기를 브리스가에게 하면 '성령께서 인도하셨겠죠?'라는 반응이 나올 것이라는 사실을 알았고, 실제로 브리스가의 반응이 그랬다. 뵈뵈는 이 설명을 받아들여야 할지 주저했다. 왜냐하면, 그 말은 그녀가 실제로 기도한 것보다 훨씬 더 많은 기도를 했다는 의미이기 때문이었다. 뵈뵈가 브리스가에게 이런 생각을 넌지시 이야기했을 때, 브리스가는 어깨를 들썩이고 웃으면서 성령께서는 뵈뵈의 생각처럼 그렇게 많은 초대가 필요하지는 않을 것이라고 답변했다.

그리하여 뵈뵈와 블래수스가 함께 티투스의 집으로 출발한 것은 피후원자들이 후원자의 집 밖에 줄을 서기 시작한 어느 날 이른 아침이었다. 누가 뵈뵈와 함께 그 집에 갈 것인지를 두고 장시간의 논의가 여러 번 있었다. 모든 사람이 따라간다면 티투스의 문 앞은 많은 사람으로 북적이게 될 것이다. 결국 혼자가 아닌 다른 사람과 함께 티투스를 만나자는 제안은 뵈뵈가 단호히 반대했다. 블래수스가 티투스의 집까지 안내만 하고, 뵈뵈를 혼자 두고 돌아올 것이다. 이것은 뵈뵈 스스로 해야 할 일이었고, 혼자 힘으로 해야 했다. 드디어 떠날 결심이 서자, 뵈뵈는 초조한 마음의 에너지를 몽땅 걸음을 걷는 데 쏟아부었고, 블래수스는 뵈뵈와 보조를 맞추기 위해 종종 갑작스럽게 속도를 높여야 했다.

이제는 친숙한 트랜스티베리움의 풍경이 곧 사라지고 부유한 귀족 가문들이 소유한 커다란 빌라들이 차지하고 있는 지역으로 들어갔다. 어느 모퉁이를 도는 순간 뵈뵈는 갑자기 딱 멈추어 섰고, 그녀와 보조를 맞추느라 머리를 숙인 채 급하게 뒤를 따르던 블래수스가 그녀와 부딪쳤다. 그녀가 티투스의 집을 마지막으로 본 지 거의 이십오 년이 지났다. 하지만 그녀가 기억하고 있는 모습과 거의 변함없이 그녀 앞에 서 있었다. 그녀는 바깥 의자에서 진득이 기다리고 있는 피후원자의 줄에 합류했다. 줄은 길지 않았다. 티투스가 최근에야 로마로 돌아왔기 때문일 것이라고 뵈뵈는 생각했다.

블래수스는 약속한 대로 뵈뵈를 거기 두고 떠났지만, 그에게 가지 말고 머물러 달라는 신호를 그녀가 보내기를 바라는 것처럼 걱정스럽게 어깨너머로 뒤돌아보았다. 뵈뵈는 단호했다. 그가 함께 있으면 좋겠지만, 이것은 그녀가 홀로 감당해야 할 일이었다. 그래서 그녀는 정면을 똑바로 응시했고, 그의 염려하는 눈을 바라보지 않았다. 찰나처럼 느껴진 시간이 지난 후, 피후원자들은 티투스의 저택 안으로 들어갔다. 뵈뵈에게는 가슴 아프도록 친숙한 집이었다. 안뜰에 들어가자마자 뵈뵈는 비틀거렸다. 연못의 맞은편에 앉아 있는 티투스가 눈에 들어왔기 때문이다.

어떤 면에서 티투스의 얼굴은 그녀가 기억하고 있는 모습과 크게 달라진 것이 없었다. 귀족적인 코는 얼굴 중앙에 오뚝 서 있었고, 지금은 비록 완전히 희어졌지만 풍성한 곱슬머리도 여전했다. 친절하게 빛을 내는 갈색 눈동자도 이전과 같았다. 하지만 완전히 바뀐 부분도 있었다. 그의 외모에는 무언가 깊고 오랜 슬픔이 담겨 있었다. 얼굴에 파인 주름 때문인지 초췌해 보였다. 그렇지만 그녀는 세상 어디에서도 그를 알아보았을 것이다. 그녀는 비틀거리다가 다시 똑바로 서서 자기도 모르게 그를 향해 걸어가고 있었다.

비틀거리는 모습이었는지 걸어오는 모습이었는지 모르겠지만 그녀의 움직임은 티투스의 관심을 끌었다. 그는 돌아서서 그녀를 똑바로 바라보았다. 두 사람의 시선이 만난 그 순간, 티투스는 얼굴이 창백해지더니 벌떡 일어섰다. 그러자 그의 집사와 다른 노예들이 티투스를 돕기 위해 급히 모여들었다.

"뵈뵈." 격한 감정에 목이 메어 발음이 똑바로 나오지 않았다. "뵈뵈, 정말로 너인 거냐?"

티투스가 뵈뵈 쪽으로 휘청거렸다. 뵈뵈는 그제야 노예들이 모여든 이유를 깨달았다. 티투스가 다른 사람의 도움 없이는 혼자 걸을 수 없을 정도로 허약한 탓에, 주변을 돌아다니려면 튼튼한 젊은 노예의 어깨에 기대야 했던 것이다. 그런 상태임에도, 그리고 귀족의 고상한 관습을 깨면서까지, 티투스는 그의 허약한 다리가 버텨주는 한 최대한 빨리 뵈뵈에게 다가갔다.

   뵈뵈는 하려고 준비해 온 말이 있었다. 스다구의 도움을 받아 몇 시간을 할애해서 자신의 깊은 후회와 부끄러움을 우아한 표현으로 담아 적어놓은 편지가 있었다. 하지만 말을 하려고 입을 떼자마자 티투스의 팔이 그녀를 끌어안았다. 얼마 지나지 않아 그녀의 눈물인지 티투스의 눈물인지 알 수 없는 눈물로 그녀의 얼굴이 흠뻑 젖었다. 품위도 생각지 않고 급히 뵈뵈에게 향하게 했던 에너지가 수그러들자, 티투스는 다시 앉기 위해 도움이 필요했다. 그 와중에도 티투스는 그녀를 놓아주지 않았고, 뵈뵈는 그에게 이끌려 그의 뒤를 따랐다. 티투스는 뵈뵈에게 자신의 옆 후원자의 좌석에 앉으라고 고집했다. 그녀의 두 손을 꼭 잡고, 눈을 감으면 그녀가 사라질까봐 두려워하는 사람처럼 그녀를 뚫어져라 응시했다.

   그의 충성스러운 노예들은 당황한 손님들을 안내해서, 서둘러 이 장면에서 벗어나도록 돈과 음식, 포도주를 나누어주었다. 결국 집안은 조용해졌고, 뵈뵈는 마침내 그녀가 준비한 말을 시작할 수 있었다.

   어느 정도 예상된 결과이긴 하지만, 그녀가 스다구와 함께 오랫동안 연습했던 그 정제된 언어들은 막상 필요한 순간이 되자 전혀 떠오르지 않았다. 대신 감정에 북받쳐 앞뒤 맞지 않는 후회와 슬픔의 말들이 다투듯 터져 나왔다. 결국 그것은 중요하지 않았다. 티투스는 몇 마디 듣지도 않고 그녀의 말을 중단시켰고, 더 들으려 하지도 않았다.

"아니다, 뵈뵈. 모든 잘못은 나에게 있어. 아엘리아가 죽었을 때, 너에게 상처를 입힌 거야. 퀸투스가 어떤 사람인지 알면서도 너를 보호하지 못했어. 너를 되찾아오기 위해 더 노력해야 했어. 나는 나약했고 이기적인 데다 무심하기까지 했지. 너는 아무것도 미안해할 필요가 없어."

뵈뵈의 귀에는 그의 말이 거의 들리지 않았다. 너무 오랜 세월을 부끄러움과 슬픔 속에 살아왔기에, 그의 말은 방패에 맞아 튕겨 나간 화살처럼 그녀의 마음에서 튕겨 나갔다. 그래도 그의 말이 뵈뵈의 마음에 약간의 균열은 만들어냈는지, 그녀는 티투스를 다시 만나도 처음에는 절대 입에 올리지 않으리라 맹세했던 바로 그 이야기를 어느새 하고 있었다. 그 이야기는 너무 중요하고 너무 깨지기 쉬운 꿈이라서, 그를 다시 만나더라도 바로 불쑥 말해서는 안 된다고 생각했었다. 크레스투스가 그녀의 아기가 죽지 않았다는 사실을 알려준 이후로, 그녀의 마음속 깊은 곳에서는 꺼지지 않는 희망의 불꽃이 계속 타오르고 있었다. 그런 희망이 이루어지기에는 삶이 너무 험난하고 잔인하다는 것을 알기에 꺼버리려고 부단히 노력도 해 봤지만, 여전히 그 불꽃은 깜박거리며 타오르고 있었다. 티투스가 돌아왔다는 소식을 듣고 그 불꽃은 이제 불길이 되었다. 그녀는 이 희망과 함께 사는 삶에 익숙해져 있어서, 정말로 무슨 일이 벌어졌었는지 제대로 알 준비가 아직은 되지 않았다고 스스로 이야기해 왔었다. 하지만 이런 단호한 결심에도 그녀의 입에서 이 말이 흘러나왔다. "하지만 당신은 모든 것을 구했잖아요." 그녀는 고개를 들어 티투스를 보며 말했다. "크레스투스가 임종 직전에 말했어요. 당신이 제 아기, 제 딸을 구했다고 말이에요."

그 말이 입 밖으로 나가자마자 뵈뵈는 그 말을 다시 주워 담고 싶었다. 그렇게만 되면, 진실을 몰랐던 편안한 상태로 돌아갈 수 있을 텐데. 희망의 불꽃은 영원히 사라지고 말았다. 티투스의 얼굴 가득 상심과 슬픔이 너무나 신속하게 드리워졌기에, 감정이 그에게 말을 할 수 있게 허락했다면 그가 내뱉었을 말이 무엇인지 뵈뵈는 직감할 수 있었다. 그의 표정을 보고 나자, 뵈뵈는 이제껏 받아들이지 않았던 진실을 끔찍한 심정으로 인정해야 했다. 크레스투스가 임종 때 했던 말로 인해 그녀의 마음에 희망의 불꽃이 심겼고, 살아난 그 불꽃은 오랜 세월 조용히 그녀의 마음 깊은 곳에서 타오르고 있었다. 티투스의 표정은 그 불꽃을 완전히 꺼 버렸다. 뵈뵈는 의자에서 바닥으로 미끄러지듯 넘어지면서, 이 빛이 그녀의 마음속에서 오랜 세월 용감하게도 깜박거렸다는 사실을, 그뿐 아니라 이제는 그 빛이 사라지고 숨 막히는 어둠만이 남았다는 사실을 인정할 수밖에 없었다.

18장

얼마나 오랫동안 그 차가운 모자이크 바닥에 앉아 그 고통과 상심과 비탄에 잠겨 울음을 쏟아냈는지 기억이 잘 나지 않았다. 몇 분, 아니 몇 시간이었을지도 모른다. 사실 며칠이 되었을 수도 있다. 오랫동안 간직했던 희망이 산산이 부서지자, 그녀가 자신의 상처받은 마음 주위에 조심스럽게 세워놓은 장벽도 무너져 내렸고, 그녀는 영원히 멈추지 않을 것처럼 흐느껴 울었다.

그러다 마침내 감각이 돌아오기 시작했다. 무언가 가벼운 물체가 계속해서 그녀의 무릎을 누르는 게 느껴졌다. 내려다보니 불가사리 모양의 통통한 손이 보였다. 어린아이의 손이었다. 그 손의 주인은 뵈뵈 옆에 몸을 웅크리고 있었다. 그 아이는 머리를 뒤로 젖히고 있어서 뵈뵈의 얼굴을 위로 올려다볼 수 있었다. 적갈색의 곱슬머리가 더부룩하게 나 있는 아이였다. 이마에는 주름이 져 있어 염려하는 듯한 진지한 인상이었다. 집주인의 회계 장부를 맞추기 위해 애쓰는 나이 든 집사에게나 어울리는 인상이었다.

"아줌마, 슬퍼요?" 아이가 말했다. "아줌마, 울어요?" 아이는 손에 천 한 조각을 들고 뵈뵈의 얼굴을 가볍게 닦아주기 시작했다. "아줌마 넘어졌어요?" 아이가 물었다. "아줌마 다쳤어요?"

"안 돼, 비비." 티투스의 목소리가 들렸다. "아줌마는 다치지 않았어, 적어도 바깥쪽은 다치지 않았지."

뵈뵈는 궁금해하는 표정으로 올려다보았다.

"뵈뵈," 티투스는 자신이 낼 수 있는 가장 부드러운 목소리로 말했다. "너의 손녀, 작은 뵈뵈에게 너를 소개할게."

"비비," 아이는 급하게 말했다, "내 이름은 비비야."

"그래," 티투스는 웃었다, "너의 이름은 비비야, 그리고 이 아줌마의 이름은 뵈뵈야."

"비비가 아니고, 베베." 아이는 제대로 발음해보려고 애를 썼다. 그러는 와중에 아이의 침이 사방으로 튀어 뵈뵈의 얼굴에도 묻었다. 하지만 그녀는 신경 쓰지 않았다. 살아 숨 쉬고 있는 그녀 앞에 일어난 이 기적 같은 상황 때문이다. 그녀는 가장 희망에 차 있던 순간에도 이런 기적을 상상해보지 못했다. 그녀는 입을 벌린 채 티투스를 바라보았다. 입으로 말을 내뱉는 것은 고사하고 할 말을 생각하는 것조차 버거웠다.

"해야 할 말이 참 많다." 그가 말했다.

집안 노예들의 도움을 받아 티투스와 뵈뵈는 집 뒤쪽에 있는 더 사적인 장소로 이동했다. 그러는 동안 여자 노예가 와서 비비를 데리고 나갔는데, 아이의 화난 울음소리가 앞마당에 울려 퍼졌다.

이제 두 사람만 남았다. 두 사람 모두 어디서부터 시작해야 할지 몰라 서로 물끄러미 바라만 보았다.

티투스가 먼저 입을 열었다. "뵈뵈, 내가 너에게 저지른 일 때문에 얼마나 미안한지 말하지 않을 수가 없구나."

뵈뵈가 말을 잘랐다. "당신이 한 것은 아무것도 없어요. 모두 퀸투스가 한 짓이에요."

"그렇게 생각해 주다니, 너는 정말 마음이 넓구나." 그가 말했다. "하지만 그건 사실이 아니다. 나에게는 힘이 있었다. 너를 구해낼 수도 있었다. 너를 보호할 힘이 있었는데도 하지 않았다. 나는 나 자신을 절대로 용서할 수가 없다."

"하지만 당신에게 등을 돌린 건 저예요." 뵈뵈가 말했다. "제가 퀸투스의 화려함에 마음을 빼앗겼죠. 제가 원해서 간 거예요."

"하지만 그때 넌 어렸잖니. 네가 어떻게 그 모든 것의 의미를 알 수 있었겠니?" 그들은 각자 자책과 후회에 사로잡혀 서로를 바라보았다.

결국에는 뵈뵈가 간신히 그녀가 해야 할 질문을 했다. "제 딸에게 무슨 일이 생겼던 거에요?"

"카리나에게?"

"당신이 그 아이에게 붙인 이름인가요?"

"그래," 티투스가 말했다. "사랑받는 사람이라는 뜻이지. 실제로도 그 아이는 사랑받는 아이였어. 정말로 그랬어."

"처음으로 돌아가서 이야기를 시작할게. 네가 퀸투스와 함께 집을 떠났을 때, 그건 마치 어둡고 끔찍한 꿈에서 깨 일어나는 것과 같았다. 아엘리아의 죽음은 내 평생 겪은 어떤 일보다 더 큰 충격이었지. 기억할지 모르겠는데 안나라는 나이 든 지혜로운 하인 한 사람이 늘 내게 경고했었지."

뵈뵈는 당연히 그녀를 기억했다. 이 집에 온 것만으로도, 그녀가 영원히 잃어버렸다고 확신했던 수많은 기억이 홍수처럼 되살아났다. 안나는 아엘리아가 어릴 때부터 그녀의 보모였고, 엄마처럼 그녀를 사랑했다. 뵈뵈는 늘 안나가 신경 쓰였다. 안나는 아엘리아에게만 전념했고, 그 결과 다른 모든 사람과 모든 것을 배척했다. 안나는 뜨거운 열정으로 그녀를 사랑했고, 다른 사람도 자신과 똑같이 하기를 기대했다.

"아엘리아는 임신 기간 내내 몸이 좋지 않았다. 안나는 내게 불같이 화를 냈지. 그녀는 모든 것이 내 탓이라고 생각했어. 그리고 지금도 정말로 내 탓이었다고 생각한다. 참 이상한 일인데, 바로 그녀의 분노에 막혀 나는 실제로 무슨 일이 벌어지고 있는지 보지 못했어. 그녀의 분노를 차단하려다 보니, 아엘리아에게 벌어지고 있는 상황을 이해하는 현실 감각까지 차단해버렸다. 나는 모든 걸 가진 사람이었다. 아름다운 아내와 곧 태어날 나의 아이, 그리고 우아한 집까지. 하지만 하룻밤 사이에 나는 모든 걸 잃었다. 그 상황에 도저히 대처가 되지 않았다.

그전까지는, 거의 모든 게 내가 원하는 대로 흘러갔어. 난 부유한 가정의 응석받이 외동아들이었고, 내가 사랑하고 나를 사랑하는 아내가 있었다. 군인이었던 시절에도 신들은 나를 향해 웃어주었지. 내가 했던 모든 일이 순조로웠어. 유일한 고민은 우리에게 아이가 없다는 것이었다.

그때 너를 발견했고 나는 완벽해졌다는 느낌을 받았다. 난 너를 내 자식처럼 사랑했다. 하지만 아엘리아에게는 그것으로 부족했어. 아이를 갖고 싶다는 갈구가 내부로부터 그녀의 영혼을 계속해서 갉아먹었지. 임신을 확인했을 때 그녀는 무척 기뻐했다. 안나의 염려도 모두 사라졌지. 아엘리아는 아이를 갖기 위해 오랜 세월 비너스 신전에서 기도했고, 내가 감히 생각하지도 못할 큰돈을 신전 금고에 쏟아부었다. 나는 그 처신을 이해하지 못했지만, 아엘리아에게는 그것이 매달릴 수 있는 전부였지. 나도 모든 것이 잘 될 거라고 믿고 싶었고, 그렇게 믿었다. 그런데, 모든 것이 무너져 내렸고, 난 정말 어떻게 해야 할지 몰랐어.

이게 변명이 될 수 없다는 걸 나도 안다. 난 어리석고 허약했다. 내가 틀어박혀 지낸 세월을 얼마나 후회했는지 모른다. 내가 그러지만 않았어도, 나를 사랑하는 너는 나와 함께해 주었을 텐데."

그의 목소리는 점점 사그라지고, 다시 눈물이 뺨을 타고 흘러내렸다. 뵈뵈는 할 말을 잃었다. 그동안 일어난 일이 그녀 자신이 아닌 다른 누구의 잘못 때문이라는 말을 듣게 되는 상황은 한 번도 상상해 본 적이 없었다. 티투스가 그녀만큼 많은 시간을 과거에 벌어진 일에 대한 후회로 보냈다니, 뵈뵈는 이해하기 힘들었다.

"저는 정말 당신을 사랑했어요." 뵈뵈는 더듬거리며 말했다. "하지만 저는 화려함에 휩쓸려버렸지요. 제가 그러지만 않았어도."

티투스는 슬프게 그녀에게 미소 지었다. "나도 그 말을 지난 25년 동안 다른 어떤 말보다 더 자주 했다. 하지만 네가 떠났을 때야 비로소 난 정신이 들었다. 그제야 집안의 상태가 눈에 들어왔고, 내가 네게 한 짓을 깨달았다. 그리고 상황을 바로잡으려고 노력했다.

 퀸투스에게는 사악한 면이 있었는데, 그걸 내가 세대로 모르고 있었다. 그는 너무나 잘 생기고 화려해서 모든 사람이 그에게 끌렸지만, 완전히 무자비한 면도 같이 있었지. 아마도 그건 한 번도 거절당해 본 적이 없었기 때문이겠지. 어쩌면 그의 화려한 삶이 한 걸음씩 그를 멸망의 벼랑 끝으로 몰고 간 것일 수도 있어. 무절제한 삶 때문에 인격이 바뀐 걸 수도 있고. 어쨌든 그는 냉담하고 잔혹하고 이기적이었다. 난 그의 손에 놀아났지. 내가 거짓으로라도 너에게 무관심한 척했다면 퀸투스가 더 빨리 지루해져 널 놓아주지 않았을까 종종 생각하기도 했다. 하지만 넌 너무 아름다웠다." 티투스는 뵈뵈를 똑바로 바라보며 웃었다. "넌 여전히 아름답구나. 그리고 퀸투스는 내가 후회하고 있다는 걸 알아채고는 너를 보내는 것을 거절했다.

 네가 퀸투스의 집으로 옮겨갔을 때, 나는 제정신이 아니었다. 나는 날마다 그의 집 밖을 서성거렸다. 혹시 너를 만나 집으로 데려올 수 있을까 싶어서 말이다. 그러다 거기서 크레스투스를 만났다. 혹시 내가 너를 돌봐 달라고 부탁하면서 그에게 보수를 지불했다는 말을 하지 않더니?"

 뵈뵈는 울음을 참으며 크레스투스의 임종 시 나눴던 마지막 끔찍했던 대화를 티투스에게 말했다. 티투스의 표정이 다시 일그러졌다. "내가 너의 인생을 완전히 망쳐버렸구나. 이제껏 나는 내가 너에게 저지른 짓을 슬퍼하며 보냈다. 내가 모르는 일들도 훨씬 더 많았겠지.

 크레스투스는 내게 계속 정보를 전해주었다. 그는 네 걱정을 정말 많이 했다. 특히 네가 임신했다는 사실을 알았을 때는 걱정이 더 많아졌지.

그때쯤엔 우린 둘 다 퀸투스가 어떤 사람인지 알고 있었다. 네 아이가 태어나면 바로 그가 아이를 죽일 거란 사실도 알고 있었다. 그래서 계획을 짰다. 크레스투스가 그 노예를 따라가서 필요하다면 뇌물을 주고 아이를 데려오려 했다. 그런데 막상 그때가 되니, 그럴 필요가 없어졌다. 그 노예는 태만한 사람이었고, 멀지도 않은 곳에 아이를 두고 가버렸다. 크레스투스는 그저 아이를 안고 나에게 데려오기만 하면 됐다.

그때쯤 나는 얼마나 내가 널 실망시켰는지 깨달았고, 모든 것을 동원해 어린 카리나를 보호하기로 결심했단다. 그래서 바로 그날 집을 폐쇄하고 아주 먼 곳으로 이사했다. 퀸투스가 절대 우리를 혹은 아이를 찾아내서 아이를 돌려달라고 할 수 없도록 말이지. 너도 알다시피 그는 네 주인이기 때문에 그럴 권한이 있는 데다, 너무 변덕스러운 사람이라 만약 내가 아이를 얼마나 사랑하는지 알기라도 한다면 분명 자기 소유라고 주장했을 거야. 나는 그게 두려웠어. 그래서 그의 시야에서 완전히 사라지기로 한 거지. 그때 이후로 나는 퀸투스나 너를 다시 보지 못했지. 나는 그것이 카리나를 안전하게 보호하기 위해 치러야 할 대가라고 생각했다."

뵈뵈는 고마운 마음으로 그에게 미소지었다. "그것이 당신이 제게 줄 수 있었던 최고의 선물이에요. 그 아인 행복하게 자랐죠?"

티투스는 소리 없이 활짝 웃었고 그의 얼굴에는 기쁨이 번졌다. "그 아이는 세상에서 가장 행복하고 쾌활하며 똑똑하고 재능 있는 아이였다. 꼭 어릴 때 네 모습 같았나. 아침부터 밤까지 우리 집에는 노래와 웃음소리가 울려 퍼졌다. 너도 그 아이를 사랑하게 되었을 거야."

뵈뵈가 말했다. "저는 처음 태동을 느낀 그 순간부터 제 온몸의 세포 하나하나가 이미 그 아이를 사랑했어요. 저는 그 아이를 간절하게 기다렸고, 제 자궁에서 점점 사람의 형태를 갖추며 자라났어요."

"작은 뵈뵈, 비비가 딱 그 아이를 닮았단다." 티투스는 다시 눈물이 가득 고인 눈으로 말했다.

"도대체 무슨 일이 벌어진 거죠?" 뵈뵈가 물었다.

"우리는 에베소에 있었다." 티투스가 말했다. "몇 년간 이리저리 돌아다니다 보니 도망치는 데 지쳤고 한 곳에 뿌리 내리고 싶었다. 에베소는 퀸투스에게서 충분히 멀리 떨어진 곳이라는 생각이 들었다. 그 시점에는 옳은 선택이었다. 내 첩자들에 따르면 당시 퀸투스는 술독에 빠져 살았고 에베소를 여행하는 건 고사하고 집밖도 간신히 나다닐 정도였으니 말이다. 우리는 아름다운 빌라를 찾았고, 그곳에 정착해 가정을 꾸렸다.

어느 날 오래된 군대 시절 친구가 에베소를 통과해 지나갔다. 퀸투스와는 일면식도 없는 사람이라서, 그를 만나도 안전하리라 생각했다. 함께 저녁을 먹었는데, 그는 아들 드루수스를 데려왔다. 드루수스는 이제 막 열다섯 살이 된 참이었고, 카리나도 그때쯤에는 우리와 함께 식사할 정도의 나이였다. 나는 그날 저녁 카리나가 우리와 함께 식사하는 것을 대수롭지 않게 여겼다. 그때 일어난 일은 아마도 피할 수 없었을 게야. 그 아이들이 사랑에 빠진 거야. 나는 조심스러웠고 또 조심스러웠다. 너에게 벌어졌던 일이 있으니, 나는 카리나에게는 같은 일이 생기지 않게 하려고 했다. 그런데 드루수스는 너도 한번 만나보고 싶을 정도로 친절하고 온화하며 사려 깊은 젊은이였다. 그는 귀족 가문이었고, 그의 아버지는 나의 오랜 친구였다. 사실 더 바랄 게 없는 친구였지. 그리고 카리나가 너무 행복해했어. 좋아서 얼굴에서 빛이 날 정도였지.

나는 조금 지나칠 정도로 조심했어. 나는 아이들이 몇 년은 기다려야 한다고 고집했다. 각자 성장하고 서로 알아가는 시간이 필요하다고 생각했지. 이태가 지나자, 카리나는 이러다 혼기를 놓치겠다며 불평하기 시작했어. 내가 안 보고 있다고 생각할 때 몰래 집을 빠져나가기 시작한 게 그때쯤이었어. 그제야 나는 내가 양보하지 않으면 조만간 그 아이를 잃을 수도 있겠다는 생각이 들었다. 그래서 나는 허락했고 그 아이들은 결혼식을 올렸다. 정말 아름답고 행복한 한 쌍이었다. 그리고 얼마 지나지도 않았는데 카리나가 임신했다고 알려왔어. 그렇게 작은 뵈뵈가 안전하고 행복하게 태어났어. 삶은 완벽했고, 나는 안심했어. 하지만 방심하지 말았어야 했어. 신들이 가장 즐거워하는 일이 우리 인생을 엉망진창으로 만드는 것이라는 사실을 깜빡 잊었던 거지."

뵈뵈는 여기서 무언가 말을 하려고 입을 벌렸지만, 지금은 때가 아니라고 판단했다. 그래서 그냥 티투스를 향해 웃음을 짓고는 이야기를 계속하라고 고개를 끄덕였다.

"겨우 일 년 후에, 끔찍한 전염병이 도시를 휩쓸고 지나갔다. 많은 사람이 죽었는데, 카리나와 드루수스도 죽었다. 나는 엄청난 충격에 빠졌다. 처음에는 아엘리아를 잃었고, 그런 후에는 너, 그리고 이제는 너의 딸까지 잃었다. 처음엔 얼굴을 벽으로 돌리고 죽고 싶었다. 하지만 비비기 나를 구했다. 어떻게 내가 그 아이를 세상에 홀로 남겨둘 수 있었겠니?

1부 뵈뵈 이야기 195

몇 달 전, 퀸투스가 마침내 죽었다는 소식을 들었다. 어떻게 죽었는지는 아무도 모른다. 아는 사람이 있었다 해도, 나에게 말해 준 사람은 아무도 없었다. 큰 노름빚 때문에 죽었다는 소문도 있었고, 어느 날 집에서 잔인하게 살해되고 재산은 강탈당한 채 발견되었다는 소문도 있었다. 하지만 그토록 많은 세월이 지난 뒤, 나는 그다지 진실을 알아내고 싶지도 않았다. 중요한 것은 작은 뵈뵈와 내가 안전하다는 사실, 그리고 집으로 돌아올 수 있다는 사실이었다. 그래서 우리는 돌아왔다.

네가 이곳에 있을 거라고는 상상도 못 했단다. 너와 크레스투스가 로마를 떠났다는 소식은 들었지만, 어디로 갔다는 이야기는 듣지 못했다. 그때도 나는 크레스투스 역시 나처럼 퀸투스의 마음이 바뀔까 두려워했고 그래서 역시 나처럼 흔적도 남기지 않고 떠나고 싶었을 것으로 생각했다. 나는 거의 날마다 네 생각을 했지만, 다시 너를 찾기 위해 할 수 있는 일은 도무지 생각이 나지 않았다. 지금 내 앞에 있는 사람이 너라니, 믿을 수가 없구나! 지금의 나는 잠에서 깨면 혹시 네가 사라질까 봐 매 순간이 두렵다."

뵈뵈가 다가와 그의 주름진 뺨에 입을 맞추었다. "정말로 저에요, 사랑하는 티투스. 맹세컨대 이건 꿈이 아니에요."

그는 미소 지었다. 눈물이 다시 한번 뺨을 타고 흘렀다. "그토록 오랜 세월이 지난 후 너를 다시 만난 이 기쁨을 내 낡은 심장이 버거워하는구나. 나의 사랑 카리나도 여기 있었다면, 내 기쁨이 완벽했을 텐데." 그의 말이 갑자기 중단됐다. "밖이 왜 이렇게 소란스러운 거지?"

그는 걱정에 휩싸인 얼굴로 몸을 돌렸다. 오랫동안 카리나를 퀸투스에게 숨기며 살아오면서 느껴야 했던 그 불안이 되살아났다. 누군가 대문을 시끄럽게 두드리는 소리가 집 뒤편의 그들이 있는 곳에서도 분명하게 들렸다.

잠시 후 안뜰에서 들려오는 목소리가 뵈뵈의 귀에 들렸다. 뵈뵈는 빙그레 웃었다. "두려워할 필요 없어요. 제 친구들이 저를 찾으러 온 것 같네요."

19장

 잠시 후, 그들이 있던 방의 문이 열렸고, 펠릭스, 스다구, 블래수스가 불안한 기색을 띠며 들어왔다.

 "어떻게 해야 할지 갈피를 잡을 수 없었어요." 평소 조용했던 블래수스가 감정을 담아 말했다. "당신은 시간이 지나도 돌아오지 않고, 이걸 어떻게 받아들여야 할지 종잡기가 어려웠어요. 방해해서 죄송합니다, 어르신." 불편한 상황에서도 블래수스는 그의 훌륭한 예절 덕분에 티투스 같은 지위의 사람 앞에서도 자기 이야기를 분명히 할 수 있었다. "뵈뵈가 이 방문을 앞두고 매우 걱정이 많았다는 사실을 잘 알고 있습니다. 하지만 그녀가 떠난 지 여덟 시간이나 지났고, 우리는 그녀가 괜찮은지 확인해야 했습니다."

 뒤에서 스다구와 펠릭스가 머리를 위아래로 끄덕이며 동시에 그렇다는 표시를 했다.

티투스의 귀족적인 얼굴이 활짝 미소를 띠며 느긋해졌다. "뵈뵈에게 이렇게 정이 많은 좋은 친구들이 있다니 무척 기쁩니다. 내가 25년 전에 당신들의 반만이라도 신경을 썼다면 좋았을 텐데. 이리 와서 앉으세요. 뵈뵈의 소중한 친구인 여러분에게 다과를 대접하고 싶습니다." 그가 지시하듯 눈썹을 치켜뜨자, 뒤쪽에서 초조하게 맴돌고 있던 노예 중 한 명이 그의 지시를 이행하려고 종종걸음을 치며 나갔다.

바로 그 순간 비비가 열린 문을 통해 돌격해 들어왔다. 보모의 손길을 뿌리치고 달아난 게 분명했고, 도망에 성공했다는 사실에 매우 즐거워 보였다. 비비는 방 한가운데 털썩 주저앉았다. 호기심에 신이 나서 한 사람 한 사람 얼굴을 쳐다보았다. 그녀는 통통한 손가락을 들어 티투스를 콕 집어 가리켰다. "타타." 그러고는 뵈뵈를 가리키면서 말했다. "베에베에." 다음으로 손가락이 블래수스를 향했다. "누구예요?"

"이분은 내 친구 블래수스야." 뵈뵈가 말했다.

비비는 이 낯선 새 단어를 발음해보려고 입을 오물거리면서 겨우 "바수스"라고 말했다. "이 사람은?" 그녀의 손가락은 이제 스다구로 옮겨갔다.

"스다구." 뵈뵈가 말했다.

"스다." 나머지 이름은 생각이 나지 않는 듯했다. 비비는 이름을 굳이 완벽하게 발음할 생각이 없는 게 분명했다. "이 사람은?" 원을 그리던 비비의 손짓이 마지막으로 가리킨 것은 펠릭스였다.

"이 아이는 펠릭스야."

"릭스," 비비는 진지하게 고개를 끄덕였다. 그 아이의 손가락은 마지막으로 자신을 가리켰고, "비비"라고 분명하게 말했다.

그것으로 즐거웠던 소개 시간은 마무리되었다. 그리고 비비는 벌떡 일어나더니, "릭스는 비비와 놀아"라고 단호하게 말했다.

"안 돼," 티투스가 말했다. "펠릭스는 우리 손님으로 온 거란다."

비비의 턱이 가볍게 떨렸다.

"펠릭스도 비비와 놀고 싶습니다." 펠릭스가 재빨리 말했다. 비비가 펠릭스와 놀고 싶어 하는 만큼 펠릭스도 비비와 놀고 싶었다. 펠릭스는 비비의 손을 잡고 함께 정원으로 나갔다. 그리고 얼마 지나지 않아 정원에는 재잘재잘 웃는 소리가 울려 퍼졌다.

뵈뵈와 티투스는 처음 두 사람이 대화를 나누었던 시간보다 훨씬 더 짧게 그들의 이야기를 블래수스와 스다구에게 들려주었다. 비비가 누구인지, 카리나에게 무슨 일이 생겼는지, 그리고 두 사람의 나머지 이야기들. 이야기를 마칠 때쯤 블래수스가 두 손을 하늘로 들었다.

"하나님, 찬양을 받으소서," 그가 말했다. "잃어버렸던 것을 찾았습니다." 그들의 대화는 몇 분 정도 계속되었다. 그러던 중 다정한 눈길로 옛 주인을 흘겨보던 뵈뵈가 티투스의 얼굴에서 지친 기색을 발견했다.

"이제 가야겠어요." 그녀가 말했다. "우리가 당신을 피곤하게 만들었어요."

티투스는 그녀의 손을 꼭 붙잡고 절대 보내지 않겠다는 듯 매달렸다.

"괜찮아요," 뵈뵈는 그를 안심시켰다. "내일 다시 올게요."

"다시는 사라져선 안 된다. 그러면 난 더는 견딜 수 없을 거야."

"그런 일 없을 거예요." 그녀는 이 말을 하면서, 이보다 더 진실한 말을 해 본 적이 없다는 사실을 깨달았다.

다음 한 달 동안 뵈뵈의 삶은 굉장히 행복한 리듬에 빠져들었다. 뵈뵈는 이제 겨우 몇 주밖에 안 지났다는 이야기를 들으면 아마 깜짝 놀랐을 것이다. 사실 그런 이야기를 해 줄 사람도 티투스 말고는 없었다. 뵈뵈는 거의 모든 시간을 티투스와 보냈기 때문이다. 뵈뵈는 아침 일찍, 그것도 브리스가와 아굴라가 새벽 기도를 시작하기도 전에 일어나서 펠릭스를 대동하고 티투스의 집으로 향했다. 펠릭스와 함께 가는 문제를 두고 두 사람 사이에는 대화가 필요 없었다. 굳이 말로 확정할 필요가 없을 정도로 명확한 결정이었기 때문이다. 비비는 펠릭스를 마치 오래전에 잃어버린 친오빠처럼 환영했고, 펠릭스도 뵈뵈를 마찬가지로 대했다. 온종일 뵈뵈와 티투스가 추억에 잠겨 있는 동안, 비비와 펠릭스가 함께 노는 소리가 집안 곳곳에서 들렸다. 이 둘은 자기들 외에 다른 사람은 도저히 이해하기 힘든 규칙을 만들어 복잡한 게임을 즐기곤 했다.

뵈뵈는 그런 모습이 너무 좋았다. 비비의 꾸밈없는 웃음과 사랑이 뵈뵈의 마음을 달래주었을 뿐만 아니라 펠릭스의 마음까지 치유하는 것이 보였다. 비비와 함께 있을 때 펠릭스는 마치 봄의 꽃처럼 활짝 피어나는 것 같았다. 서서히 하지만 분명하게, 그는 덜 방어하고 덜 날카롭게 변하고 있었고, 있는 그대로 자신의 모습을 더 편안하게 받아들였다.

하루는 비비가 펠릭스에게 질문을 던졌는데, 펠릭스가 거의 아무 생각 없이 이렇게 대답했다. "잘 모르겠는데." 그 말을 듣고 뵈뵈는 미소를 지었지만, 아무 말도 하지 않았다. 과거의 펠릭스는 극적으로 과장하는 습관이 있어서, 아마도 거친 몸짓을 하면서 "펠릭스는 모릅니다"라고 이야기했을 것이다. 그건 사랑스럽긴 해도 그렇게 편안하진 않은 표현 방식이었다. 그런데 이 간단하고도 꾸밈없는 '잘 모르겠는데'라는 말이 뵈뵈에게는 장황한 말만큼이나 강력한 울림을 주었다. 이 말은 마침내 펠릭스가 그녀의 손녀, 작은 기적인 비비와의 우정을 통해 치료되고 있다는 의미였다.

변화란 종종 가장 작고 가장 사소한 사건이란 옷을 입고 온다. 뵈뵈가 새롭게 발견한 풍성한 만족도 정확히 그런 식으로 결말을 찾아갔다. 이들의 행복이 오랫동안 지속했을지도 모르겠다. 작은 사고가 생겨 그들 모두의 삶의 방향을 바꾸지만 않았다면 말이다. 어느 날 티투스가 의자에서 일어나려고 애를 쓸 때, 그를 받쳐 주기 위해 어깨를 대 주던 노예가 발목을 삐끗했고, 그 바람에 티투스가 아주 심하게 넘어지고 말았다. 티투스를 일으킨 후 다친 곳이 있는지 살펴보았으나 다행히 깨끗했다. 티투스는 겁에 질린 노예에게 그의 잘못이 아니며 벌을 받지 않을 것이라고 안심시켰다. 그런 후에 뵈뵈에게 몸을 돌리고 다시 한번 그의 집에 같이 살자고 간청했다. 가볍게 넘어진 사건으로 인해 티투스는 자신의 시간이 얼마 남지 않았다는 사실을 뼈저리게 느꼈다. 그래서 남은 한순간이라도 낭비하고 싶지 않았다. 뵈뵈 역시 정확히 같은 생각을 하고 있었고, 티투스의 뜻대로 하기로 했다. 그래서 브리스가와 아굴라의 작업장으로 펠릭스를 보내 그녀의 소지품을 가능하면 빨리 티투스의 집으로 보내 달라고 요청했다.

그들은 굉장히 빨리 돌아왔다. 뵈뵈의 짐이 마치 비비처럼 가볍다는 듯이 어깨에 메고 왔다. 뵈뵈는 그들을 맞이하고 감사를 표하기 위해 안마당으로 나왔다가, 깜짝 놀라 멈춰 섰다. 그녀가 예상했던 펠릭스, 호르텐시우스와 파우스투스 뿐만 아니라, 브리스가와 아굴라도 온 것이었다. 게다가 잘 모르는 사람이 한 명 끼어 있었다. 이 사람은 키는 크지 않지만 건장한 체격이었다. 그의 상체는 오랜 시간 육체노동을 해 온 사람의 몸이었다. 햇볕에 그을리고 갖은 풍상으로 주름진 얼굴을 보니 실외에서 노동을 해 온 듯했다. 뵈뵈는 그를 가볍게 힐끔 쳐다보았을 뿐 유심히 보지는 않았고, 곧장 깊은 죄책감을 느끼며 친구들을 향해 몸을 돌렸다. 이 사람들은 그녀가 사랑하는 다정한 친구들이다. 그들의 집으로 그녀를 맞아 주었고, 그녀를 진심으로 대해 주었으며, 고통스러운 과거사를 말하는 내내 경청하고 공감해주었고, (대체로) 불평 없이 바울의 스페인 선교를 위한 물자를 점차 좁아지는 작업장에 쌓아두도록 허락해주었으며, 또 그녀가 모르는 사이 티투스를 찾느라 오랫동안 피곤한 시간을 보냈고, 가장 최근에는 티투스를 찾았을 때 그녀와 함께 기뻐해 주었다.

이 사람들은 그녀의 친구였다. 그런데 몇 주 전 그녀는 그에 대한 보답으로 뒤도 돌아보지 않고 등을 돌리고 떠났다. 손녀를 발견한 기쁨에 들뜬 탓이었다. 부끄러움이 익숙한 방식으로 신호를 보냈다. 목에서 얼굴까지 발갛게 달아올랐다.

그녀는 두 손을 비비며 한 걸음 다가섰다. "정말 죄송해요." 그녀가 먼저 말을 꺼냈다.

브리스가가 웃음을 터뜨렸다. 그녀의 깔깔거리는 소리가 안마당에 울려 퍼졌다.

"우리를 대체 어떻게 생각한 거요? 우리는 야단을 치려고 온 게 아니에요. 당신이 어찌 지내는지 알고 싶어 왔어요. 기도할 때나 빵을 뗄 때 우리는 당신이 그리웠어요. 그리고 우리는 당신을 만나고 싶…." 그녀의 목소리가 차츰 잦아들었다. 방금 용서받은 그 노예의 어깨에 의지하여 절뚝거리며 방 안으로 들어오는 티투스를 보았기 때문이다. 서로 눈이 마주치자 두 사람은 깜짝 놀라며 아는 듯한 표정을 지었다.

"서로 아는 사이예요?" 뵈뵈가 물었다.

"글쎄요, 조금 아는 사이긴 해요." 브리스가 말했다.

"우리가 에베소에 있었을 때다," 티투스가 천천히 말했다. "나는 여전히 퀸투스에게서 도망 다니고 있었다. 몹시 불안했고 외로웠지."

브리스가 뵈뵈 쪽으로 몸을 돌리며 말했다. "우리는 시장에서 예수님에 관한 이야기를 하고 있었는데, 티투스가 … 티투스는 흔한 이름이라서, 그 티투스가 당신의 티투스일 거라고는 상상도 못 했어요. 아무튼, 티투스가 와서 우리 이야기를 듣고 있었어요. 그때 우리는 용서에 관한 이야기를 몇 시간 동안 했었던 것으로 기억해요."

"그래요, 난 당신이 내게 했던 말을 결코 잊지 못할 거요." 티투스가 말했다. "예수님이 이 세상에 치유를 가져오기 위해 오셨고, 우리를 위해 돌아가셨으며, 그의 죽음을 통해 우리를 사랑하시는 하나님과 우리를 화해시켰다는 이야기였죠. 거봐요, 내가 전부 기억하고 있잖아요. 뵈뵈, 만일 이들이 너의 친구들이라면 너 역시 그리스도 예수를 따르고 있는 거니?"

"네, 맞아요." 뵈뵈가 말했다.

"왜 그 말을 하지 않았니?" 티투스가 물었다.

몇 분도 채 되지 않았는데 벌써 두 번째로 뵈뵈의 얼굴이 빨갛게 달아올랐다. "왜냐하면, 저는 두 번 다시 당신을 잃고 싶지 않았기 때문이에요. 당신은 로마의 훌륭한 귀족이고, 그래서 당신이 그 사실을 알게 되면 저를 경멸하리라 생각했어요." 이제 그녀의 얼굴은 새빨개졌다. "정말 부끄럽네요. 너무나 큰 실패예요. 바울이 저를 보면 '너는 복음을 부끄러워하는구나'라고 말할 것 같네요. 아마도 저는 ···."

이제껏 조용하게 옆에 서 있던 그 낯선 사람이 이 말을 듣더니 갑자기 목을 가다듬었다. "이 무리 중에 부끄러워해야 할 사람이 있다면, 그것은 바로 나일 거요. 내 생각에 당신이 방금 인정한 잘못은 그냥 빼고 지나쳐도 될 정도로 사소한 것이오."

이 말을 듣고 뵈뵈와 티투스 둘 다 몸을 돌려 이 건장하고 거친 외모의 이방인을 바라보았다. 뵈뵈가 이 사람이 누군지 막 물으려는 찰나, 펠릭스와 비비가 그들만의 알 수 없는 게임을 하면서 안마당으로 쿵쾅거리며 들어왔다. 펠릭스는 그 낯선 사람을 보더니 소리를 쳤다. "베드로, 돌아오셨군요! 그동안 어디 계셨어요?"

펠릭스의 외침이 도화선이 되어 왁자지껄한 대화가 시작됐다. 이야기하는 사람은 많았지만 듣는 사람은 별로 없었고, 그러다 보니 펠릭스의 질문에 베드로가 했을 대답도 아수라장 가운데 사라지고 말았다. 마침내 이 소란스러운 상황을 정리한 것은 티투스의 목소리였다. 그는 다과와 대화를 나눌 수 있는 가족 방으로 손님들을 데리고 갔다.

"세가 잘 모르는 분이 대부분입니다." 그가 말했다. "하지만 우리는 서로 연결되고 엮여있는 부분이 많을 것이라는 느낌이 듭니다. 그것들을 다 풀어내려면 상당히 긴 시간이 필요할 것 같네요."

모두 자리를 잡고 앉아 풍성한 다과를 나누었다. 그리고 브리스가가 에베소에서 만난 티투스가 결국 뵈뵈의 티투스와 같은 사람이라는 사실이 확인되었다. 비록 티투스에게 이 사실을 알릴 표현을 찾지는 못했지만 뵈뵈 역시 그리스도인이었으며, 그들 중에 그 낯선 사람은 정기적인 방문의 일환으로 로마에 온 사도 베드로였다. 이런 사실들을 모두 확인하고 나자, 비로소 그들은 서로의 이야기를 나눌 준비가 되었다.

그들은 에베소에서 티투스와 브리스가가 만난 이야기로 시작하기로 했다.

20장

뵈뵈는 티투스의 이야기 중 많은 부분을 이미 알고 있었음에도, 그가 에베소에서 외로웠으며 그녀를 구해내지 못했다는 죄책감이 사라지지 않았다는 이야기를 다시 들을 때는 가슴이 옥죄어 왔다. 그런데 에베소의 시장에서 처음에는 브리스가가, 이어서 아굴라가 예수의 복음을 선포했을 때 티투스가 그들의 말에 사로잡혀 걸음을 멈춘 채 귀를 기울일 수밖에 없었던 것이 바로 그의 외로움과 죄책감 때문이었다. 그의 마음을 가장 강력하게 울렸던 것은 죄와 용서에 관한 내용이었다. 그가 기억하는 한, 죄가 용서될 수 있다는 이야기는 생전 처음 듣는 것이었다. 죄는 보복 당할 수도 있고, 매력 있는 사업이나 가족 문제 앞에서는 덮고 넘어갈 수도 있는 것이었지, 용서받을 수 있는 것은 아니었다. 더욱더 인상적이었던 이야기는, 그들이 계속 언급하고 있었던 이 예수라는 분이 인류를 하나님과 화해시키려고 자기 목숨을 버리셨다는 대목이었다. 티투스는 신들의 놀잇감이 되는 데 익숙했고, 신들이 그에게 어떤 장난을 치든 의연하게 받아들이곤 했다. 그런데 그를 창조하고 그를 사랑하는 신이 존재하다니, 그는 이 이야기를 듣고 무척 놀랐다.

티투스는 바로 이 신에 관한 이야기 때문에 가던 길을 멈추고 몇 시간 동안 브리스가와 대화를 나누었던 것이며, 이후로 1주일 내내 매일 찾아와 질문을 던지면서 이 사랑과 용서의 신에 관해 더 많은 것을 알려 했다. 하지만 티투스는 왜 굳이 그 하나님이 유일한 신이라고 말해야 하는지 이해하기 힘들다는 사실을 인정해야 했다. 분명히 이 하나님은 다른 모든 신과 동등한 신 중의 하나로 존재할 수도 있는 것 아닌가? 시간이 걸리긴 했지만 결국 그는 이유를 이해했다. 만일 신이 여럿이면, 이 세상을 통치하는 법도 여럿일 수밖에 없고, 그러면 신들 간에 경쟁이 일어나 화해는 더는 가능하지 않다. 완벽한 사랑과 용서의 신은 하나여야 했다. 그는 이 사랑과 용서를 베푸시는 하나님의 경이로움을 오랫동안 골똘히 성찰했다. 그는 확신을 가지게 되었고 그 사실을 브리스가에게 미소를 지으며 건넸다. 브리스가는 그 미소에 활짝 웃으며 답했다. 하지만 결국 그는 떠나야만 했다.

"나는 당신에게 무슨 사정이 있어서 떠났는지 전혀 이해가 되지 않았어요." 브리스가가 말했다. 오랜 시간이 흘렀지만, 그녀의 얼굴은 여전히 슬픔과 곤혹스러움이 뒤섞여 있었다.

"그것은 내가 믿지 못했기 때문이 아니었어요." 티투스가 점잖게 말했다. "오히려 내가 믿었기 때문이었습니다. 당신이 내게 전한 모든 이야기가 일리가 있었습니다. 자신이 만든 모든 창조물을 사랑하셨고 모든 사람을 간절히 용서하기 원하시는 당신의 강력한 창조자 하나님과 화해하기를 나도 무척 갈망했어요. 우리가 만난 이후, 오랜 세월 동안 나는 기도를 해 왔고, 어느 정도는 그분이 내 기도를 들어주신다는 느낌도 받았습니다. 하지만 이 예수님을 전적으로 따르려면 내가 가진 모든 것을 버려야 한다는 사실도 알고 있었습니다. 그런데 그럴 수 없었습니다. 이런 신은 내가 다른 신들에게 여기서는 제물을, 저기서는 술을 바치는 식의 예배를 용납하지 않을 겁니다.

이 신은 내 전부를 요구할 것이고, 난 아직 그럴 준비가 되어 있지 않았던 것입니다. 더 중요한 문제는, 내가 아직 용서받을 준비가 되어 있지 않았습니다. 나는 뵈뵈의 기대를 저버린 사람인데, 그 짐을 그냥 벗어 던진다는 것은 다소 무정해 보이기도 하고 너무 쉬운 해결책 같았습니다. 내가 저지른 잘못은 이제 지난 일이고 용서받았다는 식의 처리는 나 스스로 나에게 줄 수는 없는 사치였습니다. 나는 상상도 못 할 최악의 방식으로 뵈뵈에게 실망을 안겼습니다. 나에게 그로 인한 고통이 멈춘다면, 더는 그 일에 신경 쓰지 않는 것처럼 느껴질 것 같았습니다. 난 오랫동안 내 양심과 씨름했지만, 결국 그렇게 할 수는 없었습니다. 그래서 그냥 떠난 거예요. 시간이 흐르면서 난 종종 궁금했어요, 내가 만일 떠나지 않았다면 어땠을까."

티투스의 이야기가 진행되는 동안 뵈뵈의 뺨에는 눈물이 흘러내렸다. 뵈뵈는 이토록 온화하고 친절한 사람이 오래전에 그가 저지른 일 때문에, 그리고 지지르시노 않았던 일 때문에 이렇게 오랜 시간 자신을 채찍질했을 것이라고는 한 번도 생각해 보지 못했다.

"수년 동안 내가 깨달은 게 하나 있습니다." 베드로가 이야기를 시작했다. "'만약 그때 그랬다면 어땠을까' 혹은 '그렇게 하지 않았다면 어떻게 됐을까' 궁금해 하는 것이 여러분에게 아무 유익이 없는 헛된 노력일 뿐이라는 것입니다. 이 부분은 제가 잘 아니, 저를 믿으세요. 예수님이 돌아가신 후, 제가 할 수 있는 건 '만일 그랬다면 어떻게 됐을까?' 상상해 보는 것뿐이었습니다. 내가 예수님을 구할 수 있지 않았을까 하는 생각에 수많은 절망의 시간을 낭비했습니다. 예루살렘에 가지 말라고 아니면 적어도 유월절에는 가지 말라고 그분을 설득할 수 있지 않았을까? 유월절에는 모여드는 군중이 너무 많은 데다 너무 불안정하니, 차라리 다른 시기에 갔으면 사람도 별로 없었을 테고 그러면 그분이 돌아가실 필요도 없었을 텐데 라는 생각도 했습니다. 어쩌면 유다를 설득해서 그의 분노를 누그러뜨릴 수도 있었겠지요. 나는 유다가 예수님에게 점점 환멸을 느끼고 있다는 사실을 알고 있었습니다. 내가 개입을 했다면 아마 그의 분노를 잠재웠을지도 모릅니다. 하지만 그때는 나 자신도 예수님께 화가 많이 나 있었습니다. 왜 예수님이 로마인에 대항해 반란을 일으키지 않는지 이해할 수 없었지요. 만일 내가 예수님을 부인하지 않았다면, 그분이 재판을 받을 때 함께 서 있었을 테고, 그들을 설득해서 유죄 판결이 나오지 않게 했을지도 모릅니다. 아시다시피 산헤드린 공회에는 선한 사람도 많이 있었고, 그분을 구할만한 구실이 조금이라도 있으면 그걸 움켜잡았을 겁니다. 아마도…. 그렇게만 되었다면 좋았겠죠. 그런데 말이지요, 당신이 꼭 깨달아야 할 건 이겁니다. 내가 질문하고 있었던 것은 우리 모두를 위해 돌아가셨던 그분을 구하기 위해 내가 할 수 있었을지도 모르는 일이예요."

그는 몸을 떨면서 껄껄 웃었다. 그러고는 금방 다시 진지해졌다. "가끔 나는 우리가 용서를 두고 이런저런 이야기를 하는 방식이 옳은지 궁금해집니다. 용서는 예수님께서 하신 말씀에서도 핵심입니다. 하나님께서 우리를 용서했으니 우리도 서로 용서해야 합니다. 그것은 우리가 선포하는 복음의 가장 중심입니다. 문제는 당신이 방금 말한 것처럼 우리가 용서에 관한 이야기를 할 때 용서가 너무 쉬운 것처럼, 심지어는 진부하게 들린다는 겁니다. 마치 말 한마디로 과거가 전혀 일어나지 않은 것처럼 지워질 수 있다는 식으로 이야기된다는 겁니다. 저는 모든 사람 가운데서도 용서가 그보다는 훨씬 더 복잡하다는 사실을 잘 아는 사람입니다."

"실례지만 질문 하나 드리겠습니다." 티투스가 끼어들었다. "제 생각에 당신이 바로 그 위대한 사도 베드로인 것 같은데, 세상에 당신도 용서 받을 일이 있단 말입니까?"

이 질문을 듣고 펠릭스가 손사래를 치며 베드로의 답변을 막아 나섰다. 모두 티투스의 질문에 대한 적절한 답변이라고 베드로가 생각하는 이야기를 하지 못하게 막으려는 것이 분명했다. 하지만 그와 동시에 펠릭스는 비비의 나가 놀자는 요구를 철저히 무시하면서 눈을 반짝거리며 의자 앞쪽으로 바짝 당겨 앉았다. 베드로가 예수님과 함께했던 이야기를 이제 막 풀려는 참이었고, 그의 이야기는 놓치기에는 너무 아깝고 특별했다.

"내가 사도이기는 합니다." 베드로가 시인했다. "하지만 단언컨대 위대한 사도는 아니오. 때때로 바울이 말하는 것을 들어보면, 예수님을 따르면 하룻밤에 사람이 변화된다는 식으로 말하는 것 같다는 생각이 듭니다. 이를테면 그는 '옛것이 지나가고 새것이 왔다'라고 이야기했지요. 하지만 나에게는 결코 그런 일이 일어나지 않았습니다."

"뵈뵈가 가져온 바울의 새 편지에는 그와는 조금 다른 이야기가 있어요." 브리스가 끼어들었다. "편지 중간에서 그는 자신이 원하는 것은 하지 않고 오히려 싫어하는 바로 그 일을 한다고 말했어요. 선한 일을 하길 원하지만 결국 원치 않는 악한 일을 하게 된다는 이야기도 있어요. 우리가 그를 아주 많이 오해하고 있을지도 몰라요. 바울도 나머지 우리처럼 그리스도인의 삶을 사느라 고군분투하고 있는 게 아닐까요?"

"내 생각에는 그 내용에서 바울의 의도는 그런 게 아니에요." 아굴라가 말했다. "내 생각에 그는 그리스도인이 되기 전 유대인으로서 자신의 윤리적 투쟁을 말하고 있는 거예요. 뵈뵈 당신의 생각은 어때요?"

"죄송하지만, 저는 또 다르게 들었어요." 뵈뵈가 대답했다. "저는 바울이 율법을 기뻐하지만 그것을 제대로 따를 능력이 없는 이스라엘이 어떤 상태였는지 이야기하고 있었다고 생각해요. 전 그가 그리스도인의 삶에 관한 이야기를 하고 있다고는 전혀 생각하지 않아요."

"아니요, 그는 분명히 자신에 관한 이야기를 하는 거예요." 브리스가가 자신 있게 말했다.

이 문제를 가지고 브리스가와 아굴라, 그리고 뵈뵈가 동시에 이야기를 시작했다. 그리고 다른 사람이 이해한 것은 바울이 의도한 의미가 아니라고 서로 설득하려고 애를 썼다. 뵈뵈는 지적인 소매를 걷어붙이고 이 싸움에 뛰어든 자신의 모습을 보며 자신 안에 생긴 변화를 돌이켜보았다. 일 년 전만 해도 그녀는 이런 논쟁을 한다는 생각만으로도 두려움에 떨었을 것이다. 고린도에서 지도자 역할을 할 때도 그녀는 조용하고 내성적이었고, 주변 사람을 잘 돌봐주는 것으로 존경을 받았지 전혀 단호한 사람이 아니었다. 그랬던 그녀가 지금은 시끄러운 논쟁의 한복판에서 자기 이야기를 들으라며 목소리를 높이고 있었다.

그때 베드로가 고함을 쳤다. 그 소리가 어찌나 컸던지 멀리 떨어진 길거리까지 들릴 정도였다. 뵈뵈는 베드로가 이런 고함 소리로 갈릴리 호수 건너편에서 함께 고기를 잡던 사람들의 시선을 끌었을 것이라는 생각을 했다. 그의 고함은 확실한 효과를 발휘했다. 다시 한번 조용해졌고, 다시 베드로가 입을 열었다. "내 이야기를 하고 있던 게 아니었나요? 지금껏 바울의 편지 중 가장 난해한 그 편지의 의미가 무엇인지 따지려는 논쟁을 시작하려던 것은 아니었다고 기억합니다만."

"나는 그 편지가 난해하다고는 말하지 않겠어요." 브리스가 반대 의견을 냈다. "복잡하다는 표현이 적당해요." 베드로는 그녀를 사나운 눈초리로 뚫어져라 쳐다보았다. 브리스가는 자신이 혼나고 있다는 사실을 안다는 듯 입을 다물었다. 아굴라가 껄껄 웃었다. "여보, 내가 늘 말했잖아요. 베드로를 만나보면 당신의 천적이 누군지 알게 될 거라고. 당신이 바울과는 치열한 논쟁을 벌일 수 있겠지만, 베드로는 완전히 다른 상대예요!" 브리스가는 기묘하게 이마를 찡그렸지만, 베드로를 쳐다보더니 현명하게도 침묵하기로 했다.

베드로가 단호한 목소리로 말을 이었다. "내가 말하고 있었듯이, 예수님의 제자가 된다는 것은 말이에요, 일부 그렇다는 사람도 있지만, 그렇게 간단한 것이 절대 아닙니다. 어부 시절에 나는 말을 먼저 하고 생각은 나중에 하는 사람으로 유명했습니다. 장사하러 세포리스에 가면 거래나 협상처럼 말로 하는 일은 언제나 안드레가 도맡았습니다. 내가 그리스 말을 할 줄 몰라서 그런 게 아닙니다. 내 바람일 수도 있지만, 나는 그리스 말을 어느 정도 세련되게 구사할 줄 압니다." 베드로는 확인차 방 안을 둘러보았다. 방 안의 사람들은 대부분 열정적인 동의의 뜻으로 고개를 끄덕였지만, 오직 티투스만은 미심쩍은 눈치였고 그 반응으로 특유의 귀족적인 눈썹을 치켜들었다. 베드로는 자신의 제2 언어에 대한 작은 칭찬을 듣겠다고 그를 압박하지는 않기로 하고 하던 말을 계속했다.

"문제는 내가 입을 열 때마다 많은 고객의 마음을 불편하게 했다는 사실이었습니다. 나는 그저 마음속의 생각을 있는 그대로 계속 말했을 뿐인데, 그게 문제라는 사실을 알아차리기도 전에 판매 협상이 결렬되곤 했습니다. 결국 안드레는 내 입을 꾹 다물게 하고 물고기 들어 올리는 일만 시키고, 장사하는 역할은 자기가 맡더군요. 그런데 예수님을 만났을 때, 그분은 내 이런 특징을 꺼리는 것 같지 않았어요. 그분은 나에게 본 것 그대로 말하기를 원하는 듯했습니다. 그분은 계속해서 질문을 던지고는 우리 스스로 진리를 깨달아 가길 기다리셨습니다. 가끔은 입에서 나오는 대로 여과 없이 말하는 내 성향이 쓸모가 있었습니다. 한 번은, 내 기억으로는 우리가 가이사랴 빌립보라는 지역 가까이 있었을 때입니다. 그곳 근처에 북쪽으로 헐몬산이 있지요. 길을 따라 걷고 있을 때, 예수님께서 사람들이 당신을 두고 무슨 이야기를 하는지 물으셨습니다. 사람들은 많은 이야기를 하고 있었고, 우리는 그 내용을 말씀드렸습니다. 사람들은 그분을 세례요한, 엘리야, 아니면 그런 선지자 중 하나가 아닐까 생각했습니다. 우리 대답을 듣고 난 뒤, 그분은 우리에게 물으셨습니다. 우리는 그분을 누구라고 생각하느냐고 말입니다. 어색한 침묵이 흘렀지요. 우리는 확신이 없었습니다. 그분이 위대한 랍비시고 기적을 행하는 분이라는 건 알고 있었습니다. 그분이 어디로 가시든 우리도 따르리라는 것도 분명했습니다. 그분은 예수님이셨고, 그것으로도 우리에게는 충분했습니다. 그런데 갑자기 무엇인가 번득 내 머릿속에 떠올랐고, 제지하기도 전에 평소처럼 입이 움직였습니다. '당신은 메시아이십니다.' 이것이 내 대답이었습니다. 이 말을 내뱉고 나서, 사실 다른 사람보다 내가 더 놀랐습니다. 그런데 그 말을 한 그 순간, 나는 그 말이 진실이라는 것을 깨달았습니다.

 물론 그러고 나서는 또 일을 망쳤습니다. 예수님은 자신이 어떻게 죽고 다시 살아날지 말씀하시기 시작했어요. 나는 그분을 한쪽으로 모시고 가서, 그 말이 얼마나 끔찍한 이야기인지 기를 쓰고 설명했습니다. 메시아는 강력한 지도자로서 승리를 가져올 분이라는 것이 모든 사람의 상식이었습니다. 자신의 실패와 죽음을 계속 이야기하고 다닌다면, 사람들은 그분에 대한 믿음을 잃게 될 겁니다. 사람들이 자기를 메시아라고 생각하게 하려면, 메시아처럼 보여야 할 거 아닙니까? 그랬더니 예수님께서 나를 꾸짖고는 사탄이라고 부르시는 겁니다. 도무지 이유를 알 수 없었습니다. 너무 가혹하게 느껴졌지요. 물론 지금은 이유를 압니다. 사탄은 광야에서 예수님을 시험한 적이 있습니다. 예수님이 그분의 능력을 그분 자신을 위해 사용하게 하려고 애를 써 댔죠. 나도 사탄과 같은 짓을 하고 있었던 겁니다. 그분으로 하여금 부르심 받은 소명과 다른 모습이 되라고 설득하고 있었던 거지요."

"그렇게 나쁘게 들리지는 않는데요." 티투스가 격려하듯 말했다. "나는 당신이 왜 그렇게 부끄러워하는지 이해할 수가 없네요. 그 당시에는 예수님이 정말 어떤 분인지 이해하기 어려웠을 겁니다. 우리는 유리한 위치에 있는 겁니다. 이야기의 자초지종을 알고 있으니까요. 그 당시에는 당신이 그 일을 직접 겪으면서 무슨 의미인지 헤아려야 했으니 어려웠겠지요."

베드로가 웃었다. 크게 껄껄대는 그의 웃음은 벽과 천장에 부딪힌 후 그 막힌 공간 안에 매우 크게 메아리쳤다. "당신에게 복이 있기를, 하지만 정작 내가 부끄러워하는 일은 따로 있습니다. 그게 끝이라면 좋았겠죠. 나중에 내가 한 일은 훨씬 더 심각했습니다."

21장

뵈뵈는 베드로가 무슨 이야기를 할지 정확히 알고 있었다. 고린도에 있을 때 그 이야기를 들은 적이 있다. 그런데 이번에 다시, 그것도 베드로의 입으로 직접 듣게 될 생각을 하니, 벌써 속이 메슥거렸다. 방안에 침묵이 흘렀다. 베드로가 입술을 축였다. 지금에 와서도 여전히 그 사건을 떠올리면 감정이 격해지는 모양이었다. 티투스가 운을 띄웠다. "당신이 예수님을 부인했다고 아까 언급했잖아요."

"그랬죠." 베드로는 눈물이 가득 고인 채 고개를 들었다. "맞아요, 나는 부인했습니다. 그리고 이렇게 오랜 시간이 흘렀는데도 여전히 나는 내가 왜 그랬는지 말할 수가 없습니다. 나는 너무 자신만만했습니다. 내 충성심과 사랑에 대한 확신이 있었습니다. 심지어 예수님의 얼굴 앞에서 결단코 그분을 버리지 않겠다고 말하기까지 했습니다. 하지만 예수님은 내가 부인할 거라는 사실을 알고 계셨어요. 심지어 언제 그 일이 벌어질

지까지 알려주셨지만, 나는 너무 확신에 차 있어요. 나를 너무 믿었고 교만했습니다. 그래서 그분이 하시는 말씀을 귀담아듣지 않았어요. 아마 나의 그런 태도가 모든 사태의 출발점이었을 겁니다. 만약 내가 그렇게 교만하지 않았다면 이후에 벌어진 일을 막았을지도 모릅니다. 그 마지막 만찬을 마치고 겟세마네로 걸어갈 때, 나는 예수님께 그분을 절대 떠나지 않겠다는 말을 했습니다.

그분은 무슨 이유인지 근심하는 기색이 역력했습니다. 하지만 그날 저녁은 너무 아름다웠습니다. 올리브 나무 위로 떠 있던 석양은 황금빛으로 우리를 물들였고, 나는 거기에 정신이 팔렸습니다. 그래서 나중에 그 일을 돌이켜 볼 때야 비로소 예수님의 괴로움을 알아챘습니다. 우리는 그동안 유월절을 준비하느라 바빴고 유월절 식사로 배가 많이 부른 상태였습니다. 그래서 예수님께서 우리에게 함께 기도하자고 요청하셨을 때, 모두 차례차례 잠들고 말았습니다. 정말 일부러 그런 것이 아니라, 눈이 감기는 걸 도무지 참을 수가 없었습니다."

티투스가 무슨 말을 하려는 것처럼 보였지만, 베드로가 막았다. "이것 역시도 그렇게 문제되는 행동으로 들리지는 않는다는 이야기를 할 참이었다면, 그만 멈추세요. 그것 역시 내가 정말로 부끄러워하는 대목이 아니기 때문입니다. 물론 조금은 부끄럽긴 합니다. 괴롭고 심란하신 예수님을 곁에 두고, 우리는 졸고 있었습니다. 그때를 되돌아보며 또다시 상상을 해 봅니다. 내가 잠들지 않았다면 어떻게 됐을까? 만일 깨어 있어 함께 기도했다면? 모든 게 달라질 수도 있었을 텐데. 예수님이 우리를 깨우셨습니다. 우리가 깨어났을 때는 이미 해가 지고 많이 어두워진 후였습니다. 그때 나무들 사이로 많은 횃불이 우리 쪽을 향하여 오고 있는 것이 보였습니다.

그들이 가까이 왔을 때, 유다가 그들과 함께 있다는 것을 알아챘습니다. 아직 잠이 덜 깬 내 머리로는 무슨 일이 벌어지고 있는지 계산할 수가 없었습니다. 심지어 나는 유다가 더는 우리와 함께 있지 않았다는 사실조차 모르고 있었습니다. 잠깐이지만 유다가 예수님의 가르침을 듣게 하려고 새로운 추종자를 몇 명 데리고 온 것이 아닌가 생각도 했습니다. 그런데 그때 그들의 손에 들려있는 칼과 곤봉이 눈에 들어왔고, 그래서 나는 예수님이 로마에 반란을 일으키실 것을 대비해서 유다가 군대를 모아왔다고 생각했습니다. 그런데 다시 보니, 그들은 성전 경비대였습니다. 내가 땅에 주저앉아 자포자기하며 그들이 도대체 왜 여기 왔는지 생각하고 있을 때, 유다가 앞으로 나오더니 예수님의 뺨에 입을 맞췄습니다.

그 순간 세상이 미쳐 돌아가기 시작했습니다. 군인들이 앞으로 나오더니 예수님을 체포했습니다. 유다는 비틀거리며 나를 지나치더니, 거친 눈빛을 하고는 어디론가 떠났습니다. 누군지는 모르지만 어떤 사람이 검을 빼 노예 한 명의 귀를 잘랐습니다. 광기로 엉망진창이 된 세상에 공포가 덮쳤고, 그 상황에서 내가 생각해낼 수 있었던 유일한 행동을 했습니다. 나는 뛰고 또 뛰었습니다. 내가 어디로 가는지, 왜 도망가는지도 모르고 뛰었습니다. 내가 아는 건 도망가야 한다는 사실 하나밖에 없었습니다."

베드로의 말이 멈췄다. 마음속에서 그 끔찍한 밤을 다시 경험하고 있는 것이 분명했다.

티투스가 측은한 마음으로 그를 바라보았다. "나는 여전히 당신이 했던 행동이 이해할 만하다고 생각합니다. 여기 있는 누구라도 똑같이 행동했을 거예요."

베드로는 티투스를 바라보고는 쓸쓸하게 웃었다. "당신은 대단히 친절하고 동정심이 많은 분이군요. 그 점은 고맙게 생각합니다. 하지만 아직 끝나지 않았습니다. 더한 일이 있었습니다.

그렇게 달려가다가 나는 결국 멈췄습니다. 그리고 부끄러움이 물밀 듯이 밀려와 나를 덮쳤습니다. 어떻게 이 상황에서 도망갈 수 있지? 내가 할 일은 오직 돌아가는 것밖에 없었습니다. 그래서 돌아갔지요. 나는 방금까지 달려왔던 길을 반대로 달리고 또 달렸습니다. 얼마 지나지 않아 천천히 움직이는 큰 무리를 따라잡을 수 있었습니다. 거리를 두고 그들을 뒤쫓았습니다. 그들은 예수님을 대제사장의 집으로 데리고 들어갔습니다.

그때는 이미 해가 진 지 오래였고, 밤공기가 차가웠습니다. 집안 뜰에는 지펴진 불이 있었습니다. 나는 손이라도 녹일까 해서 사람들 사이를 비집고 불가로 갔습니다. 내가 앉자, 여러 사람이 몸을 돌려 나를 빤히 쳐다보았습니다. 어떤 사람은 손으로 입을 가리고 옆 사람에게 무언가 말을 했고, 어떤 사람들은 나를 가리키며 속닥거렸습니다. 극심한 공포가 다시 엄습했습니다. 그리고 불 건너편에서 적의가 담긴 눈초리로 나를 째려보던 한 노예 소녀가 나를 지목하며 '이 사람도 그와 함께 다니던 사람이에요'라고 말했습니다. 그때 나도 모르게 내 입이 움직였습니다. '나는 그 자를 모릅니다.' 이것이 내 입에서 나온 말이었습니다.

그런데 이게 한 번으로 끝나지 않고 반복되었습니다. 내가 예수님과 함께 있는 모습을 그들이 목격했다는 사실을 나는 몰랐습니다. 이후로 두 번 더 사람들은 나를 그분의 제자로 지목했습니다. 바로 전날만 해도 나는 그분의 제자라는 사실로 자부심이 넘쳤는데, 이제는 그 사실이 나를 공포로 몰아넣었습니다. 내가 어떤 사람인지 그들이 알게 되면 어떻게 되는 거지? 나도 체포되는 걸까? 나는 그 자리에서 벗어나 내 목숨을 구해야 했습니다. 그래서 세 번째 같은 상황이 벌어졌을 때, 나는 버럭 소리를 질렀습니다. '당신이 무슨 말을 하는지 나는 도무지 모르겠소.' 내 목소리는 분명 예수님이 잡혀 계셨던 뜰 건너편까지 들렸을 겁니다. 왜냐하면, 예수님이 몸을 돌려 내 눈을 똑바로 응시하셨거든요. 예수님이 앞서 말씀하신 대로 바로 그 순간 수탉이 울었고, 내 심장은 둘로 쪼개지는 것 같았습니다. 내가 결단코 하지 않겠다고 맹세했던 그 행동을 하고 말았고, 예수님도 그 사실을 알게 되셨습니다."

베드로의 긴 이야기가 끝이 났다. 그리고 어디 다시 한번 연민에 찬 위로의 말을 해 보라는 듯 티투스를 바라보았다. 티투스는 어깨를 한번 들썩이며 패배를 인정했다. 베드로의 끔찍한 이야기를 누그러뜨릴 만한 말이 생각이 나지 않았다. 그러다 생각이 하나 떠올랐다. "적어도 당신은 유다가 한 짓은 하지 않았잖아요."

베드로는 고개를 갸우뚱했다. "당신은 참 친절한 사람이군요. 나도 그 부분을 오랫동안 골똘히 생각해 봤습니다. 내가 한 짓이 유다가 한 짓보다 더 나쁘지는 않지만, 그렇다고 더 나은 것도 분명 아니잖아요? 유다와 나는 모두 각자의 방식으로 그분을 배신한 겁니다. 유다의 배신이 예수님의 죽음을 일으킨 직접적인 원인인 건 맞습니다. 하지만 나의 배신도 어느 정도 이바지한 겁니다. 내가 만일 산헤드린 공회에 참석해 예수님 옆에 서서 예수님을 변호했다면, 혹시 다른 결과가 나왔을지 누가 알겠어요? 또 설령 결과를 바꾸지 못했더라도, 가장 어려운 순간에 예수님을 완전히 홀로 내버려 두는 일은 없었을 겁니다. 나는 내가 그분의 친구라고 생각하고 싶었는데, 정말 좋은 친구가 되고 말았네요."

"유다는 어떻게 되었나요?" 티투스가 물었다. "확실한 사실은 아무도 모릅니다." 베드로가 말했다. "그날 밤 이후로 유다를 본 사람은 아무도 없었습니다. 그는 죽었습니다. 하지만 어떻게 죽었는지는 모릅니다. 어떤 사람은 그가 죄책감과 후회에 압도당해 자살했다고 합니다. 유다가 부정하게 번 돈으로 땅을 샀고, 심한 낙상 사고를 당해 내장이 흘러나와 죽었다는 이야기도 있습니다. 나는 그를 생각할 때마다 슬픔이 밀려옵니다. 어떻게 죽음을 맞았든, 그가 절망에 싸여 외롭게 죽었다는 사실은 변하지 않으니까요. 부활하신 예수님이 유다를 만났다면 그에게 무슨 말을 했을지 나는 정말로 궁금합니다. 나는 예수님이 유다를 용서하는 장면을 생각해 보곤 합니다."

"예수님이 당신을 용서하신 것처럼요?" 펠릭스가 앞서 나갔다. 그는 베드로가 이야기하는 내내 움직이지 않고 생쥐처럼 가만히 앉아있었다.

"그분이 나에게 하셨던 것처럼 말입니다." 베드로가 수긍했다.

뵈뵈는 이 시점에서 앞으로 나와 앉았다. 베드로의 이야기에서 이 부분은 아직 들어본 적이 없었기 때문이다. 사실 지금까지의 이야기는 베드로 본인의 입을 통해 듣는다는 것 빼고는 이전에 들었던 것과 비교해 새로운 게 하나도 없었다. 하지만 베드로가 용서받은 이야기는 들어본 적이 없었다.

"예수님이 죽음에서 부활하신 후, 나도 다른 사람들과 마찬가지로 놀랍고 황홀했습니다. 한 무리로서 우리는 절망과 의심에서 경이로, 그리고 마침내 기쁨으로 옮겨갔습니다. 단 며칠 만에 일어난 일이었죠. 예수님이 정말로 살아나셨다는 것을 알게 되자, 지난날의 암울함은 단지 어젯밤 꿈에 불과한 것처럼 느껴졌습니다. 물론 예수님은 자신이 다시 살아나실 것이라고 미리 말씀하셨지만, 내 생각에는 우리 중에 그 의미를 제대로 이해한 사람이 아무도 없었습니다. 그분의 죽음 이후 우리는 절망에 빠져 그 예고를 까맣게 잊고 있었어요. 그래서 다른 사람들과 마찬가지로 나도 그분의 부활을 알고 환호성을 질렀습니다. 하지만 동시에 그분을 볼 때마다 부끄러운 감정이 심하게 몰려와 그분 앞에 서 있기도 힘들었습니다. 나는 절대로 그분과 둘만 따로 있지 않고 절대 눈이 마주치지 않으려고 노력했습니다. 모두 예수님이 계신 곳으로 몰려갈 때도 나는 뒤로 빠졌습니다.

그분이 부활하시고 나서 우리는 갈릴리로 돌아갔습니다. 혼란스럽고 불확실했던 이 모든 일을 겪고 난 후, 익숙한 고향으로, 우리가 너무 잘 알고 있는 환경으로 돌아오니 마음에 위안이 되었습니다. 어느 날 아침, 나는 부끄러운 생각이 계속 들어 너무 초조했고 뭐라도 해야만 했습니다. 뭔가 하지 않으면 불안한 마음이 진정이 되지 않았거든요. 다른 사람들에게 고기를 잡으러 간다고 말했더니, 모두 함께 가겠다고 했습니다. 우리는 모두 감당하기 힘든 생각을 떨쳐버리기 위해 뭔가 할 일이 절실하게 필요했던 겁니다. 하지만 이 사람들과 함께 가는 것은 장단점이 있었습니다. 옛날 좋았던 시절처럼 안드레는 옆에 있는 것만으로 나에게 위안이 되었습니다. 하지만 전직 세금징수원인 마태는 골칫거리였습니다. 그는 몇 번이나 배를 전복시킬 뻔했거든요.

그날은 물고기 잡기에는 최악의 밤이었습니다. 밤새 그물을 던졌지만 한 마리도 잡지 못했습니다. 좌절한 나머지 비명을 지르기 직전이었습니다. 우리는 고기 잡는 데 필요한 모든 걸 제대로 했습니다, 모든 것을요. 그런데도 물고기가 한 마리도 보이지 않았습니다. 나는 불운을 몰고 다니는 마태를 탓하고 싶었지만, 사실 그건 그의 잘못도 아니었습니다. 더구나 선미에 묶여 있던 밧줄 매듭을 풀라고 이미 마태를 보낸 터였으니, 그에게 뒤집어씌울 수는 없었습니다.

해가 막 떠오르기 시작했고 우리는 희망을 버리고 포기하려던 참이었습니다. 그런데 해변에 누군가 서 있는 것이 보였습니다. 그 사람이 누구인지 알아볼 수는 없었습니다. 그 사람이 떠오르는 태양을 등지고 있는 탓에, 그 사람의 형체밖에는 안 보였습니다. 그런데 그 사람이 우리를 향해 소리를 치며 그물을 배 반대편으로 치라는 겁니다. 난 분노가 치밀었습니다. 낯선 사람이, 그것도 해변에서, 더구나 어부인 나에게 고기 잡는 법을 가르치려 들다니. 그런데 그렇게 짜증이 일어나는 순간, 몇 년 전 있었던 일이 갑자기 떠올랐습니다. 그건 내가 예수님을 처음 만났을 때의 일이었는데, 그때도 나는 짜증이 났었습니다. 갑자기 그 일이 떠오른 건 짜증 때문이었던 거지요.

지금처럼 그때도 우리는 밤새 그물을 던졌지만 한 마리도 잡지 못했습니다. 우리는 지칠 대로 지쳤고, 그물은 뭐가 걸렸는지 찢어져 수선이 필요했습니다. 그때 이 랍비가 나타난 겁니다. 나는 이미 다른 사람에게 이야기를 들어 그를 알고 있었습니다. 나사렛에서 논란이 많은 내용을 가르쳐 린치를 당해 거의 죽을 뻔했다고 들었습니다.

아무튼 이 사람을 따르는 군중이 너무 많았고, 그는 사람들과 대화를 하기 위해 내 배를 타고 조금 호수로 나가기를 원했습니다. 나는 호기심이 발동했습니다. 나는 늘 어느 정도의 논란을 즐기는 사람이었거든요. 그래서 내 배를 사용하도록 허락했습니다. 난 그에게 감탄했어요. 내가 보기에 그는 논란을 일으키려는 사람이 아니었습니다. 도리어 현명하고 정이 많은 사람이었습니다. 들으면 들을수록 나도 그 사람의 가르침을 따라 세상을 바라보고, 그 사람처럼 세상을 사랑하고 싶어졌습니다. 그런데 대화가 끝나갈 때쯤 그가 우리를 보고 그물을 다시 한번 던져 보라는 겁니다. 이렇게 뻔뻔스러울 수가! 전에는 목수였고 지금은 선생인 사람이 감히 평생 고기만 잡은 우리에게 고기 잡는 법을 가르친다고! 게다가 그때는 한낮이었습니다. 낮에는 고기가 잘 안 잡힌다는 건 모두가 아는 상식이란 말입니다.

난 몹시 화가 났고, 화난 마음을 좀 진정시킬 요량으로 그물을 바다에 확 던졌습니다. 그런데 그때 정말 기이한 일이 벌어졌습니다. 그물이 수면 밑으로 가라앉자마자 부풀어 오르더니 곧 꽉 차서 터질 것 같은 느낌이 들었습니다. 안드레와 나는 그물을 계속 잡아당겼습니다. 그런데 우리 두 사람으로는 감당이 안 될 정도로 그물이 너무 가득차서, 결국 도와달라고 다른 배를 불러야 했습니다. 어부로 지낸 세월을 통틀어 그토록 엄청나게 많은 고기를 잡은 건 처음이었습니다.

  내게는 익숙한 그 짜증이 올라왔을 때 이 모든 기억이 번쩍하고 돌아온 것이었습니다. 나는 속으로 생각했습니다. '그때도 내 생각이 틀렸으니, 이번에도 내 생각이 틀릴지 몰라.' 시도해 볼 만한 제안이었고, 그래서 내 분노를 모두 담아 배 반대쪽으로 그물을 힘껏 던졌습니다. 지난번과 꼭 마찬가지로 그물이 수면 밑으로 가라앉자, 물고기가 들어오기 시작하더니 곧 그물이 찢어질 정도로 가득찼습니다. 누군지는 모르겠지만 내 뒤에 있던 사람이 이야기했습니다. '주님이시잖아.' 하지만 굳이 그가 말을 하지 않았더라도, 나는 이미 알고 있었습니다. 그 사실을 알았을 때, 내 안 깊은 곳에서 무엇인가 터져 나오기 시작했습니다. 수치심, 굴욕감, 두려움 같은 감정이 소용돌이쳤고, 나는 그 자리에서 바다로 뛰어들었습니다. 헤엄을 쳐 곧장 그를 향해 갔습니다. 물 밖으로 나와 대제사장의 안마당에서 내가 그를 부인했을 때처럼 똑바로 그의 눈을 바라보았습니다. 그리고 바로 그순간, 나는 내가 용서받았다는 사실을 알았습니다."

22장

"정말 마음이 놓였겠군요." 티투스가 미소를 띠었다. 방금 처음 만난 이 사람이 마음에 들었다.

"아니에요, 이상하게도 마음이 놓이지 않았습니다." 베드로가 말했다. "내가 당신에게 말하고 싶었던 것이 바로 이 부분입니다. 용서는 당신이 처음에 생각했을 내용보다 훨씬 더 복잡하다는 이야기를 해 주고 싶습니다. 여기 뵈뵈를 예로 들어보겠습니다. 뵈뵈는 당신이 그녀에게 저지른 모든 잘못을 용서했습니다, 그렇지 않나요?" 이 말을 하고 나서, 베드로는 진지하게 뵈뵈를 바라보았다.

"물론입니다." 뵈뵈가 말했다. "하지만 애초에 그가 그렇게 큰 잘못을 저에게 저질렀다고는 생각하지 않아요. 그건 오히려 제 잘못이었죠."

그동안 몇 번이고 중간에 끼어들어 이의를 제기했던 티투스가 이번에도 그러려는 기색을 보였지만, 베드로가 손을 들어 막았다. "비난의 책임 문제는 잠시 미뤄 두기로 합시다. 당신들은 서로 화해한 겁니다. 당신은 자신의 슬픔과 회한을 쏟아냈고, 뵈뵈는 당신을 용서했잖아요." 베드로는 기대하는 눈빛으로 그들을 바라보았다.

티투스와 뵈뵈는 둘 다 수긍한다는 의미로 고개를 끄덕였다.

"그래서 과거가 사라졌습니까? 모두 지워진 건가요? 이제는 다 잊었습니까? 그리고 티투스, 더 이상의 후회는 없나요? 퀸투스에 대해서는요? 퀸투스를 생각하면 마음이 어떤가요?"

무슨 말을 해야 할지 깊은 고민에 빠진 듯 미간을 찡그린 채, 티투스는 몇 차례 입을 열었다가 닫기를 반복했다. 그러는 동안, 뵈뵈도 오래도록 골똘하게 자신의 마음속을 들여다보았다. 그리고 마음속 깊숙이 도사리고 있던 감정을 알아차렸다. 그것은 그녀가 퀸투스를, 또 그가 자행했던 모든 짓을 생각할 때마다 치밀어 오르던 분노였다. 뵈뵈는 지금 이 순간까지 그런 분노의 존재조차 전혀 인식하지 못하고 있었다.

베드로는 그들을 향해 미소를 지었다. "괜찮습니다. 그런데 말입니다, 내키지 않으면 굳이 요란하게 떠들 필요가 없는 걸까요? 나는 그렇게 생각하지 않았습니다. 나는 그 누구보다도 용서가 복잡하다는 사실을 잘 압니다. 용서는 뒤엉킨 거대한 실타래 같은 겁니다. 내가 그 바다에서 좌절의 밤을 보낸 후의 내 그물 같다고도 할 수 있겠네요.

어느 한순간의 한마디 말, '나는 당신을 용서합니다'가 엉킨 실타래에서 어느 줄 하나를 느슨하게 만들 수는 있습니다. 하지만 나머지 실은 그대로예요. 훨씬 더 큰 노력이 필요합니다. 예수님도 이 사실을 알고 계셨습니다.

아침을 먹은 후, 그분과 나는, 우리는 이야기를 나눴습니다. 이야기를 마칠 때쯤, 그분이 나에게 무슨 말을 하셨는지 혹시 아세요? '나를 따르라.' 난데없이 그러시는 겁니다. '나를 따르라.' 내가 그분을 처음 만났을 때 하신 것과 똑같은 말씀이었습니다. 그때 그분은 새롭게 출발할 수 있다는 말씀을 하고 계셨던 겁니다. 나는 처음으로 돌아가 모든 걸 새롭게 시작할 수 있었습니다. 그런데 그 말씀을 하시기 전에, 다른 말씀도 조금 하셨습니다.

예수님은 내가 그분을 사랑하는지 세 번이나 물으셨습니다. 처음 그 질문을 하셨을 때는 무척 감사했습니다. 나는 그분을 사랑한다고, 그분을 부인했던 건 진심이 아니었다고, 그리고 그건 끔찍한 실수였다고 정말로 말씀드리고 싶었거든요. 그런데 그 말을 할 기회가 생겼으니 천만다행이었지요. 하지만 두 번째 같은 질문을 하셨을 때는 혼란스러웠습니다. '나를 의심하고 계시는가?' '내 말이 진심이 아니라고 생각하시는 걸까?' 이윽고 세 번째 물으셨을 때는 상처를 받았습니다. '왜 나를 믿지 못하시지?' 저는 나중에야 그렇게 세 번 질문하신 이유를 이해했습니다. 나는 그분을 모른다고 세 번이나 부인하지 않았습니까? 예수님은 그분을 모른다고 했던 내 세 번의 부인을 고통스럽게 차례로 하나씩 원상 복구할 기회를 주셨던 겁니다.

그분은 어지럽게 얽혀 있는 실타래를 붙잡고서, 나 스스로 매듭을 풀어보라고 도움을 주고 계셨던 겁니다. 그것은 길고 고통스러운 과정이었습니다. 하지만 조금씩 조금씩 매듭이 풀리기 시작했습니다. 그리고 다른 이야기가 또 있는데, 내가 그분을 사랑한다고 말할 때마다 그분은 자기 양을 돌봐 달라고 부탁하셨습니다. 이제는 수치심과 절망이 다시 나를 덮칠 때면, 그분이 나에게 부탁하셨던 것을 떠올립니다. 그리고 그분의 양을 돌보고 먹일 때마다, 내가 묶였던 그 매듭을 풀고 있는 것이라는 사실을 나는 압니다."

뵈뵈는 적당한 말을 찾느라 더듬거리며 말했다. "예수님이 진실로 당신을 용서하신 것은 아니고 그러니 당신은 여전히 잘못을 바로잡기 위해 노력해야 한다는 말인가요?"

"아닙니다." 베드로가 말했다. "나는 항상 용서를 받았습니다. 그거 알아요? 심지어 나는 내 입에서 그 끔찍한 말이 나오던 그 순간에 이미 용서를 받았다고 생각하고 있습니다. 그 안마당에서 예수님이 나를 바라보셨을 때, 그분의 눈은 화가 나 있거나 실망한 기색이 아니었습니다. 오히려 염려와 사랑을 담은 눈이었습니다. 내가 그분을 부인하던 그 순간 이미 나는 용서를 받았던 겁니다. 문제는 그분이 아니라 나였습니다."

"미안하지만 이해가 가지 않는군요." 뵈뵈는 자기가 막 하려던 말을 티투스가 대신해 줘서 마음이 놓였다. "당신에게 도대체 무슨 문제가 있다는 겁니까?"

"용서를 받았다는 것과 당신이 용서받았다는 사실을 받아들이는 것, 이 둘은 아주 다른 겁니다. 예수님은 용서하십니다. 그것은 그분의 천성입니다. 하지만 그 용서를 받아들이고, 그 용서를 매일 삶 속에서 드러내고, 그리고 다른 사람을 용서하는 것, 이것은 쉽지 않습니다. 난 여전히 힘듭니다." 베드로가 말했다. "왜 그런 눈으로 나를 쳐다보는 겁니까!" 그의 커다란 웃음소리가 다시 한번 방 안을 쩌렁쩌렁 울렸다. "누가 보면 내가 어머니라도 죽인 사람인 줄 알겠소."

"하지만 … 하지만 … 당신은 베드로, 위대한 사도잖아요." 뵈뵈는 말을 더듬거렸다.

"방금 내가 들려준 이야기에 다 들어 있지 않나요?" 베드로의 눈이 빛났다. "사도? 맞습니다. 가망 없을 만큼 흠 많은 제자? 확실히 그렇습니다. 한 번에 한 걸음씩 믿음으로 살아가는 인간? 정확합니다. 위대하다? 두고 보면 알겠지요. 여러분도 이제 이해하셨겠지만, 용서는 한 번으로 끝나는 사건이 아닙니다. 용서는 삶의 방식이에요. 나는 일흔 번씩 일곱 번이라도 용서해야 한다는 예수님의 말씀이 바로 그런 의미라고 생각합니다. 용서는 우리에게 묶음으로 옵니다. 용서를 받고, 그 용서를 받아들이고, 그 결과 다른 사람을 용서하는 것이지요. 용서는 우리가 저지른 과오를 혹은 타인이 행한 잘못을 모두 기억에서 지운다는 것을 뜻하는 마법의 속임수가 아닙니다. 우리는 과거를 없던 일로 만들 수 없습니다. 내가 예수님을 부인한 것을 취소할 수는 없는 거지요.

일어난 일은 그대로 일어난 겁니다. 그 사건들이 오히려 오늘의 우리를 만들었습니다. 과거의 사건이 일어나지 않은 척할 수는 없습니다. 용서의 본질은 잘못을 잊는 것이 아닙니다. 오히려 과거에 얽매이는 것을 단호히 거부하고, 우리 앞에 열린 문이 있음을 받아들이고 그 문을 열고 자유를 향해 나아가는 것입니다. 내 생각에는 말입니다," 그는 티투스와 뵈뵈를 차례로 바라보았다. "당신 둘 다 이제는 내려놓을 필요가 있습니다. 당신들은 지금 이 순간으로 재차 반복해서 돌아오게 될 겁니다. 나처럼 말이지요. 그리고 당신들은 매일의 삶 속에서 용서를 살아내야 할 겁니다.

자기 자신이나 남을 용서할 힘이 없는 날도 있을 겁니다. 당신 속의 악마가 돌아와 괴롭히는 날도 있을 겁니다. 용서의 지식에 손가락 하나로 간신히 매달려야만 하는 날도 있을 겁니다. 용서의 삶은 길고 굴곡이 많은 길입니다. 그 길을 항해하려면 용기가 필요하고, 결단이 필요합니다. 그리고 다른 사람뿐만 아니라 당신 자신을 사랑하는 것도 필수입니다." 그는 말을 멈추더니 한 번 웃고는 말을 이어갔다. "때때로 이런 말을 크게 해 보는 것도 도움이 될 겁니다. 제가 한번 해 보겠습니다. '네 죄가 용서받았으니, 너는 자유다.'"

당신의 어깨에 지워진 무거운 짐을 한 번이라도 내려놓아 봐야지만 비로소 당신이 얼마나 무거운 짐을 지고 다녔는지 깨달을 수 있는 법이다.

뵈뵈는 갑자기 자신의 부끄러움과 퀸투스를 향한 분노, 이 두 가지 짐이 자신을 얼마나 무겁게 짓눌러왔는지 깨달았다. 하지만 지금 정말로 그 짐을 내려놓을 수 있을까? 그녀는 그 짐을 너무나 오랫동안 지고 있었다. 심지어 그 짐을 내려놓는 법을 자신이 알고 있는 건지도 확신이 들지 않았다. 그녀는 터져 나오는 울음을 참으려고 눈을 꽉 감았다. 눈물을 보이지 않으려고 싸움을 벌이면서, 그녀는 부끄러움을, 그리고 분노도 함께 내려놓을 준비가 되어 있다는 사실을, 아니 적어도 시도할 준비는 되어 있다는 사실을 깨달았다. 그리고 그 순간 안도감을, 무언가 가벼워지고 해방되는 느낌을 받았다.

그러다 눈을 떠보니 방안에 티투스만 앉아있어서 깜짝 놀랐다.

"그들은 어디로 갔나요?"

"베드로는 방문할 사람이 있어 인사를 하고 떠났단다. 네가 기척을 느끼지 못한 것 같구나. 어쨌든 그는 신경 쓰는 것 같지 않았다. 그리고 자신의 이야기가 사람들에게 주는 영향에 익숙한 듯했다."

두 사람은 그날의 남은 낮 시간과 저녁 시간을 거의 말없이 침묵 속에서 함께 보냈다. 그 시간 동안 뵈뵈는 자신이 오랫동안 지고 왔던 짐의 무게와 마침내 그 짐을 벗어버렸다는 깨달음, 둘 다를 받아들이려고 노력했다. 곁눈질로 티투스를 쳐다보고는 그 역시 같은 감정에 사로잡혀 있다고 생각했다. 그래서 그를 향해 미소만 지었을 뿐, 그냥 그대로 내버려 두었다. 그녀는 베드로가 꼭 필요한 조언을 시의적절하게 해 주었다고 생각했다. 그녀는 오랫동안 죄책감과 수치심을 변함없이 끈덕지게 붙어 있는 동반자 삼아 살아왔기 때문에, 단시간에 바로 떨쳐버리기는 힘들었다.

그 첫날만 해도 이미 여러 차례 뵈뵈는 용서와 희망, 자유를 스스로 떠올려야 했고, 이전에 익숙했던 감정들을 의도적으로 억눌러야 했다. 용서의 삶을 산다는 것은 쉬운 일이 아닐 것이다. 하지만 이제 그녀는 그것이 왜 그렇게 중요한지 안다. 브리스가와 아굴라, 안드로니고와 유니아에게 한 말이 있지만, 그녀는 사실 아직은 한 발을 과거에 둔 채 반쪽짜리 자유의 삶을 살아오고 있었다. 드디어 기쁜 마음으로 안심하면서 그녀의 두 발 모두를 현재에 놓을 순간이 왔다. 쉽지는 않겠지만, 티투스를 위해, 비비를 위해, 펠릭스를 위해, 그리고 그녀의 모든 친구를 위해 반드시 해내야만 했다. 이제 그녀는 그녀를 로마로 돌아오게 한 것이 바로 성령이었다는 브리스가의 지혜로운 제안을 인정할 수 있었다. 충만한 삶이 그녀에게 건네졌고, 그녀는 단지 그것을 받아 기쁨으로 누릴 용기와 결단만 가지면 되었다.

다음 날 아침, 티투스는 방문한 피후원자들에게 임무를 할당하고 위로나 조언을 해 준 후, 아주 들뜬 상태로 뵈뵈를 찾아 왔다.

"무엇을 해야 할지 모르겠다."

"무슨 이야기예요?" 그녀는 물었다.

"하나님이 우리를 용서하셨다. 신들은 항상 그들이 보인 호의에 대한 보답을 기대하기 마련이다. 베드로가 용서받았을 때, 예수님은 그분의 양 떼를 먹이라고 베드로를 보내셨다. 당연히 우리도 같은 일을 해야 하지 않을까?"

"반드시 그런 식으로 돌아가는 건 아니에요." 뵈뵈는 무슨 말을 해야 하나 생각하면서 천천히 말했다. "베드로는 하나님께서 자신을 용서해 주신 것에 대한 보답으로 일하고 있는 게 아니에요. 그는 그냥 용서받은 거예요. 우리처럼요. 그가 지금 하는 일은, 마음에서 우러나와 기쁨으로 하는 것이지, 무언가를 갚으려고 하는 것이 아니에요."

"하지만 우리는 무언가를 해야만 해. 그냥 공짜일 순 없잖아."

뵈뵈는 기쁨이 파도처럼 그녀를 덮는 느낌이 들었다. "그것은 정말 공짜예요. 바울은 그것을 은혜라고 부르곤 했어요. 그것은 선물이에요. 완전히 공짜이고, 완전히 과분한 선물이죠. 예수님의 죽음이 성취한 것이 바로 그거예요. 우리는 모두 용서받았고, 우리가 할 일은 그 사실을 받아들이는 거예요. 제가 로마에 가져온 편지를 보면 바울이 은혜에 관한 이야기를 많이 하고 있어요. 꼭 읽어 보셔야 해요. 정말 복잡하기는 해도,

읽을 가치가 있어요."

뵈뵈는 이 말을 마치고 나서, 불안해 안절부절못하는 티투스의 모습이 눈에 들어왔다. 그래서인지 티투스는 손톱을 뚫어져라 쳐다보면서 그녀의 시선을 완전히 피하고 있었다. 뭐가 문제인지 물어볼까 생각도 했지만, 어쩐지 지금은 때가 아닌 것 같았다. 그래서 그냥 말을 계속했다. "그 편지에서 바울이 한 이야기는 우리가 무언가를 얻으려고 노력할 필요가 없으며, 세례를 통해 그리스도와 함께 죽고 그분과 함께 새로운 생명으로 다시 살아난다는 것이에요. 만약에 우리가 무언가를 한다 해도, 그것은 그 새로운 삶을 살고 있기 때문이지 우리가 무언가를 갚아야 한다고 느끼기 때문은 아니에요. 핵심은 그 새로운 삶을, 그리스도 안에서, 온전히 충만한 수준까지 사는 법을 배우는 거예요. 베드로 덕분에 저는 제가 지금까지 그렇지 못했다는 사실을 알았어요. 지금까지 저는 반쪽짜리 삶을 살아왔어요. 하지만 지금부터는 모든 것이 바뀔 거예요."

티투스의 초조한 마음은 이제 사라졌지만, 대신 수심에 잠긴 듯했다.

"괜찮으세요?" 뵈뵈가 물었다.

"물론이지," 티투스가 말했다. "난 단지 내가 세례를 받고 싶다는 생각을 하고 있었다. 예전에 에베소에 있을 때 브리스가가 세례에 관한 이야기를 했던 것이 기억났다. 나는 이 예수 그리스도에 대한 나의 충성을 선언하고 싶다. 전에는 그분을 따르는 것이 너무 많은 것을 요구한다고 생각했었다. 지금 알고 보니, 그런 차원의 문제가 아니었다. 그러한 사랑, 그러한 용서, 그리고 그러한 자유는 내 전부를 요구한다. 충성을 서약하기 전까지는 내 마음이 편치 않을 거 같다."

뵈뵈가 그를 향해 활짝 웃었다. "브리스가와 아굴라를 불러야겠어요." 그녀가 말했다.

"네가 나에게 세례를 줄 수는 없는 거니?" 티투스가 풀 죽은 표정으로 물었다.

"그게 중요한 게 아니에요," 뵈뵈가 말했다. "누가 당신에게 세례를 주는지는 중요한 게 아니에요. 중요한 건 당신이 하나님의 가족 안으로, 그리스도의 몸 안으로 세례 된다는 사실이에요. 그런데 그 가족이 참석하지 않는다면 이상하지 않을까요? 당신은 결국 그리스도 안에 있는 새로운 생명 안에서 그들과 연합하는 거니까요."

티투스는 활짝 웃으며 수긍했다. "며칠 전만 해도 나와 비비밖에 없었는데, 지금은 대가족이 되었다. 며칠 전만 해도 나는 외롭고 방황 속에 있었는데, 지금은 사랑받고 용서받고 있구나." 그는 경이로운 기쁨을 느끼며 머리를 흔들었다.

뵈뵈는 펠릭스를 불렀다. 펠릭스는 뵈뵈처럼 전날부터 티투스의 집으로 옮겨와 있었다. 그런데 펠릭스는 나타나지 않았고. 뵈뵈는 좌절하며 이마를 찌푸렸다. "얘가 어디 있지?"

티투스는 껄껄 웃었다. "내 생각에는 이제 작은 비비가 펠릭스 마음의 주인 같은데. 너는 이인자로 밀려난 것 같구나."

뵈뵈는 정원에서 울려 퍼지는 행복한 목소리를 들으며 그의 말을 인정했다. 그리고 입을 벌려 다시 펠릭스를 불렀다.

"펠릭스는 놀게 내버려 둬." 티투스가 말했다. "어차피 그 애를 이제 심부름하는 소년으로 이용해서는 안 돼. 네가 주장하듯이 그를 가족으로 여긴다면 말이다. 내 노예 중 한 명이 가면 될 거야." 그가 말을 마치자마자, 티투스가 방들을 이동할 때마다 몸을 기대던 그의 총애하는 노예가 나타났다. 그 모습을 보며 오랜만에 처음으로 뵈뵈의 마음에 크레스투스를 향한 애틋한 감정이 떠올랐다. 크레스투스도 그런 식으로 주인을 보좌하는 것을 좋아했다. 그는 마치 고양이가 생쥐를 덮치려고 기다리는 것처럼 주인의 대화를 주의 깊게 들으며 기다리곤 했다. 심지어 주인이 무언가 바라는 것을 말하는 도중에, 주인의 말이 끝나기도 전에, 이미 명령을 실행할 준비에 들어가는 경우도 있었다. 뵈뵈는 크레스투스가 너무 그리웠다. 그녀의 상처와 분노 때문에 이런 행복했던 기억조차 마음에서 제거해버렸다는 사실이 너무 마음 아팠다.

  티투스가 노예에게 지시를 내리는 동안, 뵈뵈는 펠릭스가 노예도 아니고 심지어 자신의 하인도 아닌데도 늘 그가 그녀에게 받을 다음 심부름을 기다리며 주변을 맴돌고 있을 거로 생각하며 그를 노예나 하인처럼 부렸다는 사실을 부끄럽게 반성했다. 이제는 펠릭스의 상처 난 마음이 비비와의 즐거운 우정으로 치료되고 있었고, 그는 더는 예전의 방식으로 뵈뵈가 필요하지 않았다. 펠릭스의 욕구는 쓸모 있는 사람이 되고 싶어 하는 모습으로 드러났었다. 뵈뵈는 그 모습이 좋았고(솔직히 말해 도움이 되기도 했다), 그래서 그녀는 다른 사람의 요구에 집착하는 그의 욕구에 의문을 품지 않았다. 티투스가 옳았다. 그녀는 그를 풀어주어야 했다. 진정한 자신을 찾아가도록 놓아주어야 했다. 영원히 그녀의 요구를 들어주려고 에게 기다리게 해서는 안 된다. 그녀는 한숨을 내쉬었다. 용서의 삶을 산다는 것이 생각보다 더 힘들 것 같았다. 베드로가 그 부분을 이야기했을 때, 그녀는 과거를 용서하고 용서받는 일에 모든 에너지를 써야 한다는 의미로 이해했다. 그녀가 깨닫지 못했던 것은 과거가 아닌 현재가 오히려 용서가 필요한 훨씬 더 많은 일을 쏟아낸다는 사실이었다. 그녀는 퀸투스를 향한 것이라고 이제는 인정할 수 있는 분노의 덩어리를 처리하는 것에 더해, 그녀 자신의 죄를 고백하고 용서의 삶을 사는 것이 시간을 꽤 많이 잡아먹는 일이라는 사실을 깨달았다.

23장

얼마 지나지 않아 티투스의 노예가 돌아왔다. 그런데 그가 나타났을 때, 그는 혼자였다.
"그들은 어디에 있는가?" 티투스가 날카로운 말투로 물었다. 그는 안절부절못하며 발을 동동 굴렀다. 전해야 하는 소식이 알리기 거북한 내용인 것이 분명했다.
"함께 못 왔습니다." 그가 중얼거렸다.
"뭐라고?" 티투스의 목소리는 거칠었고 적잖이 격앙되어 있었다. 뵈뵈는 오싹했다. 잊고 있었던 사실이 갑자기 한꺼번에 떠올랐다. 일이 어긋났을 때 티투스는 정말 무섭게 변하는 사람이었다. 그가 일부러 그랬다고는 생각하지 않았다. 그는 자기 편의를 위해 모든 것이 정리되어 있는 삶을 살아왔을 뿐이다. 철저히 자신을 중심으로 돌아가는 삶을 사는 사람들이 다 그렇듯이, 그는 자기가 생각한 대로 신속하고 만족스럽게 일이 처리되지 않는 상황을 받아들이기 어려워했다.

"지금 당장은 올 수가 없다고 합니다." 공포로 얼굴이 창백해진 노예가 상황을 설명했다.

"왜 못 오는지 말해줄 수 있나요?" 뵈뵈는 불필요하게 공포심을 더하지 않으려 애쓰며 최대한 부드럽게 물었다.

"과부 한 사람이 있는데, 그들이 플라비아라고 부르는 것을 들었습니다. 그 과부가 몹시 아프다고 합니다. 제가 도착했을 때, 그 사람들은 밖으로 나오던 차였습니다. 그 과부를 돌보러 간다고 했습니다. 베드로도 함께 갔습니다. 그 과부가 곧 죽을지도 모른다고 했고, 그들이 도착할 때까지 살아있을지 확신할 수 없다고 말했습니다."

"그 사람들은 내가 누구인지 모른단 말이냐?" 티투스가 버럭 소리를 질렀다. 뵈뵈는 겁이 났지만, 손을 들어 그의 팔에 얹으며 그를 진정시켰다. 뵈뵈는 로마에 온 이후로 과부와 고아를 돌보는 일을 감독하고 있었다.

그들은 매일 브리스가와 아굴라의 작업장을 찾았고, 매일 그녀는 누가 왔고 누가 오지 않았는지 확인했다. 다음으로 펠릭스를 보내 결석한 사람들이 잘 지내고 있는지 알아보았다. 그런 뒤에는 각자 그날, 또는 앞으로 며칠간 먹을 음식이 충분한지 점검했다. 그녀는 그들의 이름을 모두 알고 있었고, 매일 그들의 삶에 무슨 일이 일어나는지 알았으며, 그들을 돌봐주고 그들이 홀로 고통을 겪는 일이 없게 했다.

그녀는 고린도에서도 이와 비슷한 일을 감독했었다. 성령 강림 이후 분위기가 고조되던 시절, 초기의 제자들은 수입이 없는 사람을 돌보는 일 정도가 아닌 훨씬 더 많은 일을 했다. 그들은 자기가 소유한 모든 것을 공유했다. 이러한 이상은 정말 훌륭하지만, 문제를 해결하는 것만큼이나 빠르게 많은 문제를 쏟아냈다. 이 문제들은 거짓말로, 결국은 아나니아와 삽비라의 죽음으로 이어졌다. 뵈뵈는 이십 년 전 예루살렘에서 발생한 이야기를 들떠서 들었던 것이 기억났다.

지금은 그들과 마찬가지로 대부분의 공동체가 아무것도 가진 게 없는 사람들을 돌봄으로써 그들이 가진 것을 공유한다. 먹고 살기 충분한 사람(고린도에서는 누가 여기에 포함되는지를 두고 정기적인 논쟁이 벌어졌다)이 그렇지 못한 사람(누가 여기에 포함되는지를 두고 벌어진 논쟁이 훨씬 더 심각했다)과 재산을 공유했다. '과부'의 자격에 관한 문제로도 웅성웅성 논의가 이어졌다. 엄밀히 따지면 뵈뵈도 과부였지만, 다른 사람에게 도움을 요청한다는 것은 꿈도 못 꿨다. 고린도에는 사람들이 보기에 정말로 도움이 필요한 정도는 아닌 몇 명의 여자가 있었고, 이들을 돕는 문제를 두고 논란이 있었는데 결국 합의에 이르지 못했다. 뵈뵈가 로마에서 과부들을 돌보는 일을 시작했을 때, 과거의 그 논쟁이 생각나 불안했고 그래서 브리스가에게 이 문제를 어떻게 생각하는지 물었다.

브리스가는 빙그레 미소를 지으며 말했다. "받을 자격이 있는지 없는지를 떠나 하나님께서 나에게 주신 것을 생각해 보면, 도움을 받을 자격이 있는 사람과 없는 사람을 구분할 필요는 없다고 생각해요. 나는 하나님처럼 관대해지고 싶고, 그런 문제는 걱정하지 않아요."

뵈뵈도 같은 의견이었고, 흡속한 마음으로 의문을 내려놓았다.

순간 뵈뵈는 지난 몇 주간 자신이 너무 행복에 취해있다 보니 그 과부들을 완전히 잊고 있었다는 사실을 깨닫고는 경악했다. 그녀는 오직 자신과 티투스, 비비, 펠릭스 외에는 아무도 들어오지 못하는 폐쇄된 기쁨의 거품 속에 빠져 들어가 있었다. 그녀는 그 외의 모든 사람을 까맣게 잊고 있었다. 그런데 지금, 플라비아가 위독하단다. 아마 한동안 그렇게 아팠을 텐데, 뵈뵈는 그런지도 몰랐다. 뵈뵈는 벌떡 일어나더니 음식과 약초, 그리고 손이 닿는 대로 이것저것 주워 담으며 집안을 바쁘게 돌아다니기 시작했다.

"뵈뵈!" 티투스의 당황스러운 목소리가 집안 전체에 울려 퍼졌다.

마침내 뵈뵈가 티투스가 앉아있는 방으로 돌아왔을 때 그의 얼굴에는 좌절과 혼란이 섞여 있었다.

"도대체 뭐 하고 있는 거니?"

뵈뵈는 죄책감에 사로잡힌 이유를 설명했다. 그동안 무슨 일을 해 왔는지, 더 중요하게는 무슨 일을 하지 못했는지, 그리고 왜 지금 당장 플라비아의 곁으로 달려가야 하는지 빠른 속도로 쏟아냈다.

"그만! 그만!" 티투스가 결국 애원했다. "숨 좀 들이쉬고, 자리에 앉아. 그리고 마저 이야기를 해보자."

"하지만 전 가봐야만 해요." 뵈뵈는 좌절감에 거의 울 지경이었다. "전 플라비아를 잊고 있었어요. 그런데 지금 그녀가 곧 죽을지도 몰라요."

티투스는 뵈뵈의 머리카락을 쓰다듬으며 부드러운 미소를 지었다. "너는 늘 상황을 극적으로 만드는구나. 난 여전히 이해가 안 된다. 내가 그들을 불렀는데도 바로 오지 않았다니 말이다. 어쨌든 그들은 오지 않았고, 지금 그녀와 함께 그곳에 있다. 그녀는 혼자가 아니다. 물론 너는 그녀를 잊어서는 안 됐다. 사실 네가 돌보던 가난한 과부들 누구라도 잊어서는 안 되는 거였다. 그런데도 넌 잊었다. 이런 상황에서 베드로가 용서에 관해 말했던 내용을 떠올려보는 게 도움이 될 것 같다. 바로 어제 들은 이야기니 기억하겠지? 나중에 직접 목소리로 사과의 마음을 전할 수도 있다. 하지만 지금은, 가뜩이나 붐비는 플라비아의 집에 너까지 가는 것은 아무런 도움이 될 것 같지 않구나. 내가 사람을 보내 그들에게 뭐가 필요한지 알아보고 필요한 것을 보내도 될 거야." 티투스는 뵈뵈가 마구 모아놓은 잡동사니 더미를 주시했다. "오 분 만에 닥치는 대로 긁어모은 것들을 그냥 보내면 안 되겠지."

뵈뵈는 고개를 들었다. 조금 전 소식을 전했던 그 노예가 이미 입구에서 심부름하려고 기다리고 있었다. 티투스는 뵈뵈에게 플라비아의 집이 어디 있는지 확인하고 그에게 지시를 내렸다. 그 집이 트랜스티베리움에서도 가장 낙후된 구역의 공동주택 맨 꼭대기에 있다는 사실을 알고는 숙련된 노예인 그의 얼굴도 공포로 찌푸려졌으나, 아무 말도 하지 않고 빠르고 조용하게 사라졌다.

두 시간쯤 후에 그가 돌아왔다. 이번에는 브리스가와 아굴라, 그리고 베드로까지 뒤에 데리고 왔다. 뵈뵈는 고통에 일그러진 얼굴로 그들을 맞으며 급히 달려나갔다. "당신들은 여기 오시지 말았어야 해요. 플라비아와 함께 있어 주셔야죠. 그녀를 혼자 두게 해선 안 돼요."

"그녀는 그리스도와 함께하기 위해 떠났습니다." 베드로가 담담하게 말했다. "플라비아는 이제 결코 다시는 외롭지 않을 겁니다. 죽음을 기다리는 그녀의 얼굴을 당신이 봤으면 좋았을 텐데요. 그녀의 얼굴은 빛이 났습니다. 그녀의 입술에서 나온 마지막 말은 '영광'이었어요. 그녀는 부활을 준비하며 죽음을 맞이했고, 부활은 언젠가 더할 수 없는 기쁨을 안겨줄 겁니다."

뵈뵈는 기운이 빠졌다. 익숙한 비참함과 자기혐오가 그녀를 덮쳤다.

브리스가 뵈뵈를 향했다. "뭐가 문제죠? 플라비아는 죽음을 맞을 준비가 되어 있었어요. 지난 몇 주 동안 그녀는 너무 허약해졌고 통증으로 몹시 아파했어요."

"그녀가 할 수 있었던 것은 오직 부활과 매 순간 더는 고통에 시달리지 않는 몸을 가지는 것에 관한 이야기였어요. 나는 그녀가 마지막 숨을 내쉴 때처럼 기뻐하는 모습을 한 번도 본 적이 없어요. 고통으로 인한 주름이 모두 녹아 사라지고, 그녀의 얼굴에서는 평화가 뿜어져 나왔습니다. 나는 당신이 그녀가 해방된 것을 왜 그렇게 못마땅해하는지 도무지 알 수가 없네요."

티투스가 그녀를 도왔다. "내 생각에 뵈뵈는 자기가 플라비아를 실망시켰다고 느끼고 있습니다. 이곳의 생활에 푹 빠진 나머지 과부들을 완전히 잊고 있었고, 그래서 책임감을 느끼고 있는 겁니다."

뵈뵈는 고통스럽게 고개를 끄덕였다.

브리스가는 팔을 벌려 뵈뵈를 으스러지게 꼭 안았다. "당신이 꼭 기억했으면 하는 게 있어요. 우리 가운데서 뵈뵈 당신에게 가장 비판적인 사람이 바로 당신이라는 사실이에요."

베드로가 예의 그 우렁찬 웃음을 한 번 더 터뜨렸다. "용서에 관한 이야기를 다시 해야 하나요? 당신이 충분히 이해될 때까지 내 이야기를 매일 들려줘야 할지도 모르겠군요. 우리 그리스도인들이 중요하게 여기는 것은 비난이 아니라 은혜입니다."

"맞아요, 우리 대부분은 그렇지요." 아굴라가 말했다. "대부분의 시간에요." 그는 타고난 정직함 때문에 이상과 현실의 괴리를 인정하지 않을 수 없었다. "하지만 뵈뵈, 우리가 당신을 이해하고 있다는 사실을 알아줬으면 좋겠어요. 그렇게 힘든 세월을 힘들게 보낸 후에 비로소 티투스를 다시 찾았고 비비까지 발견했는데, 당신의 삶이 완전히 뒤집히는 것이 당연해요. 이 정도로 대단한 소식에 맞추어 적응하기 위한 시간이 필요치 않다면, 도리어 인간미가 없는 사람인 거죠. 우리는 당신을 혼자 있게 내버려 두고, 시간을 주고 있었어요. 한 달쯤이 지난 후에도 당신이 다시 나타나지 않는다면 뭔가 문제를 제기했겠지만, 그동안은 멀리서 당신과 함께 기뻐하고 있었어요. 그건 플라비아도 마찬가지였어요." 그가 덧붙였다. "플라비아는 당신에게 무슨 일이 벌어졌는지, 티투스와 비비는 어떻게 생겼는지 물어보며 큰 관심을 보였어요. 우리는 그녀와 함께 보낸 마지막 주 대부분을 당신 이야기로 보냈어요. 그녀는 당신 때문에 무척 행복해했답니다!"

"하지만 과부들 전부를 돌볼 사람이 아무도 없었단 말이에요." 뵈뵈는 자책을 하지 않으려고 노력했지만 결국 실패하고 소리를 지르고 말았다.

아굴라는 의아한 듯 눈썹을 추켜세웠다. "언제부터 당신이 로마의 유일한 그리스도인이 되었나요? 중요한 것은 우리가 한 몸이고, 우리가 모두 함께 그리스노의 몸이라는 사실이에요. 구성원 하나가 약하면 나머지가 감당해 주고, 한 사람이 활동을 못 하게 되면 나머지가 도우면 되는

1부 뵈뵈 이야기 245

거예요. 우리 가운데 있는 과부들은 지금까지 내내 우리가 모두 돌보고 있었어요."

"그러면, 모두 잘 지내고 있는 거죠?" 뵈뵈가 물었다.

"당연히 그들은 모두 잘 지내고 있어요." 브리스가 화를 내며 말했다. "당신은 당신이 없어서는 안 될 사람이라고 생각하나 본데, 그렇지 않아요. 우리는 예전에 당신 없을 때도 잘 대처했고, 이번에도 잘 해냈어요." 뵈뵈는 살짝 움찔했다. 전에 브리스가 그녀를 비난하는 것이 아니라고 말했을 때에는 브리스가의 말을 믿었지만, 지금 그녀의 목소리는 날이 서 있었다. 정말로 강한 주먹을 날리는 느낌이었다.

"염려 말아요." 아굴라가 웃었다. "브리스가는 나에게 화가 난 거지, 당신 때문이 아니에요. 확실히 내 도움이 부족했어요. 브리스가가 부탁하는 일만 처리하고는 가만히 있었어요. 나 스스로 적극적으로 할 일을 찾아서 해야 했는데 말이에요."

"당신 생각에," 여기에서 티투스가 머뭇거리며 나섰다. "뵈뵈와 내가 지금 그 일을 맡아서 계속해도 될까요? 아마도 이곳에서 그 일을 할 수도 있을 것 같은데요? 내 몸이 많이 돌아다닐 수 있는 처지는 아니지만, 당신이 괜찮다고 한다면 내 집을 필요한 사람을 돌보는 데 사용하고 싶은데, 어떻습니까?"

"참 너그럽고 사려 깊은 제안이네요." 아굴라가 말했다. "먼저 다른 사람들에게 물어보고 답변을 알려 드리겠습니다. 트랜스티베리움에서 여기까지는 아주 먼 길입니다. 사람들이 찾아오기에는 너무 멀 수도 있어요."

"내가 알고 싶은 것은," 베드로가 말했다, "당신이 우리를 부른 이유입니다. 여기 마르쿠스가 우리를 반드시 데려가야 한다고 고집을 부렸는데, 이유는 말해주지 않았거든요."

뵈뵈는 순간 혼란스러웠다. 마르쿠스가 누구인지 도무지 알 수 없어 주위를 둘러보았다. 티투스가 가장 아끼는 그 노예가 베드로의 몸짓에 웃으며 인정하는 뜻으로 고개를 끄덕이는 모습을 확인하고서야 그가 누구인지 알았다. 다시 한번 부끄러움에 얼굴이 달아올랐다. 그녀는 심지어 그 노예의 이름도 물어보지 않았던 것이다. 그는 '노예'였고, 심지어 '티투스의 가장 아끼는 노예'였다. 그녀는 그도 자신의 권리를 가진 한 사람이라는 관점으로 그를 바라보기 위해 그 이상을 생각해 본 적이 없었다. 타인에게 무심한 그 그릇된 행태에 빠지는 것이 얼마나 쉬운가! 더구나 그녀는 그 무심함을 당하는 처지가 되었을 때 그것이 얼마나 모욕적이고 의기소침한 일인지 누구보다 잘 아는 사람이 아닌가! 반면에 베드로는 그를 단지 두 번 만났을 뿐인데도, 이미 그의 이름을 알고 있었고, 마치 그를 원래 알았던 사람처럼 대화를 나누고 있었다. 뵈뵈는 한숨을 쉬었다. 자유와 평화의 이 새로운 삶을 산다는 것은 매우 힘든 일이라는 사실이 드러났기 때문이다.

방안이 적막에 휩싸였다. 뵈뵈는 자신의 실패를 곱씹느라 한참 후에야 비로소 방안의 모든 사람이 자신을 쳐다보고 있다는 사실을 알아챘다.

"티투스에게 물어보세요, 제가 아니라 그가 꺼낸 이야기에요."

기대에 부푼 사람들의 시선이 모두 티투스를 향했다.

"나는 …" 티투스는 말을 시작하려다 바로 멈췄다. 생전 처음으로 뵈뵈는 영원히 고요한 우월감을 뿜낼 것 같았던 그의 귀족적 용모가 초조함에 찌그러지는 것을 보았다.

"계속하세요." 그녀는 재촉했다. "모두 당신의 친구들이에요."

"세례를 받고 싶습니다. 나도 여러분 모두와 형제자매가 되는 하나님 가족의 일원이 되고 싶습니다. 나도 그리스도를 따르고 싶습니다." 티투스는 뵈뵈를 쳐다보았다. "이제 나는 내 모든 것을 바칠 준비가 되었습니다."

"우리 주 예수 그리스도의 아버지 하나님의 축복이 있기를!" 베드로가 소리쳤다. "일요일 티베르강에서 당신에게 세례를 주겠소."

"티베르강이라구요?" 티투스는 겁에 질린 듯했다. "나는 여기서도 할 수 있을 거로 생각했습니다. 티베르강에 얼마나 진흙이 많은지 모르십니까?"

베드로가 웃었다. "나는 어부요, 진흙에 아주 익숙합니다."

"거기에다 냄새는요!" 티투스가 말했다.

"혹시 한배 가득 물고기 냄새를 맡아본 적이 있습니까?"

티투스는 맡아 본 적이 없음을 시인해야 했지만, 모르긴 몰라도 뜨거운 태양이 내리쬐는 날 티베르강의 냄새보다 훨씬 더 지독하리라 생각했다.

"그리고 …" 티투스의 목소리가 잦아들었다. 티베르강을 반대하는 핵심적인 이유를 말해야 할 시점이었지만, 어떻게 말을 해야 할지 생각이 나지 않았다. "그곳은 너무 공개된 장소입니다. … 모두 알게 될 겁니다."

"바로 그겁니다." 베드로가 말했다. "아무도 들을 수 없다면 공개적인 선언이 무슨 의미가 있겠어요?"

티투스의 얼굴이 창백해졌다. "그건 내가 염두에 두고 있던 '모두'보다 더 큰 의미군요. 나의 명성도 추락할 테고, 유수한 가문들의 웃음거리가 될 겁니다. 사회에서 추방당할 가능성도 매우 큽니다. 세례 의식을 조용히 거행할 수는 정말 없는 겁니까?"

24장

베드로는 티투스에게 공감하면서도 단호한 표정으로 그를 바라보았다. "예수님을 따른다는 것은 잃을 게 많을수록 더 어렵습니다. 예전에 한 젊은이가 예수님을 찾아왔던 일이 기억납니다. 그 사람은 한 번만 봐도 뇌리에 박힐 만한 사람이었어요. 숱이 풍성하고 구불구불한 머리카락과 준수한 용모, 고급지고 비싼 옷. 나는 그가 예수님과 대화하는 모습을 보면서 저 사람은 자신이 바라는 것은 무엇이든 언제든지 가질 수 있는 사람이구나 생각했던 기억이 납니다.

그런데 이번에 그가 바라던 것은 조금 복잡한 것이었습니다. 영생이었죠. 그는 어떻게 하면 확실하게 영생을 얻을 수 있는지 알고 싶어서 예수님을 찾아온 것이었습니다. 그는 예수님과 꽤 오랜 대화를 나누었습니다. 그 젊은이는 열정적이었습니다. 생기와 의욕이 넘쳤죠. 대화하는 동안 예수님은 그를 따뜻하게 대하셨습니다.

그는 부자였지만 또한 헌신적인 사람이었습니다. 할 수 있는 한 모든 율법을 세심하게 잘 지켰습니다. 그래도 여전히 초조했고, 무언가 빠트린 것이 있다고 느꼈습니다. 당신도 그의 눈을 보았다면, 더 많은 것을 원하는 갈급함이 보였을 겁니다. 예수님도 그의 갈급함을 보셨습니다. 예수님은 그의 어깨 위에 손을 올리고 그의 눈을 그윽이 바라보며 조용히 말씀하셨습니다. '네가 가진 모든 재산을 팔아 가난한 사람에게 나누어 주도록 해라.'

이 말에 그 젊은이의 몸이 움츠러드는 것이 눈에 보였습니다. 내 갈릴리 어부 시절 낡은 배가 하나 있었는데, 바닥에 구멍이 나 있어서 조금만 신경을 안 쓰면 어느새 가라앉아 버리곤 했는데, 그때 그 젊은이 모습이 딱 그 배 같았습니다. 종종 그때 그 젊은이의 마음에 무슨 일이 벌어졌을지 궁금해질 때가 있습니다. 그는 매우 슬퍼하며 가버렸거든요. 잃을 게 너무 많았던 겁니다. 티투스 당신도 잃을 게 너무 많은 사람인지라, 당신을 보니 그 젊은이가 떠올랐나 봅니다. 문제는 당신이 얻게 될 것이 그만한 가치가 있는지 당신이 볼 수 있느냐입니다."

티투스는 두 손으로 머리를 감쌌다. 엄청난 중압감이 그를 짓눌렀다.

"내 생각에는," 베드로가 말했다. "티투스가 이 문제를 숙고할 수 있도록 시간을 주는 게 좋겠습니다. 우리는 그를 존중해야 합니다. 그는 자신이 지금 하려는 행동 때문에 치러야 하는 대가를 알고 있습니다. 단지 그 비용을 치를 것인지 아닌지 결정이 남았을 뿐입니다. 이런 생각을 하다 보니, 예수님께서 이런 문제를 두고 하신 비유가 하나 떠오릅니다."

베드로의 이 말에 방안이 술렁거렸다. 그들은 티투스에게 쏠렸던 관심을 거두고, 베드로의 이야기를 듣기 위해 조용히 자리를 잡았다.

베드로는 웃었다. "조금 긴장해야겠군요. 그렇게 긴 이야기는 아닙니다. 이 비유는 예수님의 비유 가운데는 짧고 덜 극적인 편입니다. 자, 들어보세요. 당신이 탑을 하나 세우려 한다면, 먼저 차분히 앉아 당신에게 탑 전체를 지을 능력이 있는지 계산할 겁니다. 혹은 당신이 전쟁에 나가는 왕이라면, 먼저 차분히 앉아 적군 이만 명을 대항해 당신의 만 명 군사로 전쟁에서 이길 수 있는지 생각해 볼 겁니다. 예수님을 따를 때도 마찬가지입니다. 예수님을 따르고 싶다면, 먼저 자기가 그 대가를 감당할 수 있는지 결정해야 합니다. 아시다시피 나는 평소 성격이 일단 쟁기질 먼저 하고 나중에야 빚 갚을 능력이 없다는 걸 깨닫는 사람입니다. 보세요, 그래서 결국 내가 어떻게 됐는지. 티투스는 저보다 훨씬 더 분별 있는 분입니다. 이 비유가 그에게 어떤 의미인지 아실 겁니다. 문제는 그가 그 대가를 치를 수 있느냐입니다. 나는 그가 이 문제를 깊이 생각할 수 있도록 시간을 주자고 제안하는 겁니다."

다음 며칠 동안 티투스는 조용히 칩거해 있었다. 그의 얼굴은 잔뜩 찌푸려져 있었다. 뵈뵈는 그에게 말 걸기를 망설였다. 그가 거대한 내적 싸움에 완전히 몰입한 것 같았기 때문이다. 대신 그녀는 오랜 친구들과 그동안 못다 한 이야기를 나누느라 바빴다. 블래수스, 파우스투스, 호르텐시우스, 유니아, 안드로니곤, 헤로디온, 바드로바, 그리고 물론 스다구와 대화를 나누면서 큰 기쁨(그들도 그녀에게 기쁨을 표현했다)에 어쩔 줄을 몰랐다. 스다구를 방문했을 때는, 대화의 주제가 펠릭스로 향했다.

스다구는 펠릭스가 자신에게 필경사 견습을 받고 있으며 장사에 아주 탁월한 재주가 있다는 사실을 상기시켰다. 만약 펠릭스가 티투스의 집에서 뵈뵈와 함께 살게 된다면, 굳이 필경사가 될 필요가 있을까? 미래가 어찌 될지는 아무도 모르니, 펠릭스는 장사를 배우는 쪽이 현명할 수도 있겠다. 스다구와 이야기를 나누는 동안 뵈뵈는 허상의 거품에 사로잡혔던 것은 그녀만이 아니었음을 깨달았다. 그것은 펠릭스도 마찬가지였다. 이제 펠릭스도 슬슬 관심을 다시 바깥 세계로 돌려야 했다.

마지막으로 뵈뵈는 음식과 다른 물품을 분배하기 위해 과부들과 고아들이 모인다는 소식을 듣고 브리스가와 아굴라의 작업장을 방문했다. 그녀가 도착했을 때, 걱정했던 것과는 달리 못마땅해 하는 기색은 전혀 없고 오히려 기쁘게 환영해 주었다. 그곳에 온 여성과 아이들은 각자 사별의 슬픔과 고통을 직접 겪은 데다 수입도 없고 안전도 보장받지 못하는 삶과 맞서 싸우고 있었다. 그렇지만 그들이 뵈뵈의 기쁜 소식을 시기하는 것처럼 보이지는 않았다. 오히려 있는지도 몰랐던 가족을 되찾은 것을 자기 일처럼 기뻐해 주었다.

그들은 티투스와 그의 집, 그녀의 잃어버린 딸과 이번에 처음 알게 된 손녀에 대해 질문을 쏟아냈다. 대화를 나누는 동안 사랑의 기운이 뵈뵈를 감싸 안는 느낌이 들었다. 처음에는 티투스와 비비 그리고 펠릭스를 안전한 껍질 안에 단단히 보호하고 싶어서 새롭게 발견한 그 사랑을 자기 자신만 움켜잡고 있으려 했다. 하지만 그녀가 간과했던 사실이 있었으니, 사랑을 하면 그 사람의 마음 문이 열리기 마련이다. 사랑을 하면 할수록, 나눠줄 사랑이 늘어난다. 어느새 뵈뵈는 이 용감하고 친절한 여인들에게 기꺼이 마음을 열고 있었다. 전에는 그래야만 한다는 의무감에 이 사람들을 그냥 돌보았을 뿐이다. 대화를 나눈 지 얼마 지나지도 않았는데, 그들은 티투스의 제안을 전해 듣고는 당장이라도 그의 집으로 가겠다며 수용했다. 티투스의 집은 그들이 살던 낡은 공동주택에서 조금 먼 거리에 있었지만, 기쁘게 앞으로의 일을 반겼다. 다만 두 사람은 너무 허약해 티투스의 집까지 갈 수가 없었다. 그래서 나머지 사람들이 교대로 음식을 집에 가져다주고 뵈뵈가 정기적으로 방문하여 앞으로는 그 누구도 완전히 혼자가 되는 일은 없게 하기로 했다.

뵈뵈는 활기찬 발걸음으로 집으로 돌아왔지만, 집에 가까워질수록 활기는 사라졌다. 뵈뵈는 자신이 티투스에게 바라는 것이 무엇인지 알고 있었지만, 그가 누리며 살아온 존경과 명예를 그녀는 결코 누리며 살아본 적이 없다. 사실 그녀가 고린도에서 누렸던 명망도 그녀에게는 거북하게 느껴졌고, 그것을 포기할 때는 오히려 어느 정도의 안도감이 따랐다. 그런데 티투스는 평생 명예와 함께 살아온 사람이다.

그리스도의 추종자가 된다는 것, 그리고 티베르강의 흙탕물에서 공개적으로 세례를 받는다는 것은 그와 그의 가족이 오랜 세월에 걸쳐 치밀하게 쌓아 올린 명예를 모두 잃는 것까지 감수하겠다는 의미였다. 그가 성장한 상류 사회의 성밖에 영원히 자신을 자리매김할지도 모른다. 그것은 어려운 결정이었고, 그 무게를 덜어주기 위해 그녀가 해 줄 수 있는 말은 없었다.

그녀가 안마당으로 들어섰을 때, 베드로의 우렁찬 웃음소리가 들려 깜짝 놀랐다. 그의 웃음소리는 티투스의 훨씬 점잖은, 하지만 기쁜 웃음소리와 뒤섞여 티투스의 개인 서재에서 들려왔다. 그녀는 문을 열고 쭈

뻣거리며 들여다보았다.

"뵈뵈," 티투스가 그녀를 반겼다. 그의 얼굴에는 기쁨이 번졌다. "내가 티베르강에서 세례를 받고 난 다음 주의 첫째 날에 모든 사람을 위한 큰 잔치를 여는 걸 어떻게 생각하니?"

뵈뵈는 티투스와 베드로를 번갈아 쳐다보았다. "그럼 결정하신 거예요? 세례를 받기로요? 티베르강에서?"

"그래, 그렇고말고. 나는 여태 잘못된 각도에서 모든 것을 보고 있었다. 나는 앞으로 잃게 될 것이 무엇인지 묻고 있었다. 그런 식으로 질문을 던지니, 내가 이미 얻은 것들을 잃게 된다는 생각밖에 못 했지. 그런 식으로 접근하면, 사실 선택이라고 할 만한 게 없지! 자, 네가 양해해 준다면, 이제 베드로가 개인적으로 나에게 믿음에 관한 가르침을 줄 참이다. 그는 일요일에 떠날 거라서, 조금의 시간도 허비하고 싶지 않다."

"떠나신다고요?" 뵈뵈는 자신이 얼마나 큰 슬픔을 느끼는지 알고는 깜짝 놀랐다. 그녀는 베드로를 지난 며칠 동안 겨우 몇 번 만났을 뿐이지만, 이미 가족처럼 느껴졌다. 로마의 그리스도인 공동체는 변화를 겪었고 신속하게 베드로를 받아들일 정도로 저변을 넓혔다. 베드로의 영향력은 대단해서 그가 떠난다면 대단히 큰 공백을 남길 것이다. 뵈뵈는 사랑이라는 것이 본래 그렇다는 생각을 했다. 사랑은 당신에게 마음을 넓혀 새로운 사람을 즐거이 맞이하라고 요구하지만, 마음이 일단 넓어진 후 그들이 떠나고 나면 공백이 남는다.

"그래요," 베드로가 말했다. "나는 사도입니다. 사도로 부름 받은 사람입니다. 어딜 가든 복음을 들고 계속해서 돌아다니라고 부름 받았습니다. 나는 돌아올 겁니다. 나는 늘 돌아왔어요. 하지만 당장은 예루살렘에 가서 바울에게 무슨 일이 생겼는지 알아봐야겠다고 생각했습니다. 내가 들은 정보로는 바울은 여전히 감옥에 있답니다. 유니아와 안드로니고가 나와 함께 갔으면 좋겠어요. 그들은 아주 유명한 데다 사도들 사이에서도 평판이 좋습니다. 무언가 할 수 있는 일이 있는지 알아보기 위해 힘을 합치기에 적기라는 생각이 듭니다."

"당신이 그리울 거예요." 이 말은 뵈뵈가 느낀 감정을 전달하기에는 서글플 정도로 부족했다. 하지만 뵈뵈는 베드로의 표정을 바라보고는, 굳이 말을 덧붙일 필요가 없다는 사실을 깨달았다. 그는 보았고 이해했다.

"우리는 물리적으로 함께있는 것보다 훨씬 더 강력한 끈으로 묶여있습니다." 베드로가 말했다. "우리는 그리스도 안에서 함께 묶여있어요. 내가 떠나 있더라도, 우리는 항상 그리스도 안에서 함께할 겁니다. 나를 위해 기도해 주세요. 내 여행이 항상 쉬운 것만은 아니었고, 아무리 노력해도 외로움은 익숙해지지 않네요."

뵈뵈는 고개를 끄덕였고, 그 방을 빨리 떠나야 할 필요를 느꼈다.

그다음 며칠간은 티투스의 세례를 축하하고 베드로, 유니아와 안드로니고를 환송하는 잔치를 준비하느라 여념이 없었다. 티투스가 세례를 준비하면서 집안 전체가 함께 금식하기로 했고, 그 덕에 연회 준비는 더 힘들어졌다. 그래서 음식 만드는 달콤한 냄새가 평소보다 훨씬 더 감질이 났다.

뵈뵈는 펠릭스 이야기를 티투스와 함께 나누고 싶었지만, 잔치 준비로 분주해서 며칠이 지나서야 기회를 잡을 수 있었다. 그녀는 펠릭스를 스다구의 견습생으로 다시 보내는 것에 대해 티투스의 지혜를 구하고 싶었다. 티투스는 주의 깊게 듣고는 생각에 잠긴 듯 고개를 끄덕이다가 미소를 지었다.

"그렇게 하는 게 좋겠다. 펠릭스는 스다구에게 장사를 배우는 게 맞다. 하지만 네가 생각하는 이유는 아니다. 나는 펠릭스를 내 상속자로 입양하기로 했다."

뵈뵈는 깜짝 놀라 입이 쩍 벌어졌다. 할 말을 잃고 주저앉아 잠깐 티투스를 멍하니 응시했다. 놀란 감정에 이어 여러 가지 복잡한 감정이 몰려왔다. 펠릭스를 생각하면 기뻤지만, 비비를 생각하면 그 아이의 유산이 줄어들 테니 염려가 되었고, 나아가 미래에 두 사람의 관계도 걱정이 되었다. 결국 그녀가 짜낼 수 있었던 유일한 말은, "비비는요?"였다.

티투스는 뵈뵈의 걱정을 전부는 아니라도 적어도 대부분 이해하는 것처럼 보였다. "비비는 확실하게 부양받도록 할테니 염려 말아라. 하지만 비비가 내 상속자가 될 수는 없다. 네가 크레스투스의 유산을 받은 것으로 아는데, 그의 주인은 유서 깊은 가문 사람이 아니었다. 그리고 어찌 되었든 너는 고린도에서 살던 해방 노예다. 나는 가문의 이름과 그것에 따르는 모든 것을 물려받을 사람이 필요하다. 여자에게는 자격이 없다. 나는 지금 공적 영역에서의 삶과 사회적 명예, 신분과 권력에 관한 이야기를 하는 거란다. 그것은 오직 남자만의 영역이다. 나는 펠릭스가 한 가족을 운영할 수 있도록 훈련을 받으면 좋겠다. 스다구가 그를 도울 수 있을 거야. 넌 어떻게 생각하니?"

"제 생각에는요 …" 뵈뵈는 생각을 정리하느라 애를 썼지만, 놀란 충격 때문에 생각이 제대로 잘되지 않았다. "그것은 정말 멋진 생각이에요." 마침내 그녀는 자신이 사실은 너무 기쁘고 행복하다는 사실을 깨달았다. "하지만 사람들이 당신의 선택에 의문을 품지 않을까요? 몰락한 귀족 가문의 아들을 찾아야 하지 않을까요? 그것이 더 나은 선택이 아닐까요?"

티투스가 껄껄 웃었다. "나는 머지않아 모든 사람이 보는 앞에서 티베르강에 몸을 담글 계획이다. 나는 다른 사람이 날 어떻게 생각하는지 너무 걱정하지 않기로 했다. 게다가 난 내 재산을 훌륭한 사람한테 남기고 싶구나. 나는 펠릭스가 너를 어떻게 대하는지 지켜보았다. 그보다 더 믿을 만한 사람은 없을 것 같구나. 나는 부와 권력이 어떻게 퀸투스를 움켜잡아 기괴한 존재로 왜곡하는지 똑똑히 보았다. 나는 내가 죽을 때, 내 모든 것을 제대로 사용할 수 있는 사람에게 남기고 떠난다는 확신을 갖고 싶다."

"펠릭스에게 지금 이 사실을 알릴까요?"

"아니다. 세례식 이후까지 기다리는 것이 낫겠다. 금식을 계속해서 그런지 머리가 좀 어지럽구나. 펠릭스에게 말을 할 때는 가능하면 정신이 아주 맑았으면 좋겠다. 지금 당장은 내일을 위해 조용히 기도하며 마음을 준비하고 싶구나."

뵈뵈는 고개를 끄덕이고는 일어나 조용히 그 방을 빠져나왔다. 티베르강에서 공개적으로 세례를 받겠다는 티투스의 결정은 용기 있는 것이었다. 그리고 용감한 결정을 내리고 나면 으레 그렇듯이, 티투스에게는 여전히 마음의 평화를 찾을 시간이 필요했다.

25장

티투스의 세례식 날은 뵈뵈가 결코 잊을 수 없는 날이었다. 기쁜 날이기도 했지만, 곧이어 베드로, 유니아와 안드로니고가 그들 곁을 떠날 것을 알기에 슬픔도 뒤섞인 날이었다. 소문은 로마에 있는 수많은 다양한 교회로 퍼져나갔고, 꽤 많은 무리가 이 기념비적 사건을 목도하려고 티베르강 둑으로 모여들었다. 오랜 논의 끝에 티투스는 가마를 타고 도착하는 것으로 합의를 봤다. 티투스는 이것이 그의 부와 지위를 과시하려는 것으로 오해될까 우려했다. 하지만 베드로는 훨씬 더 실질적인 주장을 했다. 티투스가 티베르강에서 세례를 받는 순간 그런 오해는 불식될 것이고, 또 그의 현재 허약한 몸 상태를 참작하면 물속에서 혼자 서있을 에너지를 비축하기 위해서라도 힘을 아끼는 게 더 좋겠다고 했다. 티투스는 마지못해 수긍했다.

뵈뵈는 티투스의 허약한 몸 상태가 너무 걱정됐다. 그녀는 양쪽으로 펠릭스와 비비의 손을 꼭 잡은 채, 그가 물가로 발을 끌며 걸어 들어가는 모습을 지켜보았다. 펠릭스와 비비는 둘 다 뵈뵈의 꽉 쥔 손이 불편했던지, 그녀의 손에서 벗어나려고 손을 계속 꿈틀거렸다. 결과적으로 뵈뵈는 그렇게 염려할 필요가 없었다. 큰 그물을 익숙하게 잡아당겼던 베드로의 힘센 팔이 티투스를 문제없이 잘 잡아주었고, 베드로가 아버지와 아들과 성령의 이름으로 그에게 세례를 준다고 선언하면서 뿌연 물밑으로 담글 때 그를 놓칠 일도 없었다.

티투스가 베드로의 도움을 받아 강가로 다시 나왔을 때, 그의 얼굴은 오직 내적 전쟁을 싸워 이겨낸 사람만이 풍길 수 있는 평온한 빛을 냈다. 비비는 어찌어찌해서 뵈뵈의 꽉 잡은 손을 빠져나와 물속으로 달려 들어가 베드로 옆에 섰다.

"이제 비비 차례에요." 비비가 선언했다.

뵈뵈는 놀래서 앞으로 달려나갔다. "안 돼, 비비. 이번은 오직 티투스만을 위한 세례야."

비비의 얼굴은 구겨졌다. "왜요? 비비도 예수님을 사랑해요!"

뵈뵈는 티투스처럼 비비가 세례를 받으면 안 되는 이유를 딱히 설명할 말이 없었다. 뵈뵈는 도움을 요청하려고 주변을 둘러보았다. 펠릭스가 비비의 어깨 옆에서 환하게 웃으며 서 있었다.

"제가 예수님 이야기를 해 주었어요. 제가 베드로에게서 배운 최고의 이야기들 말이에요. 제가 이야기를 얼마나 잘하는지 아시잖아요."

"물론 잘 알지!" 뵈뵈는 펠릭스가 이야기하는 모습을 익히 봐 온 터라 비비가 최고의 선생님에게 배웠다는 사실을 충분히 알 수 있었다.

"비비도 잘 이해하고 있어요. 정말이에요. 비비에게 물어보세요. 아마 당신보다 더 잘 알고 있을 거예요." 펠릭스가 몸을 돌려 베드로를 바라보았다. "예수님께서 천국과 어린아이들 이야기를 하신 게 있지 않나요?"

베드로는 목을 뒤로 젖히고 크게 웃었다. "넌 참 영악한 아이구나. 내가 너였다면 지금쯤 포기했을 텐데 말이야." 그는 뵈뵈에게 말했다. "펠릭스의 낚싯바늘에 당신이 걸린 것 같습니다. 아니, 두 아이가 함께 던진 거겠지요. 미리 꾸민 것일 수도 있어요."

펠릭스와 비비는 천진난만한 표정으로 그를 향해 웃었다.

펠릭스의 질문이 그의 추억을 소환했는지 베드로의 얼굴은 다시 진지해졌다. (틀림없이 펠릭스가 의도한 것이리라.)

"예수님께서 어린아이들을 환영하신 사건이 여럿 있습니다. 한번은 내가 어리석게도 아이들을 예수님께 데려오려는 부모들을 막으려 한 적이 있었습니다. 그때 예수님은 말씀을 가르치고 계셨는데, 나는 예수님이 아이들 때문에 방해받지 않기를 원하실 거로 생각했습니다. 그래서 길을 막고 아이들을 집으로 돌려보내려고 했죠. 그건 내 평생에 다시 하지 않을 큰 실수였어요. 예수님이 단단히 화를 내신 적이 거의 없는데, 그중 한 번이 그때였습니다. 그래서 결론은, 비비가 나에게 오고 싶어 한다면 나는 양심상 막을 수 없습니다."

베드로는 안간힘을 쓰면서 그의 거대한 몸을 굽혀 키가 아주 작은 비비와 눈높이를 맞추었다.

"비비야, 세례 받고 싶니?"

"그럼요." 단호하게 대답하는 그녀의 조그마한 얼굴은 결의로 가득 차 있었다. "비비도 세례를 받고 싶어요. 예수님이 나를 사랑하신 것처럼 비비도 예수님을 사랑해요."

베드로는 조금 전 티투스에게 했던 것처럼, 비비를 부드럽게 물에 푹 담갔다.

"비비, 나는 아버지와 아들과 성령의 이름으로 너에게 세례를 준다."

비비가 티베르강의 뿌연 물에서 나올 때 그녀의 얼굴은 기쁨을 표현하는 그림과도 같았고, 뵈뵈의 뺨에는 눈물이 흘러내리고 있었다. 뵈뵈는 얼굴을 찌푸리며 속으로 생각했다. "나는 절대 울지 않는 사람인데, 지금은 멈추지가 않네." 요즘은 사소한 일에도 쉽게 울음이 터졌다. 슬픔에 압도당할 때도 울었고, 기쁨에 사로잡힐 때도 울었다. 퀸투스를 향한 분노가 그녀를 휩쓸고 지나갔을 때도, 그를 용서하겠다는 헛된 싸움에서 다시 한번 패배했을 때도 울었다. 무감각과 고통으로 흘려보낸 오랜 세월에 대한 회한으로도 울었다. 어떤 날은 이유도 모른 채 그냥 울었다. 그녀의 마음을 그동안 잘 방어해왔던 장벽이 허물어지자, 아주 작은 자극에도 눈물이 쏟아졌다. 그녀는 눈물을 멈추려는 노력을 포기했다. 무슨 수를 써도 눈물은 나올 테니까. 그녀는 눈물이 흘러내리게 놓아두고 환하게 웃었다.

비비 다음으로, 티투스가 가장 총애하는 노예인 마르쿠스도 앞으로 나와 베드로에게 세례를 요청했다. 더듬거리며 신앙을 고백하는 마르쿠스의 말을 듣고 뵈뵈는 베드로가 그와 함께 시간을 보내며 예수님의 복음과 그 의미를 나누었다는 사실을 알게 됐다. 그리고 마르쿠스뿐만 아니라 집안의 나머지 사람들도 마찬가지였다. 티투스에게 속한 대가족의 구성원들이 한 명씩 베드로가 이끄는 대로 믿음을 고백하고 세례를 받았다.

그렇게 해서 그들은 모두 티투스의 집으로 돌아왔다. 집안 사람들 전부가 티베르강의 물에 젖어 굉장히 불쾌한 악취를 풍겼지만, 그들은 기쁨에 들떠 아무도 신경 쓰지 않는 듯했다. 잔치는 즐거운 분위기에서 길게 이어졌다. 잔치에 취하다 보니, 그 누구도 베드로와 유니아, 안드로니고가 중간에 빠져나간 것을 눈치채지 못했다. 그들이 사라졌다는 사실을 마침내 뵈뵈가 알아챘을 때, 그녀는 멈춰 서서 조용히 그들을 위해 기도했다. 사도의 삶은 고귀한 소명이지만, 뵈뵈는 베드로의 눈에서 그로 인한 극심한 외로움을 보았다. 그녀는 베드로의 이번 여행에 유니아와 안드로니고가 함께한다는 사실에 안도했다. 물론 그 두 사람이 로마에 불어넣었던 생기와 활기가 그립겠지만 말이다.

잔치가 끝난 뒤 며칠은 조용했다. 티베르강까지 다녀오느라 힘을 많이 써서 티투스의 체력이 바닥났다. 뵈뵈는 티투스의 건강이 회복되도록 그가 가능한 휴식을 많이 취할 것이라고 선언했다. 하지만 세례식 이후 네 번째 되는 날, 집안의 평화는 대표단의 도착으로 깨져버렸다. 대표단은 원로원 제복으로 갖춰 입은 네 명이었고, 노예와 피후원자로 구성된 거대한 수행원이 동행했다. 인원이 너무 많아 티투스의 안마당을 꽉 채우고도 거리까지 늘어설 정도였다. 이것은 분명히 '방문'이었고, 뵈뵈는 티투스를 찾아오라며 마르쿠스를 보냈다. 동시에 그녀는 사적인 공간으로 모습을 감췄다.

그녀는 귀족의 문화와 관습을 충분히 알고 있었고, 그래서 티투스가 그녀를 이 고귀한 손님들에게 소개할 때까지 기다려야 한다는 사실도 알았다. 그녀는 기다리고 또 기다렸지만, 그녀의 예상과 달리 티투스는 그녀를 부르지 않았다. 두어 시간이 지난 후, 그녀는 집안의 공적인 장소로 살금살금 이동했고, 서재에서 홀로 비참하게 주저앉아 있는 티투스를 발견했다.

"이렇게 빨리 시작될 줄은 예상하지 못했다." 티투스는 이 말밖에는 하지 않았다.

잠시 후 이야기가 쏟아져 나왔다. 그럴 것이라고 예상했듯이, 티투스의 공개적인 세례 이야기는 로마의 귀족 가문들 사이로 빠르게 퍼져나갔다. 이들은 명예를 따지는 가문들이었다.

그들은 시간을 거슬러 올라가 영광스러웠던 공화정 시대와 그 너머까지 영광스러운 그들의 긴 족보를 암송할 수 있었다. 그들 가문의 일원들은 위대한 로마의 군사적 승리에 참여해 왔고 거기서 큰 혜택을 입었다. 만일 패배한 전투에 참전했더라도 이런 사실은 신속히 잊혔다. 그들은 매일 원로원에 자리 잡고 앉아서 부당하게 명예와 모욕을 좌지우지하면서 가장 큰 모욕을 자기보다 운 나쁜 다른 사람에게 떨어지게 하려고 부단히 노력했다. 명예는 귀족들이 가장 신경 쓰는 일이었다. 그리고 티투스의 말에 따르면, 그들은 티투스가 자신의 위신을 떨어뜨리는 일을, 그것도 공개적으로 했다는 이야기를 들었을 때 쉽사리 믿지 못했다고 한다. 그 대표단은 그들이 들은 이야기의 진실성을 확인하고자 온 것이었다. 이 사건은 정말로 그가 그 이상하고 말썽 많은 종파에 합류했다는 의미인가? 그들이 잔치나 식사 자리에서 끔찍한 행동을 한다는 이야기가 돌고 있었다. 정말로 그들은 그들의 신을 먹는 식인 행위를 하는가? 그들은 인류를 증오하는 사람들이 아닌가? 그들은 무엇이라 불리었나? 그리스도의 추종자들, 바로 그리스도인들이었다.

이 고상한 방문객들은 티투스를 염려한다는 우아한 핑계로 무장하고서 그에게 도전장을 내밀었다. 다음 주가 네로 황제의 생일이었고, 이를 위해 평소처럼 제물을 드리고 축하연이 열릴 것이다. 그들은 티투스가 축하 행사에 참석해 진행되는 모든 일에 함께하기를 기대했다. 이야기가 이 부분에 이르자, 티투스는 머리를 두 손으로 부여잡고 절망스러운 한숨을 내뱉었다.

"난 망했다. 내가 할 수 있는 일이 전혀, 아무것도 없다."

뵈뵈는 무엇이 문제인지 전혀 이해할 수가 없었다. "가시기만 하고 행사에는 참여하지 않으시면 되잖아요? 아니면 아예 가시지 말든가요? 분명 한 사람이 빠진다 해도 아무도 눈치채지 못할 거예요."

티투스는 지친 듯이 웃었다. "모두 알아차릴 거야. 그들이 늘 하는 짓이지. 그들은 누가 오고 누가 오지 않았는지 알아챌 거야. 누가 가장 적극적인지, 누가 마지못해서 하는지 알아챌 거야. 또 누가 먹는지, 누가 먹지 않는지도 확인할 거야. 더 큰 문제는, 이 모든 것이 황제가 심어놓은 첩자들을 통해 직접 황제에게 보고된다는 사실이다. 황제는 자신의 권좌를 노리는 사람이 있다고 확신하고 있어서, 작은 모욕도 그 종말의 출발섬이 될 것이라는 피해망상에 시달리고 있다. 공정하게 말하면, 그가 틀린 것도 아니야. 이곳 로마에서는 그런 일이 반복해서 일어났으니까. 아마 그의 양아버지인 클라우디우스도 아내에게, 바로 네로의 어머니에게 살해당했을 거야. 네로는 의식적이든 아니든 자신이 받은 모욕을 절대 잊지 않아. 그럴 수가 없는 거지. 그가 완전히 미쳐가고 있다고 말하는 사람도 있어. 자기 어머니를 죽일 수 있는 사람인데 누군들 못 죽이겠어?"

"그의 어머니요?"

"아직 못 들었니?"

뵈뵈는 고개를 가로저었다. 최근 그녀는 더없이 행복한 자신만의 고치에 쌓여있다 보니, 하인들과 노예들의 빠른 입을 통해 어지간한 집들 주변을 떠도는 일상적인 소문을 들으려고도 하지 않았다. "그는 모친을 살해하고는 자살로 가장했다. 소문이 나기로는, 네로가 수 주일 동안 그녀를 제거하려고 시도했다고 한다. 그는 그녀가 자기를 죽이려고 한다는 핑계를 댔지. 아무도 그의 말을 믿지 않아. 물론 믿는 척해야 하지만 말이다. 우리가 추측하기로는, 네로는 어머니가 자신을 주도면밀하게 감시한다고 느끼고 있었던 데다 그의 새로운 정부인 포파이아에게 빠져 모친을 없애고 싶었던 것 같아. 처음에는 단지 왕궁에서 그녀를 추방했을 뿐이지만, 얼마 안 가서 그것만으로는 충분하지 않다고 생각한 거지. 세 번이나 그녀를 독살하려 했지만, 세 번 모두 빠져나갔어. 그러자 다음 단계로 넘어갔지. 네로 황제의 기발함과 끈질김은 인정하지 않을 수 없어. 사람들 이야기에 따르면, 그는 간단한 조작으로 침몰하는 접이식 배를 만들어서 별장으로 돌아가는 어머니를 죽이려 했지만, 그녀는 침몰한 배에서도 헤엄쳐서 살아났다고 한다. 결국, 그는 암살자를 보내 그녀를 죽였다. 우리는 모두 우리가 뭐라고 말해야 하는지 알고 있어. 그것은 자살이었다고 말해야 한다. 공개적으로는 그렇게 말하지만, 사적인 우리 양심으로는 그게 실제로 무엇이었는지 알고 있다. 그것은 살인이었어.

만일 그가 충동적으로 어머니를 살해할 수 있는 사람이라면, 그를 싫어하는 나 같은 사람은 불쌍하게 된 거지. 나는 제국의 열기가 로마를 장악할 때 벌어진 일들을 잊고 있었다. 오랫동안 멀리서 떨어져 살 때는 고향이 몹시 그리웠다. 로마의 아름다움과 영광, 로마의 장엄함과 화려함을 그리워했다. 그런데 은밀한 곳에서 벌어지는 사악함은 잊고 있었다. 때때로 권력의 통제가 너무나 지독해서, 모든 사람과 모든 사물이 그 통제 아래로 들어간다. 중심에 있는 우리 모두도 두려움에 지배당하게 되고, 나의 옛 친구라는 자들도 그들 자신의 위기를 모면하기 위해서라면 재고의 여지도 없이 네로의 미친 광기 앞에 날 던져버릴 거야.

그것이 바로 결국에는 내가 그 모든 것을 등지고 그리스도에게 돌아선 이유란다. 그분의 길은 온유함과 사랑이다. 반면에 로마의 길은 공포며 힘이다. 예수님의 평화는 온전함에서 비롯되지만, 로마의 평화는 잔혹한 억압에서 비롯된다. 예수님은 사랑으로 자신을 쏟아 부으셨지만, 로마와 그 통치자들은 자신들이 소유하거나 원하는 것을 보호하기 위해 물어뜯고 싸운다. 과거에는 그것이 옳은 선택이었겠지만, 지금의 나는 예수님이 자기 십자가를 지고 그분을 따르라고 했던 말의 의미를 안다. 그 선택에는 분명 뒤따르는 결과가 있지만, 난 그쪽을 선택했고, 이제 그 결과들이 우르르 모여들고 있다. 그런데 어찌해야 할지 도무지 모르겠다."

"전 아직도 그 축하연에 참석하는 것이 무엇이 문제인지 잘 모르겠어요." 뵈뵈는 혼란스러웠지만, 티투스가 절망에 빠진 이유를 이해해보려고 애를 썼다.

"너와 너의 순진함에 축복이 있기를." 티투스는 그녀의 손을 부드럽게 쓰다듬었다. "축하연에 참석하게 되면, 카이사르가 주님이라는 선언을 해야 한다. 그리고 그들이 방금 우상에게 바쳤던 고기도 먹어야만 하지. 그 행사에 참석한다는 것은 내가 할 수 없는 것을 선언해야 한다는 의미란다. 난 그들이 요구하는 것을 절대 할 수 없다. 그들도 그 사실을 알고 있고, 그래서 나에게 참석하라는 요청을 한 거지. 그들은 내가 할 수 있는 일이 그곳으로 똑바로 걸어 들어가는 것밖에 없다는 사실을 알고 함정을 판 거야."

그러더니 그는 긴 한숨을 내쉬었다. 그 길고 지친 숨 끝에서 흐느낌이 느껴졌다.

26장

뵈뵈는 자신이 허둥댄다는 느낌이 들었다. 완전히 능력 밖의 일인지라 티투스에게 무슨 조언을 해줘야 할지 몰랐다. 그러고는 갑자기 공포로 몸이 후들거리면서 왜 티투스가 세례식을 앞두고 그렇게 괴로워했는지 깨달았다. 그때는 티투스가 자기 앞에 놓인 헌신의 막중함에 힘들어하는 줄 알았다. 그때는 몰랐지만, 티투스가 자신의 결정이 초래할 수도 있는 수치스러운 결과를 예상하고 있었음을 뵈뵈는 이제야 깨달았다. 그래도 그녀는 아직 티투스가 그리스도를 따른다는 것이 어떤 모습일지 정확하게 이해하지 못한다는 생각이 들었다. 어떤 결정의 잠재적 의미에 대해 모호한 이론적 생각을 품는 것과 이 결정을 따라 사는 것은 완전히 별개의 문제다.

그는 절실하게 조언이 필요했지만, 뵈뵈는 어떤 충고를 해야 할지 감이 잡히지 않았다. 그들에게는 도움이 필요했다. 많으면 많을수록 좋았다. 그래서 가장 친절하고 가까운 모든 친구에게 전갈을 보냈다. 세례식 이후로 처음 느끼는 건 아니지만, 그녀는 유니아와 안드로니고가 더는 곁에 없다는 상실감에 마음이 아팠다. 하지만 나머지 다른 사람에게 메시지를 보냈고, 한 시간도 채 되지 않아 모두 익숙한 브리스가와 아굴라의 작업장으로 모여들었다. 블래수스, 스다구, 헤로디온, 바드로바, 파우스투스, 호르텐시우스, 그리고 심지어 펠릭스도 왔다. 펠릭스는 사안의 중대성을 감지하고 비비를 장난감을 가지고 놀게 놓아두고 티투스의 가마 뒤에서 뵈뵈와 함께 걸어갔다. 티투스는 귀부인은 로마 거리에서 가마를 타고 간다면서 뵈뵈에게 가마에 함께 타자고 간청했다. 하지만 뵈뵈는 그런 대접은 아직 편안하지 않아 가마를 따라 걸어가기로 했다.

도착은 했지만, 참석한 사람 전원이 편안하게 자리를 잡기까지는 시간이 좀 걸렸다. 다른 친구들은 대부분 앉을 만한 곳이면 아무 데나 앉는 데 익숙했지만, 티투스는 허약한 몸 상태 때문에 그럴 수가 없었다. 그래서 마르쿠스의 지도 아래 그의 노예들은 알맞은 의자를 찾아 쿠션을 놓는 등 열심히 티투스가 편안히 앉을 자리를 마련했다. 그런 후에 노예들은 길거리 가마 있는 곳에서 기다리기 위해 조심스럽게 뒤로 빠졌다. 티투스가 말을 하려고 입을 열자, 브리스가가 단호하게 그의 말을 잘랐다.

"우리는 마르쿠스와 나머지 당신 집안사람들 없이는 시작할 수 없어요. 지금 바깥에서 참을성 있게 기다리고 있는 그들 말이에요."

"그들은 개의치 않습니다." 티투스가 말했다. "그런 일에 너무 익숙합니다."

"제 말은 그게 아니에요. 그들이 세례를 받았을 때, 그들은 그리스도의 몸이 된 겁니다. 그들도 이제 우리의 일부, 가족의 일원입니다. 그리스도 안에는 유대인이나 헬라인, 노예나 자유인, 남자나 여자가 아무런 차별이 없습니다. 우리는 모두 그리스도 예수 안에서 하나예요. 그것이 진리라고 말로 선언만 하면 안 되고, 그 진리대로 살아야 합니다."

뵈뵈는 브리스가의 말에 충격을 받았다. 그 말 자체는 한 번도 들어본 적이 없었지만, 뭔가 방금 브리스가가 지어낸 것이 아니라 과거에도 여러 번 반복했던 이야기처럼 들렸다. 그 말의 출처를 묻는 질문이 입 밖으로 막 튀어나오려던 찰나, 펠릭스가 노예들을 부르러 벌떡 일어나 뛰어나가는 바람에 주의가 흐트러졌다.

노예들이 문으로 들어왔다. 마지못해 들어온 기색이 역력했다. 뵈뵈는 몸을 돌려 티투스를 바라보았다. 티투스와 마르쿠스, 그리고 다른 노예들 모두 불편해서 어쩔 줄 몰랐다. 그녀는 양쪽을 모두 경험했기에 지금 노예들이 느끼는 감정을 너무나도 잘 알고 있었다.

하인과 노예의 세계는 폐쇄된 단위다. 부유한 권력자들이 그들에게 명령을 내릴 수는 있지만, 그들과 결코 어울릴 수는 없다. 그 간극은 부자나 권력자들이 이들의 존재를 의식하지 못한 채 대부분의 삶을 보내기 때문에 한층 강화된다. 그 간극을 메우는 일은 길고 복잡한 과정이어서, 더는 그런 간격은 존재하지 않는다는 간단한 선언 이상의 훨씬 더 많은 것을 요구할 것이다. 노예들이 방안으로 들어오면서 함께 시작된 눈에 띄게 불편한 분위기는 그들 사이에 존재하는 깊고 넓은 차이를 말로만 할 수 있는 것보다 훨씬 더 강력하게 보여주었다. 하지만 브리스가는 단호했고, 그 어색한 분위기에서 아무도 도망치지 못하게 했다.

그 결과, 노예 중에서도 새로 온, 가장 소극적인 사람들이 앉을 자리를 찾는 동안 시간이 더 지체됐다. 그중에서도 이 모임에 함께하는 것을 가장 꺼린 사람은 마르쿠스였다. 그는 트랜스티베리움(그는 이 지역을 매우 의심스러운 눈초리로 바라보았다) 깊숙한 곳으로 들어왔기 때문에 작업장 주변을 지나가는 하층민들이 티투스의 화려한 가마를 도둑질할까 봐 걱정된다고 주장했다. 이렇게 브리스가가 살고 있는 거리를 마르쿠스가 장황하게 혹평하는 동안, 그녀의 태도는 점점 더 쌀쌀해졌다. 결국, 마르쿠스도 그녀의 냉기를 알아차리고 목소리를 줄였다. 그리고 몸을 구부려 길거리와 방안을 모두 살필 수 있는 창틀 위에 앉았다.

그는 일정한 간격을 두고 창틀에서 거리로 뛰어 내려가 '의심스러운' 행인이 지나가면 놀래는 일을 반복하면서 스스로 만족해했다. 결국, 지나가는 사람 대부분이 그의 눈에는 의심스러운 것으로 밝혀졌다. 태평스러운 아굴라는 마르쿠스의 익살스러운 모습을 지켜보며 껄껄 웃으며 말했다. "적어도 그는 유두고와 같은 운명에 처하지는 않겠군요."

아굴라가 의도한 대로, 그의 말은 브리스가와 마르쿠스의 갈등에 쏠렸던 사람들의 관심을 새로운 주제로 옮겨놓았다.

"유두고가 누구죠?" 뵈뵈가 물었다. 주변을 둘러보니 그의 이름을 들어본 적이 없는 사람은 뵈뵈만이 아니었다.

펠릭스가 미소를 지었다. "제가 이야기해도 되나요?"

아굴라는 격려하는 눈빛으로 고개를 끄덕였고, 펠릭스는 평소처럼 맛깔나게 이야기를 시작했다.

"유두고는 드로아에서 온 젊은이었습니다. 바울이 드로아를 거쳐 갈 때의 일입니다. 어느 날 밤, 그는 빵을 떼고 난 후 긴 토론에 들어갔습니다. 지금 여기처럼 방은 꽉 찼습니다. 사람들은 틈만 있으면 어디든 걸터앉았어요. 여기 마르쿠스처럼 유두고도 창문을 골랐습니다. 유두고는 바울이 나누는 대화에 그다지 흥미를 느끼지 못했고, 그러다가 말 그대로 떨어지고 말았습니다. 깜빡 잠이 들어 창문 밖으로 떨어진 거죠."

이 말을 하는 순간, 마르쿠스가 연기하는 듯 창문 밖으로 떨어졌다가 얼굴에 환한 웃음을 지으며 잠시 후 다시 나타났다. 이 모습을 보고 브리스가도 마음이 풀려 살짝 미소를 지었다.

"제 생각에는," 브리스가가 티투스를 보고 말했다. "이제 당신을 괴롭히는 것이 무엇인지 말해주실 때가 된 것 같네요."

티투스가 한숨을 내쉰 후, 그날 아침 무슨 일이 있었는지 설명하기 시작했다. 그의 이야기가 진행되자, 로마의 생활과 문화를 더 많이 알고 있는 사람일수록 더 심란한 표정으로 변해갔다. 그들은 모두 티투스가 얼마나 어려운 상황에 놓였는지 이해하는 것처럼 보였다.

결국, 바드로바가 더 참지 못하고 말문을 열었다.

"이제는 그동안 쭉 내가 말해주려고 애썼던 것이 무엇인지 알겠죠? 나는 이런 상황이 올 거라고 진작 알고 있었지만, 여러분은 귀담아들었나요? 아니요, 당연히 듣지 않았죠! 내가 수백 번은 말했을 겁니다. 우리가 조심하지 않으면, 당국의 주의를 끌게 될 거라고요. 로마의 주의를 끌어서 절대 좋을 게 없어요, 절대." 그는 이 대목에서 목소리를 높이더니 아예 고함을 쳤다. "클라우디우스 황제 때 유대인들에게 벌어진 일만 봐도 알 수 있잖아요. 그들은 폭동을 일으켜 로마를 귀찮게 했고 결국 쫓겨

났죠. 로마에서 평화롭게 살고 싶으면 물의를 일으키지 말고 말썽도 부리지 말고 특이하고 색다른 일도 하지 않아야 해요. 티투스 때문에 우리는 곤란하게 될 거예요. 당신네 여자들이 공개적인 장소에서 돌아다닐 때도 문제가 될 거라고 내가 여러 번 말했던 것과 마찬가지예요." 이 말을 듣고 브리스가의 얼굴이 돌처럼 굳어졌다. 조금 전 마르쿠스를 향했던 냉기가 오히려 따뜻하게 여겨질 정도였다. "우리 모두 알다시피, 제대로 된 사회에서는 여자들이 거의 눈에 띄지 않아요. 그들은 집 뒤편에 가만히 있다가, 특별히 초대를 받을 때만 밖으로 나오는 거예요."

브리스가가 막 폭발하려는 듯 보였지만, 바드로바가 틈을 주지 않았다. "당신네 여자들이 우리 자신의 안전한 집에서 열리는 모임에 함께 참여하는 것은 상관없어요. 결국, 우리는 하나님 안에서 한 가족이고, 평소의 규칙은 우리가 함께 예배드릴 때는 적용되지 않아요. 하지만 유니아와 브리스가, 그리고 다른 여자들이 …" 그는 여기서 뵈뵈를 노려보았다. 그녀가 몰래 유니아의 선례를 따라 바깥 이방 신전에서 공개적인 논쟁에 뛰어들 것으로 의심하는 듯했다. "… 도시를 어슬렁거리면서 문제를 일으키고 우리의 좋은 명성에 오명을 씌우고 다니는 것은 별개의 문제예요. 이제 여기 티투스 때문에 최고의, 가장 훌륭한 가문들이 우리를 주목하게 되었네요. 이건 재앙이나 다를 바 없어요. 내 말을 명심해요, 눈에 띄어서 좋을 게 결코 없다고요."

"나는 당신 생각이 타당한지 잘 모르겠네요." 방안의 헝클어진 분위기를 달래듯, 아굴라가 침착한 어조로 끼어들었다. "사람들은 우리의 존재를 오래전부터 알아채고 있었어요. 클라우디우스 황제 때 일을 다시 생각해 봐요. 문제는 우리가 당국의 주의를 끌었는지가 아니에요. 문제는 그것이 권력을 잡은 사람들이 우리를 곤란하게 만들 구실이 되었는지 여부예요.

하나님의 은혜로 최근에는 우리를 괴롭히는 일이 필요하다거나 도움이 된다고 느끼는 권력자가 없어서 조용하고 평온한 삶을 살고 있어요. 이런 상황에서 화살을 여성에게, 현재 노예든 과거 노예였든, 노예에게, 유대인에게, 혹은 부자에게 …" 아굴라는 문제를 일으킬 수 있는 각 범주를 언급하면서 방 안의 다양한 사람을 몸짓으로 가리켰다. "돌리는 것은 가장 중요한 핵심 문제를 회피하는 행동이에요. 예수님을 따르라는 부르심은 조용한 삶으로의 부름이 아니에요. 우리의 존재는 사람들에게 알려질 수밖에 없어요. 우리는 문제를 일으킬 수밖에 없는 존재예요. 예수님 본인도 이 세상의 권력자들에게 위협적인 존재셨지요. 우리가 그들을 화나게 하지 않는다면, 오히려 그게 이상한 거예요."

"하지만," 바드로바의 목소리에 간절함이 묻어나오기 시작했다. 마음 속 깊숙이 자리 잡은 공포가 드러나는 듯했다. "조금은 분별력을 발휘할 수도 있잖아요? 고개 좀 숙이고 조용히 살면 안 될 이유가 있나요? 다른 사람 심기 건드리지 말고, 조용히 삽시다. 그게 훨씬 낫단 말이에요."

이 말이 끝나자, 방안은 왁자지껄 소란스러워졌다. 화난 듯한 주장들과 반론들이 불꽃 튀듯 오갔다. 뵈뵈는 마치 그리운 고린도에 돌아가 있는 듯한 느낌이 들 정도였다. 로마에서는 한 번도 본 적이 없는 격렬한 논쟁이 그녀 주변에서 벌어지고 있었다.

"잠시만요." 마르쿠스의 깊고 풍부한 목소리가 소음 사이를 뚫고 방안에 울렸고, 놀랄만한 정적을 불러일으켰다. 뵈뵈는 마르쿠스가 거의 말이 없고, 말을 할 때면 굉장히 겸손한 태도로 말을 한다는 정도는 알고 있었지만, 그의 목소리가 이토록 강렬하고 듣기 좋다는 사실은 처음 알았다.

"이렇게 끼어들어 죄송합니다." 그가 말했다. "저는 이 모든 것이 처음인 사람입니다. 제가 아는 것이라곤 베드로, 티투스, 그리고 물론 펠릭스가 들려준 이야기가 전부입니다."

이 말에 펠릭스의 얼굴이 자부심으로 빛이 났는데, 그의 표정으로 보아 언급된 세 사람 가운데 자신이 이야기를 제일 잘해 주었다고 생각하는 듯했다.

"그런데 저는 뭐가 문제인지 이해가 잘 안 됩니다. 제가 들은 이야기들에서, 그리고 사랑에서 배운 것은, 예수님은 분쟁을 피할 목적으로 이목을 끄는 일을 삼가지는 않으셨다는 것입니다. 맞아요, 예수님이 분쟁을 일으키러 다니신 것은 아닙니다만, 그렇다고 회피하신 것도 아닙니다. 브리스가의 말이 옳다면, 그래서 우리가 모두 그리스도 예수 안에서 하나라면, 로마 이웃들의 심기를 건드리지 않으려고 겉만 좋게 꾸미는 것은 우리가 절대 하지 말아야 할 행동 아닐까요? 우리는 티투스 님이 황제의 생일파티에 참석해서 하나님께서 티투스 님을 부르신 대로 행동하시라고 격려해 드려야 하지 않을까요? 저는 바울이 여러분에게 보낸 편지를 읽고, 또 읽어 보았습니다. 제 생각에 바울은 티투스 님이 우상에게 바쳐진 고기를 먹느냐 먹지 않느냐는 중요한 문제가 아니라고 말할 겁니다.

바울은 우상은 진짜가 아니고 나무 덩어리에 불과하다는 것에 동의할 겁니다. 하지만 그는 우리가 서로 돌봐야 한다고 말하지 않았던가요? 이웃에게 기쁨을 주는 행동을 추구하라고 말입니다. 티투스 님이 스스로 어떻게 생각하시는지는 모르겠지만, 어쨌든 티투스 님도 이제는 바드로바의 마음을 힘들게 하는 것이 무엇인지 아실 테고, 우상에게 바쳐진 고기는 드실 수 없을 겁니다.

저는 당신이 이 문제를 왜 그렇게 어렵게 만드는지 이해가 안 됩니다. 실제로는 굉장히 간단한 일 아닐까요? 저는 티투스 님이 초대 받은 대로 축하연에 가야 한다고 생각합니다. 다만 참석하시되, 당신이 해야 한다고 느끼시는 대로만 행동하시면 됩니다. '카이사르가 주님이다'라는 말도 하지 않고, 고기도 먹지 않으시면 됩니다. 사람들이 왜 그러냐고 물으면, 설명해 주시면 됩니다."

마르쿠스는 이렇게 말하는 동안 점점 더 생기가 돌았고, 그의 얼굴은 내면의 열정으로 빛이 났다. 그의 연설에는 자연스러운 권위가 있었다. 뵈뵈가 과거의 그에게서는 전혀 발견하지 못했던 것이었다. 열정적인 그의 연설이 끝에 이를 무렵 방안에는 정적이 흘렀고, 작업장에 있던 그녀를 비롯한 사람들은 놀라서 입이 살짝 벌어진 채 그를 응시했다.

27장

"마르쿠스," 뵈뵈가 마침내 간신히 목소리를 짜냈다. "난 여태 당신의 이런 모습을 본 적이 없어요. 우리에게 숨기는 게 혹시 또 있나요?"

"내 생각에는 말입니다." 티투스가 말했다. "그가 말한 내용보다는 당신이 아직 묻지 않은 내용이 더 중요해 보입니다. 마르쿠스가 나에게 온 건 몇 년 전입니다. 나는 그를 에베소의 노예 시장에서 샀어요. 그때 상태는 끔찍했습니다. 영양실조로 말라빠진 덕에, 헐값에 살 수 있었습니다. 그런데 그의 눈을 들여다보니 뭔가 특별한 게 보였습니다. 나는 그가 총명한 친구라는 것을 알아봤습니다. 오늘 여러분이 눈앞에서 확인했듯이 말입니다. 내 판단이 옳았다는 것을 확인하는 데는 오랜 시간이 걸리지 않았습니다. 영양가 있는 음식을 먹이고 신경 써서 보살피고 배려해주었더니, 마르쿠스는 곧 강하고 활기찬 젊은이가 되었습니다. 몇 달 후에 서재에 들어갔더니, 글쎄 마르쿠스가 내 책 중 하나를 읽고 있는 겁니다. 그는 똑똑한 정도가 아니라, 글자도 읽을 줄 알았던 겁니다.

하지만 자기 이야기는 본인이 직접 하도록 하는 게 좋겠습니다. 그는 충분히 자기 이야기를 할 능력이 있으니 말입니다." 모든 시선이 마르쿠스를 향했고, 그는 자기 이야기를 시작했다. 어렸을 때 고향에서 노예로 팔렸다는 점은 뵈뵈와 같았다. 하지만 뵈뵈와 달리, 그는 노예 시장을 전전하다 에베소에서 겨우 인색한 노인에게 팔렸다. 그 노인은 잔인하고 악랄한 주인이었지만, 몇 년 후의 티투스처럼 마르쿠스의 총명함은 알아보았다. 그래서 마르쿠스에게 읽는 법을 가르쳤는데, 실수할 때마다 야만스럽게 때리곤 했다. 다행히도 마르쿠스는 똑똑해서 수많은 매질을 피할 수 있었다. 그리고 머지않아 읽고 쓸 줄 알고, 계산도 능숙하게 할 수 있게 되었다. 그는 곧 주인에게 무척 귀중한 존재가 되었으며, 매 맞는 일도 줄었다.

그러던 어느 날, 주인의 성질머리 때문에 사달이 났다. 몇 명의 병사와 싸움이 붙었고, 그는 맞아 죽었다. 나중에 마르쿠스가 하수구에서 그의 시신을 수습했다. 그렇게 마르쿠스의 인생에서 최악의 삼 년이 시작되었다. 이 사람 저 사람에게 팔려 다녔고, 팔릴 때마다 가격은 낮아졌고 받아먹는 음식의 양도 점점 줄어들었다. 결국, 아무도 돈을 지불하고 사고 싶지 않을 놀골이 되어갔다. 그때 비로소 티투스가 나타나 그를 발견했고, 잘 돌봐주고 다시 생명을 불어넣었다.

이 대목에서 티투스는 자기가 이야기를 이어받겠다는 신호를 보냈다. "여러분이 모르고 있는 것이 있습니다. 사실 마르쿠스는 내가 숨기고 있는 부끄러운 비밀로부터 나를 보호하고 있습니다. 난 읽을 줄 모릅니다. 어렸을 때부터 노력하고 또 노력했고, 못한다고 맞기도 했습니다. 그래도 책을 보면, 글자들이 헤엄쳐 다니거나 뭉쳐서 보이는 겁니다. 무슨 의미인지 도무지 이해할 수가 없었습니다. 마르쿠스를 만나기 전까지는 아무에게도 말한 적이 없어요. 내가 배운 건 고작 읽을 줄 아는 척하는 법입니다. 돈이 많은 게 여기에도 도움이 될 줄은 몰랐습니다. 참 놀라워요. 이제는 마르쿠스가 나를 위해 글을 읽고 써줍니다.

내가 알아야 할 내용이 있으면 마르쿠스가 알려 줍니다. 이제는, 나 혼자서는 못 한다는 사실을 아무도 알 수 없습니다. 그는 내가 공개적인 수치를 당할 뻔한 상황에서 여러 번 나를 구했습니다. 내가 마르쿠스에게 뭐라고 쓰였는지 '상기시켜' 달라고 하면, 사람들은 내 기억력 문제라고 생각하고 넘어갑니다. 하지만 오늘 나는 여러분에게 내 비밀을 시인하기로 했습니다. 내가 앞으로는 부끄러움과 정면 대결을 치르는 삶을 살려고 하니, 여러분도 내 모든 이야기를 아는 것이 좋겠다고 생각했습니다." 그는 뵈뵈를 향해 돌아섰다. "마르쿠스는 바울의 편지를 나에게 읽어주었다. 그러니 편지 내용을 그렇게 잘 알 수밖에 없지."

뵈뵈는 부끄러움이 홍수처럼 밀려오는 느낌을 받았다. 그녀는 사람들의 시야에서 사라진다는 것이 어떤 느낌인지 누구보다 잘 알고 있었다. 눈에 띈다 해도 기껏해야 자기보다 더 중요한 사람의 편안함을 위해 존재하는 한 점 가구로 취급될 뿐, 결코 나름의 권리를 가진 인간으로 대우받지 못한다는 것이 어떤 느낌인지 잘 알고 있었다. 그런데 그녀 자신이 그 똑같은 대우를 마르쿠스에게 하고 있었다. 뵈뵈는 그를 티투스를 돕기 위해 주위에 대기하고 있는 강한 어깨 정도로 보고 있었다. 늘 명령을 수행할 준비가 되어 있는 티투스의 조용한 그림자로 보았지, 삶을 향한 강한 열정을 지닌 총명하고 단호한 마르쿠스 그 자신으로는 보지 못했다. 그녀는 그를 보았을 뿐, 결코 그를 알아보지 못했다. 그녀는 부끄러웠다.

그녀는 방안을 흘끗 둘러보았다. 그녀만 그런 것이 아니었다. 마르쿠스가 그들에게 왔을 때 그는 노예라는 이름표를 달고 있었고, 아무도 그 이름표 너머에 있는 것을 보려는 수고를 하지 않았다. 이 사람에서 저 사람으로, 사과의 뜻을 담은 웅성거림이 시작되었다. 마르쿠스의 얼굴이 활짝 피었고, 고개를 숙여 그들의 사과를 흔쾌히 받았다.

"여러분도 아시겠지만," 그는 기분 좋게 선언했다. "저의 이런 충고를 듣기 위해 우리가 야단법석을 떨며 여기까지 올 필요는 없었습니다. 제가 집에서 해드릴 수도 있었으니까요."

"물론 그럴 수도 있었겠죠." 아굴라가 말했다. "하지만 그랬다면 우리는 이런 이야기를 못 들었겠죠. 그러니 이렇게 된 것이 우리에게는 다행입니다. 당신 말이 정말 옳아요, 마르쿠스. 티투스가 해야 할 일은 확실해요. 문제는 그게 간단하지만 쉽지는 않다는 거죠. 이곳에 옴으로써 티투스는 고맙게도 그가 마주한 어려움이 무엇인지 우리에게 알려주었고, 우리는 그를 돕기 위해 할 수 있는 모든 걸 하면 됩니다."

티투스와 그의 모든 친구는 정확히 이 말대로 했다. 티투스는 그 어려움에 결연하게 마주했고, 공동체 전체는 그와 함께 기도하며 그를 뒷받침했다. 이윽고 한 주가 지나고 운명의 날인 황제의 생일이 되었다. 티투스는 가마를 타고 믿음직한 마르쿠스와 함께 출발했다. 티투스의 표정은 결의로 엄숙했지만, 그의 집 대문에 모여 있던 친구들에게 손을 흔들 때는 어렴풋한 미소를 보였다. 그가 떠난 후 그들은 각자의 삶으로 흩어졌지만, 그날이 끝나갈 무렵 얼굴에 걱정스러운 표정을 지으며 다시 모여들었다.

마침내 티투스도 돌아왔다. 그가 가장 먼저 했던 말은 '다 끝났다'였다. 그러고는 피곤한 듯 의자에 앉았고, 노예 중 한 명이 건넨 포도주 잔을 흔쾌히 받아들었다. 포도주를 따른 건 마르쿠스였다. 티투스는 그들이 함께 이야기한 대로 했다. 축하연에 참석은 했지만, 제물을 바치는 일에 참여한다거나 네로의 업적을 기리는 칭송을 함께한다거나 제물로 드려진 고기를 먹는 일은 정중하게 거절했다.

그는 끝까지 초지일관 품위를 지키며 점잖게 행동했다. 참석한 사람들은 대놓고 표현하지는 않았으나 노골적으로 티투스를 냉대했다. 티투스는 최상류층에서 배제된 것이다. '다 끝났다'라는 말은 그 상황을 정확히 요약하고 있었다. 그는 결정을 내렸고 그대로 행동했다. 그리고 이제 다시 돌이킬 수는 없었다.

"자, 적어도 최악의 상황은 끝났어요." 아굴라가 낙관적으로 말했다.

티투스가 그에게 미소를 지었다. 온화한 미소였지만 심한 피로감이 느껴졌다. "친구여, 이것은 시작에 불과합니다. 사실 당신이 못 보는 부분이 많습니다. 저녁 식사 모임과 연회에 초대되는 일이 줄어들 겁니다. 피후원자들은 다른 곳에서 후원자를 찾을 겁니다. 사업은 더 어려워질 테고, 자연스럽게 내가 해야 했을 결정도 영문도 모르게 다른 사람 손에서 내려질 겁니다. 당신 눈에는 그 많은 변화가 보이지 않겠지만, 난 그것을 보게 될 겁니다."

그 순간 문을 두드리는 소리가 나며 은세공업자가 도착했음을 알렸다. 그는 티투스의 집 앞쪽 거리에 있는 가게에 살면서 일하는 사람이었다. 그는 많이 불편한지 안절부절못했고 웅얼웅얼하는 탓에 무슨 말인지 듣기 위해 마르쿠스가 몸을 기울여야 했다.

"이 사람의 이야기는," 마르쿠스가 보고했다. "더는 주인님의 가게를 빌릴 필요가 없답니다. 내일까지 일을 접고 물건을 정리한다고 합니다."

티투스가 몸을 앞으로 기울였다. 얼굴에 근심이 가득했다. "정말이요? 난 내가 한 행동 때문에 당신을 길거리로 내쫓고 싶지는 않아요. 내가 당신을 돌볼 수 있게 해 주시오 … 제발!"

그러나 그 은세공업자는 시선을 바닥에 고정한 채 말없이 고개를 가로저었다. 그러고는 조용히 집을 빠져나갔다. 티투스는 어깨를 한번 들썩이고 무기력하게 주변을 둘러보았다.

주변에 그에게 약간의 도움이라도 줄 수 있는 사람은 없었고, 그들은 잠시 후 조용히 흩어졌다. 티투스가 이전의 삶으로부터 얼마나 신속하게 배제되는지 확인하니 정신이 번쩍 들었다. 티투스는 기진맥진해서 잠시 누우러 갔다. 그런데 겨우 삼십 분이 지났을 때, 마르쿠스가 뵈뵈를 찾으러 달려왔다.

"주인님이 당신과 펠릭스에게 이야기하고 싶어 하십니다." 마르쿠스가 말했다. "제가 가서 펠릭스를 찾아보겠습니다." 마르쿠스는 그녀를 지나쳐 급히 달려갔다.

뒤에서 펠릭스와 마르쿠스의 소리가 들렸을 때는 뵈뵈가 아직 티투스의 침실로 가는 도중이었다.

"나는 속기 연습을 하고 있었어요." 펠릭스가 환하게 웃으면서 말했다. "스다구가 방법을 알려주었어요. 보통 쓰는 것보다 훨씬 더 나은 것 같아요. 쓰는 속도가 빨라지니 두뇌를 멈출 필요가 없거든요. 내 손과 머리가 같은 속도로 움직일 수 있어요." 그는 티투스의 방으로 가는 동안 계속 수다를 떨었다. 티투스가 축하연에서 돌아온 이후 집에 무겁게 깔린 불길한 분위기를 전혀 눈치 채지 못한 것이 분명했다.

펠릭스가 이야기하는 동안 뵈뵈는 그를 유심히 쳐다보았다. 처음 만났을 때의 마음을 닫은 채 까칠했던 소년의 모습은 사라지고, 대신 조용하면서도 자신감 있는 젊은이가 서 있었다. 그는 급속히 자라기 시작했고, 키가 이미 그녀와 같았다. 그런 것들보다 훨씬 더 눈에 띄는 부분은 그가 이제는 자신에게 편안해졌다는 사실이다. 그는 더는 자신을 삼인칭으로 말하지 않는다. 말할 때도 그녀의 눈을 똑바로 바라보면서 그를 자랑스러워하는 그녀의 반응을 기대한다.

그들은 서로를 보며 웃었다. 그들의 말 없는 언어는 그들이 처음 만났을 때만큼 또렷하게 전달되었다. 그녀는 그의 성장한, 어른이 된 자아에 경의를 표했고, 그는 사랑과 가족을 선물로 준 것에 고마워하는 마음을 담아 보냈다. 그들은 티투스의 방문 앞에 잠시 멈춰 섰다. 하지만 불안한 마르쿠스의 재촉에 못 이겨 문을 열고 들어섰다.

티투스는 아까 쉬어야겠다면서 방으로 들어갔지만, 그사이 한숨도 못 잔 것이 분명했다. 그의 피부는 걱정스러울 만큼 회색빛을 띠었고, 눈은 근심으로 가득 차 있었다. 뵈뵈가 그에게 달려갔지만, 그는 그녀를 물리

치면서 앉아서 자기 말을 들으라는 손짓을 했다. 뵈뵈는 펠릭스와 나란히 의자에 앉아 초조하게 그의 말을 기다렸다.

"오늘 나는 내 앞에 놓인 일이 얼마나 막중한지 깨달았다." 그는 천천히 말을 이어갔다. "힘들 줄은 알고 있었지만, 이 정도로 힘들 것이라곤 생각도 못 했다. 내 힘도 약해지기 시작했다. 아니, 아니다, 뵈뵈." 그는 뵈뵈가 다시 달려드는 걸 막기 위해 하던 말을 끊어야 했다. "이것은 내가 맞닥뜨려야 할 최고의 전투다. 나는 내가 그 존재를 상상할 수 있었던 것보다 더 큰 사랑으로 사랑받고 있다. 그 사랑과 비교하면 지위를 조금 잃는 것은 아무것도 아니다. 하지만 난 노련한 군인이다. 그리고 일전에 베드로가 자신의 군대를 미리 계산하고 전쟁에 나가는 왕에 관한 이야기를 한 것을 기억한다. 나도 내가 가진 것, 나의 힘을 계산해봤다. 그리고 나를 지킬 만큼 충분한 힘이 없다는 사실에 두려움을 느꼈다. 나는 로마의 모든 명문가에 예수님의 복음을 비추는 일에 나의 마지막 남은 힘을 모두 바칠 것이다. 그것이 나의 부르심이고, 난 그것을 명심하고 있다. 그렇지만 전투에 나가는 장군처럼, 나도 전략을 짤 필요가 있다. 그리고 난 내가 할 일을 알고 있다. 그래서 오늘 내가 해야 할 아주 중요한 일이 있다."

그는 펠릭스 쪽으로 몸을 돌렸다. "젊은이여, 이리로 와서 내 앞에 무릎을 꿇어라."

펠릭스는 티투스와 뵈뵈를 번갈아 보았다. 얼굴에는 당혹감이 가득했다. 뵈뵈는 펠릭스에게 티투스가 지시한 대로 하라는 손짓을 보내면서, 함박웃음을 지었다. 그녀는 티투스가 무엇을 하려는지 알고 있었고, 생각만 해도 기뻐서 전율이 일었다. 티투스가 펠릭스의 두 손을 잡았다. 마르쿠스도 그의 곁에 섰다. 그 역시 이제 일어날 일을 분명히 알고 있었다.

"펠릭스." 티투스가 격식을 차린 목소리로 말했다. 뵈뵈는 원로원에서나 들을 법한 말투라고 생각했다. "오늘부터 너는 나의 아들이 될 것이며, 내 모든 것을 이어받을 나의 법적인 상속자다. 나는 너를 클로엘리우스 코르두스 가문으로 입양한다. 이제부터 너의 이름은 펠릭스 클로엘리우스 코르두스다."

이 말을 듣고 펠릭스는 아무 대답이 없었다. 그 활기차고 똑똑하고 말 많던 펠릭스가, 뵈뵈가 그를 만난 지 일 년 만에 처음으로, 완전히 침묵했다.

28장

뵈뵈에게는 평생처럼 느껴졌던 시간이 지난 후, 펠릭스가 무릎을 아주 천천히 펴고 일어나 어깨는 구부리고 머리는 숙인 채 한마디 말도 없이 방을 걸어 나갔다. 티투스와 뵈뵈는 당혹해하며 서로를 바라보았다. 이토록 무례하다니 평소의 펠릭스 같지 않았다. 몇 분 후 뵈뵈가 펠릭스를 찾으러 갔고, 안마당 연못 옆에 앉아 어깨를 들썩이며 흐느끼고 있는 그를 발견했다. 그의 앞에는 수심이 가득한 얼굴로 비비가 서 있었다. 비비는 조금 전까지 그들의 이해하기 힘든 게임 중 하나(이번에는 그녀의 짧은 다리로 힘껏 달려 정원의 먼 쪽 끝에서 바깥 길거리로 연결되는 대문까지 갔다가 다시 돌아오는 게임이었다)를 하고 있었다. 비비는 뵈뵈를 쳐다보고 다시 펠릭스를 바라보았다. 그 아이의 빛나는 작은 눈동자가 앞뒤로 빠르게 움직이고 있었다. 갑자기 무너질 듯 흔들리는 세상에서 안정을 찾으려고 애쓰는 듯했다.

"릭스?" 비비가 주저하며 말을 건넸다. 하지만 그를 만난 이후 아마도 처음으로 그녀의 사랑하는 놀이 친구는 아무 말도 할 수 없는 상태였다.

"비비," 뵈뵈가 무릎을 꿇고 비비의 팔을 잡았다. "펠릭스는 슬프단다. 펠릭스가 기운을 내게 '보물' 같은 것을 좀 찾아오겠니?"

"네," 비비가 고개를 끄덕였다, "비비가 '보무'를 줄게요."

뵈뵈는 펠릭스 때문에 불안한 와중에도, 어린 손녀가 새로운 단어를 발음하려고 입술을 오물거리는 모습에 흐뭇한 기운이 마음속을 맴돌았다.

비비는 온몸에서 결의를 내뿜으며 터덜터덜 걸어갔다. 슬픔의 발작에서 펠릭스의 관심을 돌릴 만한 보물을 찾는 임무를 완수하러 떠났다.

비비는 작았지만, 발걸음은 가볍지 않았다. 비비의 결의에 찬 발걸음 소리는 그 아이의 작은 몸이 시야에서 사라진 후에도 여전히 들려왔다.

뵈뵈는 펠릭스 옆에 조용히 앉아있었다. 잘 방어해왔던 마음이 어느 순간 사랑에 압도당하는 일이 벌어지면 마음의 주인이 평정심을 되찾아 다시 말할 수 있게 될 때까지 시간이 꽤 걸린다는 사실을 뵈뵈는 경험으로 알고 있었다. 이어지는 침묵 가운데, 비비의 작은 목소리를 들을 수 있었다. 비비는 '보무', '보무' 새로 배운 말을 반복하면서 방들을 돌아다녔다. 가끔은 새들의 지저귀는 소리처럼 높게 노래를 하다가, 때로는 조그마한 성대가 낼 수 있는 대로 낮은 목소리를 내기도 했다.

끝내는 중얼거리던 소리 중 하나가 어긋났고, 그 소리에 펠릭스도 눈물로 얼룩진 얼굴을 들었다. 그의 얼굴에 희미한 미소가 스쳐 지나갔다.

"전 누군가의 아들이 된다는 생각을 해본 적이 없어요." 펠릭스가 천천히 말을 시작했다. "저를 자주 때렸던 예진 주인은 저 보고 하찮은 존재라고 했어요. 자기가 마음만 먹으면 저를 때려죽일 수도 있고, 그런 일이 일어나도 아무도 신경 쓰지 않을 거라고 했어요. 그의 말이 맞아요. 아무도 신경 쓰지 않았을 거예요. 아니, 제가 맞았다는 사실을 알아채는 사람도 없었을 거예요. 저는 쓰레기 같은 존재였죠. 도자기 조각처럼 더 필요 없으면 버려지는. 그보다 훨씬 더 못할 수도 있어요. 적어도 도자기 조각은 무언가를 적는 데 쓰기라도 하고, 재사용도 할 수 있으니까요.

그는 저를 때릴 때마다 말하곤 했어요. '오늘이 그날이 될지도 몰라.' 저는 그런 상황에 한 번도 의문을 품은 적이 없어요. 제가 아무것도 아니라는 것을 알았으니까요. 그 외의 생각은 해본 적이 없어요. 마침내 제 주인이 죽었을 때, 전 거리로 쫓겨났지만 이상하게도 마음이 놓였어요. 조용히 몸을 웅크리고 있다가 그냥 죽었을 수도 있어요. 그런데 그때, 헤로디온이 저를 발견하고 브리스가와 아굴라의 집으로 데려갔어요. 그는 제가 이방인이라서 함께 살면 그가 부정하게 되니, 함께 살 수는 없다고 친절하게 설명해 줬어요. 그게 무슨 말인지 이해는 안 됐지만, 상관없었어요. 저는 쓸모 있는 사람이 되는 법을 배웠어요. 저는 이제 하찮은 사람이 아니라, 당당한 사람이 될 수 있었어요. 바로 그즈음에 당신이 나타났고, 저는 저를 돌봐 줄 사람을 드디어 찾았다고 생각했어요. 저는 당신의 하인 노릇을 하는 것이 좋았어요, 정말로요. 저는 결코 그 이상의 존재가 된다는 생각을 해본 적이 없어요." 감정에 압도되어 말하기가 힘들었는지 목소리가 잦아들었다.

"하지만 넌 바울의 편지를 들었잖니." 뵈뵈가 말했다. "네가 하나님의 자녀, 하나님의 상속자라는 사실을 너도 분명히 알고 있잖아. 이미 넌 누군가의 아들이야. 너는 이미 입양되었고 너에게는 가족이 있어. 네가 마주한 게 너무 거대한 상황이긴 하지만, 그렇다고 아주 새로운 상황은 아니야."

펠릭스는 고개를 가로저었다. "바울의 말은 저 같은 사람을 염두에 둔 게 아니에요. 노예는 노예이고, 앞으로도 계속 노예일 거예요. 그 사실을 더 일찍 받아들일수록, 삶도 더 편해지는 거예요. 바울의 이야기는 당신 같은 자유민에 관한 것이지, 저 같은 사람은 해당하지 않아요."

"펠릭스, 완전히 잘못 알고 있구나. 바울의 말은 너도 포함한단다. 정확히 너를 말이야. 네가 그 사실을 믿지 못한다니 정말 유감이다. 브리스가가 마르쿠스와 다른 사람들을 두고 '그리스도 안에는 노예나 자유민이 없습니다'라고 말했던 것이 기억나지 않니?"

"하지만 다른 곳에서 바울은 자신을 그리스도의 노예라고 불렀어요. 그렇다면 당연히 '그리스도 안에는 노예나 자유민이 없다'라는 말은 오직 노예만 있다는 의미 아닌가요? 우리 모두 노예라면, 자연히 노예도 없고 자유민도 없는 거죠."

뵈뵈는 머리를 흔들면 머릿속 생각들도 흔들려 순서대로 분명하게 정리될 것이라는 헛된 희망을 품고 고개를 흔들었다. 최근에 그녀는 펠릭스와 언쟁이 있었을 때 그가 별다른 노력도 없이 그녀를 능가할 수 있다는 느낌을 몇 차례 받았다. 이미 신체적인 면에서 그에게 따라 잡혔듯이, 머지않아 지적인 면에서도 뒤처질 것이다.

"아니야," 그녀가 말했다. "나는 바울의 의도가 정반대였다고 생각해.

그리스도 안에서 우리는 자유로운 사람이야. 우리는 입양되었고 정당하게 하나님 가족의 구성원이 되었어. 그런데, 우리가 상상할 수 있는 가장 거대한 자유인 이 자유는 그리스도의 노예가 되라고 우리를 초대하지."

"말도 안 되는 소리예요." 펠릭스는 무언가 역겨운 듯 얼굴을 찡그렸다. "세상에 어떤 사람이 노예가 되는 길을 선택하겠어요? 그건 당신이 선택할 수 있는 게 아니에요. 그냥 강제로 노예가 되는 거예요. 그러고 나면 다른 것들도 강제로 하게 되죠."

"바로 그게 핵심이야." 뵈뵈는 자기 생각을 명확하게 하려고 애쓰고 있었다. "노예의 삶을 선택한다는 것은 터무니없는 이야기지. 어리석은 일이야, 마치 십자가에 매달려 죽는 것과 같아. 세상에서 가장 미친 짓일 거야. 그런데 동시에 가장 분별 있는 행동이기도 해. 사랑 자체이신 분의 노예가 되는 길을 선택하는 것은 네 삶에서 내릴 수 있는 가장 지혜로운 결정이지. 그리스도의 노예가 되기를 선택하는 것은 자유를 위한 선택이야. 내 말을 한 번 곰곰이 생각해 봐. … 하지만 지금은 아닌 것 같구나. 우리 티투스에게 돌아가는 게 어떠니? 그는 너에게 무슨 일이 생긴 건지 틀림없이 궁금해하고 있을 거야."

두 사람은 그쯤 해서 티투스에게 돌아갔다. 뵈뵈의 예상대로 티투스는 그의 방에서 걱정하며 기다리는 중이었다. 펠릭스는 얼굴에 환한 미소를 지었고, 그 미소는 티투스가 알고 싶었던 모든 것을 말해주고 있었다. 티투스가 그 상황에 맞는 무언가 형식적인 말을 하려고 입을 여는 순간, 비비가 끼어들었다. 그 아이는 세상에서 가장 귀한 보석인 양 약간 더럽고 냄새나는 천 조각을 들고 그들의 뒤를 따라 방안으로 벌컥 들어왔다.

비비는 "이건 릭스를 위한 비비의 보무이야"라고 선언하며 펠릭스에게 그 천 조각을 건넸다.

잠시 눈물이 그쳤던 펠릭스가 다시 흐느끼기 시작했다.

펠릭스는 조금 진정이 되자, 얼떨떨한 티투스에게 설명을 해 주었다. 비비가 그에게 준 것은 그 아이에게 가장 소중한 천 조각인 '보보'였다. 비비가 어디를 가든 가지고 다녔고, 잠이 들 땐 그녀의 뺨 옆에 두고, 잠시도 떨어지려 하지 않는 소중한 물건이었다.

비비의 보모 말을 들어보면, 비비는 온 집안을 돌아다니면서 많은 물건을 들었다 버리곤 했다. 결국, 비비의 보물이 될 수 있었던 유일한 물건이 바로 그 천 조각이었다. 그것은 비비의 가장 소중한 물건이었다. 비록 냄새는 조금 나지만, 그 천 조각은 비비의 사랑을 보여주는 가장 큰 증거였다. 비비는 보보를 펠릭스에게 주고 나서도, 가까운 곳에 머물면서 걱정하는 표정으로 계속 보보를 지켜보았다. 펠릭스에게 보여주고 싶은 사랑과 보보 없이 어떻게 해야 하는지 갑작스러운 두려움 사이에서 고민에 빠진 모습이었다.

펠릭스는 현명했다. 자신을 위해 비비가 대신 그것을 보살펴주면 안전할 것이라고 제안했다. 마음이 놓인 비비는 보보를 가슴에 꽉 껴안고는 그녀의 복잡한 게임 중 하나를 하러 날쌔게 뛰어나갔다. 그러다 문 앞에서 멈추고 뒤를 돌아보더니, 티투스, 뵈뵈, 그리고 펠릭스를 차례로 쳐다보며 활짝 웃었다. 몇 분 전만 해도 뒤집힐 뻔했던 그 아이의 세계가 다시 제 위치를 찾았고, 그 아인 그로 인해 자신이 얼마나 행복한지 보여주고 싶었다. 이런 상황을 다시 만들지 말라고 호소하는 듯했다.

그다음 며칠 동안, 그들의 삶은 익숙했던 일상으로 다시 돌아가 안정되기 시작했다. 티투스는 아침에 원로원으로 떠나거나 다른 귀족 가문을 방문하기 전, 눈에 띄게 줄어든 피후원자들을 만났다. 펠릭스는 많은 논의 끝에 스다구에게 훈련을 다시 받기로 했다. 더는 훈련이 필요하지 않았지만, 배우는 게 너무 즐거워 계속하기로 했다. 비비는 잘했다. 뭘 하는지 모르겠지만 무엇이든 잘했다. 펠릭스만 그게 뭔지 이야기해 줄 수 있었지만 그는 스다구와 있었기에, 비비의 게임은 수수께끼로 남았다. 뵈뵈는 과부와 고아들을 돌보고 아픈 사람을 찾았다. 복잡하고 어려운 바울의 편지에 대해 더 많은 대화를 원하는 사람이라면 누구라도 방문했다.

겉으로는 모든 것이 정상으로 돌아간 듯했지만, 이면에서는 모든 것이 다르게 느껴졌다. 그 황제의 생일 이후, 그들의 삶에는 어두운 그림자가 드리워졌다. 과장된 감정일 수도 있지만, 뵈뵈는 다시는 상황이 전과 같을 수는 없다고 느낄 수밖에 없었다.

며칠이 지난 어느 날 아침, 과부 중 한 사람인 마리아가 매일 일과인 음식 분배가 끝나자 뵈뵈를 한쪽으로 데리고 갔다. 그녀는 바울이 편지에서 이름을 거명하며 문안 인사를 했던 사람 중 한 명이다. 그녀는 평소답지 않게 발을 동동 구르며 초조한 모습이었다. 분위기를 보니 다른 과부들이 기대에 찬 눈빛으로 마리아를 보고 있었다. 마치 무언가를 말하라고 그녀를 대표로 보낸 듯했다.

뵈뵈는 더 사적인 방으로 그들을 불러 모아 자리에 앉히고, 무엇을 도와줄지 물었다. 마침내 마리아가 수줍음을 이겨내고 입을 열었고, 뵈뵈는 곧 문제가 무엇인지 이해했다. 과부들은 그들이 받는 모든 도움에 고마움을 느꼈다. 정말이다. 그들은 지금 말하려는 이야기가 그 고마움을 훼손하는 것을 원치 않았다. 그들은 과부가 되기 전에는 누군가의 아내였고 딸이었다. 그들도 사람이었다. 공동체에서 계속해서 '도움'을 받다 보니 어느 순간 모욕감이 들기 시작했다. 그들은 이 문제를 두고 오랫동안 이야기를 나눴고, 일을 시작해야겠다고 생각했다. 그들은 모두 바느질을 잘하는 사람이었다. 바느질하고 그것을 팔아 스스로 돈을 벌고 싶었다. 하지만 그들은 여자였고 자기 사업을 하는 것이 허락되지 않았다. 그래서 티투스가 바느질 사업을 시작하고 그들이 일할 수 있게 해 줄 수 있는지 뵈뵈가 물어봐 주기를 바랐다.

뵈뵈는 그들에게 거기서 기다리라고 말했다. 티투스는 그날 마지막 고객과의 일을 이제 막 마치고 아직 안마당에 있었다. 뵈뵈는 마리아와 다른 과부들의 계획을 토해냈고, 그녀가 그 계획을 들었을 때와 마찬가지로 티투스의 얼굴도 함박웃음을 지었다.

"물론 좋지! 실수한 우리 은세공업자가 비우고 나간 작업장을 쓰면 되겠구나. 하지만 물건을 팔고 사업을 운영하려면 도움의 손길이 필요할 거야."

그의 옆에서 부드럽게 목을 가다듬는 소리가 그들의 시선을 끌었다. 마르쿠스였다.

"제가 도와도 되겠습니까? 아시다시피 전 읽고 계산할 줄 알고, 이 도시도 잘 압니다. 물론 주인님이 돌아다니실 때는 함께 나갈 겁니다. 하지만 나머지 시간에는 그 사업이 자리 잡는 걸 도울 수 있습니다."

그리고 그렇게 하는 것으로 정해졌다. 아주 짧은 시간 안에, 그녀들은 과거 은세공업자의 작업장에서 편안하게 일을 시작할 수 있었다. 그들이 스스로 '바느질을 잘한다'라고 말한 건 과장이 아니었다. 그들은 옷이나 복식품을 짜는 정도가 아니라, 일부는 아주 정교하게 수를 놓을 수 있었고, 한 사람은 실패를 이용해 아름다운 술을 만들 수 있었다. 작업장을 그녀들이 채우자 티투스 집 앞에 행복한 분위기가 흘렀다. 그 방에는 늘 열 명이 넘는 여자들이 있었고, 누군가 집안 다른 곳에서 귀 기울여 들으면 그 작업장에서는 활기찬 대화가 잠시도 쉴 새 없이 이어진다고 말할 것이다. 마르쿠스의 활약도 대단했다. 알고 보니 그는 아주 뛰어난 사업가여서, 머지않아 생산자와 구매자를 연결하는 공급망을 만들어냈다. 그로 인해 과부들에게는 일감이 끊이지 않았고, 그들이 생산한 물품은 귀족 부인들에게까지 팔려나갔다.

그렇다고 모든 것이 순탄치만은 않았다. 작업장이 누구 집에 있는지 소문이 퍼지자, 많은 공급업자들이 바로 전날 마르쿠스에게 보여준 재료 더미가 갑자기 사라졌다는 갑작스러운 소식을 전해 왔다. 그러나 이곳은 로마였고, 공급업자는 넘쳤다. 그중 많은 수는 사회적 지위보다 돈에 더 관심이 많았다. 티투스에게 등 돌린 집안들이 있었지만, 마르쿠스는 항상 대기 구매자를 찾아냈다. (소문에 따르면, 클로엘리우스 코르두스 가문과 더는 연줄이 없는 귀부인의 집에도 물품이 공급되는데, 앞문이 아니라 뒷문으로 들여간다고 했다.)

격식을 차리고 조용했던 티투스의 집이 이제는 북새통이 되었다. 그

와중에도 티투스는 시종일관 자기 페이스를 유지했다. 정기적으로 원로원에 나갔고, 그의 친구였던 가정들을 일정하게 방문하려고 애썼다. 빈번히 거절당하고 무시당했으며 공개적으로 욕을 먹기도 했다. 그래도 계속했다. 그의 점잖은 얼굴은 늘 결의에 차 있었다. 뵈뵈는 경외하는 마음으로 그를 지켜보았다.

그녀는 이런 상황이 그에게 끼칠 영향이 두려웠다. 하지만 하루가 끝날 때의 극심한 피로 말고는 어떤 나쁜 영향도 눈에 띄지 않았다. 가끔 그녀는 티투스에게 어떻게 그렇게 잘 해내는지 물었다. 그러면 그의 대답은 간단했다. 소망 때문이라고. 그는 바울의 편지에 있는 한 문장이 아무리 힘든 날이라도 그가 계속해서 나아갈 수 있게 힘을 준다고 말했다. "고난은 인내를 낳고, 인내는 연단을 낳으며, 연단은 소망을 낳는다. 그리고 소망은 우리를 실망시키지 않는다. 왜냐하면, 하나님의 사랑이 우리 마음에 쏟아 부어졌기 때문이다." 티투스는 바로 이 소망 안에서 매일을 마주할 힘을 발견한다고 했다.

29장

그런 식으로 몇 주, 그리고 몇 달이 흘러갔다. 뵈뵈가 로마에서 지낸 지도 삼 년이 되었다. 맹세컨대 그보다 훨씬 덜 지난 것처럼 느껴졌지만, 비비와 펠릭스를 바라보며 이 두 아이가 얼마나 훌쩍 자랐는지 깨닫고 나면 흘러간 세월이 실감 났다. 두 아이를 알고 난 후 지금까지, 비비는 혀 짧은 소리를 내며 아장거리던 아이에서 자신감 넘치는 소녀로 성장했고, 펠릭스도 아주 멋진 남자로 변했다. 그는 집안을 운영하는 일을 조금씩 맡고 있었다. 마리아와 과부들은 승승장구했다. 유력한 집안들로부터 비밀스럽지만 폭발적인 바느질 주문이 계속 들어왔고, 마르쿠스는 사업가로서 꽃을 피웠다. 하지만 티투스의 계속되는 간청에도 그는 자유를 얻기를 거절했다. 그는 자신이 누구인지 알고 있으며 그게 없다면 표류하는 느낌이 늘 것이라고 말했다. 뵈뵈가 여전히 경이롭게 여기는 바 탁월한 내면의 힘을 지닌 티투스는 옛 친구들 사이에서 꾸준히 점잖고 품위 있는 행보를 이어갔고, 그들 중 일부는 조금씩 마음이 누그러졌다. 지금은 가끔 연회나 사적인 저녁 식사 자리에 초대도 받곤 한다. 그리고 티투스와 동행한 노예의 전언에 따르면, 거기 있는 동안 종종 예수님의 복음을 나누는 일도 있다고 했다.

그리고 뵈뵈는? 뵈뵈의 가족인 티투스와 비비, 펠릭스, 그리고 그녀의 많은 친구는 터질 것 같은 기쁨을 그녀에게 안겨주었다. 그것은 하나님의 사랑에 토대를 둔 기쁨이었고, 매일의 삶에서 그 증거를 목격하는 은혜였다. 용서의 삶을 산다는 것은 쉬운 일이 아니었다. 때때로 치밀어 오르는 분노에 압도당해 숨쉬기조차 힘들 때도 있었다. 하지만 화가 나도 괜찮다는 사실을 서서히 이해하기 시작했다.

퀸투스는 그녀에게 대단히 큰 잘못을 저질렀고, 유일한 반응은 그 부당함에 분노하는 것이었다. 용서하는 삶이란 그 분노가 오도록 허용하고, 더 중요한 사실은 그 분노가 지나가게 하는 것이었다. 용서는 분노를 품는 것도 아니며, 곪아 터져 독기가 생기도록 놔두는 것도 아니다. 용서를 수용하고 그리스도 안으로 자라가는 삶을 살아가면서, 뵈뵈는 그 외에는 발 디딜 다른 길이 없다는 사실을 알았다. 여전히 때로는 그런 삶이 힘들게 다가오지만, 뵈뵈는 하나님의 사랑이 없는 삶을 도저히 상상할 수가 없었다. 그것은 공기 없는 세상을 상상할 수 없는 것과 같았다.

그녀는 종종 바울을 떠올리고, 그에게 무슨 일이 생겼을지 생각했다. 그들은 그 극적인 첫 편지 이후로 몇 개의 편지를 더 받았다. 2년이 지났을 때 유다 지방 총독이 바뀌었고, 바울은 황제를 접견하겠다며 로마로 보내 달라고 요청했다. 로마 공동체에서는 많은 사람이 이 소식을 듣고 웃었다. 황제를 볼 수 있도록 허락받은 사람은 이제껏 없었기 때문이다. 하지만 스다구가 편지를 계속 읽어 내려갔고 경험 없는 새 총독 베스도가 바울의 요청을 허락했고 로마로 이송된다는 사실을 알게 되자, 그 웃음은 시작할 때와 마찬가지로 갑작스럽게 끝이 났다. 또 다른 일 년이 지나갔고, 바울에게서는 아무 소식도 없었다. 얼마 지나지 않아 소식을 기대하는 분위기도 사라졌다. 아무도 소리 내어 말하진 않았지만, 뵈뵈는 친구들의 눈을 보고 그들도 같은 생각을 한다는 것을 알 수 있었다. 바울을 태우고 로마로 향한 배는 일 년 중 바람과 조수가 안 좋은 때에 출항했다. 죄수를 가득 태운 이 배는 고린도 항에 상륙할 수 없어서(죄수들이 도망갈까 두려워서), 아주 위험한 그리스 남단을 돌아 항해해야 했다. 그곳은 까다로운 조수와 역풍으로 악명 높은 곳이었다. 바울로부터 소식이 전혀 없다는 이야기를 입에 담는 사람은 없었다. 그 말을 꺼내는 순간 바울의 생사라는 감당하기 힘든 주제를 놓고 대화를 시작해야 했기 때문이다. 바울은 발설 못 하는 존재로 그들 중에 맴돌았다. 그들이 만나 빵을 뗄 때 여전히 그의 편지가 읽히고 논란의 대상이 되었지만, 그가 죽었다는 사실을 인정해야 할지도 모른다는 두려움 때문에 바울 그 자신은 전혀 언급되지 않았다.

바울에 관한 침묵은 어느 날 갑자기 깨졌다. 침묵을 깨뜨린 사람은 숨을 헐떡이며 나타난 파우스투스였다. 브리스가와 아굴라의 작업장에서 티투스의 집까지 줄곧 달려온 것이 분명한 파우스투스는 티투스의 집에 있던 모든 사람에게 긴급 모임에 참석하라고 통보했다. 그곳에 있던 사람들은 짧은 대화를 주고받은 후, 모두 가기에는 브리스가의 작업장이 비좁으니 뵈뵈, 펠릭스, 마르쿠스와 마리아만 보내기로 결정했다. 그들은 최대한 빠른 걸음으로 작업장으로 향했다. 그곳에 도착하니, 여행에 지친 기색이 역력한 전령 한 사람이 기다리고 있었다. 브리스가는 그를 보디올에서 온 이삭이라고 소개했다. 브리스가는 기쁨으로 춤을 추는 듯 눈을 움직이면서, 그가 그들 모두를 깜짝 놀라게 할 소식을 가져왔다고 발표했다. 그녀의 말이 맞았다. 이삭이 가져온 소식은 그들을 놀라게 했다. 바울은 보디올에 상륙했고 그곳에서 며칠을 보낸 후 로마인 간수와 함께 계속 로마로 이동했다고 한다. 먹먹한 침묵이 방안에 내려앉았다. 바울이 이미 죽었다고 생각한 많은 사람이 이 최신 소식을 받아들이기 위해 생각을 다시 조정해야 했기 때문이다. 얼마 지나지 않아 방안은 왁자지껄한 소리로 가득 찼다. 뵈뵈의 귀로 누군가의 대화 한 토막이 들렸다. 예상할 수 있듯이 기쁨에서 경악까지, 흥분에서 분노까지 여러 반응이 혼재되어 있었다. 그 말을 들으면서 뵈뵈는 자신은 무슨 생각이 드는지 자문했고, 자신의 마음에도 그 방안의 혼재된 감정이 거의 똑같이 투영되고 있음을 인정해야 했다.

바울이 오고 있다는 사실을 처음 알았을 때, 뵈뵈는 기쁨과 안도감이 섞인 감정이 들었다. 인정할 수밖에 없는 것이, 그토록 오랫동안 바울의 소식이 없었기에 그녀도 최악의 경우를 염두에 두고 두려워하기 시작했었다. 그런데 그 두려움의 이유가 사라졌으니, 기쁨이 물밀 듯이 몰려왔다. 하지만 그 기쁨 직후, 또 다른 두려움이 찾아왔다. 바울은 그녀에게 스페인 선교에 대해 무슨 말을 할까? 뵈뵈는 처음 로마에 도착했을 때부터 그 일에 전념했고 스다구의 도움으로 바울의 도착 전 필요한 모든 준비를 했지만, 최근 2년 정도는 그 문제를 생각하지 않고 있었다. 지금은 갈 준비가 되어 있지 않았고, 이런 변명은 바울에게 전혀 먹혀들지 않을 것이라는 두려움이 생겼다.

소란이 잦아들자, 브리스가가 상황을 정리했다. 한 무리가 나가서 바울을 마중하고 로마 도착을 환영하는 것으로 의견을 모았다. 두세 번 아굴라가 무슨 말을 하려 했지만, 브리스가가 제안한 계획에 사람들이 너무 흥분한 터라 아굴라의 말이 사람들의 귀에 들어가기는커녕 애초에 그의 입에서 나오지도 못했다. 결국 그는 입을 다물었고, 그의 얼굴에는 걱정이 가득했다. 뵈뵈는 아굴라가 그토록 걱정하는 게 무엇인지 궁금했다. 그러나 곧 흥분에 휩싸인 소란스러운 환영 준비에 정신이 팔렸고, 그 생각은 나중까지 잊고 있었다. 마침내 계획이 정해졌다. 무리를 둘로 나눌 것이다. 펠릭스가 이끄는 젊고 발 빠른 무리는 압비오 광장으로 출발할 것이고, 나이 많고 민첩하지 못한 무리는 트레스 타베르네로 갈 것이다. 그런 식으로 바울은 로마로 오는 길에 두 번의 공식적인 환영을 받을 것이고, 그가 얼마나 존경받는 존재인지 알게 될 것이다. 여기서 아굴라의 얼굴이 다시 찡그려졌지만, 이번에는 아예 입을 꾹 다물었다. 무리당 십여 명의 사람이 있었고, 그들은 두근거리는 가슴을 안고 동시에 출발했다. 뵈뵈는 뒤에 남았다. 그녀는 (비록 스페인 선교에 대해 그가 무슨 말을 할지 여전히 초조하긴 했지만) 바울을 만나고 싶지 않아서가 아니라, 티투스와 비비 둘 다 지독한 감기에 걸려 그들을 확실하게 돌보고 싶어서라고 스스로 되뇌었다.

며칠 후 대표단이 돌아왔다는 소식이 왔다. 뵈뵈는 급히 브리스가와 아굴라의 작업장으로 갔다. 그런데 돌아온 사람들의 분위기가 예상과 달랐다. 그들은 굉장히 들뜬 상태로 출발했었다. 그들은 바울이 당연히 받을 만하다고 느끼고 있었던 존경을 표현하고 싶었다. 그런 그들이 무언가 가라앉고 혼란스러운 상태로 돌아왔다. 그들이 기대했던 반응을 얻지 못한 것이 분명했다. 더 캐물은 후에 알게 된 것은, 바울이 그들을 반기긴 했지만 그저 그에게 존경을 표하러 온 대표단 정도로 대했다는 것이다. 그들은 내심 바울과 안면이 있든 없든 상관없이 바울이 오랫만에 만난 친구처럼 그들을 맞아줄 것이라고 기대했는데 말이다.

그는 압비오 광장의 여관 앞마당에서 그들을 만났는데, 그들의 환영 연설을 듣긴 했지만 형식적인 모습이었고(환영 연설 중 하나를 펠릭스가 했는데, 현장에 있던 사람들 평가로는 가장 세련된 연설이었다고 한다), 곧 그들을 물러가게 했다고 한다. 같은 일이 트레이스 타베르네에서도 벌어졌는데, 브리스가의 완강한 요청 때문에 그래도 만난 시간이 조금 더 길었다고는 한다.

"나는 이해가 안 돼요," 브리스가가 요약하는 의미로 말했다. "우리를 전혀 친구가 아닌 사람처럼 대했어요."

"내가 당신에게 경고하려 했었는데," 아굴라가 말했다. "당신은 바울이라는 사람을 제대로 이해하지 못하고 있어요."

"도대체 그게 무슨 뜻이에요?"

"바울은 하나님이 그에게 주신 임무를 따라 움직이는 사람이에요."

"그건 나도 알아요."

"그렇겠죠, 하지만 당신은 그 말의 의미를 이해하지 못하는 것 같아요. 바울에게는 교제를 위한 시간이 없어요. 사실, 내 생각에는 당신들이 지금 왜 속이 상했는지도 그는 이해하지 못할 거예요. 그는 땅끝까지 복음을 전파하라는 부르심을 받았어요. 로마에 도착했다는 사실은 그 여정에서 의미심장한 이정표예요. 그가 선교를 완수하기 위해 계속 스페인으로 향하는 이유는 그 부르심 때문이지요. 그에게 중요한 것은 복음 전파지, 우정 쌓는 일이 아니에요. 바울이 로마에 정착한다 해도 그에게 많은 이야기를 듣는 일은 없을 겁니다."

"그런데 왜 그는 우리가 그를 도와주는 것을 바라지 않죠? 우리는 음식을 가져다줄 수도 있고 그가 감옥에 있을 때도 보살펴줄 수 있어요."

아굴라는 껄껄 웃었다. "바울이 도움을 요청한 적이 한 번이라도 있나요? 그는 사람들에게 부담을 주지 않으려고 천막을 만들며 생계를 유지하는 사람이라오. 바울은 철저하게 독립적인 사람이에요. 그가 바라는 동료는 복음 전파에 도움이 될 사람이지, 바울 자신에게 도움이 될 사람이 아니에요. 당신은 바울이 바울답게 살도록 내버려 두어야 해요. 그가 그다웠기 때문에 그가 여기까지 올 수 있었던 거예요. 또 그가 없었다면, 우리도 지금의 우리가 될 수 없었을 거예요. 바울이 바울답도록 둡시다. 당신이 그를 변화시킬 수도 없고요."

아굴라의 말이 환영을 받지는 못했지만, 결국은 그의 말이 맞았다. 그 다음 며칠 동안 그들은 바울에 관한 많은 소식을 들었지만, 정작 바울에게는 더이상 아무 말도 듣지 못했다.

며칠 후 그들에게 바울의 소식을 전해준 사람은 헤로디온이었다. 뵈뵈가 브리스가를 방문하고 있는 동안, 헤로디온이 특유의 분노에 사로

잡힌 채 작업장 문을 박차고 들어왔다. 그가 화가 난 이유는 바울이 예루살렘에서 일어났던 일과 예수 그리스도의 복음에 관한 이야기를 나누기 위해 (헤로디온과 이미 그리스도를 따르고 있는 다른 유대인은 빼고) 로마의 유대인 몇 사람을 감방으로 불렀기 때문이었다. 처음에 헤로디온은 그 소식을 친구의 친구를 통해, 말하자면 제삼자를 통해 전해 들었다. 헤로디온이 더 화가 난 이유가 바울이 로마에 있는 유대인을 초대했다는 사실 때문인지 아니면 그 자신이 초대받지 못했다는 사실 때문인지 분간하기가 어려웠다. 아굴라는 껄껄 웃었다. 그 순간 그는 평소보다 훨씬 더 껄껄거리는 것 같았다.

"즐거워하고, 기뻐하세요!" 그가 말했다. "바울 때문에 맘 상하지 말아요. 당신의 인생 전체에 계속될 일이에요. 바울은 늘 새로운 식구를 데려와 우리 숫자를 늘려주었죠. 그러니 그냥 기뻐해요. 화내는 건 시간 낭비에요."

브리스가를 통해서도 바울의 소식이 들려왔다. 브리스가는 마리아, 다른 과부들과 함께 음식을 싸 들고 바울의 감방을 찾아갔다. 근무 중이던 군인은 허기진 눈빛을 풍기면서 그 음식은 받아갔지만, 찾아간 사람들은 들어가지 못하게 했다. 바울은 몇몇 유대 지도자들과 협의 중이어서, 그들과는 이야기할 시간이 없었다. 이후 수주, 수개월 동안 이런 상황이 반복되었다.

바울은 그가 로마에 있는 목적이 아직 복음을 듣지 못한 모든 사람에게 복음을 전파하는 것이라는 사실을 분명히 했다. 그의 불타는 야망은 네로 황제에게까지 복음을 전하는 것이었다. 그는 임무에 몰두하는 사람이어서, 이미 그리스도 안에 있는 사람들과는 시간을 보내지 않았다.

아굴라는 그들 모두에게 바울의 이런 행태를 사적인 관점에서 받아들이지 말라고 여러 번 당부했다. 바울의 정체성은 선교하는 사람이며, 그리스도 안에서 그의 소명도 선교였다. 이런 아굴라의 충고를 쉽게 받아들이는 사람도 있었지만, 그렇지 못하는 사람도 있었다. 특히 브리스가는 이 충고를 수용하는 데 아주 애를 먹었다. 그녀는 자신과 아굴라가 바울의 친구라고 믿었고, 그래서 그들과의 만남을 거절하는 바울에게 깊은 상처를 받았다. 뵈뵈는 다소의 죄책감과 더불어 안도감을 느꼈다. 그녀는 자신이 로마로 온 이면의 동기를 바울에게 드러내고 싶지 않았고, 스페인 선교 계획을 삼 년 동안 방치했다는 사실도 들키고 싶지 않았다.

30장

 '새로운 상황'이 얼마나 빨리 '평범한 일상'이 되는지 지켜보면 놀랍다. 로마에 있는 공동체들은 모두 바울이 그 도시에 함께 있다는 사실에도, 그렇지만 그를 거의 볼 수가 없다는 사실에도 금방 익숙해졌다. 그리고 또 하나, 끊임없이 새로운 사람이 브리스가와 아굴라의 작업장으로 찾아왔다. 모두 바울이 보낸 사람이었다. 로마 병사, 노점상, 유대인 회당 사람 등 대체로 그리스도의 제자와는 무관했던 사람들로, 바울에게 예수 그리스도의 복음을 전해 들은 사람들이었다. 얼마 지나지 않아 바울이 보낸 사람이 너무 많아졌고, 그들이 해왔던 관습을 그대로 유지하기가 어려워졌다. 그들은 한 번에 한 사람에게만 신앙을 설명하고 제자로서 성장하도록 도와왔는데, 이 관습대로는 늘어나는 사람을 감당할 수 없었다. 바울의 감방은 그가 자주 찾아다녔던 회당이나 시장만큼이나 모든 면에서 복음을 전파하는 데 효과적인 플랫폼으로 보였다.

마침내 스다구가 새로운 방안을 제시했다. 한 번에 집단 전체에게 신앙 교육을 제공하기 위해 함께 모이자는 것이었다. 그러면 최대한 많은 새 신자들이 믿음을 배우고 제자로서 성장할 수 있을 것이다. 이 일에 펠릭스가 앞장을 섰다. 그는 예수님에 관한 이야기를 엮어서 들려줄 수 있는 많은 청중이 생겼다는 사실이 기뻤다. 그는 예수님에 관한 이야기를 오랫동안 쌓아두었으며, 그 이야기를 들려주는 일이 너무나 좋았다.

베드로의 최근 방문으로 그의 이야기 꾸러미는 더 많이 채워졌다. 가장 최근에 방문했을 때 베드로는 한 남자를 데리고 왔다. 그는 요한 마가라는 조용한 젊은이였다. 그는 바울의 초기 선교 여행 때 그와 동행했었는데, 밤빌리아에서 갑자기 그를 떠났다고 했다. 그가 떠나는 문제로 나중에 바나바와 바울 사이가 틀어졌고, 요한 마가는 이 문제에 대해 여전히 책임을 느끼고 있었다. 뵈뵈는 이것이 바로 베드로가 요한 마가를 자신의 보호 아래 두는 이유라고 생각했다. 자신이 다른 사람에게 실망을 안겼다고 생각하는 사람들이 느끼는 독특한 내적 고통을 베드로가 알아차렸기 때문이다.

원래 이유야 어떻든, 뵈뵈는 요한 마가를 돌보면서 베드로가 왜 그를 계속 곁에 두는지 알 수 있었다. 그는 예수님에 관한 이야기를 사랑한다는 점에서 펠릭스와 같았다. 그와 펠릭스는 밤늦게까지 서로에게 이야기를 들려주었고, 이야기가 진행될수록 더 활기를 띠었다. 뵈뵈는 그들의 이야기를 엿들었고, 반복해서 그들이 외치는 '그리고 즉시'라는 소리를 들으며 예수님이 빠른 속도로 갈릴리 주변을 다니시는 모습을 상상하곤 했다.

뵈뵈는 펠릭스의 이야기 욕심에 혼자 속으로 (그리고 약간 흐뭇하게) 웃음 짓기도 했지만, 그가 예수님의 새내기 제자들에게 얼마나 소중한 존재인지 인정하지 않을 수 없었다. 펠릭스가 첫 제자들의 모습, 예수님의 기적과 가르침, 그리고 대제사장, 서기관, 바리새인과 그분의 갈등, 그리고 궁극적으로 그분의 죽음과 부활에 관한 이야기를 할 때면, 새내기 신자들은 펠릭스의 이야기에 완전히 마음을 빼앗겼다.

펠릭스의 이야기가 끝이 나면, 뵈뵈와 브리스가를 포함한 다양한 공동체에서 온 다른 사람들이 합류해 바울의 편지에 나오는 개념들을 세심하고 끈기 있게 펼쳐 설명했다. 뵈뵈는 매번 이 시간을 함께할 때마다, 예수님이 누구신지, 그분이 어떻게 세상을 영원히 바꾸어 놓으셨는지 주변 사람들이 조금이라도 더 이해하도록 돕고 있는 자신의 모습을 보며 기쁨으로 마음이 벅차올랐다.

시간이 끝나갈 때쯤 두세 번 정도, 뵈뵈는 브리스가가 뭔가를 가늠하려는 듯한 시선을 그녀에게 보내는 것을 느꼈다. 이유는 알 수 없었지만, 브리스가의 눈빛을 보고 뵈뵈는 살짝 메스꺼움을 느꼈다. 한번은 브리스가가 물었다. "스페인 선교에 대해 생각해 본 적 있어요?"

"아니요!" 뵈뵈의 반응은 질문의 무게에 비해 조금은 격렬했다. "전 바울에게 필요한 모든 것을 준비했어요. 그 이상 더 필요한 건 있을 수 없어요."

"당신이 그렇게 말한다면야." 브리스가는 당황스러워하는 뵈뵈를 향해 강렬한 웃음을 보내고 자리를 떴다.

뵈뵈는 안도의 한숨을 쉬고는 펠릭스와 마르쿠스를 찾아 주변을 둘러보았다. 그들은 그녀를 집까지 호위하려고 문 옆에서 기다리고 있었다. 그런데 그날 밤은 그들을 기다리고 있는 티투스의 노예가 평소보다 많았다. 그녀는 왜 그런지 알 것 같았다.

로마에 바울이 있다는 사실은 로마인들의 이목을 끌지 않고 조용히 살고 싶어 하는 바드로바의 바람이 날이 갈수록 불가능해진다는 의미였다. 새로 믿게 된 수많은 사람이 티베르강에서 세례를 받았기 때문이다.

머지않아 뵈뵈는 바드로바가 왜 그렇게 가능하면 눈에 띄지 않고 지내고 싶어 했는지 경험으로 몸소 이해하기 시작했다. 그녀는 생의 대부분을 노예로 지냈지만, 삶의 영역은 대체로 귀족 사회였다. 일부 경험은 행복과는 거리가 멀었지만, 그래도 그녀가 알고 있었던 세상은, 그래서 앞으로 맞닥뜨릴 것이라고 기대했던 세상은 점잖고 품위 있는 세상이었다. 갈등이 표현될 때는 무시하는 듯한 침묵인 경우도 있지만 대체로 언어의 형태로 표현되었다. 티투스는 귀족 친구들의 가시 돋친 말 때문에 상처를 받았다. 하지만 그래도 그건 단지 말이었다. 물론 말도 상처를 입히고 생각을 왜곡시킬 수 있고, 영혼에 들러붙어 계속 잡음을 만들 수도 있지만, 치명적인 경우는 별로 없다.

그런데 지난 몇 주, 몇 달 동안 상황이 변해갔다. 뵈뵈는 티투스의 귀족 친구들과 달리 로마의 나머지 사람들은 그들의 감정을 훨씬 더 육체적으로 표현한다는 사실을 알게 되었다. 로마에서 그리스도를 따르는 사람의 수가 증가하는 만큼, 그들과 다른 집단 사이에 발생하는, 펠릭스가 '실랑이'라 부르는 사선의 숫자도 같이 증가했다. 그리스도인 가운데 집에 돌아가는 길에 두들겨 맞아 멍이 들었다는 사람이 있다는 보고 없이 그냥 지나가는 주가 거의 없었다.

어느 날 뵈뵈는 브리스가와 아굴라의 집을 찾았다. 단순히 그들과 함께하는 시간이 좋아서 종종 그들의 집을 찾았던 것처럼 그날도 그랬다. 그런데 파우스투스와 호르텐시우스가 마치 야생동물에게 쫓기는 듯 작업장 문을 박차고 들어왔다. 그들의 옷은 진흙 범벅이었고 썩은 채소 냄새가 진동했다. 등 부분의 옷은 거의 뜯겨 나간 것처럼 보였다. 호르텐시우스의 한쪽 팔과 파우스투스의 얼굴에서 피가 흘러내렸다. 뵈뵈의 생각에는, 그들의 얼굴은 머지않아 멍이 들기 시작할 테고 얼룩덜룩 시퍼렇게 변할 것이다. 무슨 일이 벌어진 건지 물어볼 필요가 없었다. 왜냐하면, 평소 수줍어하고 말이 적은 호르텐시우스가 화를 내며 그의 친구에게 달려들었기 때문이다.

"내가 상관하지 말자고 했잖아. 그 사람들이 모욕해도 무시하고 그냥 지나치자고 말했잖아. 그런데 꼭 그렇게 대응을 해야 했어?"

파우스투스는 후회하는 것 같지 않았다. "그들은 예수님의 이름을 모욕했어. 어떻게 가만히 있을 수가 있겠어."

"그 사람들은 바로 그걸 노린 거야. 뭔가 공격할 거리를 찾고 있었는데, 네가 구실을 만들어 준 거라고."

"우리는 방어할 힘이 있었어. 네 체격을 좀 봐. 내 몸은 어때? 우린 순식간에 그 사람들을 때려눕힐 수도 있었어."

뵈뵈는 종종 이 두 사람의 힘에 놀라곤 했다. 브리스가와 아굴라의 이 온순한 두 하인은 체격이 건장했다. 오랫동안 작업장에서 동물 가죽을 들어 올려 나르고 천막 만들기 마무리 작업을 하다 보니 근육이 아주 선명했다. 이 두 사람이 옆으로 나란히 서면, 작업장의 폭을 거의 채울 정도였다. 뵈뵈는 자신들을 쉽게 방어할 수 있었다는 파우스투스의 말에 동조하고 싶은 마음이 들었다.

"하지만 말이야." 호르텐시우스가 팔을 타고 흐르는 피를 별 소용도 없이 압박하면서 말했다. "그것은 그리스도의 방식이 아니잖아. 넌 바울이 한 말이 기억 안 나니? 악을 악으로 갚지 말고, 선으로 악을 이기라고 했잖아. 내가 보복한다면, 내가 주먹으로 되받아친다면, 그건 바울이 하지 말라고 한 바로 그 행동을 하는 것이 돼. 악을 악으로 되돌려 주는 것 말이야. 바울의 말에 조금이라도 의미가 있다면, 난 나 자신을 방어할 수가 없게 되는 거야."

"하지만 그 사람이 널 죽인다면? 날 죽인다면 어떻게 할 거야?" 파우스투스는 확실히 처음보다 두 번째 생각에 더 공포를 느끼는 듯했다.

호르텐시우스가 어깨를 한번 들썩였다. "내가 맞아 죽는다면, 죽는 거지 뭐. 나는 죽음이 세상의 끝이 아니라는 사실을 예수님이 증명하셨다고 생각해. 그리고 나는 그 조직의 우두머리인 루시우스가 어떤 사람인지 알아. 그는 길모퉁이의 무두장이들을 위해 일하고 있는데, 그의 삶은 팍팍하고 먹을 것도 풍족하지 않아. 나는 내일 그에게 먹을 걸 좀 가져다 줄 생각이야. 바울이 말했던 것처럼 말이야. 그가 행인들에게 싸움을 거는 이유는 절망스럽고 배고프고 외로워서인지도 몰라. 따뜻한 음식을 조금 먹으면 그 사람도 기운이 날 거야."

며칠 후, 뵈뵈는 마르쿠스와 함께 집으로 걸어가고 있을 때 이 대화를 기억하고 마르쿠스에게 왜 우리에게는 그렇게 많은 노예가 필요한지,

그리고 노예들이 공격을 받으면 어떻게 대처해야 하는지 물었다. 마르쿠스는 웃음을 짓더니 부드럽게 대답했다. "우리와 함께 있는 노예의 숫자를 생각하면 굳이 그 질문에 대답할 필요가 없다는 사실을 아실 수 있을 거예요. 그리고 우리가 공격을 받아도 그들이 보복하지 않을 거라는 사실을 우리는 알고 있어요. 우리를 공격하려는 마음을 가진 사람이 그 사실을 알지 못하기를 바랄 뿐이죠."

뵈뵈도 마르쿠스를 따라 웃었지만, 그것이 정말로 바울의 가르침에 담긴 정신인지 궁금했다. 하지만 그걸 물어봐야 할지 망설여졌다. 더구나 주변을 돌아보면, 노예 중에 공격을 받으면 보복할 사람이 아무도 없을 것이라고 완전히 확신이 들지도 않았다. 특히 두어 명의 건장한 노예는 언제라도 싸울 준비가 된 모양새였다.

"실례가 안 된다면 질문 하나 드려도 될까요?" 마르쿠스의 말에 뵈뵈의 살짝 고통스러웠던 윤리적 고민이 중단되었다. "브리스가가 '스페인'이라는 단어를 이야기했던 것 같은데, 맞나요? 제대로 듣지는 못했지만, 저는 제 고향이 언급만 돼도 항상 가슴이 뛴답니다. 브리스가의 입에서 제 고향이 나온 것 같아서요."

뵈뵈는 갑자기 가던 길을 멈추고 가만히 섰다. 그러는 바람에 뒤를 따라 걷던 두 명의 노예가 그녀의 등에 부딪혀 뒤엉키고 말았다. 어느 정도 정리가 되고, 뵈뵈가 자신은 괜찮으며 아무도 다치지 않았다는 점을 충분히 확인시켜 준 후, 다시 걷기 시작했고, 그때 비로소 뵈뵈는 놀란 가슴을 간신히 진정시킬 수 있었다.

티투스의 세례식 이후 뵈뵈는 마르쿠스라는 사람을 더 잘 알게 되었다. 그리고 그러는 동안 그를 신뢰하고 존경하게 되었다. 하지만 그가 어디 출신인지 물어볼 생각을 한 번도 못 했다. 마르쿠스가 그 부분을 말하기 원치 않는 한 군이 그럴 이유도 없었고, 오늘 밤까지는 그가 딱히 관심을 보인 적도 없었다.

그런데 마르쿠스가 갑작스레 자기 고향을 이야기했고, 스페인이라는 말을 듣고 뵈뵈는 이전에 브리스가 질문했을 때 그녀를 덮쳤던 불길한 예감이 되살아났다. 몇 년 전 뵈뵈가 바울의 스페인 선교 준비를 완료했을 때, 모든 것이 완벽했지만 오직 두 가지가 부족했다. 그건 스페인을 잘 아는 사람과 바울 자신의 부재였다. 마르쿠스의 고향이 스페인이라는 갑작스러운 선언 그리고 바울이 로마에 도착해 있다는 사실, 이 두 가지는 오랫동안 묻어두었던 계획이 적어도 잠재적으로는 완성되었다는 의미였다. 이것은 뵈뵈가 그 선교 계획 자체를 다시 끄집어내야 한다는 의미 아닐까? 아니다, 확실히 아니다. 뵈뵈는 처음부터 줄곧 자신의 역할은 바울의 선교를 위한 준비일 뿐이라는 점을 분명히 해왔다. 그리고 그는 여전히 감옥에 있었고, 그러니 더는 생각할 필요가 없었다. 정말로 그랬다.

멍하게 생각에 잠겨 있다가 문득 정신을 차리고 보니, 많은 사람이, 마르쿠스, 펠릭스 그리고 열 명쯤 되는 노예가 길거리에 꼼짝 않고 멈춰선 채 기다리는 눈빛으로 그녀를 쳐다보고 있었다. 뵈뵈는 곤혹스러웠다.

펠릭스가 뵈뵈가 당황한 것을 알아채고 도우려고 나섰다. "또 몽상에 사로잡혔나 봐요, 그렇죠? 마르쿠스가 벌써 세 번째 묻고 있어요. 당신과 브리스가 왜 스페인에 관한 이야기를 나눴냐고요." 그는 조바심 내며 뵈뵈의 팔을 잡아당겼다. "일단 걸으세요. 그러면 제가 마르쿠스에게 설명할게요."

뵈뵈는 마르쿠스와 펠릭스 사이에서 걸었다. 하지만 둘 다 키가 커서, 그녀의 머리 위로 전혀 불편함 없이 즐겁게 이야기를 나누었다. 그녀는 펠릭스가 평소처럼 극적인 스타일로 해나가는 이야기에 귀를 기울였다. 펠릭스는 뵈뵈가 어떻게 그리고 왜 로마에 오게 되었는지, 얼마나 오랫동안 계획을 짜고 준비물을 모았는지, 하지만 바울이 오지 않았기 때문에 기다려야만 했다는 등 상황을 차근차근 이야기했다. 뵈뵈는 이야기를 듣는 내내, 오랫동안 그녀를 괴롭혀온 내면의 느낌 때문에 평정심을 유지할 수가 없었다. 더 미룰 수 없는, 이제는 내려야만 하는 결정이 있다는 표시였다.

집에 도착해 집 안으로 들어가면서, 출입구에 있는 가게에서 열심히 일하고 있는 마리아와 다른 과부들에게 안부를 묻고 축복하며 지나가는 도중에, 마르쿠스가 그의 지적인 눈을 기쁘게 반짝이면서 뵈뵈의 팔을 붙잡았다.

"우리가 할 수 있어요." 그가 말했다. "우리가 예수 그리스도의 복음을 들고 스페인으로 가는 거예요. 우리가 먼저 가고, 바울은 황제를 만난 후 뒤따라오는 거죠. 가장 위대한 그 사랑의 이야기를 제가 가장 사랑하는 그 땅에 가져갈 수 있어요. 우리가 그 일을 할 수 있어요. 우리가요, 그렇지 않아요?"

31장

뵈뵈는 그 자리에 꼼짝 못 하고 멈춰 섰다. 그리고 마르쿠스를 빤히 쳐다보았다. 입이 마르고, 심장이 쿵쾅거렸다. 브리스가 그날 저녁 처음으로 스페인을 언급했을 때 알아챘던 그 메스꺼움이 다시 몰려왔다. 마치 단호하게 마음먹고 그동안 회피해왔던 결정의 순간이 마침내 그녀를 찾아내 붙잡은 느낌이었다. 이 사실을 인정하자, 그녀의 내면에는 수많은 질문과 핑계가 해일처럼 몰려왔다.

이것은 그녀가 하기로 한 일이 아니다. 그녀가 동의했던 것은 선교 준비를 위해 로마에 오는 것이었다. 그것이 전부다. 그녀는 베드로나 유니아, 안드로니고와 같은 사도가 아니다. 그들처럼 여행하며 복음을 전하라는 부르심을 받은 것이 아니다. 지역 교회를 위해 봉사하라는 부르심을 받았고, 스네반이나 빌립 같은 집사였다. 그런데 속으로 이런 생각을 하는 와중에도, 실제로는 스데반이 예루살렘에서 유대인에게 복음을 전하다가 죽음을 맞았다는 사실과 천사가 빌립을 가사로 보내 에티오피아 출신 내시에게 복음을 전했다는 사실이 떠올랐다.

"괜찮으세요, 뵈뵈?" 뵈뵈는 다시 현실로 돌아왔다. 마르쿠스뿐만 아니라 펠릭스와 티투스 역시 걱정스럽게 그녀를 바라보며 그녀 주위에 모여 있었다.

"무슨 말을 했기에 저러는 거냐?" 티투스가 마르쿠스에게 물었다. "너의 말 때문에 우리 뵈뵈가 겁에 질려 굳어 버렸구나. 내가 아직도 그 여신을 믿고 있었다면, 뵈뵈가 마치 고르곤 중 한 명인 메두사를 본 것 같다고 말했겠구나."

"저는 그저 함께 제 고향으로 가서 예수 그리스도의 복음을 전하자고 했을 뿐입니다." 마르쿠스가 대답했다. 적잖이 당황한 모습이었다. "스페인은 아름다운 곳입니다. 저런 표정까지 지을 만한 곳은 아닙니다."

"마르쿠스." 티투스가 그의 말에 담긴 단호함과는 어긋나는 반짝이는 눈빛으로 말했다. "너는 참 어리석구나. 너는 분명 여러 면에서 지혜롭다. 내가 글을 읽지 못해 몇 번이나 부끄러움을 당할 뻔했을 때, 너는 나를 구해주었다. 하지만 다른 면에서는 완전히 바보 같구나. 뵈뵈는 우리가 처음 만난 날부터 자신의 소명과 싸우고 있었다. 마음 깊은 곳에서는 그녀도 결국 자기가 항복하고 바울이 쭉 의도했던 대로 스페인으로 가게 될 거란 사실을 알고 있다. 하지만 지금 당장은, 존재할 것이라고 상상도 못 했던 가족을 찾았고, 너무 깊어 영혼에까지 박혀있던 상처를 치유하는 중이다. 그녀에게 시간을 주도록 해라. 그곳으로 갈 것이다. 하지만 준비가 되어야 한다."

마르쿠스는 적절한 시점에 자신의 잘못을 깨달은 듯했다. 뵈뵈의 팔을 힘없이 토닥이고는 남은 일과를 수행하러 몸을 돌려 티투스의 서재로 향했다. 티투스는 뵈뵈의 어깨에 기대며, 가서 앉자고 제안했다. 티투스가 그녀의 옆에 앉자, 펠릭스도 따라와 다른 편에 앉았다. 오랫동안 그들은 침묵한 채 앉아있었다. 그리고 마침내 뵈뵈가 큰 한숨을 내쉬었다.

"제가 가야 하는 거죠, 그렇죠?"

"아니다, 난 네가 꼭 가야 한다고는 생각하지 않는다." 티투스가 천천히 말했다. "하지만 네가 가야 한다는 부르심을 받았다고는 생각한다. 문제는 그 부르심에 네가 어떻게 응답하느냐다."

뵈뵈는 깜짝 놀라 그를 쳐다보았다.

"제가 그런 부르심을 받았다고 얼마나 오랫동안 생각해 오셨던 거죠? 그리고 왜 전에는 저에게 그런 말씀을 하지 않으셨나요?"

"방금 공포에 질린 너의 얼굴을 보고 나서야 비로소 확실하게 알게 된 거다. 내가 세례를 받아야 한다는 사실은 알면서도 그 부끄러움까지 감당하고 싶지는 않았을 때, 내가 느꼈던 것이 바로 그런 공포다. 하나님의 사랑에 붙잡혀 있으면서도 네 안에 있는 모든 것은 그 반대 방향으로 달려가길 원하는 그런 감정은 세상에 또 없으니까 말이다."

"하지만 저에게는 그 일에 적합한 재능이 없어요. 당신도 아시잖아요. 전 바울 같은 연설가가 아니에요. 저는 이미 충분히 많은 모험을 했어요. 저는 그냥 이곳에 정착해서 교회 집사로 봉사하며 조용한 삶을 살고 싶어요. 그것이 그렇게 큰 욕심인가요?"

티투스는 잠깐 침묵했다.

"내가 오랜 고민 끝에 뛰어들기로 했던 것은 베드로의 말 때문이었다. 아직 너에게 그 말을 해주지 않은 것 같구나." 티투스는 방금 자신이 한 말을 음미하더니 혼자 껄껄 웃었다. "그리고 세례를 받았지. 정말 뛰어들었지!"

"맞아요, 아직 말씀하시지 않았어요."

"베드로는 예수님의 가르치심을 나에게 전해주었다. 예수님은 제자들이 어떻게 자기 십자가를 지고 그분을 따라야 하는지 가르치셨다고 한다. 그분을 따르겠다는 결정에는 항상 대가, 그것도 큰 대가가 따르기 마련인데, 베드로는 예수님이 반복하셨던 말씀 중 '자기의 목숨을 구하는 자는 잃을 것이요, 나를 위하여 목숨을 버리는 자는 얻을 것이다'라는 말을 나에게 했다. 그의 말은 역시 옳았다. 세례를 받기 전 나는 내 품위를 가슴속 깊이 묻어두고 수전노처럼 애지중지했다. 내가 용기를 내 그것을 내려놓고 냄새나고 더러운 티베르강에 공개적으로 잠길 수 있었던 것은, 진정한 품위가 무엇인지 깨달은 후였다. 너도 그것을 내려놓아야 한다. 그렇게 하면 진정한 삶이 무엇인지 알 수 있을 거다. 그것을 꼭 움켜잡고 있다면, 도리어 압살되고 말 것이다."

뵈뵈는 강렬한 전투가 내면에서 벌어지는 것을 느꼈다. 그녀도 티투스의 말이 맞다는 것을 알고 있었다. 그녀는 하나님이 자신을 스페인으로 향하라고 부르신다는 사실을 알고 있었다. 인제 와서 깨달았지만, 사실 그녀는 그 사실을 늘 인지하고 있었다. 그런데도 여전히 그녀는 싸우고, 싸우고, 또 싸웠다. 그러는 동안 그녀의 귓전에서 "잃을 것이 너무 많다"라는 베드로의 음성이 들리는 것 같았다. 아이러니는 생전 처음으로 그녀에게 잃을 것이 생겼다는 사실이었다. 그것은 물건이 아니라 사람들이었다. 그녀가 전심을 다 해 사랑하는 사람들, 바로 그 사람들을 이제 내려놓으라는 요구를 받고 있었다. 그것은 힘들어도 너무 힘든 일이었다.

마음속 동요가 극심해질 때, 바울의 편지 한 구절이 떠올랐다. 바울은 하나님이 행하신 모든 일을 펼쳐 보인 후, 그리스도를 따르는 자들에게 자신의 몸을 하나님을 기쁘시게 하는 살아있는 거룩한 제물로 드려야 한다고 말했다. 하나님이 요구하시는 반응은 그들의 몸을 내놓는 것이었다. 뵈뵈는 로마 곳곳에서 다양한 사람들과 이 구절을 두고 토론하면서 수없이 질문을 받았었다. 하지만 매번 그녀는 이 부분은 얼버무리고, 바울이 그다음에 말하는 내용, 즉 이 세상에 마음을 두지 말고 마음을 새롭게 하여 탈바꿈되라는 권면으로 관심을 돌리곤 했다. 손쉬운 방법이었지만, 뵈뵈는 그것이 다소 기만적이라는 사실을 알고 있었다. 그런데도 그렇게 한 이유는, 그 말에 담긴 의미를 그녀가 감당할 수 없기 때문이었다.

오랫동안 그녀는 퀸투스에게 자신의 몸을 내놓았다. 아무리 하나님께라 할지라도 그 행태를 답습한다는 생각만으로도 그녀는 공포로 몸이 떨렸다. 그래서 그녀는 물러섰다. 그녀는 자신을 온전히 하나님께 드리지 않았다. 때때로 그녀는 조용히 기다리고 있는 온화하고 자애로운 존재를 인식했다. 그녀는 그 존재가 예수님이라는 사실을 알았다. 예수님은 자애로운 인내심으로 그녀를 기다리고 계셨다. 하지만 그녀는 여전히 몸을 움츠리고 뒤로 물러나 있었다. 더 이상을 드릴 수도 없고 드리고 싶지도 않았다.

뵈뵈는 얼마나 오랫동안 자기 생각과 싸우며 그곳에 앉아있었는지 알 수 없었다. 하지만 티투스와 펠릭스가 그 시간 동안 내내 함께 앉아있었다는 사실은 알았다. 그녀가 내적 싸움을 벌이는 동안, 그녀가 버틸 수 있도록 그들이 기도하는 것을 느낄 수 있었다. 마침내 그녀는 어떤 목소리를 들었다. 아니, 들었다고 생각했다. 복종해야 할 권위를 지닌 목소리였는데, 그녀가 느끼기로는 사랑이 깃들어 있었다. 한 번도 들어본 적이 없는 목소리였지만, 자신의 호흡만큼이나 친근하게 느껴졌다. 그 목소리는 조용하지만 단호하게 말했다. "진정하렴." 곧바로 격렬했던 감정이 그치고, 깊은 평화가 머리부터 발끝까지 뵈뵈의 온몸으로 퍼졌다. 전투는 끝이 났다. 그리고 깊은 고요의 순간에 뵈뵈는 다시는 하지 않겠다고 맹세했던 그것을 했다. 그녀 자신의 몸을 다른 누군가에게 주었다. 하지만 이번에는 하나님께 드렸다. 그리고 그 결단이 그녀의 현재와 미래에 의미하는 모든 것을 받아들였다.

그러면서 뵈뵈는 그동안 자신이 그 부르심에 저항한 것이 얼마나 그릇된 판단이었는지 깨달았다. 그리스도의 종이 된다는 것은 그녀가 이제껏 경험한 가장 위대한 자유를 그녀에게 주었다. 그녀의 몸을 하나님께 드리고 보니, 그동안 과거 삶에서 느꼈던 것보다 훨씬 더 안전하다는 느낌을 받았다. 그녀는 깊은숨을 내쉬며 고개를 들고 말했다. "제가 스페인에 갈 거라면, 제가 직접 준비해 놓은 게 낫겠죠!"

"무슨 뜻이에요, 당신의 준비라뇨?" 펠릭스가 온몸에서 분노를 내뿜으며 말했다. "우리의 준비를 말하는 거죠?"

"하지만 펠릭스, 너는 갈 수 없어." 뵈뵈가 반대했다. "넌 티투스의 상속자야. 그와 함께 이곳에 있어야 해."

"펠릭스는 여기서처럼 스페인에서도 내 상속자가 될 수 있다." 티투스가 말했다. "내가 그를 내 상속자로 삼은 것은 선물의 의미였다. 금박을 입힌 새장에 그를 가두려는 것이 아니라, 그가 받은 부르심대로 살 수 있도록 자유를 주는 것이었다. 펠릭스, 네가 가고 싶다면, 나는 복을 빌고 너를 응원할 것이다."

펠릭스는 이 말을 들을 때, 고개를 떨어뜨리고 있었다. 그가 머리를 다시 들었을 때 그의 눈엔 눈물이 가득 고여 있는 것을 뵈뵈는 보았다.

"감사합니다. 저는 당신의 축복을 받고 갈 수도 있고 받지 않고 떠날 수도 있지만, 당신의 축복을 받았다는 것은 저에게 많은 의미가 있습니다. 뵈뵈가 처음 로마에 왔을 때, 우리 사이에는 특별한 유대가 생겼습니다. 그때 저는 어렸고, 그것이 무슨 의미인지 그녀에게 말로 표현할 수 없었습니다. 그런데 마르쿠스가 최근에 성경에서 그런 이야기 하나를 발견했습니다. 그것은 룻이라는 여성에 관한 이야기였는데, 그녀의 말 중에 제 심정을 대변하는 말이 있었습니다." 그는 이 말을 하면서 뵈뵈를 향했다. "'당신이 가시는 곳에 나도 가고, 당신이 머무시는 곳에서 나도 머물 거예요. 당신의 백성이 나의 백성이 되고, 당신의 하나님이 나의 하나님이 될 겁니다.' 당신의 하나님은 이미 저의 하나님이고, 나머지도 말 그대로예요. 당신과 나 사이에는 유대가 생겼어요, 그러니 우리 함께 가요."

그 순간 마르쿠스가 방안으로 걸어 들어왔다.

"어디로 간다고? 어디로 가는데, 펠릭스?"

"스페인으로요!" 새로운 모험에 신이 나 춤을 추는 눈빛으로 펠릭스가 말했다.

마르쿠스의 얼굴에 기쁨이 번졌다. "가시기로 한 건가요? 정말로요?"

여전히 깊은 평안에 잠긴 채 뵈뵈가 고개를 끄덕였다. "그래요, 정말로 갈 거예요."

마르쿠스가 주인 앞에 무릎을 꿇었다.

"저에게는 제 맘대로 갈 자유가 없다는 사실을 잘 압니다. 하지만 저도 갈 수 있도록 허락해 주시는 것을 고려해 주시겠습니까?"

티투스는 고개를 뒤로 젖히고 웃었다. "마르쿠스, 나는 이제껏 굉장히 오랫동안 너에게 자유를 얻으라고 설득해왔다. 제발 자유를 얻어라. 그리고 대신 그들과 함께 가서 나를 위해 그들을 안전하게 지켜주어라. 두 사람 모두 나에게는 소중한 사람이니 말이다." 그는 생각에 잠긴 듯 멈추었다가, 말을 이어갔다. "그리고 진심으로 너도 나에게 소중한 사람이다. 너를 떠나보내면 내 마음이 쓰라릴 것이다. 하지만 가야 한다. 비비도 데려가라. 비비가 자라는 동안 주변에 가족이 필요할 테니."

뵈뵈가 앞으로 나섰다. 괴로운 얼굴이었다. "하지만 당신 홀로 남게 되잖아요. 우리는 당신에게 그럴 수 없어요. 당신은 나이가 많아요. 힘이 떨어졌다고 저희에게 말씀하셨잖아요. 어떻게 무정하게 당신만 남겨두고 떠날 수 있겠어요?"

티투스는 껄껄 웃었다. "최근에 이 집에서 시간을 보낸 적이 있느냐? 나는 맘껏 달릴 수도 없지만, 마찬가지로 외로울 수도 없는 처지다. 노예들이 있다. 그것도 많이. 거기에다 마리아와 과부들도 있다. 그들은 나를 친 혈육같이 돌봐주는 것을 즐기지. 도시 곳곳에 다른 친구들도 있고, 함께 빵을 떼고 기도해 주기 위해 이곳을 방문하는 사람들도 있다. 이런 소란이 그다지 마음에 들지 않으면 불평을 표할지도 모르겠다. 나 혼자 있게 되진 않을 거다. 말로 다 할 수 없을 만큼 난 너희들을 모두 그리워할 것이다. 하지만 나는 외롭지 않을 것이다. 약속하마."

뵈뵈가 안도의 한숨을 쉬었다. 티투스가 비비를 언급한 순간 안도감이 밀려왔기 때문이다. 그녀는 사랑스러운 손녀를 데려가도 되는지 티투스에게 먼저 묻고 싶었다. 다른 무엇보다, 비비가 그녀의 사랑하는 펠릭스와 헤어지는 상황을 감당할 수 없을 것 같았다. 하지만 그것이 티투스에게는 너무나 가혹한 제안 같아서 묻고 싶지 않았다. 그런데 티투스가 먼저 이야기를 꺼내주다니, 다행이라는 생각에 미소가 지어졌다. 그녀가 가장 두려워했던 것은 가족을 남겨두고 떠나는 것이었다. 그런데 보라, 그녀의 가족을 포기해야 한다는 생각에 무릎 꿇은 바로 그 순간, 가족을 다시 돌려받은 것 같이 되었다. 그녀와 펠릭스, 그리고 마르쿠스와 비비가 함께 스페인으로 갈 것이고, 거기서 복음을 전할 것이다.

그녀가 안심한 채 뒤로 기대앉아 마침내 그녀 자신 그리고 하나님과의 평화를 찾았을 때, 문득 어떤 생각이 떠올랐다.

"누가 바울에게 이 말을 전하지?"

32장

약간의 논의 후, 바울뿐만 아니라 로마에 있는 나머지 친구들에게도 그 소식을 전할 사람을 여럿 보냈다. 이처럼 중대한 소식은 공유해야 했다. 그리고 금세 익숙한 장면이 뵈뵈의 눈앞에 펼쳐졌다. 단 한 가지 차이는, 그녀의 사랑하는 친구들이 평소와 달리 브리스가와 아굴라의 매우 비좁은 작업장에 빽빽이 들어차지 않고, 티투스의 훨씬 더 큰 집에 함께 모였다는 점이다.

이야기를 나누다 보니, 결국 뵈뵈가 스페인으로 가게 될 것이라는 생각을 하지 못한 유일한 사람은 뵈뵈 자신이라는 사실이 분명해졌다. 바느질 작업장의 과부들을 포함하여 다른 모든 사람은 차분하게 이 상황을 받아들였고, 뵈뵈 자신이 그녀의 소명을 깨닫는 순간을 기다리고 있었노라고 말했다. 바울의 편지를 가지고 몇 년 전에 로마에 도착했던 예전의 뵈뵈 같으면 이런 상황을 마주하고 당혹감과 부끄러움에 사로잡혔을 것이다. 하지만 새로운 뵈뵈는 더 현명했다. 새로운 뵈뵈는 그들이 그녀가 치유 받고 자신감을 회복하기를 기도하며 기다렸다는 사실을 알고 있었다. 그녀는 사랑에 둘러싸여 있었고, 그 사실을 알고 있었다. 그것은 새로운 감각으로, 유쾌한 감각이었다.

그들은 신이 나서 여행에 관한 계획을 짜느라 몇 시간을 더 보냈다. 원래 계획을 설계했고 그동안 잊지 않고 있었던 스다구는 일주일 정도면 떠날 준비가 될 것으로 예측했다. 뵈뵈는 계획이 진행되는 속도에 몇 차례 약간 현기증을 느꼈다. 하지만 그녀는 스페인 선교가 몇 년간 보류된 상태였기에 장기적으로 보면 이 진행 속도가 결코 성급한 것이 아니라고 자신을 위로했다.

오후의 끝을 향하고 있을 때, 한 사람이 편지를 가지고 집에 당도했다. 브리스가는 그 사람을 보고 기뻐 소리를 질렀다. "디모데예요! 나는 당신이 로마에 있는지도 몰랐어요."

디모데는 웃으며 브리스가의 야단스러운 환영에 화답했다. "저는 이제 막 도착했습니다. 그런데 바울이 자기 편지를 뵈뵈가 바로 받았는지 확인하고 싶어합니다. 그녀가 여기 있나요?"

"네, 저 여기 있어요! 마지막으로 당신을 본 것이 고린도였죠. 정말 오랜 시간이 흐른 것 같아요."

"그러게요, 그때 이후로 우리 모두에게 많은 일이 일어났지요." 디모데는 이렇게 말하면서 얇은 두루마리를 꺼냈다. "제가 당신을 위해 바울의 편지를 읽어드릴까요?"

"혹시 제가 해도 될까요?" 스다구가 제안했다.

뵈뵈는 안도감을 느꼈다. 바울이 무슨 말을 할지 다소 두려움을 느끼고 있던 터라, 비록 온화하지만 잘 알지 못하는 디모데보다는 소중한 친구의 목소리로 바울의 말을 듣는 편이 나았기 때문이다. 스다구가 두루마리를 펼치자, 뵈뵈는 마음의 준비를 단단히 했다. 스페인으로 가기 위해 왜 그렇게 시간이 오래 걸리느냐고 호통을 칠 것 같았기 때문이다.

"하나님의 뜻을 따라 예수 그리스도의 사도 된 나, 바울이 믿음 안에서 나의 사랑하는 자매인 뵈뵈에게 이 편지를 보냅니다. 하나님 우리 아버지와 우리 주 예수 그리스도의 은혜와 긍휼과 평강이 있기를 원합니다.

나는 항상 당신으로 인해 하나님께 감사를 드립니다. 기도할 때마다 당신을 언급하고, 그리스도 예수 안에 있는 당신의 믿음을 하나님 우리 아버지 앞에서 기억합니다. 또한, 로마의 성도들에게 중요한 편지를 전해준 대단한 사랑의 수고를 기억합니다. 당신의 수고를 통해 그들이 하나님의 사랑 안에 뿌리를 내리고 터가 굳어지며 하나님 우리 아버지로부터 오는 의를 모르지 않게 되기를 원합니다.

사랑하는 자매여, 나는 당신이 그리스도 안에 있기 전에 겪었던 고통을 모르지 않았으며 당신에게 필요했던 위로를 로마에서 찾게 되기를 간절히 바랐습니다. 당신이 나의 스페인 선교를 위해 해 놓은 준비를 알고 진실로 큰 기쁨과 격려를 받았습니다. 그리고 이제는 당신이 나보다 앞서 스페인으로 가려고 한다는 소식을 들으니 더욱더 기쁩니다. 사랑하는 자매여, 주 안에서 담대하기를 바랍니다. 복음을 부끄러워하지 마십시오. 당신도 알고 있듯이, 복음은 믿는 모든 자에게 구원을 베푸시는 하나님의 능력이기 때문입니다. 내가 곧 당신과 함께 있게 될 것이라고 주 안에서 믿습니다.

당신과 함께 있는 성도들에게 문안하십시오.

하나님 우리 아버지께 영광이 세세토록 있기를 원합니다. 아멘."

스다구의 목소리가 잦아들자, 방안에 침묵이 흘렀다. 그 침묵을 깬 것은 뵈뵈의 목소리였다. "그는 알고 있었어요. 처음부터 알고 있었어요." 그녀는 아굴라 쪽으로 몸을 돌렸다. "왜 그는 말하지 않았던 걸까요? 제가 로마로 온 진짜 이유를 알고 있다는 사실을 왜 저에게 말하지 않았던 걸까요?"

아굴라는 어깨를 으쓱댔다. "나도 모르죠. 자기가 어느 정도 추측하고 있을 것이란 사실을 당신도 알고 있을 것이라고 바울이 생각했던 게 아닐까요? 내가 전에도 말했고 분명히 앞으로도 여러 번 말하겠지만, 절대 바울을 과소평가해서는 안 돼요."

브리스가가 못마땅한 듯 헛기침을 했다. "하지만 바울은 편하게 해 주질 않잖아요?"

"이 이야기는 다시 시작하지 맙시다, 브리스가." 아굴라가 말했다.

"그는 언제쯤 오게 될까요?" 뵈뵈가 물었다. "풀려날 때까지 얼마나 걸릴지 그가 알고 있을까요? 그가 올 때까지 저 역시 기다려야 할까요?"

"아니에요," 디모데가 말했다. "그는 아무것도 모릅니다. 그는 기다리고 기도하며 복음을 전하고 있지만, 전혀 아는 것이 없습니다. 뵈뵈, 당신이 알아야 할 것은 당신의 메시지를 전해 듣고 바울이 매우 기뻐했다는 사실입니다. 당신의 메시지가 도착한 후, 그는 시편 22편을 계속 노래하고 있습니다. '땅의 모든 끝이 주님을 기억하고 돌아올 것이다.' 그는 마침내 복음이 땅끝까지 전파되고 예언들이 성취될 것을 예감하고 있습니다."

"그의 노래 실력은 좀 나아졌나요?" 아굴라가 입술을 씰룩거리며 물었다.

"그다지요!" 디모데가 말했다.

"당신은 무척이나 그 이야기를 전하고 싶었을 것 같군요."

디모데는 활짝 웃었지만, 대답하고 싶은 것을 꾹 참았다.

그렇게 일주일 후, 뵈뵈, 마르쿠스, 펠릭스, 비비로 이루어진 작지만 결의에 찬 일행이 로마에서 출발해 오스티아 항구로 떠났다. 거기서 배를 타고 스페인으로 향할 것이다. 떠나는 것은 힘들었다. 그들은 모두 티투스를 보는 것이 마지막이라는 사실을 알고 있었다. 하지만 티투스가 현재 상황에 얼마나 만족해하는지 반복해서 말하면서 그들의 염려를 진정시켰다. 티투스 주변에는 친구들이 많으며, 뵈뵈와도 화해했고, 그의 훌륭한 상속자인 펠릭스도 때가 되면 돌아와 고귀한 클로엘리우스 코르두스 가문의 명예를 감당할 것이라는 확고한 믿음이 있으며, 그의 사랑스러운 비비가 스페인 모험을 무척 즐거워할 것이라는 사실도 알고 있었다. 그도 예감하고 있듯이 죽음이 다가오고 있었지만, 마음속으로는 기꺼이 죽음을 기다렸다. 오래된 뼈는 지쳐 갔고, 그는 부활의 몸을 받을 준비가 되었다. 그들은 그의 사랑과 축복을 받고 떠났다. 그에게는 여한이 없었다.

다른 친구들과 작별 인사를 하는 것도 덜 힘들긴 해도 결코 쉬운 일이 아니었다. 특히 뵈뵈는 그들을 다시 볼 수 없을 것이라는 느낌을 떨쳐버릴 수가 없었다. 그녀는 바울이 스페인에 도착하면 곧장 로마로 돌아올 작정이었기 때문에, 왜 그런지 이유를 알 수 없었다. 하지만 눈물로 작별 인사를 할 때, 하고 싶은 말이 있어도 꾹 참아야 한다는 느낌이 그녀를 사로잡았다.

로마를 벗어나자, 비비의 흥겹게 재잘거리는 소리 때문에 그들 모두 이별의 슬픔에서 조금 벗어날 수 있었다.

"그 커다란 물고기를 정말로 볼 수 있어요? 내가 바다에 빠지면 그 물고기가 나도 삼켜버리는 거예요?"

"도대체 무슨 말을 하는 거니?" 어리둥절한 뵈뵈가 펠릭스에게 물었다.

펠릭스가 웃었다. "제가 요나 이야기를 해주고 있었어요. 요나가 스페인으로 가는 도중에, 그러니까 다시스 말이에요. 거대한 물고기가 그를 삼켰잖아요. 비비는 우리도 그 물고기를 보게 될지 궁금해 하는 거예요."

아렸던 마음이 동료들에게 느껴지는 사랑 때문에 따뜻해지자 뵈뵈는 미소를 지었다. "아, 요나. 난 항상 그 이야기가 무척 맘에 들었단다. 나도 요나처럼, 너무나 오랫동안 하나님에게서 도망치고 있었거든. 이제 다시스로 가서 그분이 우리를 위해 무엇을 예비해 놓으셨는지 확인할 때가 됐어."

그들은 언덕 꼭대기에서 멈추었다. 그리고 발아래 놓인 거대한 도시, 로마를 돌아보았다. 로마는 정말 큰 도시였고, 그 도시와 그곳의 많은 사람은 그녀의 마음을 사로잡았었다.

"난 돌아올 거야." 뵈뵈는 속삭였다. 도시를 쭉 바라보는 동안, 도시 한쪽, 팔라틴 언덕 부근에서 희미한 빨간 불꽃이 타오르고 있는 것을 알아차렸다.

"저기 불이 난 거 아니야?" 그녀는 바라보고 있던 방향을 가리키며 마르쿠스와 펠릭스에게 물었다.

"그런 것 같네요," 마르쿠스가 대답했다. "걱정하지 마세요, 불길 정도야 금방 잡을 겁니다."

"우리 친구들은 어쨌든 괜찮을 거예요," 펠릭스가 덧붙였.

"트랜스티베리움은 습해서 결코 화염에 휩싸이지 않습니다. 염려 붙들어 매세요. 그들은 안전할 겁니다."

뵈뵈는 그의 말에 그다지 믿음이 가지 않았다. 잠시 서서 깜빡거리는 불빛을 쳐다보고 있었는데, 곧 검은 연기까지 자욱하게 피어올랐기 때문이다. 로마를 뒤덮기 시작한 그 연기는 앞으로 일어날 일을 가리키는 불길한 전조였다. 아니 뵈뵈에게는 그렇게 생각됐다. 그녀는 머리를 흔들었다. 나이가 들다 보니 점점 생각이 많아지는 듯했다. 단지 불이 났을 뿐이다. 화재 사건은 로마에 흔했고, 마르쿠스가 말했듯이 순식간에 진화될 것이다. 그녀는 단호하게 등을 돌리고, 미래를 향해 그리고 그 미래에 담겨 있을 새로운 세상을 향해 발걸음을 내딛기 시작했다.

2부
미주

서론

독서는 상상력을 요구한다. 이야기가 전개될 때 우리는 마음의 눈을 통해 인물과 배경과 사건을 바라본다. 널리 사랑받는 책을 영화나 연극으로 각색하면 실망하는 경우가 많은 것이 이 때문이다. 감독이 상상한 이야기가 우리가 상상했던 모습과 다르면, 완전히 잘못된 것으로 다가오기 마련이다. 신약에 포함된 책들 같은 고대 문서를 읽다 보면 받는 도전 중 하나가 상상력의 한계에 직면할 수 있다는 것이다. 왜냐하면, 우리는 대부분 고대 세계의 상황이 어땠을지 상상하는 데 도움을 줄 정보 창고를 가지고 있지 않기 때문이다. 우리 마음의 눈으로 당시 배경이 어땠을지 떠올리는 것은 더 어렵다. 어떤 책이든 첫 독자가 그 책을 받았을 때 과연 어떤 느낌이었을지는 상상하기도 쉽지 않으며, 당시 문화와 관련된 언급이나 배경을 이해하는 것도 마찬가지다.

특히 어려운 것은 편지다. 바울, 베드로, 야고보, 요한이 집필했고 소아시아에서 로마에 이르기까지 로마 제국 곳곳의 초대교회 공동체에 보내졌던 서신들 말이다. 편지의 집필자가 편지 자체에 배경 설명을 하는 경우는 거의 없다. 굳이 할 이유가 없기 때문이다. 보통 편지의 저자는 독자를 알고, 독자도 저자를 안다. 그러니 후대의 독자가 그 편지 속의 상황을 상상하거나 그 편지를 첫 독자가 받았을 때 어떤 의미로 다가왔을지 이해하는 것은 어려울 수 있다. 물론 어떤 편지가 서사에게 가졌을 의미나 다양한 독자에게 가졌을 의미만이 편지가 가질 수 있는 의미 전부는 아니다. 성경은 수천 년 후에 그 글을 읽는 사람들의 삶에도 여전히 강력하게 말씀하기 때문이다. 그렇지만, 성경이 기록된 맥락을 제대로 상상할 수만 있다면 다른 어떤 방법보다 성경의 말들을 더 생생하게 살려낼 수 있다.

따라서 우리에게는 역사적 상상이 필요하다. 여기에는 그 시대와 사회적 역사, 그리고 우리가 읽는 문서를 쓰거나 받았을 사람들의 일상을 가능한 한 많이 이해하려는 시도가 포함되며, 이를 통해 우리는 신약의 경우라면, 1세기 사람으로 산다는 것이 어떤 모습이었을지 생각할 수 있다. 바울이 했던 말들의 의미가 활자를 벗어나 지적으로, 감정적으로 생생하게 이해되기 시작하는 것은, 이를테면 첫 독자들이 로마서의 말들을 처음 들었을 때 어떻게 들렸을지 상상하는 작업을 시작하는 때다.

역사적 상상을 하는 것은, 특히 그 상상의 대상이 되는 역사가 고대인 경우라면, 녹록치 않은 작업이다. 로마 세계에 관해 그리고 로마 세계에서 사람들의 삶에 관해 어느 정도는 알 수 있지만, 역사의 다른 많은 시대에 비하면 우리의 지식이 턱없이 부족하다. 그리고 그나마 가진 지식에도 결코 채우지 못할 수많은 공백이 존재한다. 게다가 우리가 안다고 하는 내용도 세부 사항으로 들어가면 학자들 사이에 의견이 갈리기도 하니, 이 작업은 훨씬 더 까다로워진다. 현재 우리가 세상을 보는 방식이 고대 로마인이 세상을 보던 방식과 판이하다는 사실을 고려하면, 복잡성은 한층 더해진다. 그 결과, 과거의 모습을 상상하는 작업을 하다 보면, 불가피하게 우리와 매우 다른 문화에 우리 자신의 경험을 부과하는 우를 범하게 된다. 그렇지만 우리 앞에 놓인 이러한 한계를 인식만 한다면, 이것은 시도해볼 가치가 있는 작업이다.

　이 책이 바로 그러한 역사적 상상의 실험이다. 내 책이 유일한 사례는 아니다. 역사적 상상을 시도한 다양한 사례가 있다. 내가 좋아하는 두 권의 책은, 역사적 예수 연구에 살을 입히려 시도한 게르트 타이쎈(Gerd Theissen)의 『갈릴래아 사람의 그림자』(*The Shadow of the Galilean*, 비아, 2019)와 지중해 동부 세계에서 그리스도인이 된다는 것의 의미를 편지 모음집의 형태로 생생하게 그려낸 브루스 롱네커(Bruce Longenecker)의 『어느 로마 귀족의 죽음』(*The Lost Letters of Pergamum*, 복있는사람, 2012)이다.

본서의 성격

　서론에서 본서의 성격을 분명히 해 두는 것이 좋겠다. 본서는 바울이 로마서 16장 1-2절에서 겐그레아(Cenchreae) 교회의 집사요 많은 사람의 후원자로 언급한 뵈뵈(Phoebe)가 되어 보면 어떨지 조금이나마 상상해 보려는 시도다. 뵈뵈는 로마서가 기록된 고린도에서 로마로 편지를 전달한 인물로 보인다. 바울은 로마서 16장 2절에서 로마의 그리스도인들에게 '그녀가 여러분에게 요구하는 것은 무엇이든' 도와주라고 요청한다. 이 요청은 뵈뵈가 로마에서 했던 일이 무엇일지, 그녀에게 필요했던 도움은 무엇일지 상상의 나래를 펴 보라고 자극한다. 나는 이 자극에 응답해 본서를 집필했고, 이 질문들에 답변하기 위해 학계의 연구와 나 자신의 상상력을 모두 동원했다.

이 책은 소설이 아니다. 소설은 이야기 자체만을 위해 세심하게 공들여 집필한 이야기로, 세상의 모습을 반영하며 상상이 이끄는 대로 어디로나 흘러간다. 본서는 적어도 부분적으로는 이야기 형태를 띠지만, 단순히 이야기 자체만을 위해 집필된 것이 아니다. 본서의 집필 목적은, 로마서 16장에 암시된 인물들과 사실들에 살과 피를 입히고 역사상 첫 그리스도인 공동체의 일원이 된다는 것이 어떤 모습이었을지 상상해 보는 법을 제안하려는 것이다. 본서의 목적에는 즐거운 독서만이 아닌 정보 전달도 있으며, 따라서 픽션 장르에 딱 들어맞지는 않을 것이다.

본서가 소설이라고 할 수 없는 또 다른 이유는 참고 문헌이 있기 때문이다. 앞으로 이어질 미주에서는 학문적인 내용을 설명할 것인데, 특히 우리가 아는 내용과 모르는 내용이 무엇인지 확인해 줄 것이다. 미주를 읽을지 말지는 여러분의 입맛대로 선택하면 된다. 이 책에 미주를 포함한 이유는 내가 줄거리를 구성할 때 동원한 정보의 의미를 알려주려는 것이다. 미주가 있는 책이 독자를 성가시게 할 수 있다는 사실은 나도 잘 알고 있다. 왜냐하면, 미주는 나에게도 성가시기 때문이다. 하지만 이런 성격의 책을 집필하려면 달리 방법이 없다. 페이지 밑에 각주를 달면 본문의 흐름이 끊기고 주의가 분산된다. 여러분이 겪을 성가심에 미리 사과하는 것이 내가 할 수 있는 최선이다. 부디 책에 손이 베이는 일이 없도록 능숙하게 책을 앞뒤로 들춰보는 기술이 생기길 바랄 뿐이다. 나는 전통적인 방식(본문에 미주 번호를 넣고 뒤에 해당하는 미주 내용을 넣는 방식)으로 미주를 달지 않았는데, 그것은 이런 장르의 글에는 적합하지 않기 때문이다. 대신 나는 장 순서대로 정보를 정리했다. 아무래도 배경을 설정하는 부분에 지면이 많이 들어가다 보니, 뒤쪽보다는 앞쪽에 미주가 더 많다. 미주에 모든 관련 내용을 정리한 것은 아니지만, 각 영역에서 논의되는 사안에 관해 어느 정도 감은 잡을 수 있을 것이다. 더 알아볼 내용이 있는 항목에서는 참고할 만한 다른 책을 제시해 두었다.

이제 가장 중요한 이야기인데, 본서가 소설이라고 주장하지 않는 가장 큰 이유는 내가 소설가가 아니기 때문이다. 훌륭한 소설가들이 이야기를 직조하는 기술을 보면 경탄스럽다. 하지만 여러모로 본서의 이야기는 결점이 많다는 점, 미리 사과드린다.

상상력에 관하여

이 책을 쓴 일차적인 목적은 당신의 상상을 자극하는 것이다. 사람들은 복음서의 이야기 속으로 상상해 들어가는 일에는 익숙하지만, 바울의 편지를 가지고 비슷한 상상을 해보라면 낯설게 느낀다. 여기에는 명백한 이유가 있다. 복음서는 이야기라서 그 자체로 이런저런 내러티브를 상상해 보라고 초청하지만, 바울의 편지들은 그렇지 않다. 그래도 내가 본서에서 보여주고 싶은 것은, 바울의 편지들이 상상을 위한 토양으로는 다소 척박해 보이지만, 그 편지들을 받았던 사람들의 삶을 상상해봄으로써 편지의 내용을 더 깊고 풍부하게 이해할 수 있다는 것이다. 내가 상상해 본 내용을 여러분이 인정해 달라고 부탁하는 것은 아니다. 내 바람은, 내 상상력이 나를 이끌고 간 흔적을 읽으면서 여러분도 바울의 편지를 받는다는 것이 어떤 의미였을지, 그 편지에서 어떤 내용을 배웠을지 스스로 상상해 보고 싶다는 자극을 받는 것이다. 당연히 여러분은 내가 상상한 내용 중 일부에는 (전부일 수도 있겠지) 의구심을 품을 것이다. 그래도 내가 건넨 바통을 쥐고 여러분 스스로 상상의 나래를 펴기만 한다면, 나는 전혀 개의치 않을 것이다.

나는 이 책 전체에서 바울을 절대 직접 언급하지 않으려고 주의했다. 로마의 그리스도인들이 처음 로마서를 받았을 때의 상황은 오늘날 우리가 처음 로마서를 읽을 때와 다를 바 없다. 그들 중 (전부는 아니지만) 다수는 바울을 직접 만난 적이 없었다. 그들은 바울을 실제로 만난 다른 사람의 이야기와 바울의 편지를 통해 그를 만났다. 이런 상황에서는, 그 사람의 과거나 현재의 모습이 각자의 서로 다른 관점을 통해 굴절되기 마련이다. 나는 이 이야기에서 이런 측면을 조금 반영하려 했다. 그래서 바울을 바라보는 다양한 시각을 제시했는데, 그런 시각들은 모두 다른 사람의 입을 통해 그리고 그들이 처했던 다른 상황 속에서 제시된다. 간혹 자신은 바울을 그다지 좋아하지 않는다는 말을 듣곤 하는데, 그럴 때마다 나는 그 사람이 좋아하지 않는다고 말한 인물이 실제 바울인지 아니면 다른 사람이 묘사한 바울인지 의심하곤 한다.

나는 바울 신학에는 어느 정도 전문가이지만 로마 역사에는 전문가가 아니다. 그래서 시대착오를 피하려고 아무리 노력해도 상당 부분 피할 수 없다는 사실을 통렬히 자각하고 있다. 특히 읽기 쉽고 흥미로운 형태로 구성하려 했던 인물들 간의 대화에 그런 부족한 부분이 많을 것이다. 구체적으로 말하면, 나는 인물들 간의 대화에서는 길고 복잡한 헬라어 문장 형식을 따르지 않기로 했다. 더 짧고 명쾌한 문장에 익숙한 사람들은 그런 문장을 읽기 힘들 수 있기 때문이다. 시대착오가 노골적으로 드러나는 부분이 있더라도 용서해주길 바라며, 그로 인해 이야기 전체에 집중하지 못 하는 일이 없기를 바란다.

여성과 초대교회

나는 본서의 중심인물로 뵈뵈를 선택했고, 이로써 넓게 보면 목회에서 여성의 역할, 좁게 보면 여성의 지도권이라는 격렬한 논쟁의 장으로 뛰어든 것이라는 사실을 잘 알고 있다. 관련 논의를 깊게 조사한 책을 원한다면 다른 책을 들춰봐야 할 것이다. 이 주제를 다룬 책이 여럿 있지만, 본서는 그런 책이 아니다. 그렇지만 뵈뵈를 중심으로 이야기를 엮은 나의 선택은 우연이 아니다. 여성 바울 신학자로서 나는 바울이 '여성에게 해로운 인물'이라는 식의 이야기를 수없이 들었다. 이 책을 읽으면서 여러분은 내 의견은 다르다는 사실을 알아챘을 것이다.

내 관점을 말하자면, 바울의 여성관에 관한 주장은 너무나 자주 그릇된 지점에서 출발한다. 사람들은 이런저런 방식으로 여성의 역할을 규정하는 것으로 보이는 바울서신의 구절들(고전 11:1-6, 14:33-6, 딤전 2:8-15, 엡

5:22-33, 골 3:18-19)을 뽑아냈고, 바울이 집필한 편지 속에 그런 내용이 존재한다는 사실 자체가 바울의 그리스도교 전체(즉, 바울이 설립했고 그의 편지를 통해 이야기를 건넸던 그리스도인 공동체들)에 공통적이었던 상황을 암시한다고 가정하면서 그 구절들을 종합해 해석한다.

하지만 출발점을 바꾸면 상황이 다르게 보일 수 있다. 사도행전과 바울서신의 증거는 모두 여성들이 바울 공동체에서 다양한 형태의 지도자 역할에 관여했음을 보여준다. 이를테면, 브리스가는 순회 지도자로서, 남편 아굴라와 함께 고린도에서 에베소까지 바울과 동행했으며(행 18:2, 18), 아마도 에베소에서 그들의 집에 모였던 교회(고전 16:19)를 이끌었고, 로마로 다시 돌아와서도 한 교회(롬 16:3)를 이끌었던 것으로 보인다. 골로새서 4장 15절에 언급된 눔바처럼, 자기 집에 모이는 교회의 지도자였던 다른 여성 지도자도 있다. 유니아는 사도들 가운데서도 특출한 사람으로 언급되며(롬 16:7, 유니아가 사도인지 여부와 정말로 여성이었는지 여부를 둘러싼 더 자세한 논의는 381쪽을 보라), 바울은 뵈뵈를 집사이자 많은 사람의 후원자로 로마 교회에 추천한다(롬 16:1-2, 뵈뵈의 직함과 역할에 관한 더 자세한 이야기는 344쪽을 보라). 각 공동체에서 핵심 인물이었던 것은 이 여성들만이 아니었다. 유오디아, 순두게, 루디아, 유니게, 로이스 같은 다른 여성도 있다.

여성들이 공동체의 삶에서 다양한 주요 역할을 맡았다는 사실을 배경에 두고 바울서신의 유명한 '난해' 구절을 읽어 보라. 그러면 즉시 그 본문이 다르게 들리고 느껴질 것이다. 하지만 앞서 언급했듯이 본서는 그런 본문들을 조사하려는 책이 아니다. 이 문제를 깊이 있게 제대로 연구한 책들이 많이 있고, 나에게 특별히 도움이 되었던 책은 다음과 같다. Linda L. Belleville, *Women Leaders and the Church: 3 Crucial Questions* (Baker Publishing Group, 2000); Craig S. Keener, *Paul, Women, & Wives: Marriage and Women's Ministry in the Letters of Paul* (Baker Academic, 1992); Ian Paul, *Women and Authority: The Key Biblical Texts* (Grove Books, 2011). 그리고 Steven Croft and Paula Gooder, eds. *Women and Men in Scripture and the Church: A Guide to the Key Issues* (Canterbury Press, 2013)도 도움이 될 것이다.

나는 본서에서, 뵈뵈가 로마서를 로마 교회에 전달한 장본인이며 따라서 로마의 그리스도인에게 최초로 그 편지의 내용을 설명한 인물일 것이라는 많은 학자의 관점을 받아들였다. 또한, 브리스가가 남편 아굴라와 함께 그들의 집에서 모인 교회를 이끌었으며, 로마서 16장 7절이 외견상 말하듯이 유니아가 사도들 가운데서 특출했다는 사실도 액면 그대로 받아들였다. 이 관점을 옹호하는 주장을 본서에서 따로 펼치지는 않을 것이며, 단지 내가 본문을 세심하게 읽고 그 결과 갖게 된 관점을 반영했을 뿐이다. 나와 의견이 다른 독자라면, 이어질 내용을 흔쾌히 읽기 어려울 수도 있겠다.

이어지는 내용의 세부 사항은 대체로 주요 로마서 주석서를 참고했다. 자세한 내용을 확인하고 싶다면 주석서들을 찾아보면 되겠다. 나는 특별히 중요한 부분에서만 해당 주석서를 언급하겠다. 내가 선호하는 (그리고 가장 많이 활용한) 로마서 주석서는 아래와 같다.

- James D.G. Dunn, *Romans 1-8* and *Romans 9-16 Volumes 38a and b* (Zondervan, 1988) = 『로마서』(상/하), 솔로몬, 2003/2005.
- Joseph Fitzmyer, *Romans* (Yale University Press, 1993) = 『앵커바이블 로마서』, CLC, 2015.
- Robert Jewett, *Romans: A Commentary* (Augsburg Fortress, 2007)
- N.T. Wright, 'Romans' in *The New Interpreter's Bible: A Commentary in Twelve Volumes, vol. 10: Acts, Romans, 1 Corinthians* (Abingdon Press, 2002) = 『로마서』, 에클레시아북스, 2014.

배경 설정

- 뵈뵈에 관한 사실들 -

뵈뵈가 언급되는 곳은 오직 로마서 16장 1-2절로, 거기서 바울은 다음과 같이 말한다.

내가 겐그레아 교회의 집사인 자매 뵈뵈를 여러분에게 추천합니다. 성도에 합당한 예절을 갖추어 주 안에서 그녀를 맞아주시고, 그녀가 여러분에게 무엇을 요청하든 그녀를 도와주시기 바랍니다. 그녀는 여러 사람과 나 자신의 후원자이기 때문입니다.

이 짧은 구절이 알려주는 내용은 빈약하지만, 내용 자체는 아주 흥미롭다.

그녀의 이름

뵈뵈(그리스어: Phoibe)의 의미는 '빛이 나다'이며, 티탄(Titan, 그리스 신화에서 최초의 신인 우라노스와 가이아 사이에 태어난 자식들) 중 한 명의 이름(통상 '포이베'로 부른다-역주)이다. 이 이름은 특히 달과 관련이 있다. 뵈뵈의 이름이 그리스 신화를 배경으로 하기에, 그녀는 이방인이었을 가능성이 아주 크다. 유대인이 자기 자녀의 이름을 티탄족을 따라지었을 리 없다. 많은 학자는 그녀가 해방 노예였을 것으로 생각한다. 그 이름은 상대적으로 희귀한데, 사용되는 경우에는 여성 노예의 이름으로 등장한다. 이를테면, 로마의 역사가인 수에토니우스(Suetonius)는 아우구스투스(Augustus)의 딸 줄리아(Julia)의 노예였던 뵈뵈라는 사람을 언급한다. 나는 본서에서 이 추측을 받아들였고, 그녀가 어떻게 노예였다가 부유한 후원자가 되었는지 상상을 통해 배경을 채워 넣었다.

그녀가 살았던 곳

뵈뵈는 겐그레아(Cenchreae) 교회 소속이었던 것으로 나오는데, 겐그레아는 Kenchreai로도 쓸 수 있다. 오늘날에는 케크리스(Kechries)로 불린다. 그 마을은 사로니코스 만(Saronic Gulf)에 접해 있고, 고린도 시내의 남동쪽에 위치하며, 8km 정도 거리다. 겐그레아는 고린도의 두 항구 중 하나였다. 겐그레아는 동쪽 무역로의 중심지였고, 서쪽 무역로의 중

심지는 레카이온(Lechaion)이었다. 고린도는 그리스의 북쪽 지역(아티카, Attica)과 남쪽 지역(펠로폰네소스, Peloponnese)을 연결하는 좁고 잘록한 지협에 자리 잡고 있었다. 서쪽에서 동쪽으로 (혹은 반대 방향으로) 항해하는 뱃사람들에게는 (펠로폰네소스 지역의 남쪽 곶 주변에서 부는 예측하기 힘든 바람 같은) 다양한 이유로, 배를 바다에서 들어 올려 수레에 얹고 디올코스(*diolkos*, 길이가 6.5km에 이르는 인공 돌길)를 따라 반대편으로 굴려 다시 바다에 띄우는 편이 더 간단하고 안전한 방법이었다. 운하를 건설하려는 다양한 시도는 너무 복잡하거나 돈이 많이 들어 실패했고, 1893년이 되어서야 비로소 운하가 완성되었다. 겐그레아와 레카이온은 고린도(대략 5만 명이었을 것으로 추정된다)에 비하면 인구는 적었지만, 무역항으로서 지리적 요지(要地)였다.

집사와 후원자로서 그녀의 역할

바울이 뵈뵈를 소개하는 내용에서 가장 눈에 띄는 것은 바울이 그녀를 '겐그레아 교회의 집사', '여러 사람의 후원자'로 부른다는 사실이다. 두 표현 모두 더 살펴볼 필요가 있는데, 큰 논란이 되는 주제이기도 하다.

집사(그리스어 디아코노스[*diakonos*])로 번역된 이 그리스어 단어의 문제는, 1세기 당시에 '종'을 가리키는 말로 광범위하게 사용되었다는 사실이다. 그렇다면 바울이 그녀를 '종'으로 소개할 때 과연 그녀에게 부여한 것이 종속적인 역할인지 아니면 영예로운 역할인지 질문이 따라온다. 상황을 더 복잡하게 하는 요인은 그녀에게 겸손한 태도를 갖추라는 로마 그리스도인을 향한 바울의 요청(서로의 종이 되라는 권고는 아주 좋은 말이지만 다소간 혼란을 부추겼을 것이다)이다. 이런 복잡한 사정에도, 다수의 학자는 디아코노스의 역할이 모든 그리스도인을 향한 일반적인 요청이면서도 그 역할에는 교회의 지도자 위치가 포함된다고 믿는다. (이 주제에 관해 더 자세히 알고 싶다면, Bengt Holmberg, *Paul and Power: The Structure of Authority in the Primitive Church as Reflected in the Pauline Epistles* [Wipf and Stock Publishers, 2004, 99-102]가 특별히 도움이 될 것이다.) 따라서 바울이 뵈뵈를 겐그레아 교회의 집사로 소개했을 때, 그는 로마의 그리스도인 사이에서 존경심을 불러일으킬 것을 기대했다. 교회에서 '집사'의 역할에 관한 더 자세한 논의는 419쪽을 보라.

NRSV가 'benefactor'로 번역한 다른 용어인 '프로스타티스'(*prostatis*)로 인해 디아코노스를 둘러싼 논란이 한층 더 가중된다. 이 여성형 명사의 남성형은 '후원자'(patron)를 뜻하지만 (후원자-피후원자 관계에 대한 더 자세한 내용은 2장 미주를 보라), 여성은 후원자가 될 수 없었다고 자주 전제되며 (그리고 진술되며), 따라서 이 단어의 여성형은 그저 '돕는 사람' 내지 그와 유사한 의미일 것이다. 하지만 최근 발견을 보면, 여성도 법적인 면과 경제적인 면에서 모두 남성처럼 후원자 역할을 할 수 있었고 또한 그런 역할을 했음을 알 수 있다. 이 사실은 이 단어에 대한 최선의 번역이 '후원자'임을 가리킨다. 이 주제에 관한 더 자세한 논의는 Jewett, *Romans*, 946-947을 보라.

– 로마서 집필에 관하여 –

집필 장소

바울이 로마서 16장 1절에서 뵈뵈를 로마 교회에 추천한다는 사실은 그녀가 고린도 지방의 항구인 겐그레아에서 로마로 편지를 운반했음을 암시한다. 게다가 16장 23절에서 바울은 가이오(Gaius)의 문안 인사를 로마 교회에 전한다. 이 사람은 사도행전 18장 17절과 고린도전서 1장 14절에서 고린도의 교회 지도자로 언급된 가이오일 가능성이 크다. 그의 집은 회당 옆에 있었다. 또한, 고린도시의 재정관리로 기술된 에라스도(Erastus, 롬 16:23)는 1920년대 고고학자들이 발견한 도로 블록에 언급된 고린도의 관리로 생각된다. 이 블록은 도로 건설 비용을 지불하고 조영관(*aedile*, 공공건물, 후생, 옥수수 공급을 담당하던 로마 관리) 직을 얻은 '에라스도'(Erastus)라는 인물을 기념한다. 하지만 이런 의견에 최근 학자들은 의문을 제기했고, 사실인지 확신할 수는 없다(이 문제에 관한 더 자세한 논의는 S. J. Friesen, 'Poverty in Pauline Studies: Beyond the So-Called New Consensus' [*Journal for the Study of the New Testament* 26, 2004, 354-355]를 보라). 에라스도가 도로 블록에 언급된 에라스도인지와 무관하게, 다른 증거들은 로마서가 고린도에서 집필되었다고 강력하게 암시한다.

집필 시기

로마서의 집필 장소를 고린도로 잡으면 집필 시기를 (조금이나마) 좁히는 데 도움이 된다. 바울이 처음 고린도를 방문했을 때는 18개월 동안 머물렀다. 사도행전 18장 1-16절을 보면 그 시기가 갈리오(Gallio)가 아가야(Achaia) 지방의 총독일 때와 겹친다. 갈리오는 주후 51-52년 아가야의 총독이었다. 바울은 그때 고린도를 떠나 예루살렘으로 갔고(행 18:22), 거기서 안디옥으로, 이어서 에베소로 향했다. 에베소는 바울의 3차 선교 여행의 근거지였다. 학자들은 대부분 바울이 3차 선교 여행의 마지막에 로마서를 집필했고, 예루살렘으로 가기 전인 그즈음 고린도로 돌아왔다고 주장한다. 사도행전은 이 단계에서 바울이 고린도를 방문한 사건을 기록하지 않지만, 그것은 특별한 일이 아니다. 바울이 실제로 방문했지만 사도행전에는 기록되지 않은 사례는 많다. 고린도후서에 바울이 다시 고린도를 방문한 목적을 진술한 바에 따르면, 그리고 로마서가 고린도에서 집필되었다는 분명한 증거를 따르면, 그 방문은 예루살렘에 '헌금'(예루살렘 교회를 위해 바울이 모집한 돈)을 전달하기 전에 이루어졌다. 바울은 예루살렘 도착 후 감옥에 갇혔고(행 25:6), 새로 부임한 베스도(Festus) 앞에 서기까지 2년간 투옥되었다. 베스도가 총독이 된 것이 정확히 언제인지 논란이 있지만, 대략 주후 59-61년 사이일 것이다. 그러면 바울의 투옥 기간은 주후 57-59년이 되고, 따라서 로마서를 집필한 것은 주후 56-58년 사이 어디쯤일 것이다. 절대적인 날짜는 아니지만, 신약학자들이 종종 계산한 것보다는 훨씬 더 가능성이 크다.

우리 이야기의 관점에서 보면, 로마서가 집필된 시기는 클라우디우스 황제가 서거한 주후 54년에서 몇 년 지난 때로 그의 양아들 네로가 통치를 막 시작한 때가 된다. 황제로서 네로의 통치와 초기에 얼마나 그가 환영받았는지에 관한 자세한 이야기는 377쪽을 보라.

뵈뵈가 로마에 편지를 전달했다는 사실을 어떻게 알 수 있는가?

뵈뵈가 정말로 로마서를 로마에 전달했다고 절대적으로 확신할 수는 없지만, 로마서 16장 1-2절은 분명히 그렇게 이야기한다. 바울이 로마서 16장 1절에서 사용한 동사 수니스테미(*sunistemi*)는 추천 편지에 전형적으로 쓰였다. 추천 편지는 단지 어떤 사람을 편지 수령자에게 추천하는 정도가 아니라, 편지를 전달한 사람을 편지 저자의 신뢰할 만한 대변자로 임명하는 역할도 했다(이 문제에 관한 더 많은 논의는 John Lee White, *Light from Ancient Letters* [Fortress Press, 1986, 216])를 보라.

로마 그리스도인 공동체의 설립

2세기의 교부인 이레나이우스(Irenaeus)는 로마 그리스도인 공동체의 설립에 베드로와 바울이 둘 다 관여했다고 보았다. 하지만 역사적 증거는 그 두 사람의 역할이 무엇이었든, 로마에는 30년대 말/40년대 초반에 이미 그리스도인이 존재했음을 보여준다(로마에서 유대인 추방령에 대해서는 377쪽을 보라). 로마 그리스도인 공동체가 이처럼 이른 시기에 존재했을 가능성은 매우 크지만, 그 외에 이와 관련된 자료를 알아내기는 힘들다. 아마도 다양한 방식으로, 가족에 딸린 노예나 동방에서 복귀한 군인 등이 무역로를 통해 그리스도 신앙을 로마로 가져왔을 것이다. 이 말은 바울이 50년대 후반 편지를 쓰기 전에 이미 합해서 적어도 200명쯤 되는 번성한 그리스도인 공동체가 존재했을 것이라는 의미다.

- 바울과 교류했던 그리스도교 공동체의 사회적 구성 -

부자와 빈민이 공존

학자들이 빈번하게 제기하는 핵심 질문 중 하나가 '초기 그리스도교 공동체의 사회 구성에 관해 무엇을 알 수 있는가?'이다. 달리 말해, 초기 그리스도인은 모두 가난했는가? 일부는 부자였나? 두 부류가 어떻게 섞여 있었나? 이 문제를 둘러싼 논란은 진행 중이며, 당연히 이 주제를 바라보는 관점도 계속 변할 것이다. 20세기 말에는 초기 교회의 사회 구성에 관한 새로운 합의가 선언되었다. 그전까지 아돌프 다이스만(Adolf Deissmann, 19세기 말과 20세기 초에 활동한 독일의 신약학자)의 영향을 받은 학계는 그리스도교가 가난한 자들로만 이루어졌다고 믿었다.

20세기 말의 학자들은 이 관점이 이제 뒤집혔고 새로운 합의가 등장했다고 주장했다. 즉, 초기 그리스도교에는 모든 사회 계층이 다양하게 존재했다는 것이다(이 관점의 가장 유명한 옹호자는 아마도 *The First Urban Christians: The Social World of the Apostle Paul* [Yale University Press, 1983, 51-52]를 쓴 웨인 믹스[Wayne A. Meeks]일 것이다). 하지만 더 최근의 학자들은 이 '수용된' 합의에도 이의를 제기하기 시작했다. 최근 제기된 매력적인 관점 중 하나는 두 유형, 정말로 오직 두 유형만의 십단, 가난에 찌는 집단과 부유한 초엘리트 집단만이 존재했다는 것이다.

스티븐 프리센(Steven Friesen)과 피터 옥스(Peter Oakes) 같은 학자들의 좀 더 세심한 관점은 사회를 두 집단으로 분리할 수는 없다는 섬을 인정한다. 그런 구분을 받아들인다면, 로마 제국의 3%가 초 엘리트층이고 나머지 97%는 가난한 집단에 포함된다. 하지만 현실은 지금처럼 그때도 경제적, 사회적 계층에 여러 단계가 있었을 테고, 초기 그리스도교 공동체의 사회 구성을 기술할 때도 이런 측면을 인식해야 한다. 나는 본서에서 프리센과 옥스의 관점을 따랐고, 초기의 그리스도인이 대부분 97%의 계층 출신이고 그 97% 안에는 어느 정도 부유한 사람도, 아무 재산도 없는 사람도 있었을 것으로 상상했다. 이런 그림에 사회적 다양성을 담긴 했지만, 초 엘리트층의 존재를 포함하지는 않았다.

이 문제에 관한 자세한 논의는 특히 S. J. Friesen, 'Poverty in Pauline Studies: Beyond the So-Called New Consensus' (Journal for the Study of the New Testament 26, 2004, 323-61)과 Peter Oakes, *Reading Romans in Pompeii: Paul's Letter at Ground Level* (SPCK Publishing, 2009, 특히 2-3장)을 참고하라.

그리스어, 라틴어, 히브리어

주목해야 할 또 다른 흥미로운 지점은 바울이 로마 교회의 스물아홉 사람(스무 명의 남성과 아홉 명의 여성)을 거명한다는 사실이다. 그중 일부는 (암블리아[Ampliatus]와 우르바노[Urbanus]처럼) 라틴어 이름을 가져서, 그들이 로마에서 나고 자랐음을 암시한다. 또 다른 일부는 (아벨레[Apelles], 허메[Hermes], 스다구[Stachys] 처럼) 그리스어 이름으로, 무역을 통해서든 노예로서든 로마 제국의 다른 지역에서 로마로 옮겨 온 이주민임을 암시한다. 한 사람(마리아[Mary])은 히브리 이름이고, (안드로니고[Andronicus], 유니아[Junia], 헤로디온[Herodion] 같은) 다른 사람의 이름은 라틴어일 수도 그리스어일 수도 있는

데, 바울은 그들의 주인이 유대인이라고 적었다. 이 사실을 통해 우리는 로마 공동체의 범위에 대해 감을 잡을 수 있다. 그리스도인 공동체 안에는 로마인과 그리스인 이주자, 유대인이 존재했다. 그리스어를 사용하는 유대인도 있었다. 유대인과 이방인의 관계, 약한 자와 강한 자의 관계에 관한 바울의 세밀한 지적 배후에는 이런 다양성이 있었다.

이 이야기를 구성할 때 문제 중 하나가 로마의 그리스도인 공동체에서 일부는 그리스어를, 일부는 라틴어를, 일부는 아람어를 사용했다는 사실이었다. 물론 다른 언어도 다수 사용되었을 것이다. 이 이야기에서 나는 모든 그리스도의 추종자들이 서로 의사소통할 수 있었던 공통 언어가 그리스어였으며 그리스어가 그들이 모두 함께 모였을 때 사용했던 언어라고 가정했다. 서로 다른 상황에서는 다른 언어를 사용했을 수도 있지만 이런 구분까지 했다면 (물론 더 정확하겠지만) 너무 번거로웠을 것이다.

바울의 그리스도교에서 가정집/공동주택 교회

수년간 수용된 또 다른 전제는 초기 그리스도인들이 '가정집'에서 만났다는 것이다. 그 집은 다음 쪽 그림과 약간은 비슷한 평면도를 지닌 전형적인 로마의 가정집이었을 것이다. 그 전제를 근거로 학자들은 한 공동체에 그리스도인이 몇 명이었을지 계산하려고 시도했다. 제롬 머피 오코너(Jerome Murphy-O'Connor)가 약 40명이라고 주장했던 것은 유명하다. 그는 40명 정도가 위에 제시한 것과 같은 집에서 편안히 만날 수 있는 인원이라고 생각했다(Jerome Murphy-O'Connor, *St. Paul's Corinth: Texts and Archaeology* [Glazier, 1983, 156]). 더 최근의 학자들은 이 전제에 이의를

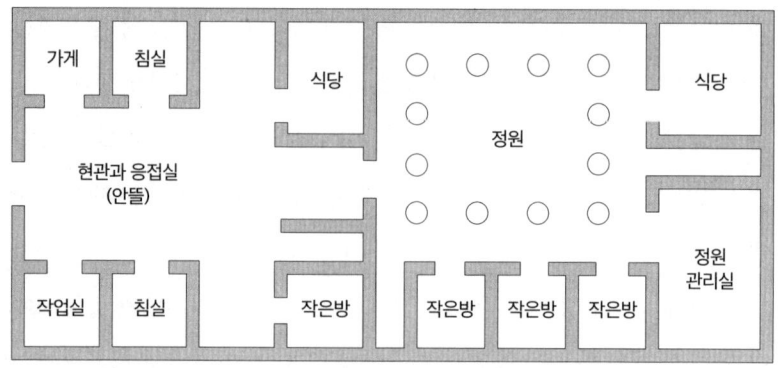

제기하기 시작했고, 다양한 증거를 동원해서 일부 공동체는 앞서 제시한 것과 같은 집에서 모임을 했지만 다양한 다른 환경에서 모임을 했던 공동체도 있다는 증거가 존재한다는 사실을 보여주었다. 즉 가게나 일터, 곳간에서, 빌린 식당이나 대중목욕탕에서, 실외의 정원, 심지어 무덤 한쪽에서 모임을 했다. 이 문제에 관한 더 자세한 논의는 특히 Edward Adams, *The Earliest Christian Meeting Places* (revised edition, Bloomsbury, T&T Clark, 2015)를 보라.

모임 장소로 다양한 곳이 가능했다는 사실을 굳이 거부하지 않으면서도, 로마서가 집필될 당시 교회 공동체 다수는 공동주택에서 모임을 했을 것이라는 로버트 주잇(Robert Jewett)의 주장에 주목할 필요가 있다(Jewett, *Romans*, 54). 왜냐하면, 1세기에 로마인 대다수는 공동주택에서 살았기 때문이다. 오직 부유한 사람만이 단독주택을 소유할 수 있었다. 그렇다고 해서 공동주택 지대가 모두 낙후했다는 의미는 아니다. (고대 로마는 대부분 현대 로마에 덮여있다!) 고고학적 증거들을 보면, 공동주택 다수에는 가장 저층에 주거 시설을 갖춘 작업장이 있었고 그 위층들은 종종 매우 호화로운 아파트였음을 알 수 있다. 공동주택은 층이 높아질수록 질이 떨어졌는데, 그 이유는 화재 위험(실제로 화재가 자주 발생했다) 때문이었다(이 내용에 관해서는 Oakes, *Reading Romans*, 89-97). 여기에 자세한 내용을 하나 덧붙이자면, 현대의 런던과 마찬가지로 로마의 내부보다는 외부의 주택에 사는 인구가 훨씬 더 많았다. 같은 돈이면 다른 곳에서 단독 주택에 살 수 있었을 테지만, 주택 수요가 너무 높았기에 로마 자체에서는 대다수가 공동주택에서 살아야 했다.

본서에서 나는 모임 대부분을 브리스가와 아굴라의 천막 제조 작업장에서 했던 것으로 상상했다. 그리고 뵈뵈는 겐그레아의 해변 마을에 있는 빌라(주택과 정원을 일체 개념으로 건축한 황제나 귀족의 저택- 역주)에 살았던 것으로 설정했다. 증거들이 상충하기에 학자들 사이에도 브리스가와 아굴라가 얼마나 부유했는지, 그래서 그들이 얼마나 큰 집을 소유했는지 의견이 갈린다. 브리스가가 먼저 언급된다는 사실 때문에 많은 학자가 남편인 아굴라보다 브리스가의 혈통이 더 고귀했을 것으로 가정한다. 주잇(Jewett)은 로마의 아벤티노(Aventine) 지역에 존재하는 산타 프리스카(Santa Prisca) 교구를 언급하면서, '아마도 브리스가의 이름을 따른 최초의 가정 교회가 있었던 곳'이었을 것이라고 주장한다. 그리고 아칠리아 가문(Acilian family)의 사유지에서 발견된 프리실라 지하묘지(Catacomb of Priscilla)를 두고 브리스가가 귀족 출신이며 부유했다는 증거라고 생각한다(Jewett, *Romans*, 955-956). 이러한 주장과 배치되는 부분이 아굴라의 직업인데, 그의 직업은 상대적으로 낮은 신분을 가리키며 그다지 고귀한 가문이 아니었음을 암시한다(Lampe, *Paul to Valentinus*, 195). 이 사안과 관련하여 나는 이 부부가 더 낮은 신분이었고 위층에 간단한 방을 갖춘 작업장에서 살았던 것으로 가정했다(이 부분에서는 Jerome Murphy-O'Connor, 'Prisca and Aquila – Traveling Tentmakers and Church Builders' [*Bible Review* 6, 1992, 40-51]의 의견을 따랐다).

그리스도인 공동체의 근거지는 로마의 어디였을까?

1세기 그리스도인 공동체에 관한 지식이 거의 없는 실정에서 이런 질문을 던지는 것이 이상하게 보일 수도 있다. 하지만 주목할 만한 연구가 있으니, 페터 람페(Peter Lampe)는 비문에서 당대의 문헌까지 다양한 증거를 종합해서 로마의 그리스도인 대다수는 당시에는 트랜스티베림(*trans Tiberim*, 티베르강 건너편)으로, 오늘날에는 트라스테베레(Trastevere)로 불리는 습한 저지대에 살았을 것으로 결론 내렸다. 그가 옳다면, 네로(Nero)가 그렇게 쉽게 그리스도인을 범인으로 지목했던 이유가 하나 생긴다. 그들이 사는 곳이 습한 지역이었기에 불에 잘 타지 않았을 것이다. 이 주제에 관한 더 자세한 논의는 Peter Lampe, *Christians at Rome in the First Two Centuries: From Paul to Valentinus* (Continuum, 2006)를 참고하라.

로마에 있던 그리스도인 공동체의 규모

바울이 로마서를 집필할 당시 로마에 얼마나 많은 그리스도인이 있었는지 정확히 계산하기는 쉽지 않다. 추정치는 단 백 명(Lampe, *Christians*,

82와 Rodney Stark, *The Rise of Christianity* [Harper Collins, 1997]를 보라)에서 수천 명(Jewett, *Romans*, 62)까지 다양하다. 주잇(Jewett)은 람페(Lampe)와 스타크(Stark)의 소수 관점에 이의를 제기했다. 그는 주후 41년과 49년, 그리고 다시 한번 60년에 그리스도인이 사회 불안을 초래할 정도였다면, 전체 인구의 추정치인 80만 명에서 120만 명에서 어느 정도 비율은 차지했어야 한다고 생각한다(Neville Morley, 'The Transformation of Italy, 225-28 BC' [*The Journal of Roman Studies* 91, 50-62]를 보라).

현실적으로 이 당시 로마에 얼마나 많은 그리스도인이 상주했는지 계산하는 것은 불가능에 가깝다. 여기서 관건이 되는 질문은 바울이 로마서에서 안부를 건넨 대상이 로마 교회의 모든 사람인지, 핵심 지도자인지, 아니면 바울이 알거나 들은 적이 있는 사람인지다. 이 책에서 나는 이 문제의 결론을 내지 않기로 했고, 이 편지가 처음 읽힐 때 100여 명이 있었지만 그 외에 다른 구성원도 존재했던 것으로 암시했다.

공동체와 지도자

그리스도인 공동체의 규모에 관한 문제는 얼마나 많은 수의 공동체가 존재했는지와 연결된다. 로마서 16장을 조사해 보면 바울이 언급한 적어도 나섯 개의 구분되는 공동체가 존재했음을 알 수 있다.

- 브리스가와 아굴라의 집에 있던 교회(16:5)
- 아리스도불로의 노예였던 사람들(16:10)
- 나깃수의 노예였던 사람들 (16:11)

- 아순그리도, 블레곤, 허메, 바드로바, 허마와 함께 있던 형제자매 (16:14)
- 빌롤로고, 율리아, 네레오와 그의 자매, 올름바, 그리고 그들과 함께 있던 모든 성도(16:15)

두 번째와 세 번째 항목의 '~의 노예'에 관한 언급을 해야겠다. 이 표현에 해당하는 그리스어는 이상하다. 문자 그대로의 의미는 '아리스도불로/나깃수의 사람들 가운데서 온 사람들'이다. 최선의 설명은 이 표현이 그들의 가속인 사람들이라는 것인데, 그들의 노예를 가리킬 가능성이 가장 크다.

바울이 인사를 건넨 사람 목록의 또 다른 흥미로운 특징은 바울이 각 공동체의 지도자를 거명하려고 노력한다는 점이다. 학자들은 대부분 브리스가와 아굴라가 '그들의 집에 있는 교회'를 이끌었다고 생각한다. 일부 학자는 아순그리도, 블레곤, 허메, 바드로바, 허마와 빌롤로고, 율리아, 네레오, 그의 자매, 올름바가 각 공동체의 공동 지도자였을 것으로 생각하며, 일부 학자는 아리스도불로와 나깃수의 가속들은 형식적 지도자 없이 공동의 삶을 꾸렸을 것으로 본다(이 주제에 관한 자세한 논의는 Jewett, *Romans*, 64-69를 보라).

신약의 다른 곳을 통해 우리는 교회의 가장 초창기에는 아직 형식적 직무가 발달 중이었음을 알 수 있다. 안수 받은 성직자의 삼중직을 뒷받침하는 근거를 신약에서 찾을 수는 있지만, 주교와 사제, 부제의 관계를 명확하게 구분하고 설정한 온전한 삼중직은 아직 발전되지 않은 상태였다. 실제 증거는 주교(혹은 감독 역할을 하던 사람) 및 부제(혹은 공동체를 위해 봉사했던 사람)의 존재를 암시하며, 이 두 직책은 사제보다 훨씬 더 밀접했던 것으로 보인다. 또한, 이 시기에 공동체들을 한 인물이 지도했다는 증거는 거의 없다. 실제로 브라이언 캐퍼(Brian Capper)는 한 공동체 내부에 임명된 한 지도자에 의존하는 현상은 역사상 다음 단계에서 일어난 발전이라고 주장했다.

이 문제에 관한 더 자세한 논의는 Brian Capper, 'Order and Ministry in the Social Pattern of the New Testament Church' (in *Order and Ministry*, edited by C. Hall and Robert Hannaford, 61-103, Gracewing, 1996) 과 Andrew D. Clarke, *Secular and Christian Leadership in Corinth: A Socio-Historical and Exegetical Study of 1 Corinthians 1-6* (Brill, 1993)을 보라.

사람들이 함께 모일 때 어떤 일이 벌어졌나?

초대 그리스도교의 거대한 수수께끼 중 하나는 '그리스도인이 함께 모였을 때 예배의 모습은 어땠을까?'이다. 파편적인 자료는 남아 있지만, 정확히 그들이 했던 행위를 분명하게 알아내기에는 충분하지 않다. 그들은 예수께서 부활하신 날을 기념해 한 주의 첫날에 모였고(행 20:7을 보라), 고린도전서 16장 2절에 따르면 '바울의 모금'을 위해 돈을 모았다. 말하자면 그리스도인 공동체의 구성원 중 다른 지역에 사는 다른 그리스도인을 돌보기 위해 돈을 따로 모았다. 또한, 그들은 예수께서 제자들과 함께했던 마지막 식사 때 예수께서 몸소 이야기하셨던 내용을 동원해서 그 식사를 기념하기 위해 모였다(고전 10:16-17, 11:20-29). 그 이야기의 직전인 11장 1-19절에서 바울은 기도와 예언을 하는 적절한 복장을 이야기하고, 몇 장 뒤(14:1-33)에서는 방언과 해석, 예언의 문제를 다룬다. 찬양과 시로 노래하고(엡 5:20) 가르치라(골 3:16)는 권면도 다른 곳에서 언급된다. 또 다른 중요한 요소로는 새로운 그리스도인의 세례가 있었는데, 이것은 주님의 만찬과 마찬가지로 예수 자신이 제정한 의식이었다.

매주 모임뿐만 아니라 공동체의 모든 구성원이 매일 음식을 제공하고(행 6:1, 약 2:15) 함께 모여 먹고 떡을 뗄 때는 행위의 중요성을 언급하는 부분도 있다(행 2:46).

퍼즐의 또 다른 조각은 유대계 그리스도인들이 그들의 회당으로 돌아가 기도하고 성경(즉 히브리 성경, 하지만 대체로 토라와 선지서의 구절이었을 것이다)을 읽고 말씀을 주신 하나님을 찬양했을 것이라는 인식이다.

여기서 언급해야 할 핵심 요소는 다양성이다. 랍비 시대 이전 유대인의 회당은 저마다 달랐다. 사람들이 회당에 모였을 때 무슨 일이 일어날지 고정된 형식이 거의 없었다. 그것은 초기 그리스도인도 마찬가지였을 것이다. 유대인들로 시작된 그리스도인 공동체는 분명히 모임의 형식 측면에서 회당을 본보기로 삼았을 것이다. 하지만 이방인들로 시작된 그리스도인 공동체는 그와는 다른 형태였을 것이다. (회당 예배에서 교회로의 발전에 관한 특별히 흥미로운 책으로 James T. Burtchaell, *From Synagogue to Church: Public Services and Offices in the Earliest Christian Communities* [Cambridge University Press, 2008]을 추천한다. 또한, 이방인 모임에 관한 논의로는 Meeks, *First Urban Christians*, 74-110을 보라.)

요약하면, 각 공동체가 서로 다른 모습이었다는 사실을 인식해야겠지만, 초기 그리스도인 예배의 핵심적인 특징은 다음과 같았다: 세례, 주의 만찬/성찬식, 찬양과 시편으로 노래하기, 감사 기도, 방언(그리고 해석), 예언, 성경을 가르치고 토론하기, 다른 그리스도인 공동체를 위한 헌금, 매일 공동체의 구성원을 돌보는 일.

주후 150년쯤에 글을 쓴 순교자 유스티누스(Justin Martyr)가 (방언이나 예언을 언급하진 않지만) 이와 매우 비슷한 상황을 반영했다는 점은 흥미롭다.

그리고 일요일로 불리는 그날, 각 도시 마을에 사는 사람이 모두 한곳에 모였다. 그들은 시간이 허락하는 대로 사도들의 기록이나 선지자들의 글을 읽었고, 낭독이 끝나면 인도자가 말로 가르침을 전했으며 이 선한 것들을 본받으라고 권면했다. 이어서 우리는 모두 함께 일어서서 기도를 드렸고, 앞서 언급했듯이 기도를 마치면 빵과 포도주와 물을 가져왔고, 인도자는 마찬가지로 재량껏 감사의 기도를 드렸고, 사람들은 아멘으로 화답했다. 성도들에게 분배되면 각자 감사 기도를 드린 성찬에 참여했다. 참석하지 못한 사람들을 위해서는 부제가 따로 남겨두었다. 그리고 경제적으로 여유가 있거나 마음이 동한 사람들은 각자 적당하다고 여기는 만큼 돈을 내어놓았고, 모인 돈은 인도자가 수집해서 고아와 과부, 그리고 질병 등의 이유로 도움이 필요한 사람들, 그리고 감옥에 갇힌 자들과 우리 가운데 체류 중인 나그네들을 돕는 데 썼다. 한 마디로, 도움이 필요한 모든 사람을 돌보았다. 그런데 일요일은 우리가 모두 모여 공동 모임을 하는 날이었다. 왜냐하면, 그날이 하나님께서 어둠과 물질에 변화를 일으키시고 세상을 만드신 첫날이며,

우리의 구원자 예수 그리스도가 죽은 자 가운데서 부활하신 날이기 때문이다. 그는 사투르누스(Saturn)의 날(토요일) 전날에 십자가에 못 박히셨고, 사투르누스의 날 다음날인 태양(Sun)의 날, 그의 사도들과 제자들에게 나타나셔서, 그들에게 이 내용들을 가르치셨으니 바로 우리가 너희를 위해 너희에게도 전하는 바다.

Justin Martyr, *First Apology* 67

이 내용을 보면 예배가 어떤 모습이었는지 어느 정도 짐작할 수 있다. 마지막으로, 본서에 등장하는 인물들은 가능한 로마 제국에서 사용되었던 이름을 사용하였다. 로마서 16장에 등장하는 이름, 혹은 로마 제국의 다른 지역에서 발견된 비문이나 문서에 등장하는 이름을 사용했고, 노예들, 헬레니즘계 유대인에게 사용되었던 이름을 쓰려고 노력했다.

1장

오스티아(Ostia)와 로마

오스티아는 고대 로마의 항구도시다. 바다를 통해 로마에 가려면 반드시 오스티아를 거쳐야 했고, 25km를 더 가야 했다. 율리우스 카이사르(Julius Caesar) 시대에는 물품을 바지선으로 옮겨 티베르강을 통해 로마의 중심지로 보냈다. 뵈뵈는 로마로의 여정 가운데 오스티아에서 묵었을 것이다.

오스티아 안티카(Ostia Antica)는 놀라운 유적지다. 그곳의 인구는 4세기에 줄어들기 시작했고, 아랍인 해적의 빈번한 침략으로 9세기에는 완전히 폐허가 되었다. 하지만 그렇게 폐허가 되어 더 이상의 건축이 이루어지지 않은 덕에, 고대의 가옥과 공동주택, 시장의 모습을 고스란히 간직하고 있다.

오스티아와 그 도시의 중요성에 관한 더 자세한 이야기는 Gregory S. Aldrete, *Daily Life in the Roman City: Rome, Pompeii and Ostia* (Greenwood Publishing Group, 2004, 2-3·217)을 보라.

로마 가옥과 고린도 가옥의 상대적 규모

로마는 공간의 압박과 상대적으로 과도한 생활비로 인해 다른 곳에 비해 집을 소유한 사람도 적고 그 가옥도 훨씬 더 작았다. 피터 옥스(Peter Oakes)는 브리스가와 아굴라 같은 직공은 폼페이의 직공과 비교해 겨우 절반 정도의 공간만을 임대할 수 있었을 것으로 추정했다. 이런 이유로 나는 뵈뵈의 겐그레아 집이 아리스도불로의 로마 집보다 훨씬 더 클 것으로 생각했다.

1세기 로마의 규모

앞서 언급했듯이, 1세기 로마의 인구는 80만에서 120만 사이로 추정된다(Neville Morley 'The Transformation of Italy, 225-28 BC' [*The Journal of Roman Studies* 91, 50-62]을 보라). 이 당시 로마의 인구 밀도에 대해서는 학자들 사이에 일치된 견해가 없지만, 현대의 뭄바이(Mumbai, 서울보다 인구밀도가 높은 인도의 항구도시- 역주)보다는 높았을 것으로 생각한다. 그것이 사실이든 아니든, 로마는 다른 도시와 비교해 매우 혼잡한 곳으로 느껴졌을 것이다.

누비아(Nubia)

누비아 지역은 이집트 남부의 나일강 삼각주 일대로, 현재의 북수단(North Sudan)까지 아우른다. 구약성경에 언급된 누비아의 왕국 중 하나는 쿠시(Kush) 왕국이다. 누비아가 로마에 정복당한 적은 없지만, 로마는 꾸준히 누비아의 영토를 침입했으며, 또한 이 지역에서는 활발한 무역이 이루어졌다.

로마에 있었던 다른 공동체들

서론에서 언급했듯이(355쪽), 바울은 안부 인사를 건넨 많은 개인들을 다섯 집단으로 구분한다. 이 사실은 로마에 적어도 다섯 개의 그리스도인 공동체가 존재했음을 암시한다. 물론, 주잇(Jewett)은 여덟에서 열 개의 모임이 있었을 것이라고 주장한다. 이 공동체들은 개인적 인맥을 통해 함께 모였을 가능성이 매우 크다. 그들은 (아리스도불로 혹은 나깃수의 노예들처럼) 같은 집에서 살면서 일했을 수도 있고, 유대인 그리스도인 혹은 이방인 그리스도인이었을 수도 있고, 지도자들과 개인적 인연이 있었을 수도 있다. 따라서 로마에는 유대인 그리스도인만으로 이루어진 집단도 있었고, 이방인 그리스도인만으로 이루어진 집단도 있었고, 두 부류가 섞인 집단도 존재했을 것으로 생각하는 것이 합리적이다.

브리스가의 이름이 먼저 언급됨

브리스가와 아굴라가 등장하는 신약성경의 본문에서 눈에 띄는 특징 중 하나는 여섯 번 중 다섯 사례에서 두 사람이 모두 언급된다는 점이다. 아굴라의 이름이 먼저 나오는 고린도전서 16장 19절을 제외하고는 브리스가의 이름이 먼저 언급된다(행 18:2, 18, 26; 롬 16:3; 딤후 4:9). 오늘날에는 부부를 소개할 때 남성보다 여성을 먼저 언급하는 경우가 전적으로 가능하지만 흔치는 않다. 이런 경우가 고대 세계에서는 굉장히 드물었다. 이 사실을 설명하는 주요한 두 가지 방법은, 브리스가가 아굴라보다 더 고귀한 집안이었고, 따라서 명예의 관점에서 먼저 언급될 필요가 있었거나(예를 들면, Meeks, *Urban Christians*, 59; Jewett, *Romans*, 956-957의 논의를 보라.) 그녀가 그 당시 초기 그리스도교에서 더 유명한 인물이었다는 것이다(Fitzmyer, *Romans*, 735). 나는 두 가지 가능성을 모두 반영하기로 했지만, 주잇처럼 브리스가를 귀족 혈통으로까지 생각하지는 않았다.

스다구는 누구인가?

바울은 로마서 16장 9절에서 스다구를 '나의 사랑하는 스다구'로 언급한다. 스다구라는 이름은 그리스어다(즉, 그는 로마로 온 이민자였다). 그리고 당시 자료에는 스다구라는 이름을 가진 노예가 몇 번 등장하는데, 예를 들면 그런 이름을 가진 황실의 노예가 있었다. 그래서 나는 스다구를 과거 노예로서 필경사/대필자 일을 했으며 바울을 잘 아는 인물로 설정했고, 그래서 바울의 편지를 로마 사람들에게 읽어주고 로마 주변의 다양한 공동체를 위해 복사본을 만드는 역할에 적임자라고 생각했다.

바울의 교회들에서 편지를 낭독하는 것

대체로 문자를 사용하지 않았던 당시 문화에서, 그리스도인 대부분이 글(히브리 성경이든 새로운 편지든 동료 그리스도인이 쓴 복음서든)과 마주했던 일차적인 방법은 귀로 듣는 것이었다. 달리 말해, 누군가 큰 소리로 글을 읽어주었을 것이다. 주후 4세기 전까지는 독경자(lector)라는 정식 교회 관직이 있었다. 그의 역할은 성경을 낭독하는 것이었다. 이 관직이 1세기에 존재했다는 증거는 없다. 그렇지만 고대 세계 곳곳의 증거로 볼 때 일부 노예는 특별히 읽고 쓰는 훈련을 받았고 그래서 주인이 관심 있는 문서를 크게 읽을 수 있었다(나아가 구연할 수 있었다). 이 주제에 관한 더 자세한 내용은 특히 William Shiell, *Reading Acts* (Brill Academic Publishers, 2004, 1-33)을 보라.

2장

후원자(patron) - **피후원자**(client) 관계

고대 로마에서 핵심적인 관계 중 하나가 후원자와 피후원자 관계였다. 이 관계는 위계가 분명했지만, 양자 모두에게 의무가 있었다. 후원자는 피후원자의 보호자요 후견인 역할을 했고, 피후원자는 후원자에게 불리한 이야기를 하거나 어떤 식으로든 그들의 명예를 더럽히는 일을 해서는 안 된다. 또한, 피후원자는 (특히 후원자가 공직 선거에 뛰어들었을 때) 후원자를 공적으로 지원했다. 피후원자는 종종 아침 일찍 후원자의 집 바깥에 도열해서 시간을 내 만나 달라고 간청했다. 고대 로마 후원 체계의 기반은 법률적 규정이 아니라 사회적 규범이었다. 부자는 재력을 활용해 (피후원자의 일을 지원하는 식으로) 사적으로 또한 (그들이 거주하는 지역을 위해 기부함으로써) 공적으로 영향력을 확장했고, 그런 식으로 공적, 사적 관계망을 구축했다. 바울이 16장 2절에서 뵈뵈를 후원자로 소개한 것으로 보아, 뵈뵈에게는 피후원자가 있었고 그녀의 재력을 활용해 다양한 사람을 지원했을 것이며, 바울도 그중 한 명이었을 것이다.

여기서 제기되는 (그리고 이 이야기 속의 중심인물인 여러 여성의 역할과 관련된) 거대한 질문 중 하나는 과연 여성이 로마 사회에서 실제로 그런 공적 역할을 수행할 수 있었는지다. 플루타르크(Plutarch) 같은 다양한 로마의 작가는 여성이 남편과 함께할 때만 공적인 공간에 참석할 수 있다고 주장하며, 이는 여성의 영향력이 사적인 영역에만 국한되어야 함을 보여준

다. 하지만 실제는 이보다 복잡하다. 수많은 작가가 이와 비슷한 이야기를 하지만, 반면에 여성의 공적인 이력을 기리는 조각상이나 여성이 후원자였음을 보여주는 비문, 그리고 여성을 법적인 후원자로 지명하는 법적 문서 등도 존재한다. 달리 말해, 일부 로마 작가가 분명하다고 생각했던 것이 반드시 그런 것은 아니란 말이다. 여성과 후원에 관한 매력적인 논의로 Lynn Cohick, *Women in the World of the Earliest Christians: Illuminating Ancient Ways of Life* (Baker Academic, 2009, 285-320)을 보라. 그녀가 지적하듯이, 공적 영역과 사적 영역을 명확히 구분하기는 절대 쉽지 않다.

천막 제조업

사도행전 18장 3절은 브리스가와 아굴라가 바울처럼 천막 제조업자였다고 진술한다. 이때 사용된 단어(*skenopoioi*)가 천막의 재료를 가리키는 것은 아니다. 천막의 재료로 쓰였을 후보는 '가죽' 혹은 '직물에 섞인 염소 털'이다. 뵈뵈가 알아챘다고 내가 묘사한 이상한 냄새는 이 두 가지 중 하나 때문이다. 천막 제조는 상대적으로 수익성은 좋았겠지만, 냄새가 많이 나는 일이었을 것이다(C.K. Barrett, *Acts 15-18* [T & T Clark International, 2004, 863], 그리고 Ronald F. Hock, *Social Context of Paul's Ministry* [Fortress, 1980]을 보라.)

가이오(Gaius)

로마서 16장 23절은 그들 모두에게 문안하는 인물 가이오를 언급한다. 그는 사도행전 18장 7절(디도 유스도[Titius Justus])과 고린도전서 1장 14절(가이오)에 언급된 사람과 동일인일 것으로 생각된다. 로마의 관습을 따른 그의 온전한 이름은 가이오 디도 유스도(Gaius Titus Justus)였으며, 그는 회당 바로 옆에 살았고 바울에게 세례를 받았다. 그는 사도행전 19장 29절에 바울과 함께 다닌 마케도니아 사람으로 언급된 가이오나 사도행전 20장 4절에 나오는 더베 회중의 대표자였던 가이오, 그리고 요한3서의 수신자인 가이오(요3 1)와는 다른 인물이다.

문제는 그가 '온 교회를 돌보아 주었다'라는 말의 의미다. 많은 해석자는 이 표현이 여행 중에 고린도를 통과하며 머물 곳이 필요한 그리스도인들에게 환대의 손을 벌렸다는 의미로 이해한다. 또한, 고린도의 다양한 모임들이 함께 모여야 하는 상황에서 접대가 가능할 정도로 큰 집을 소유했다는 의미일 수도 있다. 이것이 내가 이 장에서 상상했던 시나리오다.

'바울과 테클라 행전'에 나오는 바울에 관한 묘사

바울에 관한 최초의 묘사는 '바울과 테클라 행전' II:3이다. '바울과 테클라 행전'은 2세기 중엽에 기록된 외경으로 바울에 관한 이야기다.

그리고 그는 이쪽으로 다가오는 바울을 보았다. 작은 키에 머리숱이 적었고 굽은 다리지만 몸은 탄탄해 보였다. 좌우 눈썹이 붙어 있고 약간 매부리코지만 굉장히 온화해 보이는 인상이었다. 때로는 남자다워 보였고, 때로는 천사의 얼굴이 비치기도 했다.

이 문서의 기록 시기는 주후 2세기 중엽이고, 이 기술의 정확성을 증명할 길은 없지만 현존하는 기록 가운데 바울을 가장 풍부하게 묘사한 기록이며, 바울이 자신을 소개한 진술 중 일부와도 맞아떨어진다.

해방 노예들의 도시 고린도

고린도는 고대의 위풍당당한 도시로 주전 6,500년경부터 이미 사람이 거주했다는 증거가 있다. 한창때 고린도는 매우 부유하였고, 영향력 면에서 아테네와 테베(Thebes)와 경쟁할 정도였으며, (올림픽 제전에 버금갔던) 이스트미안 제전의 주최지였다. 하지만 로마와의 전쟁 후 주전 146년 루키우스 뭄미우스(Lucius Mummius)에 의해 파괴되었다.

그러다가 주전 44년 율리우스 카이사르(Julius Caesar)가 고린도를 재건했는데, 이 도시에는 세 핵심 집단이 있었다. 해방 노예, 전역 군인, 도시 상인. 그래서 고린도는 새로운 사람이 될 수 있는 곳으로 명성을 얻었다. 과거를 지우고 싶은 사람들이 새로운 삶을 개척할 수 있는 장소였던 것이다. 음란의 도시라는 또 다른 명성은 사랑의 여신인 아프로디테 제의의 유명세 때문이었다. 역사가 스트라보(Strabo)는 고린도의 아프로디테 신전과 관련된 매춘부가 천 명 이상이었다고 주장했다. 제롬 머피 오코너(Jerome Murphy-O'Connor)는 고린도의 평판은 실제보다 가혹했을 가능성이 있으며 동부 지중해의 다른 항구도시와 그다지 다를 바 없었다고 주장했다(Murphy-O'Connor, *St Paul's Corinth*, 55-57을 보라).

헤로디온

헤로디온은 16장 11절에서 바울이 개인적으로 문안하는 인물이다. 이름으로 보아 그는 헤롯 가문과 혈연관계가 있었던 것으로 보이며, 바울이 안드로니고, 유니아와 마찬가지로 그를 '친척'이라 부르는 것은 사촌 같은 친척의 의미보다는 같은 유대인이라는 의미로 보인다.

로마의 식사

로마의 하루 식사 중 핵심적인 세 번의 식사는 다음과 같다.

- 이엔타쿨룸(*ientaculum*): 동이 튼 직후 먹는 식사로 보통 기름, 포도주에 적신 보리 빵, 포도주, 꿀 혹은 간단한 죽이었다.
- 프란디움(*prandium*): 늦은 아침에 먹는 식사로 보통 전날 세나를 먹고 남은 음식이었다.
- 세나(*cena*): 하루 중 주식으로, 메뉴는 빈부에 따라 다양했다. 가난한 사람은 밀로 만든 죽을 먹었는데, 생선 소스, 채소, 향초, 고기로 맛을 냈을 것이다. 부유한 로마인은 샐러드, 고기, 생선으로 구성된 다양한 요리와 디저트를 먹었을 것이다.

로마인은 다양한 형태의 포도주를 마셨다(맥주와 우유는 모두 미개한 음식으로 여겨졌다). 가장 빈번하게 마셨던 포도주는 물에 탄 것으로, 로마인들은 물 없이는 절대 포도주를 마시지 않았다.

브리스가와 아굴라는 손수 작업을 하는 사람이었지만 도시에서 도시로 여행을 다니고 각 도시에 공동체 예배를 수용할 정도로 넓은 집을 소유할 만큼 부유했던 것으로 보인다. 따라서 그들이 먹던 음식도 호화롭지는 않아도 가장 기본적인 숙 이상은 되었을 것이다. 이 부분에 대해서는 Aldrete, *Daily Life* (111-113)을 보라.

3장

베드로와 로마

일부 초기 교부들은 베드로와 로마의 관련성을 이야기하지만(예를 들면, 로마의 클레멘스, 알렉산드리아의 클레멘스, 이레나이우스), 베드로가 로마의 주교였는지는 물론이고 로마에 간 적이 있는지를 둘러싸고도 학자들 사이에는 상당한 의혹이 있다(특히 Raymond Brown, *Antioch & Rome* [Paulist Press, 1983]을 보라). 그렇지만, 그리스도교 전통은 베드로와 로마 사이의 강력한 관련성을 주장하기에(그가 로마의 주교였을 뿐만 아니라, 로마는 예수에 관한 베드로의 증언을 마가가 기록한 장소다), 이 이야기에서 나는 베드로가 수차례 로마를 거쳐 갔고 그의 이야기를 로마 사람들과 나누었을 것이라고 받아들였다.

바울 그리고 예수의 생애 - 그는 예수의 이야기를 알았을까?

바울서신의 놀라운 특징 중 하나는 그 안에 예수의 생애에 관한 내용이 희박하다는 점이다. 고린도전서 11장 23-26절의 성만찬 제정과 예수의 십자가 죽음에 관한 여러 번의 언급을 제외하고는, 예수의 생애와 사역에 관한 분명한 언급이 없다. 그래서 왜 그런 내용이 없는지 의문이 생긴다. 답변으로는 바울이 예수에 관한 이야기를 몰랐다는 주장에서 바울이 잘 알고 있었지만 모두가 그 이야기를 알기 때문에 굳이 언급하지 않았다는 주장까지 있다. 데이비드 웬함(David Wenham)의 매우 유익한 책 *Paul: Follower of Jesus or Founder of Christianity?* (Wm. B. Eerdmans, 1995)에서 바울의 편지들에 예수의 삶에 관한 잠재된 언급이 매우 많음을 증명했다. 그렇지만 나는 바울이 복음을 선포할 때 그 이야기들 자체보다는 (바울이 그가 쓴 편지에서도 그랬듯이) 예수가 누구였고 그의 죽음과 부활이 어떤 의미인지 더 많이 말했을 것으로 생각한다. 그렇기에 바울의 영향이 더 강했던 공동체 출신인 뵈뵈 같은 사람은 열두 제자와 더 인연이 깊었던 다른 초기 그리스도인이 설립한 공동체의 구성원들과 비교해 복음서 이야기를 서로 이야기하고 되뇌는 것에 친숙하지 않았을 것이다. 실제로 나는 로마서가 전달되기 이전에 이미 베드로와 로마의 그리스도인 공동체를 연결하는 그리스도교 전통이 복음서 이야기들로부터 영향을 받았을 것으로 가정했다.

더디오 그리고 로마 세계의 필경사들

더디오란 이름은 '셋째'라는 뜻이며, 그런 이름은 노예에게 빈번히 사용되었다. 주잇(Jewett)은 더디오가 뵈뵈의 노예였고 뵈뵈가 더디오를 바울의 필경사로 마음대로 사용하도록 허락했으며 그래서 바울이 뵈뵈의 후원에 감사를 표시한 것이라고 주장한다.(Jewett, *Romans*, 979). 확실히 알 수 있는 내용은 아니지만, 불가능한 추측은 분명히 아니다. 더디오의 문안 인사를 보면 그 역시 그리스도인임을 알 수 있고, 따라서 (그에게 이 업무를 할 자유가 주어졌으므로) 그의 주인 역시 그리스도인이었을 것이다. 필경사나 필사생은 로마 세계에 흔한 직업이었다. 필사생은 다양한 필기 업무를 제공할 수 있었다. 그대로 받아쓰거나, 개괄적으로 요약하거나, 요청하는 양식과 문체로 편지를 써 주기도 했다.

바울이 쓴 것으로 되어있는 편지 중 다수에는 바울이 서명을 위해 직접 펜을 들기 전까지 편지 대부분을 필경사가 썼다는 암시가 있다(고전 16:21; 갈 6:11; 골 4:18; 살전 3:17을 보라). 로마서는 필경사 자신의 목소리를 들을 수 있는 유일한 편지다. 바울의 저작권 논란과 관련된 핵심 문제는 바울이 그의 메시지를 기록할 때 필경사에게 얼마나 큰 자유를 주었는지다. 우리는 보통 그대로 받아썼을 것으로 추측하지만, 문체와 어휘가 다양하다는 사실은 서로 다른 필경사들이 바울의 메시지를 기록할 때 그들에게 자유가 주어진 결과로 볼 수 있겠다.

바울과 공동 저술

고대 세계에서 편지를 '공동으로 보내는 것'은 매우 드문 경우다. 관습상 편지의 발신자로 기록되는 사람은 보통 한 명이다. 이 관습에 비추어보면 바울이 그의 편지에 '공동 발신자'를 기록하는 습관은 더욱더 이례적이다(흥미롭게도 이러한 특징은 빈번하게 간과된다). 바울은 편지의 공동 발신자로 다양한 인물을 언급한다: 디모데(고린도후서, 빌립보서, 빌레몬서, 골로새서); 실루아노와 디모데(데살로니가전후서), 소스데네(고린도전서). 이러한 사실로 보건대, 티슬턴(Thiselton)의 관찰처럼 '바울은 자신을 다른 동역자들과의 협력 없이 홀로 사역하거나 교회를 지도하도록 부름 받은 사람으로 인식하지 않았다'(Anthony C. Thiselton, *The First Epistle to the Corinthians* [Wm. B. Eerdmans, 2001, 69]).

로마서가 바울의 이런 일반적인 경향에서 예외(갈라디아서와 에베소서도 예외)라는 사실은 바울이 로마서를 사뭇 다른 편지로 이해했음을 알려주며, 과연 그 의미가 무엇인지는 생각해 볼 가치가 있다. 내 견해는 바울이 로마인들을 위해 자신의 복음 이해를 제시하기 원했다는 것이다. 바울이 이 편지를 홀로 작성했다는 사실은 로마서가 정말로 복음에 관한 그리고 복음을 향한 그의 통찰력을 담고 있음을 확증한다.

그보다 앞선 서신들 - 고린도전후서

고린도의 공동체가 알고 있었을 방식으로 고린도 서신들을 언급하는 것은 어려운 일이다. 문제는 고린도전서가 바울이 고린도 공동체에 보낸 첫 편지가 아니었다는 사실이다. 고린도전서 5장 9절은 그보다 앞서 바울이 보낸 편지를 언급한다. 그 사실은 전체든 일부든 고린도 사람들이 여러 편지로 답장을 보냈음을 암시하며, 그 편지(들)에 대한 바울의 반응이 지금 우리가 고린도전서로 알고 있는 편지다.

마찬가지로 고린도후서 7장 8절은 바울이 보낸 (종종 학자들이 눈물의 편지라고 부르는) 또 다른 편지를 언급하는데, 고린도후서는 분명히 바울에게는 재앙과도 같았을 그 편지에 대한 답장이었다. 달리 말해, '고린도전서'가 실은 고린도후서이며, '고린도후서'는 적어도 제4 고린도서였을 것이다 (우리가 가진 편지들에서 언급되진 않지만, 바울이 더 많은 편지를 썼을 수도 있다). 그렇기에 이 편지들을 언급하는 것은 곤란한 일이며, 그래서 나는 이 편지들을 '더 이른 편지'(고린도전서)와 '더 최근의 편지'(고린도후서)라고 표현했다.

4장

바울에 관한 새로운 (하지만 그다지 새롭지 않은) 관점

내가 로마서를 보는 관점은 바울에 관한 새 관점에 강한 영향을 받았다. 그러니 바울서신에 관한 이 관점을 설명하는 게 좋겠다. 바울에 관한 새 관점은 이제는 그다지 새롭지 않다.

새 관점의 근간은 다른 학자들도 있지만 그중에서도 샌더스(E.P. Sanders)의 저작이다. 그는 1977년에 대표작 *Paul and Palestinian Judaism* (SCM Press, 1977)을 출간했다. 그 책에서 샌더스는 통상적인 개신교의 믿음(대체로 마르틴 루터와 그의 추종자들에 의해 형성된 믿음)과 달리, 유대인들은 그들이 율법의 행위를 행함으로 구원받을 것이라고 믿은 것이 아니라고 주장했다. 그와 반대로, 유대인들은 그들이 이미 하나님의 은혜로 말미암아 창조된 하나님과의 언약 관계 안에 있다고 믿었으며, 율법을 준수하는 것은 그저 그들을 향한 하나님의 언약적 긍휼에 대한 적절한 반응일 뿐이었다.

결과적으로 바울이 율법에서 문제로 보았던 것은, 루터의 생각처럼 유대인들이 율법을 행함으로 구원받을 것으로 믿었다는 것이 아니라, 하나님께서 그들에게 주신 약속을 배타적인 것으로 여겼다는 것이다.

바울과 유대인 사이의 쟁점은 유대인들이 하나님의 약속을 오직 유대인만을 위한 것으로 지키려 했다는 점, 그리고 이 점과 관련한 것인데 예수를 메시아로 인정한 이방인은 모두 할례를 받고 유대인이 되어야 한다고 주장하려 했다는 점이다. 바울은 오직 예수를 믿음과 예수를 향한 신실함이 구원받기 위해 요구되는 전부라고 주장했다.

이것이 새 관점의 핵심적인 특징을 기본적으로 기술한 것인데, 아마도 너무 기본적인 내용일 것이다. 문제는 이보다 조금 덜 기본적인 내용만 기술해도 곧장 너무 복잡해져 버린다는 것이다. 왜냐하면, 새 관점의 주요한 주창자들도 해석으로 들어가면 서로 의견 차이가 존재하기 때문이다.

바울에 관한 새 관점을 더 자세히 알고 싶다면, Kent L. Yinger, *The New Perspective on Paul: An Introduction* (Cascade Books, 2010)을 보라. 훌륭하고 유용한 입문서가 되어줄 것이다.

갈라디아서 2장과 베드로 그리고 이방인과 함께 식사하는 문제

바울이 자신과 베드로의 논쟁을 설명하는 내용을 읽다 보면, 간단한 문제였을 한 주제를 둘러싸고 베드로의 견해가 갈팡질팡한다는 느낌을 받을 수 있다. 이 두 사도는 이방인들이 예수를 따르기 위해서 굳이 유대인이 될 필요가 없다는 데 의견을 같이했는데, 어찌하여 이 사안에서 베드로가 뒷걸음질할 수 있단 말인가? 복잡한 협상이 늘 그렇듯이, 이 문제의 답변 역시 목회적인 내용일 것이다. 갈라디아서 2장 9-10절에 제시된 양측의 합의는 바울은 이방인(무할례자) 가운데서, 야고보와 게바, 요한은 유대인(할례자) 가운데서 복음을 전파하는 데 집중한다는 것이다. 이 합의는 원만한 업무 분배 혹은 베츠(Betz)의 표현대로 '협력하면서도 독립적인 두 개의 선교 활동'(Hans Dieter Betz, *Galatians* [Fortress, 1979, 100])이었다. 실제로 유대인과 이방인이 협력할 것으로 제안된 유일한 사안은 가난한 자들을 돌보는 일이었다. 이 가난한 자들은 예루살렘 교회의 구성원으로 보이는데, 이후로 바울은 그가 봉사했던 그리스도인 공동체에서 그들을 위한 헌금을 모으기 위해 상당한 시간과 노력을 할애했다(예를 들면, 고전 16:2를 보라).

문제는 유대인과 이방인이 함께 만나는 상황에서 벌어졌다. 왜냐하면, 식탁 교제는 초기 그리스도교 예배에서 본질이었지만 유대 정결법은 유대인이 이방인과 함께 먹는 것을 금지했기 때문이다. 간단히 말해, 유대인 그리스도인에게 중대한 문제는 이것이었다. 그리스도를 따르는 이방인들을 여전히 부정한 대상으로 여겨야 하는가? 바울은 그렇지 않다고 생각했지만, 야고보는 그렇다고 생각했던 것이 분명하다. 경건한 유대인들 사이에서 골칫거리였던 이 문제를 풀 쉬운 해결책은 없었을 것이다. 그들이 바울의 의견에 동조했다 해도, 결과적으로 그들은 아직 그리스도인이 아닌 다른 유대인 가족들로부터 자신을 분리해야 했을 것이다. 따라서 야고보를 따르는 쪽이 훨씬 더 간단했다.

문제는 절대적인 분리였다. 단기적인 쉬운 해결책이 장기적인 해결책이 될 수는 없으며, 바울이 다양한 곳에서 주장했듯이 그런 노선은 그들이 가진 예수에 관한 믿음에 부합하지도 않는다.

이 사안에 대한 더 자세한 논의는 Betz, *Galatians*, 105ff를 보라.

로마에서 유대인 추방, 그리고 네로의 초기 행적

로마 역사가 디오 카시우스(Dio Cassius)의 기록에 따르면 주후 41년 클라우디우스 황제는 유대인이 모임 갖는 것을 금지하는 칙령을 내렸다(Roman History 60.6.6). 많은 학자는 그 이유를 '그리스도인들이 회당에서 일으킨 소동으로 폭력적인 충돌이 초래된' 탓으로 본다(Jewett, Romans, 18-19). 로마인들은 이 충돌을 크게 염려했고 결국 유대인들이 아예 모임을 하지 못하도록 했다. 이 사실은 로마의 그리스도교와 관련하여 흥미로운 단서인데, 왜냐하면 바울의 선교 사역 초창기 때도 로마에 그리스도인 공동체가 존재했다는 의미이기 때문이다. 여기에 로마서가 로마의 그리스도인과 바울의 진지한 첫 교류로 보인다(로마서 16장을 보면 바울이 이미 로마 그리스도인 중 다수를 알고 있었긴 하지만)는 사실까지 추가하면, 로마의 그리스도교가 완전히 바울의 영향을 받은 것은 아님을 알 수 있다. 그래서 바울은 그의 편지를 받은 대상자들도 그의 관점에서 상황을 바라보도록 격려하기 위해서는 설득 작업이 필요했다. 또한, 유대인과 그리스도인의 갈등, 유대인 그리스도인과 이방인 그리스도인의 갈등이 로마에서 새로운 문제가 아니었음도 알 수 있다.

다른 로마 역사가인 수에토니우스(Suetonius)는 나중에 클라우디우스가 '크레스투스(Chrestus)의 선동으로 끊임없이 혼란을 일으키는 유대인들'을 로마에서 추방했다고 기록했다(Life of Claudius, 25). 일부 학자는 이 두 번째 사건과 첫 번째 사건이 함께 일어났다고 보기도 하지만, 다수는 이 두 번째 사건을 주후 49년 주변에 일어난 별개의 사건으로 이해한다. 이 관점은 클라우디우스 황제가 모든 유대인을 추방해서 브리스가와 아굴라가 고린도에 있게 되었다는 사도행전 18장 2절과 부합한다.

이 사안에 관한 더 자세한 논의는 Jewett, *Romans*, 18-20을 보라.

클라우디우스 황제 통치기(주후 41-54년)의 특징은 효율적인 행정이 이루어진 반면 원로원이 황제의 권력에 도전하는 일이 잦았다는 것이다. 그의 통치 기간 여러 번의 쿠데타가 있었고, 그 결과 많은 원로원 의원이 처형당했다. 그 때문에 네로가 권력을 획득하자 많은 사람이 원로원의 역할이 복원되고 법의 통치가 수립되는 새로운 황금시대가 열릴 것으로 기대했다. 이 낙관론은 주후 54년부터 62년까지 지속하였는데, 62년에 이르자 네로의 통치는 폭정과 방종으로 변질하였다. 그전까지 네로의 통치는 '행인들에게 성적인 서비스를 요구하는 아첨꾼 무리와 로마 거리를 활보하는' 습관이 있긴 했지만, 상대적으로 훌륭한 편이었다(Jewett, *Romans*, 48).

바리새인

신약성경을 통해서만 바리새인을 만난 사람이라면 그들에 대한 완전히 그릇된 인상을 받기 쉽다. 실제로 영어권 사람들은 바리새인이라는 단어를 '인색한', '트집 잡는', '자기 의'와 같은 의미로 볼 정도로 그릇된 인상을 가지고 있다. 일부 바리새인에게 그런 모습이 있었겠지만, 이런 것이 바리새파의 핵심은 아니다.

바리새파 운동은 발전 과정에서 다양한 국면을 거쳤다. 어떤 때는 다른 때에 비해 더 정치적 참여를 하기도 했고, 예수의 시대쯤에는 대체로 개인 경건 운동의 모습을 띠어서 일상에서 하나님을 향한 헌신을 표현하는 데 힘썼다. 정결법과 음식법에 관한 바리새인의 관심은 이러한 일상 경건에 관한 관심에서 비롯된 것이었다. 1년에 3번만 성전 예배에 참석했던 다수의 유대인과 달리, 바리새인은 매일 경건할 수 있는 방식을 추구했다. 어떤 면에서 그들이 예수를 적대했던 것은 바리새인과 예수 모두 사람들이 일상의 경건을 추구하도록 독려하려 했기 때문이다. 그런데 그 방식에서 바리새인들은 율법을 세밀하게 지킴으로써, 예수는 그가 행한 모든 일에서 정의와 긍휼과 평화라는 왕국의 원칙을 살아냄으로써 추구했다. 또한, 우리는 율법을 향한 바리새인의 열정이 같은 시대의 다른 사람들에게 매우 매력적이었다고 알고 있으며, 그런 인물 중 유명한 두 사람이 바울과 요세푸스(1세기 말 집필 활동을 한 유대인 역사가)다. 그들은 율법을 향한 바리새인의 열정에 매혹되어 바리새인이 된 인물이다.

지극히 크다는 사도들

고린도후서 11장 5절과 12장 11절에서 바울이 언급한 소위 '지극히 크다는 사도들'의 정체를 논의하는 데 많은 시간과 노력이 소비되었다. 고린도에서 바울의 맞수 사도들이었던 자들은 헬레니즘 유대인으로 유대인으로서의 유산을 포함하여 다양한 부분에서 바울보다 뛰어나다고 주장했던 것 같다. 11장 1절에서 시작하는 바울의 '어리석은 연설'은 그들의 방식에 맞춘 것으로 보이는데, 자기가 큰 칭찬을 받을 만한 사람이라고 주장하다가 방향을 바꾸어 매를 맞고 파선을 당하고 돌에 맞은 일을 늘어놓는다 바울은 그런 식으로 논의 전체를 완전히 뒤집고, 절정인 12장 9-10절에서 그리스도의 능력은 약한 데서 온전해지는 것이라고 인정한다. 달리 말해, 지극히 크다는 사도들이 그들이 바울보다 뛰어나다고 주장하는 모든 면을 실제로 가졌다고 해도, 그리스도의 능력은 약한 데서 온전해지는 것이기에 그들은 아직 '지극히 큰' 사도가 아니다. 외견상 바울이 이런 압력에 굴복하고 유대인으로서 그의 유산을 자랑한 것은 이런 연설의 와중이었다. 이 연설에 관한 더 자세한 논의는 Victor Furnish, *II Corinthians* (Yale University Press, 1984, 484-556)을 보라.

5장

바리새인 그리고 토론

토론과 탐구의 원칙은 바리새인에게 중요했다: 견해를 제시하고 탐구하고 논증하는 것. 그들은 이 원칙을 너무 열렬하게 신봉했던 나머지, 그것과 같은 수준의 연구와 주장이 하늘의 천사들 사이에서도 진행된다고 믿었다. 그들은 하늘 법정에서 진행되는 바로 그 일을 하고 있었던 것이다(Jacob Neusner, *Invitation to the Talmud* [HarperCollins, 1996, 8]을 보라). 바울이 그의 논쟁 기술을 바리새파에서 배운 것인지 아니면 바울이 논쟁을 너무 좋아해서 그런 기술에 끌린 것인지 아니면 둘 다인지 확실히 알기는 어렵다.

바리새파에 관한 더 자세한 이야기는 Jacob Neusner and Bruce D. Chilton, eds., *In Quest of the Historical Pharisees* (Baylor University Press,

2007)과 Anthony J. Saldarini and James C.C. VanderKam, *Pharisees, Scribes and Sadducees in Palestinian Society* (Wm. B. Eerdmans, 2001)을 참고하라.

유니아, 안드로니고, 그리고 사도직

로마서 16장에서 가장 논쟁이 격렬한 절 중 하나가 7절이다. 이 절은 안드로니고와 유니아를 '나와 함께 감옥에 갇혔던 내 친척들로, 사도 중에서 탁월하며, 나보다 먼저 그리스도 안에 있는 이들'이라고 언급한다. 학자들은 대부분 그들이 '내 친척들'이라는 언급이 그들도 유대인이라는 의미이지 그 외의 다른 방식의 관계를 의미하는 것은 아니라고 생각한다.

진짜 논란거리는 그것이 아니라, 유니아가 '사도 중에서 탁월하다'라는 내용이다. 다양한 해결책이 제시되었지만, 그중에는 불가능해 보이는 시나리오도 있다. 첫째, 유니아(Junia)는 여자가 아니고 유니아스(Junias)라는 그리스 이름을 가진 남자였다는 주장. 둘째, '사도 중에서 두드러졌다'가 아니라 '사도들이 판단하기에 특출했다'로 번역되어야 한다는 주장. 이러한 설명 중 특별히 설득력 있는 것은 없다. '유니아'라는 이름은 로마 세계에 흔했고, 증거도 많다. 반면 '유니아스'라는 남자 이름의 존재는 어디에서도 전혀 발견되지 않는다. '사도 중에서 탁월했다' 혹은 '두드러졌다'라는 표현은 신약성경 외부 문헌에서 등장하는 유사한 표현을 모방한 것으로 보이는데, 이 표현은 어떤 집단에서 명망이 높은 사람에게 쓰였다.

그리고 이것이 바로 초대교회에서 12세기 동안 이 구절이 해석되던 방식이었다. 존 크리소스톰(John Chrysostom) 같은 작가는 이렇게 말했다: '사도일 정도로 위대했을 뿐만 아니라, 그들 중에서도 탁월했다. 이것이 얼마나 대단한 찬사인지 생각해보라!'(Homilies on Romans 31:2).

바울의 언급에 대한 가장 쉽고도 최선의 설명은 유니아가 여성이었으며 사도 중에서도 명망이 높은 인물이었다는 것이다. 그러면 우리는 초기 그리스도교 공동체에서 여성의 역할에 관한 우리의 이해를 이러한 설명에 맞추어 조정해야 한다.

유니아를 둘러싼 논의를 더 자세히 알고 싶다면 탁월한 저서인 Eldon Jay Epp, *Junia: The First Woman Apostle* (Fortress, 2005)을 보라.

공적 영역과 사적 영역에서 여성의 역할

유니아가 사도로, 뵈뵈가 집사로 언급되는 것과 관련하여 떠오르는 거대한 질문 중 하나는 '로마 제국의 공적 혹은 사적 영역에서 어떤 역할이 여성에게 허용되었는가'이다. 이 질문을 던지자마자 우리는 도움이 될만한 답변을 얻는 것이 불가능함을 알게 된다. 이 질문은 오늘날로 치면 21세기에 여성이 담당하는 역할을 묻는 것과 같다. 지금과 마찬가지로 그때도 이 질문에 대한 답변은 당신이 사는 곳이 어딘지, 당신이 속한 사회의 문화적 기준이 어떤지에 달려 있다.

의심할 바 없이 로마 제국의 많은 지역에서 여성들은 조용히 집에 머물라는 권고를 받았으며 공적인 역할을 맡지 않았다(Plutarch의 *Moralia*, 139c를 보라). 유대교도 여성에 관한 유사한 견해를 가지는데, 적어도 일부에게 여성의 일차적 역할은 가정 안에서의 것이었다. 하지만 이러한 전제를 밀어붙이다 보면 곧장 다양한 문제가 고개를 든다. 그런 권고가 필요했다는 사실 자체가 집에서만 조용하고 은밀하게 머무르지 않는 여성들이 존재했음을 의미한다. 린 코힉(Lyn Cohick)은 유대, 로마, 그리스 문헌에서 회당의 지도자로, 법적인 혹은 다른 후원자로, 교육자, 무역상, 대금업자, 농부로서 큰 영향력을 가졌던 여성들의 존재를 광범위하게 찾아냈다.

기껏해야 우리가 내릴 수 있는 결론은 많은 여성이 사사로이 집에만 머물렀지만 그렇지 않은 여성도 있었다는 것, 그리고 정치가나 군사인 여성은 없었지만 고대 세계 그 외의 거의 모든 삶의 영역에서 여성들이 역할을 맡고 영향력을 행사했다는 증거가 있다는 것이다. 따라서 우리가 내리는 모든 추정은 예외가 있을 수 있다는 사실을 염두에 두고 조심스럽게 내려져야 한다. 여성에게는 공식적인 지위가 거의 없었다. 로마 시민이 될 수도 없었고, 따라서 정치 같은 영역에서 어떤 공식적, 공적인 역할을 맡을 수 없었다. 하지만 그렇다고 해서 집 밖으로 절대 나오지 않았다는 의미는 아니다. 여성들도 덜 공식적이고 공적인 영역에서, 특히 부유한 사람이라면, 중요한 역할을 맡을 수 있었고 실제로 그런 임무를 수행했다.

이 주제에 관한 세심하고 전체적인 연구를 원한다면 Lynn Cohick, *Women in the World of the Earliest Christians* (Baker Academic, 2009, 285-320)을 보라.

신격화된 카이사르의 신전

율리우스 카이사르(Julius Caesar)는 암살당한 뒤 신으로 선포되었고, 그를 기념하는 신전이 그가 화장된 곳에 세워졌다. 신전의 양쪽에서 내려오는 경사로는 앞쪽의 큰 연단으로 이어진다. 이것은 연설가들의 연단으로 사용되었는데, 종종 황제들이 군중을 향해 연설하는 장소로 이 연단을 선택하곤 했다.

바울의 저작에서 발견되는 그리스도교 메시지의 핵심적인 특징 중 하나는 예수가 주님(Lord)이시라고 선언한다는 것이다. 로마에서 그런 선언에는 정치적인 함의가 있었다. 그곳에서는 황제가 '주님'으로 알려져 있었다: 그는 로마 제국 안에 사는 모든 사람의 주님이었다. 그런데 주님이 모든 세상의 주님인 황제가 아니라 예수라고 주장하는 것은 제국의 권력을 직접 겨냥한 도전이었다. 이런 논의를 보여주는 사례로 N. T. Wright, 'Paul and Caesar: A New Reading of Romans', in *A Royal Priesthood: The Use of the Bible Ethically and Politically*, edited by C. Bartholemew (Paternoster Press, 2002, 173-93)을 보라.

로마의 감옥

유니아와 안드로니고가 잡혀갔던 감옥은 마메르티노 감옥(Mamertine Prison)이었을 것이다.

로마 세계에서 수감은 처벌로서 이루어진 것이 아니다. 감옥에서의 시간은 재판을 기다리거나 재판 후 처형을 기다리는 기간이었다. 로마에서 가장 유명한 감옥은 마메르티노 감옥이었다. 이 감옥은 카피톨리

노 언덕(Capitoline hill) 아래 자리 잡고 있었다. 원형의 아랫방이 지하 하수도 사이에 지어져 있었고, 이 공간은 툴리아눔(tullianum)으로 불렸다. 그곳은 처형을 기다리는 기결수가 갇힌 방이었다. 그리스도교 전통에 따르면 사도 베드로가 순교 전 갇혀있던 곳이 이 감옥이라고 한다. 감옥의 다른 부분은 지상에 있었는데, 그곳에는 재판을 기다리는 사람들이 갇혀 있었다.

클라우디우스 치하의 소동

유대인을 로마에서 추방한 클라우디우스에 관한 논의는 앞의 377쪽을 보라.

6장

로마 제국에서의 노예 신분

노예에 관한 이 미주는 뒤에 나오는 여러 장과도 관련될 내용이다.

로마 세계와 관련하여 현대 독자들이 이해하기 매우 힘든 사실 중 하나는 노예가 일상생활의 자연스럽고도 정상적인 요소로 받아들여졌다는 것이다. 이 말은 노예 제도가 옳다는 의미가 아니라 단지 전혀 의문시되지 않았다는 의미다.

노예 대다수가 노예가 된 것은 그들의 땅이 로마에 정복당했을 때였다. 그들은 패배 후 로마 군사들에게 포로로 잡혀 노예 시장에서 팔렸으며, 거기서 그들을 살 만큼 부유한 이들에게 팔려나갔다. 예를 들면, 주전 146년 제3차 포에니 전쟁 마지막에 카르타고가 멸망한 후 250,000명이 노예가 되었고 너무 많은 새 노예가 시장에 넘치는 바람에 잠시 '노예' 가격이 내려갔다고 한다.

하지만, '노예'인 사람과 '자유민'인 사람 사이에 고정된 장벽이 있었던 것은 아니라는 사실에 주목할 필요가 있다. 노예는 해방될 수 있었고 실제 해방되는 일이 흔했으며, 자유민이었던 사람도 흔히 채무 때문에 노예로 전락하기도 했다. 또한, 적어도 일부 로마인들은 노예가 일시적인 상태라고 기대했다는 사실, 그리고 전부는 아니더라도 많은 노예가 적절한 상황이 되면 해방될 수 있다고 기대했다는 사실도 언급해야겠다.

> 많은 로마 노예들에게 노예 신분은 일시적인 상황이었다. 열심히 정직하게 일하고 주인을 잘 섬기면 자유를 얻을 수 있다는 것은 타당한 기대였다.
>
> Jerry Toner, *How to Manage Your Slaves by Marcus Sidonius Falx*
> (Profile Books Ltd, 2015, 178)

노예들은 여러 가지 방식으로 해방될 수 있었다. 어떤 노예는 자유를 샀다. 많은 로마 사람들은 노예가 주인에게 받은 돈 일부를 저금할 수 있었고(예를 들면 가정 교사는 가르치면서 번 돈의 5%를 저금할 수 있었다) 돈으로 부를 축적해서 자유를 살 수 있다는 것을 인정했다. 어떤 노예는 주인의 마음대로 혹은 주인의 유언을 따라, 혹은 어떤 사람이 가계를 이어받은 후 어린 시절 친구를 해방해 주고 싶은 경우에 해방되기도 했다. 이런 관습은 꽤 흔했는데, 그래서 아우구스투스 황제는 아무도 한 번의 유언으로 100명 이상의 노예를 해방해서는 안 된다는 결정을 내리기도 했다.

그렇다 해도, 노예는 여전히 그들의 주인 혹은 여주인의 재산으로 간주되었고, 그래서 노예가 도망간 경우 그 노예는 자기 자신을 훔친 사람으로 이해될 정도였다. 이 사실은 노예의 형편이 전적으로 그를 소유한 사람의 손에 달렸음을 보여준다. 어떤 주인은 친절했지만 어떤 주인은 잔인했고, 가족처럼 대하는 주인에게 호감을 느끼는 예도 있지만 주인의 마음대로 폭행당하거나 살해당하기도 했다. 노예의 사정이 종보다 열악했다는 것도 사실이 아니다. 그런 경우도 있었지만 그렇지 않은 경우도 있었다. 주인의 사랑과 돌봄을 받는 노예의 사정이 주인의 소유는 아니지만 쥐꼬리만한 수입밖에 못 버는 종의 사정보다는 훨씬 나았다.

이 소설에는 다양한 노예가 등장한다. 해방된 노예도 있지만 아닌 사람도 있다. 주인에게 좋은 대우를 받는 노예도 있지만 끔찍한 대우를 받는 사람도 있다. 나는 이 소설에 등장하는 다양한 모습의 노예를 통해 1세기에 노예로 산다는 것이 어떤 의미인지 피부로 느끼게 해주고 싶었다.

로마 세계의 노예에 관한 더 자세한 이야기는 Aldrete, *Daily Life*, 65-68을 보라.

바울이 자신을 '그리스도의 노예'(영어 번역은 주로 '그리스도의 종'이라고 번역해서 그 의미를 흐려놓았다)라고 소개할 때, 우리는 이 표현을 로마 세계의 일상적인 노예 신분이라는 맥락에서 읽고 이해해야 한다. 자신이 '노예'라는 바울의 언어는 로마 세계에서 역겹고 혐오스러웠을 표현이지 절대 기꺼이 수용할 수 있는 용어가 아니었을 것이다. 특히 바울의 그리스도교 공동체를 구성했을 많은 과거 노예들에게는 더욱더 그랬을 것이다.

바울의 노예 언어에 관한 매력적인 연구로 Dale B. Martin, *Slavery as Salvation: The Metaphor of Slavery in Pauline Christianity* (Yale University Press, 1990)을 보라.

모금

바울서신에서 대충 언급된 정보 중 이목을 끄는 대목 중 하나가 그가 예루살렘의 교회를 위해 헌금을 모금했다는 사실이다. 내가 대충 언급되었다고 한 이유는 바울이 여러 교회를 향해 모금에 협조하라고 상기시키지만 모금을 하는 방식이나 이유에 관해서는 거의 말한 게 없기 때문이다. 이 모금에 관한 언급은 고린도전서 16장 1-4절, 고린도후서 8장 1-9절, 로마서 15장 25-28절에 나온다. 이 본문들(그리고 행 24:17)에서 얻을 수 있는 정보들을 보면, 바울은 이 신자들에게서 돈을 모아 로마로 가는 도중에 예루살렘에 들러 전달했다.

하지만 주목해야 할 사실은 예루살렘이 고린도에서 로마로 가는 길목이 아니라 완전히 경로에서 벗어난 곳이라는 점이다. 바울은 이 일의 중요성에 마음이 사로잡힌 나머지, 길을 상당히 벗어날 수밖에 없다 해도 이 일을 빨리 완수해야 한다고 느꼈다. 이 일이 왜 그에게 그토록 중요했는지 이해하는 단서가 로마서 15장 20-28절에 있다. 그는 이 본문에서 그리스도의 이름이 이전에 알려지지 않은 곳에서 그리스도의 복음을 선포하는 사역을 완수했다는 느낌을 받았음을 비친다('따라서 나는 복음을 전하는 것을 나의 포부로 삼았지만, 이미 그리스도의 이름을 부르는 곳은 제외했다. 그것은 다른 사람이 닦은 기초 위에 건축하지 않으려는 것이다', 롬 15:20). 또한, 이 말은 그가 아직 로마를 방문하지 않은 이유도 설명해준다. 로마는 이미 그리스도의 이름을 부르는 곳이었기 때문이다. 23절에서 바울은 그가 돌아다녔던 지역들에는 그리스도의 이름을 부르지 않는 곳이 더는 없다고 느꼈고 따라서 현재 우리가 서유럽으로 부르는 곳으로 향해야 했다.

바울은 이런 상황 때문에 가까운 미래에 예루살렘을 다시 여행할 기회가 없을 것으로 느꼈을 가능성이 정말로 존재하며, 그래서 서쪽으로 향하기 전에 이 마지막 기회를 이용해 그 시점까지 모금한 헌금을 전달하려 했을 것이다.

모금의 이유는 사도행전 11장 27-30절에 나와 있다:

그때 선지자들이 예루살렘에서 안디옥으로 내려왔다. 그중에 아가보라는 한 사람이 일어나 성령으로 예언하기를, 천하에 큰 흉년이 들 것이라고 했다. 그리고 그 일이 클라우디우스 통치 때에 일어났다. 제자들은 각각 힘닿는 대로 헌금하여 유대에 사는 형제들을 돕기로 했다. 이렇게 헌금한 것을 바나바와 사울의 손을 거쳐 장로들에게 보냈다.

문제는 (로마 제국의 나머지 지역 대부분보다 훨씬 더 가난했던) 유대 지방을 덮친 기근이 다른 지역보다 더 심각했다는 것으로 보인다. 결과적으로 (그리고 갈 2:10에 기록된 대로 '가난한 사람들을 기억하겠다'라는 야고보와 베드로, 요한에게 한 약속 때문에) 바울은 제2차 선교 여행으로 알려진 여정의 많은 부분을 훨씬 더 가난한 유대 지방 신자들을 돕기 위해 그리스 지역의 상대적으로 부유한 신자들에게 헌금을 모으는 일에 할애했다.

바울의 스페인 방문, 그리고 뵈뵈와 스페인 방문의 연관성

로마서 15장 20-28절은 도중에 로마의 그리스도인들을 방문한 후에 스페인으로 향하려는 바울의 계획을 분명하게 제시한다. 앞에서 언급했듯이 이런 계획을 세운 이유는 바울이 동쪽에서는 복음을 선포할 기회를 다 소비했다고 느꼈으며 아직 복음이 전파되지 않아 (바울 자신의 표현을 빌리면) '그리스도의 이름을 부를' 곳들을 찾으려 했기 때문이다. 로버트 주잇은 뵈뵈가 로마를 방문한 것에 관한 최선의 설명은 바울이 자신의 스페인 방문을 준비시키기 위해 그녀를 보냈고 그러면서 그가 예루살렘 교회에 헌금을 전달한 후 가능한 한 빨리 그녀를 뒤따르겠다고 약속했다는 것이라고 주장하는데, 내가 보기에 설득력 있는 설명이다.

이 소설에서 나는 뵈뵈에게 또 다른 동기가 있었고 그 동기를 바울에게는 비밀로 했다고 상상했다.

이 사안과 관련된 완결된 주장을 원한다면 Robert Jewett, 'Paul, Phoebe and the Spanish Mission', in *The Social World of Formative Christianity and Judaism: Essays in Tribute to Howard Clark Kee*, edited by Howard Clark Kee and Jacob Neusner (Fortress Press, 1988, 144-164)을 보라.

뵈뵈가 준비해야 하는 일에는 스페인으로 가는 방법 같은 일반적인 항목뿐만 아니라 통역가를 찾는 것도 포함되었을 것이다. 지중해 동부와 달리 스페인은 그들 자신의 언어와 방언 혹은 라틴어를 사용했다. 소아시아에서 자란 바울이 히브리어와 그리스어에는 모두 능통했지만, 스페인 방언은커녕 라틴어를 사용할 줄 알았을 가능성은 없지는 않지만 낮다. 따라서 시급한 과제는 바울과 동행하며 의사소통에 도움을 줄 사람을 찾는 일이었을 것이다.

7장

군단장

로마 군대에서 레가투스(*legatus*, legate)는 장군이었다. 그들은 속주 총독을 겸직하기도 했고, 로마의 원로원 계급에서 선발되었다(즉 태생 자체가 로마 원로원 구성원이 되는 자격을 부여했다). 군단장은 군사작전을 성공시킨 후에는 전리품의 상당 부분을 하사받았고, 그런 이유로 군단장 직위는 재산을 불리려는 사람들이 굉장히 눈독을 들이는 자리였다.

로마식 이름

로마식 이름은 세 부분으로 구성된다(삼명법, *tria nomina*). 첫째 이름(프라이노멘, *praenomen*)은 출생 후 8일에서 9일째 부모가 지어준다. 둘째 이름(노멘, *nomen*)은 그 사람이 속한 계급을 확인하는 족명이다. 셋째 이름(코그노멘, *cognomen*)은 특히 대가족에서 사람을 확인하기 위해 추가로 사용하던 별칭이다. 셋째 이름은 가계 내의 분파를 가리키지만, 일종의 별명 형태로도 빈번하게 사용되어 해당하는 사람 혹은 가계의 위업이나 별난 점을 가리키곤 했다.

바울이란 이름은 십중팔구 ('작다'를 의미하는) 셋째 이름이었을 것이며, 더 긴 바울의 로마식 이름의 일부였을 것이다. 바울은 로마식 이름을 로마 제국 전체를 여행하면서 사용하기 시작했을 것이다. 불행히도 그의 첫째 이름과 둘째 이름은 알려지지 않았다. 이를 알았다면 계급이나 관계의 측면에서 그의 위치를 정하는 데 도움이 되었을 것이다.

나는 이 소설에서 티투스에게 클로엘리우스(Cloelius)라는 둘째 이름을 붙였는데, 유명한 귀족 가문의 둘째 이름이다.

트랜스티베리움(Transtiberium)

현대 로마의 트라스테베레(Trastevere)에 해당하는 트랜스티베리움은 고대 로마에서 저지대 습지였다. 그곳은 항구 노동자뿐만 아니라 상점 주인과 공예가들이 사는 항구 구역이었다. 그곳은 인구 밀도가 높고, 거주자 대다수는 인슐라(*insula*)나 공동주택(tenement buildings)에 살았다. 트랜스티베리움에 관한 더 자세한 내용은 **Lampe**, *Paul to Valentinus*, 48–58을 참고하라.

8장

결혼과 여성의 연령

많은 고대 문화와 마찬가지로 로마 세계에서도 소녀들이 사춘기가 시작된 직후인 열두 살 전후에 결혼하는 것은 합법이었다. 그 결과, 현대인에게 13살에 결혼한다는 것은 충격적일 정도의 나이지만, 그 당시에는 그렇게 드문 일은 아니었다. 실제로 로마의 수많은 묘비에는 이미 대여섯 번 출산을 경험한 20세 이전 여성들의 죽음이 기록되어 있다. 당시 출산 도중 사망의 원인 중 상당 비중이 산모의 나이가 너무 어리다는 것이었다.

9장

아기를 감싸는 풍습

포대기로 감싼 아이를 표현한 봉납 인물상은 기원전 2천 년 전의 것도 존재한다. 특히 그리스 로마 시대에는 봉납 인물상이 많이 있어서, 고대에 아이를 감싸는 관습이 일반적이었음을 보여준다. 아기를 감싸는 띠는 붕대처럼 긴 천 조각으로, 하나의 긴 띠를 만들기 위해 서로 이어 붙였다. 아기가 태어나면 먼저 기름과 소금을 몸에 바르고, 그 후에 몸을 따뜻하게 하고 팔다리를 편 상태로 유지하려고 띠로 몸을 감쌌다.

유아 유기

아버지는 자신의 것으로 태어난 아이를 받아들이거나 거부할 권한을 가지고 있었다. 키케로(Cicero)는 아기를 처음 아버지 앞으로 기져오는 의식을 묘사했다. 만약 아버지가 아기를 들어 올리면 그 아이는 받아들여겨 집안에서 양육되지만, 그렇지 않으면 아기는 곧장 살해당하거나(익사시키는 경우가 많았다) 유기되었다. 유아 유기의 관행은 널리 퍼져 있었고, 그 결말은 다양했다. 어떤 사람은 누군가 지나가다 아기를 구출할 것을 기대하고 사람들이 쉽게 접근할 수 있는 곳에 아기를 버리기도 했다. 그렇지 않은 경우, 아기는 악천후 때문이든 야생 동물의 먹이가 되어서든 죽음을 맞았다.

그렇지만 아이 때 유기되었다가 나중에 성인이 되어 아버지에게 다시 인정받은 이야기도 존재한다. 이를테면, 로마 역사가인 수에토니우스(Suetonius)는 문법 전문가였던 가이우스 멜리수스(Gaius Melissus)를 언급하는데, 그는 태어날 때 버려졌다가 그를 구한 사람에게 잘 양육을 받았다고 한다. 나중에 그는 마에케나스(Maecenas)라는 사람에게 노예로 보내졌는데, 마에케나스는 그에게 친절했다고 한다. 훨씬 뒤에는 노예에서 해방되었고 아우구스투스의 총애를 받는 사람이 되었다.

유아 살해와 유기에 관한 더 자세한 이야기는 Cohick, *Women in the World of the Earliest Christians*, 35-42를 보라.

10장

노예와 결혼

엄밀히 따지면 노예는 결혼할 수 없었다. 노예들은 콘투베르니움(*contubernium*)으로 알려진 관계를 맺을 수 있었고 이것은 거의 완전히 결혼과 마찬가지였지만, 그들의 관계는 주인의 변덕에 따라 매우 많이 달라질 수 있었다. 주인이 그들의 성적인 상대를 결정했고, 주인이 원하면 그들의 결합을 완전히 갈라놓을 수도 있었다. 이런 모습은 오늘날에는 도저히 상상하기 힘든 것이지만, 노예로서의 삶이 가진 음울한 실제를 조금이나마 폭로하는 로마 세계 노예들의 '삶의 진실' 가운데 한 단면이다. 노예는 '재산'이었고, 따라서 다른 재산처럼 취급될 수 있었다. 주인이 원하면 의자를 이 방에서 저 방으로 옮길 수 있듯이 노예도 마찬가지로 옮길 수 있었다.

노예들의 결혼에 관한 더 자세한 이야기는 Robert C. Knapp, *Invisible Romans*, 159-164를 보라.

자유민의 결혼

다른 많은 사회와 마찬가지로 로마에서도 결혼은 일차적으로 정치적, 경제적 연합에 관한 것이었다. 실제로 귀족 가문일수록 이런 성격은 더 짙었다. 현재 우리가 친척으로 보는 관계(사촌 사이나 삼촌과 조카 사이)도 결혼이 가능했지만, 반드시 양쪽 모두 로마 시민이어야 했다. 로마법은 외국인, 노예, 심지어 자유민과의 결혼도 인정하지 않았다. 이 말은 이를테면 노예에서 해방된 사람이 결혼할 수 없었다는 의미가 아니라 단지 그들의 결합이 법적으로 인정되지 않았다는 의미다.

공화정 시대의 결혼은 대부분 수권(手權, manus) 결혼이었다. 여성을 남편의 재산으로 간주하여 아버지의 '손'(라틴어 manus)에서 남편의 손으로 양도되는 것으로 본다는 의미다. 하지만 제국 시기에는 변화가 일어나,

전부는 아니지만 많은 결혼이 '자유 결혼'이었다. 이 말은 여성이 남편의 지배를 받지 않고 그녀의 모든 재산을 보유했으며, 따라서 갈라서더라도 자신이 소유한 모든 것을 그대로 유지했다. 이 사실은 인식하는 게 중요한 이유는 여성도 재산을 소유하고 그것을 상속하고 권리를 유지할 수 있었다는 사실을 보여주기 때문이다.

더 자세한 내용은 Aldrete, *Daily Life*, 57-62를 보라.

노예, 입양, 그리고 상속

입양은 로마 세계에서는 흔한 일이었는데, 현대인의 눈에는 깜짝 놀랄만한 형태를 종종 취하곤 했다. 입양은 - 보통 소년이 성인이 되었을 때 일어난다 - 상속을 보증하는 것이었다. 비싼 양육 비용과 더불어 높은 수준의 유아 사망률 때문에 부와 권력을 물려주기 위해 젊은 남성들이 빈번하게 입양되었다. 실제로 다수의 로마 황제(티베리우스, 칼리굴라, 네로, 트라야누스, 하드리아누스, 안토니우스 피우스, 마르쿠스 아우렐리우스, 루시우스 베루스)가 차기 황제로 세워지기 위해 입양되었다. 이런 사실은 로마서 8장 15-17절에 나오는 바울의 입양 언어에 독특한 문화적 의미를 부여하는데, 우리는 그 의미를 나중에 더 자세히 확인할 것이다.

친척이나 가까운 정치적 동지의 자녀를 입양하는 것이 일반적이었지만, 노예가 주인에게 입양되는 것도 가능했다. 로마에는 노예가 주인에게 입양되어 상속자로 지명되었다는 다수의 이야기가 존재한다. 이 부분에 대한 더 자세한 내용은 Robert C. Knapp, *Invisible Romans: Prostitutes, Outlaws, Slaves, Gladiators, Ordinary Men and Women … the*

Romans That History Forgot (Profile Books, 2013, 147-153)을 보라. 실제로, 단 한 번의 유언으로 노예가 해방되어 상속자로 지명된 예도 없지 않다. 유산은 유언장을 쓰는 사람의 모든 권리와 재산에 관한 것이었기 때문에, 그런 경우 노예는 하룻밤 사이에 부와 영향력을 지닌 지위로 격상될 수 있었다.

노예 제도의 광범위성

과거 노예였던 사람이 자기 노예를 갖는 것이 이상하게 보일지도 모르겠다. 과연 그들은 그런 관습을 싫어했을까? 현실을 보면, 로마의 가정사(실은 제국 자체)는 완전히 노예에 의존하고 있었다. 노예는 이탈리아 인구의 약 40%, 제국 전체 인구의 약 15%를 차지했던 것으로 추정된다. 노예 제도는 너무나 '전형적인' 현상이었기에 노예가 없는 삶을 상상하는 것은 거의 불가능했을 것이다.

11장

총독 갈리오

제국 시대의 총독은 일정 주(州, province)의 통치자였다. 제국은 주(州)로 분할되었는데, 그중 일부는 '황제 직속 주'(imperial provinces)였고, 다른 일부는 '원로원 직속 주'(senatorial provinces)였다. 황제 직속 주는 대부분 제국 국경에 위치했고 황제가 개인적으로 임명한 통치자가 다스렸다.

로마의 군단은 대부분 황실 직속 주에 주둔하고 있었다. 원로원 직속 주는 원로원이 1년 단위로 선출한 총독이 지배했다. 갈리오는 AD 51-52년경 아카이아(Achaea, 개역개정의 '아가야'에 해당- 역주)에 총독으로 임명되었고, 그 사실이 사도행전 18장 12-17절에 언급된다. 이 본문에서 그는 유대인들의 불평에 거의 관심도 없고 둔감한 모습을 보인다.

갈리오의 전체 이름은 루시우스 유니우스 갈리오 아네아누스(Lucius Junius Gallio Annaeanus)다. 그는 루시우스 아네아우스 노바투스(Lucius Annaeus Novatus)로 태어났고, 대 세네카(Seneca the Elder)의 아들이자 소 세네카(Seneca the Younger)의 형이었다. 그의 이름은 그의 양아버지인 루시우스 유니우스 갈리오를 따른 것으로, 그의 양아버지는 당시 명망 높은 수사학자였다.

크레스투스(Chrestus)라는 이름

'크레스투스'라는 이름은 그리스 로마 세계에서 사용되던 것으로, 원래 의미는 '쓸모 있는'이다. 이 이름을 크리스토스(Christos, 메시아에 해당하는 그리스어)와 혼동했을 가능성이 상당히 있고, 실제로 로마 역사가 수에토니우스는 클라우디우스 치하 때 유대인이 로마에서 추방된 이유를 다음과 같이 설명했다: '유대인들이 크레스투스(Chrestus)의 선동으로 끊임없이 문제를 일으켜 그들을 로마에서 추방했다'(Suetonius Claudius 25:4).

이 이름이 예수 그리스도를 가리키는지 아니면 크레스투스라는 다른 유대인을 가리키는지 학자들 사이에 의견이 갈린다. 실제로 이 이름이 예수를 지칭한 것인지는 우리 소설에는 중요하지 않고, 그저 크레스투스와 크리스토스라는 이름이 혼동을 일으킬 여지가 컸다는 점을 알면 되겠다.

퀴리오스/주님

일부 학자는 '예수가 주님이시다'(예를 들면 고전 12:3, 롬 10:9-13)라는 진술이 로마 황제의 통치에 대한 심오한 도전이었을 것으로 생각한다. 당시 황제는 '주님'으로 알려져 있었기에, 예수가 주님이시다는 주장은 로마인의 전체주의적 통치에 대항하는 권력을 내세우는 것이 된다. 실제로 로마인들이 이 선언을 그런 식으로 이해하고 들었다면, 그 선언에 불쾌감을 느꼈을 것이다.

이런 이해에 관한 더 자세한 이야기는 N. T. Wright, 'Paul and Caesar'를 보라.

12장

바나바와 바울

바울과 바나바가 갈라선 사건은 사도행전 15장 39절에 기록되어 있다. 그들은 요한 마가를 데리고 가는 문제에 의견이 달랐는데, 이 갈등이 너무 심해(그리스 표현을 문자 그대로 이해하면 '그것이 도발의 원인이 되었다', 즉 논란의 소지가 되었다는 의미다) 헤어지기로 했다. 도대체 서로 갈라서는 것이 나을 정도로 두 사람 모두를 언짢게 했던 것이 무엇일까? 사도행전은 요한 마가가 과거에 그들을 버리고 떠난 적이 있다고 암시한다(15:38). 혹자는 마가가 그들을 떠났을 때 이방인과 식사를 하지 않는 집단에 합류했고 그래서 바울의 격노를 일으킨 것은 아닐까 생각한다(바울의 이런 면은 갈 2:13에 분명히 나타난다).

관계의 파탄이 으레 그렇듯이 이 충돌에도 다양한 요인이 관여했을 것이며, 따라서 성격 차이가 설령 있었다 해도 그것만으로는 이 상황을 설명하는 데 도움이 되지 않을 것이다.

구아도(Quartus)

구아도는 본 소설에 등장하는 대다수 인물과 함께 로마서 16장에 언급된다(16:23). 그 이름의 뜻은 그냥 '넷째'이며, 이것은 아마 그가 노예였음을 가리킬 것이다. 일부 가족에서는 노예의 이름을 그 집에 도착한 순서대로 지었다. 구아도와 관련하여 흥미로운 점은 바울이 그를 따로 '형제'라고 부르며 안부를 묻는다는 점이다. 그에 관하여 알려진 바가 거의 없기에, 바울이 그런 식으로 구아도를 지칭한 이유를 헤아리기는 쉽지 않다.

주잇은 그가 에라스도의 형제였으며 따라서 해당 구절 전체를 '에라스도와 그의 형제 구아도'로 읽어야 한다고 주장한다(Jewett, *Romans*, 981-984를 보라).

지위 불일치(status inconsistency) **그리고 초기 그리스도교**

사회학에서 지위 불일치란 용어는 한 개인이 차지하고 있는 하나 이상의 지위들이 동등한 수준에 있지 않을 때 느끼는 혼란과 고립을 가리키는 데 사용된다. 웨인 믹스는 1세기 로마인들이 직면한 위기 중 하나가 지위들이 불일치한 사람들의 증가였다고 보며, 그리스도교의 끈끈한 유대가 그러한 공백을 어느 정도 메워주었을 것으로 가정한다.

> 우리가 관찰한 그러한 지위 불일치로 인해, 어느 정도의 부를 가진 독립 여성, 이교 사회에서 부를 축적한 유대인, 기술과 돈을 가지고 있지만 출신의 오명을 지닌 자유인 등은 사회적 지위가 중요하고 보통은 엄격했던 사회 속에서 불안과 더불어 외로움을 느꼈을 것으로 추측할 수 있지 않을까? 그런 상황에서 그리스도인 집단의 친밀성은 그들을 환영하는 피난처와 같았고, 가족 같고 애정이 넘치는 따뜻한 언어와 인격적이고 친밀한 하나님은 그들에게 강력한 해독제가 되어 주지 않았을까? 동시에 십자가에 못 박힌 구원자라는 주요 상징은 세상이 실제로 작동해야 할 방식을 보여주는 신뢰할 만한 그림의 결정체로 보이지 않았을까?
>
> Meeks, *First Urban Christians*, 191

나는 이제는 분명 큰 재산을 가진 해방 노예인 뵈뵈가 믹스가 기술한 지위 불일치의 고통을 일부 경험했을 것이며 그리스도인 공동체 내부의 관계가 그녀에게 매우 반가웠을 것이라는 사실을 이 이야기에 담으려고 노력했다.

글로에(Chloe)의 사람들

고린도전서 1장 11장에서 바울은 '글로에의 사람들'이라는 표현으로 한 집단을 언급한다. 학자들이 그들의 정체를 두고 대대적인 논쟁을 벌여왔다. 다수가 동의하는 바는, 그들이 아마도 바울의 지원자였던 글로에라는 사람의 노예였을 것이며 바울에게 고린도 공동체 안의 불화를 보고할 필요성을 느꼈다는 것이다.

그리스도와 함께 죽고 부활한다는 것

이 장에서 논의된 주제들은 많은 바울 신학자들이 논의해온 것들이다. 이 주제들을 풀어 설명한 내용 중 내가 가장 선호하는 설명 중 하나가 Michael J. Gorman, *Inhabiting the Cruciform God: Kenosis, Justification, and Theosis in Paul's Narrative Soteriology* (Wm. B. Eerdmans, 2009)에 있다.

13장

음식 가판대

엘리트가 아닌 로마인 중 대다수는 자신의 집에 요리할 도구가 없었다는 증거가 폼페이에서 광범위하게 발견되었다. 고고학자들은 폼페이 지역에 120개의 선술집 혹은 포피나(*popinae*)가 있었던 것으로 생각한다. 포피나에는 거리를 면한 가게 앞쪽으로 넓은 공간이 있었고 사람들은 음식을 사서 거기서 직접 먹거나 '가지고 갔다.' 가난한 로마인은 대부분 이런 식으로 주식을 먹었고 저녁 식사를 위해 뜨거운 스튜, 뜨거운 고기 조각, 곱창, 뜨거운 타르트, 그리고 다양한 종류의 채소를 사 갔을 것으로 생각된다.

로마의 상류층은 선술집을 경멸했다. 로마의 풍자작가인 루킬리우스(Lucilius)는 선술집을 악명 높고 부끄러운 식당(1:11)으로, 유베날리스(Juvenal)는 악취 나는 음식점(11:81)으로 묘사했다.

선술집에 관한 더 자세한 이야기는 Gustav Hermansen, *Ostia: Aspects of Roman City Life* (University of Alberta, 1981, 125-196)을 보라.

에베소

그리스도교 전통은 사도 요한이 유대 지방을 떠난 후 에베소에 정착했다고 기록한다. 파피아스(Papias), 폴리갑(Polycarp), 이레나이우스(Irenaeus)와 같은 초기 교부들이 에베소에 거주했다고 (그리고 요한복음의 전부 혹은 일부, 요한 서신, 요한계시록을 기록했다고) 이야기하는 그 요한이 사도 요한인지 아니면 장로 요한인지 광범위한 논쟁이 있다. 그보다 훨씬 덜 논의된 주제 중에 에베소에서의 요한 그리스도교와 바울 그리스도교의 중첩 문제가 있다. 에베소서와 요한복음 사이의 잠재적인 신학적 연관성은 오랫동안 나의 마음을 사로잡고 있는 관심사다.

그리스도교 전통에서 요한은 늙을 때까지 에베소에서 살았다고 한다. 그리고 요한이 아직 에베소에 살아 있을 때, (일부 학자들은 원저자가 누구인지 문제 삼지만 그래도 바울 전승의 일부일) 에베소서를 에베소 공동체가 전달받았을지도 모른다. 이런 식으로 최초의 접촉점만 규명된다면, 에베소서와 요한복음의 신학적 주제들을 비교하면서 둘 사이의 매우 흥미로운 공통점을 탐색할 수 있고, 이는 매혹적인 작업이다.

이 소설의 1장에서 나는 브리스가가 에베소에서 사는 동안 요한과 대화를 나누었고 요한복음에만 나오는 내용을 배웠을 것이라는 상상을 해봤다.

초기 그리스도교 예배의 다양성

이 장에서 나는 초대교회에는 오늘날의 교회만큼이나 그리스도교 예배에 다양성이 존재했을 것이라는 점을 보여주려고 노력했다. 고든 웨이크필드(Gordon Wakefield)는 예배에 관한 그의 책에서 사도행전과 요한 공동체를 대조하는데, 나는 고린도와 로마를 비교했다. 실제로는 각 장소마다 서로 다른 양식을 가진 서로 다른 공동체들이 존재했을 것이다.

우리는 초기 그리스도교가 예배에 관하여 모두 같은 의견이었다고 생각해서는 안 된다. 그 모습은 … '혼란스러운 비정형성'과 거대한 경외감의 결합으로서, 서로 선호하는 것이 다른 집단 사이의 다툼이 존재했을 것으로 보인다.

Gordon S. Wakefield, *An Outline of Christian Worship*

(T.&T. Clark Ltd, 1998, 8)

14장

스페인

　로마 세계에서 스페인은 야만인의 땅으로 이해되는 경우가 빈번했다. 스페인 거주자들은 그리스 로마 문화에 저항했으며, 게다가 1세기에는 알려진 유대인 공동체도 없었다. 어떤 로마 지도에는 이베리움(Iberium, 스페인에 해당하는 라틴어 이름)이 당시 알려진 세상의 끝에 있는 반도로 그려져 있다. 스페인으로 선교 여행을 가겠다는 결정이 바울 자신에게는 땅끝으로 간다는 의미였을 것이 분명하다.

바울과 에베소

　사도행전 18장 19-21절에 나오는 바울의 에베소 방문 이야기는 극도로 간결하다. 그들이 도착했고, 그가 회당에 갔으며, 그가 떠났다. 이 방문이 너무 짧았다는 사실에 대한 사람들의 느낌은 전혀 기록되지 않았다. 하지만 여행 중인 바울의 동료들은 약간 동요했던 것이 틀림없다.

티로 속기법(Tironian shorthand)

　티로 속기법 혹은 티로 필기법(Tironian notes)은 현재까지 알려진 최초의 속기 방식 중 하나다. 이 속기법은 키케로(Cicero)의 노예 마르쿠스 툴리우스 티로(Marcus Tullius Tiro)가 고안한 것으로, 그는 키케로의 연설과 대화를 실시간으로 기록하기 위해 이 체계를 생각해냈다. 처음 개발될 때는 4,000개의 부호로 이루어졌고, 중세 수도원에서 널리 교육될 당시에는 13,000개 정도로 늘어나 있었다고 한다. 1세기에 스다구 같은 숙련된 서기라면 당연히 티로 속기법에 정통했을 것이다.

15장

성령의 은사 - 도움

바울서신의 네 곳(롬 12:6-8; 고전 12:8-10과 28, 엡 4:11)에 등장하는 성령의 은사는 어수선한 목록 같다. 많은 사람이 더 공식적인 역할로 간주하는 사도직이나 예언부터, 더 화려한 은사라고 생각하는 방언을 거쳐, 구제와 도움 같은 은사가 나온다.

우리는 이런 목록들의 맨 끝에 나오는 항목은 무시하고 가장 중요한 은사는 처음에 등장한다고 생각하기 쉽다. 하지만 고린도전서 12장에는 앞쪽과 뒤쪽에 각각 은사 목록이 등장하고 이 둘은 그리스도의 몸에 관한 바울의 가르침을 감싸 안고 있는데, 그 가르침에서 바울은 모든 은사를 가치 있게 여기고 더 하찮아 보이는 은사가 더 큰 존중을 받아야 한다고 말한다. 이 말은 우리가 겉으로 덜 중요해 보이는 은사들을 무시하지 말고 더 큰 관심을 보여야 한다는 의미다.

오랫동안 나에게 큰 흥미를 주었던 것이 고린도전서 12장 28절에 나오는 두 가지 특질이다. 첫째는 그리스어로 안티렘프세이스(*antilēmpseis*)이며 자주 '도움'(help)으로 번역된다. 하지만 티슬턴(Thiselton)은 이 단어가 복수로 쓰이면 '행정 지원'(administrative support)을 뜻할 가능성이 매우 크다고 주장한다. 그 다음에 나오는 단어는 퀴베르네세이스(kubernēseis)로, '지도력'으로 번역되는 경우가 많지만 복수로 쓰이면 전략을 세우는 능력을 의미할 수 있다. 실제로 이 단어는 배를 안전하게 몰아야 하는 조종사와 관련하여 자주 쓰였다. 나는 이런 은사들을 모범 사례처럼 보여주는 인물을 만들어보고 싶었다. 결국 내 이야기에서는 스다구가 그 두 가지 측면을 둘 다 보여주는 인물일 것이다.

이 사안에 관한 더 자세한 논의는 특히 Anthony C. Thiselton, *The First Epistle to the Corinthians* (Wm. B. Eerdmans, 2001, 1019-22)을 보라.

바울의 누이

(롬 16:7에서 '친척'을 언급하는 것을 제외하고는[학자들은 이 언급에 나오는 사람들도 동료 유대인을 의미하는 것으로 본다]) 바울의 가족을 유일하게 언급하는 곳이 사도행전 23장 16절이다. 거기에는 매복해 있다가 바울을 죽이려는 시도를 바울의 조카(사도행전에는 이름이 나오지 않는다)가 좌절시킨 이야기가 나오며, 나는 이 내용을 바울의 누이가 보낸 가상의 편지에 포함시켰다. 이 부분은 누가가 내뱉은 답답한 세부사항 중 하나인데, 다른 어느 자료에서도 확인되거나 더 자세히 설명되지 않는다.

성전에서 행한 정결례

사도행전에는 바울이 정결례를 위해 성전을 방문한 기록이 나오는데, 이 기록은 좋게 말해도 다소 헷갈린다. 일부 학자는 정결례에 관한 누가의 설명에 의문을 제기한다. 사도행전은 서원한 네 명의 남자가 있었다고 이야기한다. 이 부분에 대한 최선의 설명은 그들이 나실인 서원을 한 사람들인데 정결례를 해야 했던 이유는 서원 기간이 끝났거나 서원 기간 동안 부정하게 되어 서원을 이어가기 위해서는 정결례가 필요했기 때문이라는 것이다. 바울의 경우 그의 정결례는 유대인이 요구한 것이 아니라 그가 유대교의 삶과 관습에 등을 돌린 것이 아니라는 굳건한 믿음의 표시로 야고보가 제안한 것이다. 그의 부정함(그리고 거기서 비롯된 정결례의 필요성)은 이방인과 섞여 지냈던 오랜 외국 생활 때문이었을 것이다. 바울이 길어진 정결례 기간(7일- 역주)을 감당할 준비가 되어 있었다는 사실은 중요하며, 이 사실에서 우리는 바울이 절대 유대교에 그리고 율법의 요구에 등을 돌린 적이 없음을 사도행전의 저자 누가가 보여주고 싶었음을 알 수 있다.

드로비모(Trophimus)

드로비모는 예루살렘으로의 여정에 바울과 동행한 여덟 명의 친구 중 하나다. 그가 언급된 사도행전 이야기의 요점(행 21:29)은 바울의 대적들이 드로비모가 바울과 함께 다니는 모습을 확인했고 나중에 바울이 그를 데리고 성전에(즉 이방인의 뜰을 지나 여인의 뜰 안으로) 간 것으로 여겼다는 것이다. 이것은 정결법 위반으로, 바울에 반대하도록 군중들을 자극하기에 충분한 구실이었다.

드로비모는 디모데후서 4장 20절에도 바울의 동료로 언급된다.

안티파트리스(Antipatris, '안디바드리'- 행 23:31)

안디바드리는 헤롯 대왕(Herod the Great)이 그의 아버지 안티파테르(Antipater)를 기념하여 세운 도시로, 가이사랴와 예루살렘 사이 대로변에 위치해 있었다.

16장

박수

로마 문화에서 박수는 찬성을 표시하기 위해 다양한 방식으로 표현되었다. 오늘날처럼 손뼉을 치기도 했지만, 손가락과 엄지로 함께 딱 소리를 내기도 했고 좁은 공간에서는 그런 식으로 박수를 쳤을 가능성이 더 크다.

식당

로마의 식당은 트리클리니움(triclinium, 어원은 그리스어 tri-[셋]과 klinē[긴 의자])으로 알려져 있다. 이름이 시사하듯이, 트리클리니움에는 보통 세 개의 긴 의자가 있었고, 각 의자는 세 명이 사용할 수 있었다. 로마는 쿠션을 아래 받친 채 이 긴 의자에 누워서 식사하는 그리스 관습을 받아들였지만, 연회에 남성만이 참석하는 관습은 받아들이지 않았다. 그래서 신분이 높은 로마 여성은 일부 연회에 초대되었다. 연회 때 좌석의 위치에는 엄격한 위계질서가 있었다. 각 손님의 자리는 주최자에게 중요한 정도를 보여주는 순으로 세심하게 정해졌다. 아홉 사람 이상이 연회에 초대된 경우에는 손님 중 가장 덜 중요한 사람들이 식당 밖 정원이나 다른 방에 앉았다.

17장

후원자가 앉는 곳

피후원자들이 자신의 후원자를 만나러 왔을 때, 후원자는 보통 피후원자들을 안마당(atrium)에서 맞았다. 안마당에는 보통 중앙에 연못이 있었고, 후원자는 베스티불룸(vestibulum) 혹은 현관 쪽에 앉는 경우가 많았다. 후원자의 자리는 집마다 달라서 이동식인 경우도 있고 고정된 경우도 있었다. 후원자 피후원자 관계에 관한 더 자세한 이야기는 2장의 미주 365쪽을 보라.

18장

미주 없음

19장

타타(tata)

라틴어 구어체에서 아이들은 아버지를 파파(papa) 혹은 타타(tata)로 불렀으며, 타타는 상당히 흔하게 사용된 것으로 보인다.

나는 복음을 부끄러워하지 않는다

로마서에서 바울의 주장을 여는 웅장한 시작은 보통 1장 16-17절로 인정된다. '나는 복음을 부끄러워하지 않는다. 복음은 믿음을 가진 모든 자, 먼저는 유대인 또한 그리스인에게도 구원을 주시는 하나님의 능력이다. 왜냐하면, 복음 안에 하나님의 의가 믿음을 위해 믿음을 통해 계시되었기 때문이다.'

여기서 부끄러움 혹은 부끄러워하지 않음이 언급된 것은 의미심장하다. 대부분의 고대 문명사회처럼 로마인들도 명예/수치 문화에서 살았다. 그리스도교의 도전은 그 핵심에 예수의 십자가 처형이라는 압도적인 수치스러운 사건이 자리 잡고 있다는 것이다. 고린도전서 2장 2절을 보면 바울이 '복음'의 핵심을 '예수 그리스도 곧 십자가에 달리신 그분'이라고 믿었다는 것이 확실하다. 달리 말해, 복음의 핵심에 수치가 있다. 그렇다면 '나는 복음을 부끄러워하지 않는다'라는 바울의 진술은 그리스도 신앙의 강력한 역설을 선언하는 게 된다. 가장 수치스러운 것으로 여겨져야 할 사건이 실은 세상 속에 역사한 하나님의 능력을 선포하는 사건이다. 가장 수치스러운 것으로 여겨져야 할 사건이 바울에게는 부끄러워할 문제가 아니다. 이 주제에 관한 더 자세한 논의는 Jewett, *Romans*, 136-138을 보라.

20장

내가 원하지 않는 악을 내가 행한다

브리스가와 아굴라는 바울이 로마서 7장 18-19절에서 말한 내용의 의미를 간단하게 논의한다. '내 속 곧 내 육체에 아무런 선한 것도 거하지 않는다는 사실을 내가 안다. 내가 올바른 것을 원하지만 나는 그것을 행할 수 없다. 왜냐하면, 내가 원하는 선한 것을 나는 행하지 않고 도리어 내가 원하지 않는 것을 행하기 때문이다.' 신약 학계에서는 이 구절에 관한 논의가 해결되지 않은 채 이어지고 있으며, 사람들은 저마다 이 주제에 관한 다른 관점을 확고하게 고수하는 상황이다. 나는 뵈뵈, 브리스가, 아굴라, 베드로의 논의 속에 이러한 관점 중 일부를 담아내려고 했다.

이 논의에 관한 더 자세한 이야기는 Jewett, *Romans*, 462-466, 그리고 Wright, 'Romans', 564-568을 보라.

베드로의 제자도 이야기

폭넓은 마가 연구자들이 관찰한 바로는 마가복음의 베드로는 계속해서 일을 그르치고, 잘못된 질문을 던지며, 예수님께 메시아라는 그분의 소명에 죽음은 포함되지 않는다고 주장하고, 궁극적으로는 예수님을 부인한 인물로 묘사된다. 그리고 이런 묘사는 마가복음에 포함된 전승들의 전수자가 베드로일 수 있다는 고대 전통을 뒷받침한다. 모든 사도 중에서도 최초의, 가장 위대한 사도인 베드로를 호의적으로 묘사하지 않는 마가복음의 이야기를 초대교회가 창작했을 리 만무하다. 그렇다고 해서 마가복음에 베드로 자신의 목격 증언이 포함되었다는 이론(파피아스 같은 초기 작가들의 글에서 발견되는 이론)이 입증되는 것은 절대 아니며, 단지 베드로 자신과의 관련성을 가리킬 뿐이다.

이와 관련된 유익한 논의를 R. T. France, *The Gospel of Mark: A Commentary on the Greek Text* (Wm. B. Eerdmans, 2002, 35-41)에서 확인할 수 있다.

세포리스(Sepphoris)

세포리스는 성경에 한 번도 언급되지 않지만, 예수가 활동하던 기간에 중요한 도시로서 로마의 영향을 많이 받은 도시였다. 갈릴리의 다른 대부분 지역과 달리 세포리스의 시민 중 다수는 헤롯 가문과 로마 치하에서 부를 축적했고 계속해서 로마에 충성을 바쳤으며, 제1차 유대 전쟁(AD 66-73) 때 로마에 항거한 반란에 동참하지 않았다.

세포리스는 부와 영향력 때문에 갈릴리의 주요 무역 도시가 되었고, 베드로와 안드레 같은 어부들은 세포리스에서 물고기를 팔아야 했을 것이다(그리고 물건을 팔려면 어느 정도 그리스어를 할 줄 알았을 것이다).

제자들은 무식하고 거의 교육을 받지 않은 막노동꾼이었다고 생각하는 사람들이 종종 있다. 하지만 증거를 보면 실제는 오히려 반대인 듯하다. 1세기에 어업은 큰 사업이었고 로마에서 생선은 대단히 귀한 식자재였다. 그래서 생선 한 마리가 소 한 마리보다 훨씬 더 비싸게 팔릴 것이라는 말이 있을 정도였다. 게다가 세베대 가문(즉, 야고보와 요한의 가문)은 일꾼을 고용했고 가버나움에 있던 시몬 베드로의 집이 그 마을의 다른 대부분 집보다 훨씬 더 컸다는 사실을 우리는 알고 있다. 이런 사실들로 보건대, 베드로, 안드레, 야고보, 요한은 굉장히 성공한 사업가였고 생선 판매를 극대화하기 위해 그리스어도 유창하게 구사했을 가능성이 크다.

이 주제와 관련된 더 자세한 논의는 Jerome Murphy-O'Connor, 'Fishers of Fish, Fishers of Men' (*Bible Review* 15, no. 3, 1999, 22-27 그리고 48-49)을 보라.

가이사랴 빌립보(Caesarea Philippi)

가이사랴 빌립보는 갈릴리에서 약 40km 북쪽 헤르몬산 기슭에 자리 잡고 있다. 헤르몬산은 요단강의 발원지다.

이 지역은 예수님께서 제자들을 향해 그들은 예수님을 누구로 생각하느냐는 유명한 질문을 던졌고 베드로가 당신은 그리스도(히브리어로 메시아)시다는 똑같이 유명한 고백을 남긴 바로 그곳이다. 이 내용은 마태복음 16장 13-16절, 마가복음 8장 27-29절을 참고하라. 비슷한 대화가 누가의 복음에도 기록되어 있지만(눅 9:18-20), 그 장소가 가이사랴 빌립보로 특정되지는 않았다.

대체로 인정되듯이 이 대화의 전반부와 후반부, 즉 예수님이 그리스도시다는 베드로의 진술과 예수님이 죽으셔야 한다는 생각에 대한 베드로의 두려움은 서로 연결되어 있으며, 베드로의 메시아사상은 예수님이 고난 받고 죽임 당하는 사람이 아닌 승리를 쟁취하는 군사 지도자가 되기를 기대한다는 의미였다.

21장

겟세마네 동산과 베드로의 부인

겟세마네 동산과 베드로의 부인과 관련된 상세한 내용은 마태복음 26장 31-38, 69-75절, 마가복음 14장 27-62, 66-72절, 누가복음 22장 33-51, 54-62절, 요한복음 18장 1-12, 15-27절을 참고하라.

서로 다른 내용도 존재하지만, 베드로가 대제사장의 집 뜰에서 예수님을 부인했다는 사실은 변함없다. 오직 누가복음만 베드로가 부인할 때 예수님도 그 뜰에 계셨다고 기록한다. 베드로가 부인한 후 예수님께서 베드로를 바라보셨다는 사실이 너무 인상적이어서 그 내용을 이 소설 속에 포함했다.

유다의 죽음

신약성서에는 유다의 죽음에 관한 서로 다른 두 가지 설명이 존재한다. 마태복음에서는 유다가 즉시 양심의 가책을 느끼고 은 삼십을 성전에 돌려주려고 시도한다. 그들이 거부하자 밖으로 나가 스스로 목을 맨

다. 아마도 예수님이 처형당하기 전일 것이다. 사도행전은 다르게 설명한다. 유다가 받은 돈으로 밭을 샀는데, 후에 그 밭에서 넘어져 배가 터지고 창자가 다 흘러나왔다고 전한다.

유다라는 인물과 그의 특징에 관한 흥미로운 고찰을 원한다면 Peter Stanford의 *Judas: The Troubling History of the Renegade Apostle* (Hodder & Stoughton, 2016)을 보라.

요한 전승

요한복음의 가장 중요한 특징은 공관복음에는 없는 예수님에 관한 이야기를 담고 있다는 사실이다. 공관복음의 이야기들이 초기 그리스도교 안에서 광범위하게 유통되는 동안 요한복음의 이야기들은 에베소 지역의 요한 공동체 내부에만 고립되어 있었을 가능성이 꽤 크다. 나는 이 소설에 이러한 가능성을 반영해서, 고린도에 살았던 뵈뵈가 요한의 설명이 아닌 공관복음의 설명을 들었을 것으로 묘사했다.

물고기를 못 잡은 사건

누가복음에서 예수님의 첫 기적 중 하나(5:1-11)가 요한복음의 마지막인 21장 1-22절에 기록된 기적과 굉장히 비슷하다. 두 이야기 모두에서 제자들은 밤새도록 한 마리의 물고기도 잡지 못한다. 두 이야기 모두에서 제자들은 예수님의 명령을 듣고 마지막으로 그물을 던졌고 그물이 터질 정도로 많은 물고기를 잡는다. 이 기적이 누가복음에는 첫 기적으로만 등장하고 요한복음에는 마지막 기적으로만 등장하지만, 어떤 학자들은 요한복음 21장에 나오는 이 기적적인 고기잡이 사건이 처음 시작점으로 되돌아가 베드로에게 새 출발의 기회를 준다는 의미라고 주장한다. 그렇게 생각하는 특별한 근거 중 하나는 요한복음 이야기가 베드로를 향해 "나를 따르라"라고 말씀하시는 예수님의 명령으로 마무리되기 때문이다.

22장

네가 나를 사랑하느냐?

요한복음 21장 1-22절에는 예수님과 베드로의 대화가 나온다. 이 대화에서 아주 흥미로운 점 하나는 사랑을 뜻하는 단어가 두 가지 사용된다는 사실이다. 예수님께서 베드로에게 네가 나를 사랑하느냐고 물으실 때 처음 두 번은 동사 필레오(*phileo*)고 베드로는 동사 아가파오(*agapao*)로 대답한다. 그리고 마지막 대화에서는 예수님의 질문도, 베드로의 답변도 아가파오(*agapao*)다. 학자들은 이 변화를 설명하기 위해 오랫동안 고민했다. 문제는 요한복음의 나머지 부분에서 요한이 이 두 단어를 확연히 다른 의미로 사용하지 않았다는 사실이며, 따라서 각 단어의 정확한 의미를 확정하기가 그다지 쉽지 않다. 어떤 사람은 이 변화에 중요한 의미가 없다고 결론을 내리지만, 어떤 사람은 의미심장한 변화라고 주장하면서 예수님께서 베드로 편에서 수용하기 쉽지 않은 사랑의 수준을 제시한 것이라고 설명한다. 문제는 그 의미를 풀어내는 것이다. 많은 사람이 이 두 단어를 구분해서 설명하는 것을 좋아하지만 나는 방금 언급한 요인들 때문에 베드로의 이야기에서 이 민감한 요소를 생략했다.

23장

과부를 돌보는 것

신약성서를 보면 초기 그리스도인들이 재산을 공유하는 것을 중요하게 여겼다는 사실도 분명하고, 그 의미를 공동체에 따라, 상황에 따라 다르게 해석했다는 사실도 분명하다. 의심의 여지가 없는 점은 초대교회에서 이를 표현하는 방식 중 하나가 고아와 과부, 즉 생계를 유지하기 어려운 이들을 돌보는 것이었다는 사실이다.

(바울이 직접 쓴 편지인지 논쟁은 있지만, 바울의 전통을 따르는) 디모데전서 5장 1-16절은 진짜 '과부'의 자격을 논한다. 이 본문은 그 사람을 돌볼 가족 구성원이 있는 경우는 진짜 과부가 아니며 교회에 큰 부담을 주어서는 안 된다고 주장한다. 전적으로 스스로 생계를 꾸려야 하는 사람만 교회 공동체의 지원을 받을 수 있다. 이러한 이야기는 과부(또한, 고아)를 돌보는 것이 바울 공동체의 일상이었음을 보여준다. 실은 너무 일상적이어서 남용되는 모습까지 보고되기 시작했고 제한이 필요할 정도였던 것이다. 나는 이러한 모습을 로마 그리스도인의 실천에서 핵심적인 부분으로 본다. 이러한 실천이 요청되었던 것은 이 구제가 아니면 전혀 경제적인 수입이 없는 여성들에게는 지원이 필요했기 때문이다. 특정 상황에서는 여

성들도 재산을 상속받을 수 있었지만, 그건 전혀 흔한 일이 아니었다. 가난한 집안의 여성들은 남편의 사망 후 특히 취약했고, 돈을 벌 다른 가족이 없는 경우는 상황이 더 어려웠다. 당시는 여성들이 집 밖에서 일하는 것이 권장되지 않았고, 따라서 어떤 식이든 남성 보호자가 없다면 기아에 허덕여야 하는 경우도 잦았다.

초기 그리스도인들 사이의 '재산 공유'에 관한 다양한 해석을 설명하는 특별히 유용한 책으로 Fiona J. R. Gregson, *Everything in Common?: The Theology and Practice of the Sharing of Possessions in Community in the New Testament* (Pickwick Publications, 2017)가 있다.

추가로 사도행전 6장 1-7절은 첫 일곱 집사의 임명을 기록한다. 이 사례에서 집사들이 임명된 목적은 과부들에게 음식을 분배하는 일을 감독하기 위해서다. 왜냐하면, 헬라 그리스도인(헬라어를 사용하는 그리스도인 공동체) 출신 과부들이 히브리 그리스도인(아람어를 사용하는 공동체)이 매일 구제에서 그들에게 공평한 몫을 주지 않는다고 느꼈기 때문이다. 오랫동안 사람들은 이 설명을 집사의 역할을 '변변찮은 봉사'에 국한해야 한다는 의미로 이해했다. 하지만 콜린스(J.J. Collins)는 광범위한 연구를 통해 이런 이해가 이 본문과 신약의 다른 본문을 오독한 것임을 밝혔다. 선택된 일곱 집사의 일원인 스데반과 빌립은 말씀을 선포하는 일도 했다. 결과적으로, 집사들이 과부들에게 매일 음식을 분배하는 일을 감독한 것이 맞지만 이것이 그들의 유일한 '봉사'는 아니었을 가능성이 크다. 집사들은 다양한 직무를 위탁받은 사람들이었다. 하지만 내가 여기서 말하려는 핵심은 뵈뵈도 집사였기에 이러한 역할에 익숙했을 것이라는 점이다.

이 주제에 관한 더 자세한 내용은 John N. Collins, *Diakonia: The Sources and Their Interpretation* (Oxford University Press, 1990) 그리고 Paula Gooder, 'Diakonia in the New Testament: A Dialogue with John N. Collins' (*Ecclesiology* 3, no. 1, 2006, 33-56)를 보라.

세례

학자들은 가장 초기 교회의 세례는 흐르는 물에 몸을 완전히 담그는 방식이었다는 데 대체로 동의한다. 그리스도인의 삶과 실제를 기술한 가장 이른 시기의 문서로 1세기 후반에 기록된 것으로 추정되는 디다케(Didache)는 다음과 같이 말한다.

> 세례에 관해서 이렇게 세례를 시행하라. 이 모든 것들을 먼저 말한 후에, 아버지와 아들과 성령의 이름으로 흐르는 물로 세례를 주라. 만일 흐르는 물이 없으면, 다른 물로 주라. 찬물로 할 수 없으면 더운물로 하라. 둘 다 없으면, 아버지와 아들과 성령의 이름으로 머리에 세 번 물을 부으라. 세례 전에 세례를 주는 사람과 세례를 받는 사람은 금식하고, 다른 사람도 할 수 있으면 금식하라. 세례받는 사람에게 하루나 이틀 전에 금식하라고 명령하라.
>
> 디다케 7장

이 기록으로 보건대, 로마에서 세례는 티베르강이나 그 강의 지류에서 거행되었을 것이다. 그리고 디다케에는 흥미로운 다른 두 가지 특징도 나타난다. 즉 세례를 받는 사람은 세례식 전에 하루나 이틀 단식을 한다는 것, 그리고 디다케가 '이렇게'라고 가르치는 내용을 교육받는다는 것이다. 이 가르침은 초기 형태의 교리 문답집이었을 것으로 보인다.

초기 그리스도교의 세례에 관한 더 자세한 내용은 Andrew B. McGowan, *Ancient Christian Worship* (Baker Academic, 2016, 135-182)를 참고하라.

24장

고대 로마에서 명예와 수치

로마 귀족에게 명예는 중요한 것이었다. 티투스 같은 귀족에게는 그의 선대가 대대로 해온 것과 같이 자기 가문이 지켜왔던 명예를 키워나가야 할 사명이 있었다. 명예의 체계는 적절한 제물을 올리고 제때 필요한 장소에 나타나며 최고의 연회를 주고받는 식으로 세워지고 유지되었다. 로마는 명예와 존경이라는 토대 위에 세워진 세계였다. 티투스 같은 사람의 삶에서는 그 명예를 어떤 희생을 치르더라도 지켜내고 의식적으로든 무의식적으로든 수치를 암시하는 모든 것을 피해내는 것이 핵심이었다.

25장

가마

가마(litters, 라틴어로는 *lectia*)는 일종의 휴대용 침대였다. 그 기원은 동양이지만, 공화정 후기와 제국 초기 이전에 이미 엘리트층에서 흔하게 사용되었다. 가마는 얼마간 신분을 보여주는 상징이었고, 평민은 가마를 타고 여행하는 것이 금지되었다.

가솔 전체의 세례

21세기의 독자들이 이해하기 힘든 신약의 모습 중 하나가 가솔 전체의 세례다. 우리는 대부분 개인주의 문화에서 살고 있으며, 어떤 개인의 선택은 그 선택을 내린 그 사람에게만 영향을 주는 것으로 이해한다. 하지만 1세기는 훨씬 더 공동체적인 문화였고, 어떤 사람의 행동과 결정은 주변 사람 모두에게 영향을 주는 것으로 인식되었다. 따라서 한 가솔 전체의 세례는 정상적이고 자연스러운 현상으로 생각되었을 것이며, 특히 가장이 결정 내린 경우라면 더 그랬을 것이다. 하지만 이것이 보편적인 현상은 아니었던 것으로 보이는데, 이를테면 로마서 16장 10절의 '아리스도불로의 가족에 속한 사람들'이란 표현은 그 가솔들이 그리스도인이지만 아리스도불로는 그리스도인이 아님을 암시한다. 그렇지만 사도행전에 나오는 루디아와 루디아의 가솔(16:15) 그리고 자신의 가솔 전체와 함께 세례받은 빌립보의 간수(16:33) 사례는 가솔 전체의 세례가

1세기에 흔했음을 보여준다.

로마의 토가 (로마인들이 몸에 둘러 입었던 매우 긴 모직 옷- 역주)

토가는 로마에서 신분의 상징이었다. 오직 남성 로마 시민만 토가를 입을 수 있었다. 원로원의 구성원들은 보라색 띠를 넣은 토가를 입었다. 토가는 무겁고 비실용적인 옷이었고, 제정 초기 즈음에는 법정, 원형극장, 원형경기장 같은 공식행사에서만 착용되기 시작했다. 따라서 토가를 입었다는 것은 공식 방문이라는 의미다.

황제 탄신 기념식

로마의 달력을 보면 온갖 국가적 행사를 기념하는 다양한 축제들을 다수 볼 수 있다. 그중에는 황제의 즉위와 생일을 기념하는 축제도 있다. 이런 기념일들은 황제마다 달라서, 그런 기념일에 이름을 올리려면 어떤 업적을 남겨야 하는지는 불분명하다. 하지만 제정 시대 동안 황제를 세상의 '주님'으로 간주하였기 때문에(디오클레티아누스 황제 이전에는 공식적인 칭호로 사용되지 않았지만), 그런 기념식에 참석하려면 신전에서 제물로 드려진 고기도 먹어야 했고 황제를 인정하는 선언도 해야 했을 것이 확실하다.

또한, 21세기와 마찬가지로 종교적, 정치적 그리고 사회적 행사들은 서로 분리된 것이 아니었다는 사실을 인식하는 것도 중요하다. 고대 세계에서 이러한 행사들은 완전히 통합되어 있었다. 종교적 신앙은 사회적 지위와 정치 모두에 영향을 미쳤다. 사람들이 종교의식에 참석하는 것은 당연시되었다. 로마인들이 복수의 종교적 신앙을 가지는 것은 빈번한 일이었기 때문에, 황제 의식에 참석한다는 사실이 다른 신들에 대한 그들의 신앙을 전혀 훼손하지 않았다. 이러한 의식들은 사람들이 황제를 지지한다고 선언하고 '최고의' 가문들이 어울리고 관계망이 구축되고 강화되는 장이었다.

그리스도인들의 경우, 황제가 주님이라고 선언할 수 없었고 다양한 제사 의식에도 참여할 수 없었기 때문에 그러한 행사에 함께하는 데 애를 먹었다. 이것은 본질상 그들이 사회적, 정치적 영향력 외부에 자신을 두었다는 의미이기도 했다.

주님으로 황제를 간주한 것과 그리스도인이 맞서야 했던 도전에 관해서는 N. T. Wright, 'Paul and Caesar', 173-193을 보라.

인류의 비방자 (Haters of humanity)

로마의 역사가 타키투스(Tacitus)는 116년경 기록한 글에서 우리는 64년 대전차 경기장과 팔라티노 언덕 근처에서 시작되어 급속히 퍼진 로마 대화재를 그리스도인들의 탓으로 돌리려는 네로 황제의 시도를 확인할 수 있다. 이 화재는 로마의 14구역 중 단지 네 구역에만 영향을 주었다. 모든 학자가 64년에 일어난 사건을 타키투스가 정확하게 기록했다고 확신하는 것은 아니지만(어떤 학자는 타키투스가 그의 집필 시기와 가까운 도미티아누스 황제 시기에 영향을 받았다고 주장한다), 그리스도인에 관한 그의 기술은 매우 흥미롭다. 그는 그리스도인들에게 대화재의 탓을 돌리는 것은 틀렸다고 주장하지만, 확실히 그리스도인들을 굉장한 의심의 눈초리로 본다.

그러나 온갖 인간적 노력과 황제의 호화로운 선물, 신들의 위로에도 그 대화재가 황제의 명령 때문이라는 불길한 믿음을 해소하지 못했다. 결국, 네로는 그 소문을 잠재우기 위해, 서민들이 그리스도인이라고 불렀던 혐오 계층에 죄를 뒤집어씌웠고 가장 끔찍한 고문을 가했다. 그리스도인이라는 명칭의 기원은 크리스투스라는 인물로, 그는 티베리우스 통치기에 우리 총독 중 한 사람인 본디오 빌라도의 손에 극형을 당했다. 이 굉장히 해로운 미신은 그때 잠시 주춤하다가 다시 발발하여 악의 근원지인 유대 지방뿐만 아니라, 심지어 세상의 모든 은밀하고 부끄러운 것들이 모양을 갖추고 융성하는 곳 로마에서까지 인기를 끌었다. 그런 식으로 먼저 죄를 시인한 사람들이 모두 체포되었고, 다음으로 그들의 정보에 기반하여 엄청난 인원이 도시를 불태운 범죄만이 아니라 인류를 증오했다는 죄목으로 유죄 판결을 받았다. 그들의 죽음에는 온갖 조롱이 추가되었다. 짐승의 가죽을 뒤집어쓴 채 개에게 고문을 받고 죽거나, 십자가에 못 박히거나, 해가 지면 어둠을 밝히는 등불 역할을 하도록 화염에 던져져 불에 타 죽었다.

Tacitus, *Annals*, 15:44

그리스도인이 식인종이라는 혐의는 2세기에 훨씬 많이 퍼졌지만, 더 이른 시기에 시작되었을 것이다.

이 문제에 관한 더 자세한 이야기는 Andrew McGowan, 'Eating People: Accusations of Cannibalism Against Christians in the Second Century' (*Journal of Early Christian Studies* 2, 1994, 413-42)을 보라.

그리스도인 그리고 이 명칭의 사용

'그리스도인'이란 이름을 언제 그리고 누가 처음으로 사용했는지를 둘러싼 광범위한 논쟁이 있다. 이 명칭은 사도행전 11장 26절과 26장 28절 그리고 베드로전서 4장 16절에 기록되어 있다. 그런데 이 명칭을 그리스도의 추종자들이 자기 호칭으로 발전시킨 것인지 아니면 반대자들이 경멸하는 용어로 만든 것인지는 불분명하다. 양쪽 다 사실일 수 있다. 헤롯당(Herodianoi)이란 용어는 헤롯의 추종자들이 그들 자신을 가리키는 용도로 사용했지만, 아우구스투스파(Augustianoi)는 다른 사람들이 광적인 네로 추종자들을 경멸하여 지칭하는 용도로 사용되었다.

'그리스도인'이란 용어의 기원이 무엇이든, 베드로전서 4장 16절에서 그리스도인이 자신을 지칭하는 말로 사용된 것을 보면('만일 그리스도인으로 고난을 받으면 부끄러워하지 말라'), 나중에는 그리스도인들 자신이 이 용어를 사용하게 된 듯하다.

이런 이유로 그리고 특히 바울이 이 단어를 사용하지 않기 때문에, 나는 이 용어를 가능하면 사용하지 않으려 했다. 물론 이 단어는 자신을 그리스도의 제자로 생각했을 로마 사람들 전체를 기술하기에 가장 손쉬운 용어다.

아그리피나(Agrippina) 살해

아그리피나 살해에 관한 이야기는 타키투스의 Annals 14, 디오카시우스 61.12.1에 서로 다른 내용으로 전해진다. 두 작가 모두 이 살해를 충격적인 사건으로 본다. 왜냐하면, 로마 문화에서 어머니는 '가장 신성한 상징'이었기 때문이다(Shotter, 74).

    네로가 왜 그렇게 자신의 어머니를 죽이려고 했는지 헤아리기는 쉽지 않다. 네로가 친구의 아내 포파이아(Poppaea)와 결혼하려 했기 때문이라는 가장 일반적인 설명은 개연성이 떨어지는 것이, 아그리피나가 죽은 후에도 네로가 3년 동안 옥타비아(Octavia)와의 결혼 관계를 유지했기 때문이다. 일부 현대 학자들은 이 모자의 복잡한 관계를 언급한다. 아그리피나가 네로를 좌지우지했고, 이로 인해 네로가 좌절감과 무력감을 느꼈다는 것이다. 이 문제에 관한 더 자세한 이야기는 David Shotter, *Nero Caesar Augustus: Emperor of Rome* (Longman, 2008, 74-79)을 보라.

26장

유두고

    3층 창문에서 떨어진 유두고의 극적인 이야기는 사도행전 20장 7-12절에 나온다. 그 이야기는 결말이 이상해서, 바울이 그 소년을 치유한 것인지 아니면 그저 살아 있다고 선언했을 뿐인지를 두고 학자들의 의견이 갈린다. 배럿(C. K. Barrett)은 그 이야기를 보면 누가가 그런 기적을 아주 흔한 것으로 기록했기에 별다른 논평이 필요하지 않았음을 알 수 있다고 주장한다(Barrett, *Acts*, 956을 보라).

초기 그리스도교에서 여성을 향한 태도

초기 그리스도교에서 여성의 역할을 둘러싼 중요한 논점을 1) 교회에서 여성에게는 로마 사회에서 보통 기대되는 것보다 더 큰 공적인 역할이 요구되었다는 것, 2) 그리스도교를 '존중할 만한' 것으로 보이게 하려고 투쟁하는 상황에서 이러한 특징 때문에 이 신앙이 오명을 갖게 되었다는 것으로 보는 학자들이 있다. 그들은 여성에 관한 바울의 주장 저변에는 이러한 사실들이 있다고 주장한다. 말하자면, 바울은 그리스도인을 최대한 존중할 만한 존재로 보이게 하려고 시도한다는 것이다. 나는 이 장에서 바드로바의 말에 이러한 주장을 담아 보려 했다.

우상에게 바친 고기를 먹는 문제

로마서 14장과 15장에 나오는 '약한 자'와 '강한 자' 담론은 기발하다. 바울은 이 담론을 한번 이상 뒤집어 사용한다. 로마서 14장 2절은 '강한 자'를 (우상에게 바친 고기를 포함하여) 모든 음식을 먹는 사람으로, '약한 자'를 채소만 먹는 사람으로 정의한다.

쟁점은 그 공동체의 아무도 어느 한 범주에만 들어맞지는 않는다는 것이다. 유대인 그리스도인은 음식과 관련된 정결법을 따랐기 때문에 어떤 음식이든 먹는 집단에는 들어맞지 않으며, 이방인 그리스도인 가운데 우상에게 바쳐진 고기를 거리낌 없이 먹는 사람도 소수였을 것이다. 역으로, '모든 것'을 먹지 않는 사람들 가운데서 채소만 먹는 사람도 소수였을 것이다. 결과적으로 바울이 세워놓은 이분법에 딱 들어맞는 사람은 거의 없게 된다.

우리는 바울 자신이 '강한 자'였다고 믿어야 하겠지만, 바울은 15장 2절에서 모든 사람이 '자기 이웃을 기쁘게 해야 한다'라고 주장함으로써 이 사실도 뒤집는다. 달리 말해 강한 자와 약한 자가 모두 같은 방식으로 행동해야 하는 것이며, 따라서 바울이 처음 우리가 믿게 한 방식으로 쉽게 강한 자와 약한 자를 규정할 수는 없게 된다.

이 주제에 관한 자세한 이야기는 Jewett, *Romans*, 831-885를 보라.

27장

부자들의 빌라(villa)에 있던 작업장

폼페이에서 발견된 가옥 유적을 보면 빌라의 거리를 향한 쪽에 작업장이나 가게가 있었음을 알 수 있다. 이는 이 대형 주택들의 연회실과 가족실은 사람들이 다니는 거리에서는 보이지 않으며 복도를 통해서만 들어갈 수 있다는 의미다. 로마 가옥의 구조는 352쪽을 보라.

28장

도자기 파편

발견된 로마 도자기의 파편 중에는 문자를 포함한 것이 많다. 고고학자들은 양피지가 굉장히 비쌌기 때문에 목록이나 메모를 작성하기 위해 사용할 목적으로 이 깨진 도자기 조각들을 보관했을 것이라고 결론 내렸다.

상속자로 입양되다: 로마서 8장 15-17절

396쪽에서 언급했듯이, 하나님의 아들/자녀로서 입양되었다는 바울의 표현은 로마라는 환경에서 특히 강력한 울림을 지녔다. 로마에서는 합법적 상속자를 확보하기 위해 성인을 입양하는 것이 흔했다. 또한, 바울이 이 구절을 집필할 때 이스라엘이 하나님께 입양되었다는 히브리 전승도 염두에 두었을 것이라고 지적하는 학자도 많다.

따라서, 바울이 그리스도인들이 이제 그리스도와 마찬가지로 하나님 나라의 상속자라는 사실을 상속과 명시적으로 연결한다는 점에 주목해야 한다. (물론 바울은 그의 글에서 '나라'라는 단어를 굉장히 드물게 사용하긴 한다.) 이러한 연관 관계를 고려하면, 현대의 많은 영역 성경이 반영하지 못한 중요한 사실을 언급할 필요가 있다. 8장 15절에서 바울은 아들들에 해당하는 그리스어 단어(휘오이, huioi)를 사용하지만 8장 16절에서는 자녀들에 해당하는 단어(테크나, tekna)로 바꾸고, 곧바로 이어서 상속을 언급한다. 이 사실에서 도출할 수 있는 분명한 결론은 그가 로마 공동체 안의 다수의 여성 구성원들(바울은 로마서 16장에서 그들 중 일부를 거명하면서 인사한다)을 향해 그들 역시 하나님의 상속자라는 점을 알리고 있다는 것이다. 로마 제국의 여러 지역마다 그리고 계층마다 다양한 상속법이 존재했지만, 교회의 여성들은 그들도 상속자에 포함되는 것으로 이해해야 한다.

그것은 좋은 소식이었다. 나쁜 소식은 그들이 그리스도와 같은 유업을 받았는데 그 유업에는 영광뿐만 아니라 고난도 포함된다는 것이었다.

이 일반적인 주제에 관한 더 자세한 논의는 Trevor Burke, *The Message of Sonship* (IVP, 2011)를 보라.

29장

배를 타고 로마로 향한 바울의 여행

신약 학자들 사이에 핵심적인 논란거리 중 하나는 사도행전의 역사성이다. 더 정확하게 표현하면, 사도행전의 역사적 신뢰성이다. 문제는 사도행전과 바울서신의 세부사항을 조화시키기가 매우 어렵다는 것이다. 예를 들면 사도행전 15장에 나오는 예루살렘 공의회를 바울이 갈라디아서 2장에서 언급하는 구체적 사건과 연결 짓기 어려우며, 사도행전에서 기적을 일으키고 자신감 넘치는 웅변가인 바울의 모습은 바울서신에서 엿보이는 고난 받고 시시한 연설가인 바울의 모습과 거리가 먼 것처럼 보인다. 하지만 현대 학자들 다수는 사도행전과 바울서신의 차이는 관점의 차이로 보고, 누가와 바울의 세계관 차이는 부정확성의 문제로 볼 수 있다고 생각한다.

이 사안에 관한 아주 흥미로운 조사로 Charles H Talbert, *Reading Luke-Acts in Its Mediterranean Milieu* (Brill, 2003, esp. 197-218)를 보라.

역사성 문제가 전면에 부상하는 것은 바울의 항해 이야기다. 아이러니하게도 여기서 문제는 부정확성이 아니라, 드러난 정보와 사용된 용어가 너무 훌륭하다는 것이다. 그래서 학자들은 누가가 바울의 여정으로 기술하기 위해 항해 이야기를 다른 곳에서 가져다 쓴 것으로 생각할 정도다. 어떤 학자는 바울이 로마로 호송되는 동안 누가가 바울과 동행하도록 허가받았을 것으로 추측하기도 한다.

이 문제에 관해서는 Darrell L. Bock, *Acts* (Baker Exegetical Commentary on the New Testament) (Baker Books, 2007, 726-748)과 Craig S. Keener, *Acts: An Exegetical Commentary* (Baker Books, 2015, Vol. 4, 24.1-28.31)를 보라.

보디올(포추올리, Puteoli)

사도행전 28장 13절은 바울의 긴 항해가 끝난 곳이 보디올이라고 기록한다. 오늘날 포추올리라 불리는 이 도시는 나폴리 근처 해안에 위치한다. 보디올은 주전 194년 로마 식민지로 건설되었고, 주전 4년부터 유대인이 거주했던 것으로 보인다. 보디올은 로마에서 약 250km 떨어졌다. 요세푸스의 *Antiquities* 18:151과 키케로의 *For Plancius* 26 [63]는 보디올이 로마로 가는 길에 쉬어가는 곳으로 언급된다.

압비오 광장(Appian Forum)과 트레이스 타베르네(Three Taverns) (행 28:15)

바울을 만나기 위해 로마에서 파견된 그리스도인들은 로마인의 눈에 중요한 역할을 했을 것이다. 일반적으로 로마인은 동방 교사들의 출현을 내키지 않아 했고, 동방에서 온 교사라면 그가 명망 있고 신뢰할 만하다는 증거를 원했다. 바울을 맞이하기 위해 사람들이 파견되었다는 사실은 이 동방의 교사가 다름 아닌 로마에서 온 사람들에게도 신뢰를 받는다는 확신을 주었을 것이다.

파견단은 바울을 마중하러 먼 길을 왔다. 압비오 광장은 로마에서 남동쪽으로 약 65km, 트레이스 타베르네는 남동쪽으로 약 50km 떨어진 곳이다. 두 곳 모두 아피아 가도(Appian Way)에 위치한 고대 유적지다. 아피아 가도는 로마와 남쪽의 브린디시(Brindisi)를 연결했던 로마의 가장 중요한 최초의 도로 중 하나다. 이 도로의 명칭은 주전 312년 이 도로 첫 구역의 건설을 감독했던 로마 감찰관 아피우스 클라우디우스 카이쿠스(Appius Claudius Caecus)의 이름을 딴 것이다.

바울이 두 그리스도인 집단을 각기 다른 장소에서 만난 이유에 대해서는 논란이 있다. 유대인 그리스도인과 이방인 그리스도인이 각기 다른 장소로 마중 나갔다고 주장하는 학자가 있고, 서로 일정이 달라서 마중하는 장소가 달라졌다고 주장하는 학자도 있다. 나는 이 두 번의 마중을 로마로 오고 있는 바울을 향해 최대한의 경의를 표현하려는 시도로 이해하기로 했다.

이 문제에 관한 자세한 논의는 Keener, *Acts*, 28:14-15 부분을 보라.

사도행전 28장 14-15절의 그리스도인에 관한 이상한 간단한 언급 그리고 바울과 유대인들의 만남

사도행전 28장 14-15절에서 이상한 점 중 하나는 로마에서 온 신자들을 극도로 간단하게 언급하며 이후로 이야기에서 완전히 사라진다는 사실이다. 이 사건을 사도행전이 전하는 방식을 보면 바울이 이미 설립되어 있던 로마의 그리스도인 공동체와 거의 교류가 없었음을 암시한다. 누가의 보도가 맞다면 그 이유는 아마도 바울이 예수에 관한 좋은 소식을 아직 듣지 못한 이들에게 관심을 쏟고자 했기 때문일 것이다.

30장

요한 마가 그리고 그의 이야기

마가복음의 저자 문제는 다른 복음서의 저자 문제와 마찬가지로 뜨거운 논란거리다. 논란 중인 사안은 마가(다음으로는 마태와 누가)가 학자들이 (자료에 해당하는 독일어 *Quelle*를 가리키는) Q라고 부르는 복음서 집필 이전의 공통 자료를 사용했는지, 그리고 일부 사본에서 이 복음서의 저자로 명시한 (즉, 마가에 따른 복음) '마가'가 신약성서의 다른 문서에 등장하는 마가 중 한 명인지, 그리고 이 복음서가 언제 어디서 집필되었는지 등이다.

파피아스(Papias)를 시작으로 가장 초기의 교부 중 일부는 이 복음서의 저자를 사도행전 12장 12-17절에 처음으로 언급된 요한 마가로 이야기한다. 이 전승에 따르면 그는 로마에서 베드로의 말을 받아 적었다. 하지만 이 초기 주장을 뒷받침하는 증거가 부족하므로 학자들은 대부분 마가의 정체를 밝히는 것이 불가능하다고 주장한다. 하지만 더 나은 해답이 존재하지 않는 상황에서 나는 요한 마가가 이 시기 즈음에 로마에서 '마가의 복음'을 집필하기 시작했다는 초기 전승을 받아들이기로 했다.

요한 마가를 둘러싼 바울과 바나바의 대립 이야기는 사도행전 12장 37-41절을 보라.

마가복음의 저자 문제를 둘러싼 더 자세한 논의는 R.T. France, *The Gospel of Mark: A Commentary on the Greek Text* (Wm. B. Eerdmans, 2002, 35-41)를 보라.

응보적 폭력(Retributvie Violence)

로마서 12장 17-21절에 나오는 응보적 폭력에 관한 바울의 가르침은 반체제적이며 대가도 크다. 학자들은 흔히 받아들여지는 대로 과연 그리스도인들이 조직적인 박해를 당했는지가 매우 불확실하다고 이야기한다(이 사안에 대해서는 436쪽을 보라). 하지만 확실한 사실은 로마에서 산다는 것이 잔혹하고 위험한 경험이었다는 것이다. 아직 치안이 확립되기 이전의 세상에서 사람들은 주변의 폭력에 맞서 스스로 자신을 방어해야 했다. 다양한 로마 시대의 자료들은 당시 집단 간 폭력이 흔했음을 보여준다. 특히 저마다의 목적 아래 모인 '단체'(associations)나 집단 사이에 폭력이 흔했다. 정의(그것을 정의라 부를 수 있다면)는 완전히 응보적이었다. 어떤 단체의 구성원이 공격을 받거나 강도를 당하면, 동료들이 나서서 누구든 애초에 폭력을 일으킨 사람을 찾아가 복수를 가했다. 응보적 정의가 으레 그렇듯이, 이런 식의 대응은 길고 복잡한 폭력의 사슬을 만들어내기 마련이다. 이러한 사슬을 끊으라는 바울의 명령은 그 기원을 추적하면 정확히 예수의 가르침을 따른 것이지만, 위험하고 대가가 큰 실천이었다. 어떤 형태로든 자신을 방어하지 않는다면, 초기 그리스도인들은 쉽게 위험에 노출되었을 것이기 때문이다. 이 사안에 관한 탁월한 논의로 Oakes, *Reading Romans*, 123-126을 보라.

최초의 그리스도인들이 받았던 박해

많은 그리스도인은 스데반이 돌에 맞은 죽은 사건(행 7장) 이후로 그리스도인이 늘 박해를 받았으며 이 박해는 그리스도와 그분의 인격에 관한 주장으로 야기된 고의적이고 조직적인 박해였다는 것을 당연한 사실로 받아들인다. 그런데 갈수록 더 많은 최근의 학자들이 이 가정에 의문을 제기하기 시작했다. 그리스도인을 조직적으로 광범위하게 박해했다는 증거는 산발적이고 제한적이며, 일부 학자는 그리스도인이 광범위하고 조직적인 박해를 받았다는 주장이 사실보다는 신화에 가깝다고 주장한다. 이러한 주장의 흥미로운 사례를 Candida Moss, *The Myth of Persecution* (HarperCollins, 2013)에서 확인할 수 있다.

모스(Moss)의 주장이 시계추를 반대쪽으로 너무 많이 돌린 게 아니냐고 느끼는 사람이 많을 것이다. 하지만 그녀의 관점은 여전히 중요하다. 그녀의 관점에서 유익한 점은 초기 그리스도인들이 경험한 박해의 원인에 관한 더 섬세한 질문을 던지도록 자극을 준다는 사실이다. 물론 일부는 그들의 신앙을 이유로 적극적이고 고의적인 '박해'를 당했겠지만, (내가 이 이야기에서 보여주려 했듯이) 다른 고난들은 그리스도인의 행위들, 이를테면 황제를 주님으로 공언하기를 거부하거나 응보적 정의를 따르기를 거부하는 것과 같은 행위의 결과로서 발생했을 가능성이 크다. 이러한 고난은 직접적이라기보다는 간접적인 박해이며, 초기 그리스도인들이 겪었던 고난의 동기와 관련된 문제를 해결하는 데 도움이 된다.

31장

너희 몸을 드리라

내 생각에 로마서 12장 1-2절은 비록 짧긴 하지만 가장 강력한 성경 구절 중 하나로서, 여기서 바울은 하나님께서 행하신 모든 일이 일상의 삶에 지닌 함의를 펼쳐 놓는다. 말하자면, 그리스도인들은 그들의 몸을 살아 있고 거룩하며 하나님께 기쁨이 되는 제사로 드려야 한다. 이 본문은 보통 약간 다르게 번역된다: 즉 첫 번째 형용사는 제사 앞에 두고, 다음 두 형용사는 그다음에 두어서 '너희 몸을 살아 있는 제사로, 하나님께 거룩하고 받아들일 만하게 드리라.' 하지만 그리스어 원문의 형태 그리고 이 세 단어가 모두 형용사라는 사실을 고려하면, 이 세 단어를 모두 제사 뒤로 두고 그 제사의 특성을 더 깊이 있게 설명하는 것으로 보는 것이 더 합당하다. 이렇게 보면, 이 본문의 급진성이 더 명확해진다. 제물은 대부분 죽은 채로 드려지지만, 우리가 하나님께 드릴 몸은 살아 있는 것이다. 그리고 이 몸은 하나님께서 만드신 것이기에 거룩하며 절대 부정하지 않은데, 이는 레위기의 정결법과는 매우 다른 의미이다. 그리고 그 결과 우리의 몸은 자연히 하나님께 기쁨이 된다. 우리의 몸을 (그리고 실제 우리의 모습을) 하나님께 드린다는 것은 '그리스도 안에' 존재한다는 것의 핵심이며, 그 뒤로 하나님을 섬기며 우리의 삶을 사는 방식에도 엄청난 영향을 미친다.

이 주제에 관한 더 자세한 논의는 Paula Gooder, *Body: Biblical*

Spirituality for the Whole Person (SPCK Publishing, 2016, 104-106)을 보라.

피터 옥스(Peter Oakes)는 로마서를 조사하면서 자기 몸을 팔아야 했던 여인들에게 이 구절이 얼마나 듣기 힘들었을지 지적했는데, 맞는 말이다. 나는 이런 점을 이야기에 반영하려고 했다.

이 문제에 관한 더 자세한 내용은 Oakes, *Reading Romans*, 98-126을 보라.

32장

다시스(Tarshish)

많은 학자는 다시스를 그저 먼 곳에 존재하는 이국적 장소를 상징했던 신화적 장소로 여긴다. 하지만 다시스의 위치를 확정하려는 사람들은 세비야 근처 이베리아반도에 있던 곳으로 생각한다(카르타고라고 생각하는 사람도 있다).

로마의 대화재

로마의 대화재는 64년에 일어났다. 나는 이 책의 마지막에서 통상적인 시기들을 다소 왜곡해서, 그 화재가 일어날 때 뵈뵈가 그 도시를 떠난 것으로 묘사했다. 바울이 감옥에서 풀려나 스페인으로 향했다고 생각하는 사람들은 그 시기를 62년으로 상정한다. 그래서 나는 이 지점에서 약간의 예술적 자유를 감행했다.

대화재는 현대 역사가들뿐만 아니라 고대 역사가들 사이에도 많은 논쟁을 초래했다. 디오 카시우스(Cassius Dio), 수에토니우스(Suetonius), 타키투스(Tacitus)와 같은 많은 고대 작가들은 네로가 애초에 불을 질렀고 불이 타오르는 장면을 지켜보았다고 비난한다. 그리고 타키투스는 네로가 그 화재의 원인을 그리스도인들에게 돌리고 그들을 박해했다고 주장한다. 네로는 많은 그리스도인을 가장 섬뜩한 방식으로 고문하고 죽였다고 한다. 대화재의 여파를 그리스도인의 핍박과 연관 짓는 사람이 타키투스가 유일하므로, 다양한 역사가들은 이 이야기의 역사성에 의문을 제기해왔다. 이런 이유로 나는 이 시기에 정확히 무슨 일이 일어났는지 알기 어렵기에, 이 시기 주변으로는 특정한 사건을 배치하지 않기로 했다.

이 문제에 관해서는 Moss, *The Myth of Persecution*, 138-145 그리고 Shotter, *Nero*, 139을 보라.

바울 투옥의 결말

사도행전 결말 부분에서 가장 이상한 특징은 바울이 감옥을 떠났는지에 관한 아무 정보도 없이 그냥 끝나버린다는 사실이다. 불가피하게 학자들은 정확히 무슨 일이 벌어졌을지 오랜 시간 논쟁을 해왔다. 이렇게 확실하게 정해지지 않은 상태로 이야기를 마무리한 이유는 아마도 누가가 그리스도의 생애와 바울의 생애 사이에 조그마한 함축적인 유사성도 피하기를 바랐기 때문일 것이다. 만약 바울의 죽음이 사도행전 마지막에 기록되었다면, 바울을 부적절할 정도로 격상하고픈 유혹이 생겨났을 것이다. 그 이야기의 마지막을 느슨하게 남겨둠으로써 그의 죽음이 예수의 죽음과 비견될 수 있다는 일말의 여지도 차단한 것이다.

어쨌든 그래서 우리에게는 사도행전 마지막에서 바울에게 무슨 일이 벌어졌을지 의문이 남는다. 답변은 우리는 모른다는 것이다. 2년을 채운 뒤 처형되었을 수도 있고, 풀려난 후 스페인에서 오랫동안 살다 죽었을 수도 있고, 풀려났지만 다시 체포되어 나중에 순교했을 수도 있다. 그리스도교 전통은 바울의 뼈가 로마의 성 바울 대성당(Basilica of St Paul Outside the Walls) 아래 묻혀있다고 이야기한다. 바울의 마지막을 둘러싼 다양한 견해는 Keener, *Acts*를 보라.

누가가 물음표로 그의 이야기를 마무리했다면, 우리도 그렇게 해야 한다. 바울이 스페인을 과연 갔을지, 이 문제는 여러분의 상상에 맡기겠다.

참고 문헌

- Adams, Edward, *The Earliest Christian Meeting Places* (T&T Clark, 2015).
- Aldrete, Gregory S., *Daily Life in the Roman City: Rome, Pompeii and Ostia* (Greenwood Publishing Group, 2004).
- Clarke, Andrew D., *Secular and Christian Leadership in Corinth: A Socio-Historical and Exegetical Study of 1 Corinthians 1-6* (Arbeiten Zur Geschichte Des Antiken Judentums Und Des Urchristentums 18.) (Brill, 1993).
- Barrett, C. K., *Acts 15-28: 2* (T&T Clark International, 2004).
- Belleville, Linda L., *Women Leaders and the Church: 3 Crucial Questions* (Revell, a division of Baker Publishing Group, 2000).
- Betz, Hans Dieter, *Galatians* (Augsburg Fortress, 1979).
- Bock, Darrell L., *Acts* (Baker Exegetical Commentary on the New Testament) (Baker Books, 2007). = (BECNT 사도행전, 전용우 역, 부흥과개혁사, 2010).
- Brown, Raymond, *Antioch and Rome* (Paulist Press International, U.S., 1983).
- Burke, Trevor, *The Message of Sonship* (IVP, 2011).
- Burtchaell, James Tunstead, *From Synagogue to Church: Public Services and Offices in the Earliest Christian Communities* (Cambridge University Press, 2008).
- Capper, Brian, 'Order and Ministry in the Social Pattern of the New Testament Church', in C. Hall and Robert Hannaford, eds, *Order and Ministry* (Gracewing, 1996, 61-103).
- Cohick, Lynn, *Women in the World of the Earliest Christians: Illuminating Ancient Ways of Life* (Baker Academic, 2009).
- Collins, John N., *Diakonia: The Sources and Their Interpretation* (Oxford University Press, 1990).
- Croft, Steven and Paula Gooder, eds, *Women and Men in Scripture and the Church: A Guide to the Key Issues* (Canterbury Press, 2013).
- Dunn, James D. G., *Romans Volumes 38a and b* (Zondervan, 1988). = (로마서 [상/하] - WBC 성경주석, 김철, 채천석 역, 솔로몬, 2003/2005).
- Epp, Eldon Jay, *Junia: The First Woman Apostle*, 1st edition (Augsburg Fortress, 2005).

- Fitzmyer, J., *Romans* (Yale University Press, 2007). = (앵커바이블 로마서, 김병모 역, CLC, 2015).
- France, R. T., *The Gospel of Mark: A Commentary on the Greek Text* (Wm. B. Eerdmans, 2002). = (NIGTC 마가복음, 이종만, 임요한, 정모세 역, 새물결플러스, 2017).
- Friesen, S. J., 'Poverty in Pauline Studies: Beyond the So-Called New Consensus' (*Journal for the Study of the New Testament* 26, 2004, 323-61).
- Furnish, Victor Paul, *II Corinthians* (Yale University Press, 1984).
- Gooder, Paula, *Body: Biblical Spirituality for the Whole Person* (SPCK Publishing, 2016).
- Gooder, Paula, 'Diakonia in the New Testament: A Dialogue with John N. Collins' (*Ecclesiology* 3, no. 1, 2006, 33-56).
- Gorman, Michael J., *Inhabiting the Cruciform God: Kenosis, Justification, and Theosis in Paul's Narrative Soteriology* (Wm. B. Eerdmans, 2009).
- Gregson, Fiona J.R., *Everything in Common?: The Theology and Practice of the Sharing of Possessions in Community in the New Testament* (Pickwick Publications, 2017).
- Hermansen, Gustav, *Ostia: Aspects of Roman City Life* (University of Alberta, 1981).
- Hock, Ronald F., *The Social Context of Paul's Ministry* (Fortress, 1980).
- Holmberg, Bengt, *Paul and Power: The Structure of Authority in the Primitive Church as Reflected in the Pauline Epistles* (Wipf and Stock Publishers, 2004).
- Jewett, Robert, 'Paul, Phoebe and the Spanish mission', in Howard Clark Kee and Jacob Neusner, eds, *The Social World of Formative Christianity and Judaism: Essays in Tribute to Howard Clark Kee* (Fortress Press, 1988, 144-64).
- Jewett, Robert, *Romans: A Commentary* (Augsburg Fortress, 2006).
- Keener, Craig S., *Acts: An Exegetical Commentary*, Har/Cdr edition, Vol. 4: 24.1-28.31. s.l. (Baker Academic, 2015).
- Keener, Craig S., *Paul, Women, and Wives: Marriage and Women's Ministry in the Letters of Paul* (Baker Academic, 1992).
- Knapp, Professor Robert C., *Invisible Romans: Prostitutes, Outlaws, Slaves, Gladiators, Ordinary Men and Women . . . the Romans That History Forgot* (Profile Books, 2013).
- Lampe, Peter, *Christians at Rome in the First Two Centuries: From Paul to Valentinus*

(Continuum, 2006).

- Longenecker, Bruce W., *The Lost Letters of Pergamum: A Story from the New Testament World* (Baker Academic, 2016). = (어느 로마귀족의 죽음, 복있는사람, 2012).
- Martin, Dale B., *Slavery as Salvation: The Metaphor of Slavery in Pauline Christianity* (Yale University Press, 1990).
- McGowan, Andrew B., *Ancient Christian Worship: Early Church Practices in Social, Historical, and Theological Perspective* (Baker Academic, 2016).
- McGowan, Andrew B., 'Eating People: Accusations of Cannibalism Against Christians in the Second Century' (*Journal of Early Christian Studies* 2, 1994, 413-42).
- Meeks, Wayne A., *The First Urban Christians: The Social World of the Apostle Paul* (Yale University Press, 1983) = (1세기 기독교와 도시 문화, IVP, 2021).
- Morley, Neville, 'The Transformation of Italy, 225-8 BC.' (*The Journal of Roman Studies* 91, November 2001, 50-62).
- Moss, Candida, *The Myth of Persecution* (HarperCollins, 2013).
- Murphy-O'Connor, Jerome, 'Fishers of Fish, Fishers of Men' (*Bible Review* 15, no. 3, 1999, 22-27, 49).
- Murphy-O'Connor, Jerome, 'Prisca and Aquila- Traveling Tentmakers and Church Builders' (*Bible Review* 6, 1992, 40-51).
- Murphy-O'Connor, Jerome, *St. Paul's Corinth: Texts and Archaeology* (Michael Glazier, 2002).
- Neusner, Jacob, *Invitation to the Talmud* (HarperCollins, 1996).
- Neusner, Jacob and Bruce D. Chilton, eds, *In Quest of the Historical Pharisees* (Baylor University Press, 2007).
- Oakes, Peter, *Reading Romans in Pompeii: Paul's Letter at Ground Level* (SPCK Publishing, 2009).
- Paul, Ian, *Women and Authority: The Key Biblical Texts* (Grove Books Limited, 2011).
- Saldarini, Anthony J., and James C. VanderKam, *Pharisees, Scribes and Sadducees in Palestinian Society* (Wm. B. Eerdmans Publishing, 2001).

- Sanders, E. P., *Paul and Palestinian Judaism* (SCM Press, 1977). = (바울과 팔레스타인 유대교, 박규태 역, 알맹e, 2018).

- Shiell, William, *Reading Acts* (Brill, 2004).

- Shotter, David, *Nero Caesar Augustus: Emperor of Rome* (Longman, 2008).

- Stanford, Peter, *Judas: The Troubling History of the Renegade Apostle* (Hodder & Stoughton, 2016).

- Stark, Rodney, The Rise of Christianity (HarperCollins, 1997). = (기독교의 발흥, 손현선 역, 좋은씨앗, 2016).

- Talbert, Charles H., *Reading Luke-Acts in Its Mediterranean Milieu* (Brill, 2003).

- Theissen, Gerd, *The Shadow of the Galilean* (SCM Press, 2010). = (갈릴래아 사람의 그림자, 이진경 역, 비아, 2019).

- Thiselton, Anthony C., *The First Epistle to the Corinthians* (Wm. B. Eerdmans, 2001).

- Toner, Jerry, *How to Manage Your Slaves by Marcus Sidonius Falx* (Profile Books Ltd, 2015).

- Wakefield, Gordon S., *An Outline of Christian Worship* (T&T Clark Ltd, 1998).

- Wenham, David, *Paul: Follower of Jesus or Founder of Christianity?* (Wm. B. Eerdmans, 1995).

- White, John Lee, *Light from Ancient Letters* (Fortress Press, 1986).

- Wright, N. T., 'Paul and Caesar: A New Reading of Romans', in C. Bartholemew, ed., *A Royal Priesthood: The Use of the Bible Ethically and Politically* (Paternoster Press, 2002, 173-93).

- Wright, N. T., 'Romans', in Robert W. Wall, J. Paul Sampley, N. T. Wright, eds, *The New Interpreter's Bible: A Commentary in Twelve Volumes, Vol. 10: Acts, Romans, 1 Corinthians* (Abingdon Press, 2002). = (로마서, 장용량, 최현만 역, 에클레시아북스, 2014).

- Yinger, Kent L., *The New Perspective on Paul: An Introduction* (Cascade Books, 2010).